面向 21 世纪课程教材
信息管理与信息系统专业教材系列

互联网信息资源检索与利用

第 3 版

符绍宏　雷菊霞　邓瑞丰　高冉◎编著

清华大学出版社
北　京

内 容 简 介

  互联网信息的无限、无序、优劣混杂、缺乏统一的组织与控制等特点,给人们查找和利用信息造成了一定的不便。在互联网这个浩瀚、动荡的信息海洋中,准确、及时、有效地查找并获取所需要的信息,对所有网络用户都是十分重要的,同时也非常具有挑战性。本书面向互联网用户,针对检索与获取对用户研究开发、学习有价值的网络信息的需求,系统地介绍互联网信息资源的特点、种类、信息利用价值及评价、鉴选标准;介绍互联网信息检索的基础知识,各类型常用网络信息检索工具的功能、特点、种类、信息利用价值及使用和检索方法;详细介绍学术研究性信息、公共信息及各类专门信息的网上检索平台及查找方法。本书对培养网络信息查找和利用能力,提高在网络环境下生存和发展水平具有使用价值。

  在上一版的基础上,本书结合网络检索工具的发展变化情况对相关内容进行了更新,可以作为高等院校网络信息检索课程的教材,也可以作为广大网络用户上网查找信息的实用参考书和指南。

本书封面贴有清华大学出版社防伪标签,无标签者不得销售。
版权所有,侵权必究。举报: 010-62782989, beiqinquan@tup.tsinghua.edu.cn。

图书在版编目(CIP)数据

互联网信息资源检索与利用/符绍宏等编著. —3版. —北京:清华大学出版社,2012.8(2023.11重印)
(面向21世纪课程教材·信息管理与信息系统专业教材系列)
ISBN 978-7-302-29224-1

Ⅰ. ①互… Ⅱ. ①符… Ⅲ. ①互联网络—情报检索—高等学校—教材 Ⅳ. ①G354.4

中国版本图书馆 CIP 数据核字(2012)第 143360 号

责任编辑:高晓蔚
封面设计:傅瑞学
责任校对:王荣静
责任印制:沈 露

出版发行:清华大学出版社
网　　址: https://www.tup.com.cn, https://www.wqxuetang.com
地　　址: 北京清华大学学研大厦A座　　邮　编: 100084
社 总 机: 010-83470000　　邮　购: 010-62786544
投稿与读者服务: 010-62776969, c-service@tup.tsinghua.edu.cn
质量反馈: 010-62772015, zhiliang@tup.tsinghua.edu.cn
课件下载: https://www.tup.com.cn, 010-83470332

印 装 者: 北京嘉实印刷有限公司
经　　销: 全国新华书店
开　　本: 185mm×230mm　　印　张: 21.25　　插　页: 1　　字　数: 448千字
版　　次: 2000年6月第1版　　2012年9月第3版　　印　次: 2023年11月第18次印刷
定　　价: 55.00元

产品编号: 041665-03

前言 PREFACE

目前,互联网已经发展成为人类信息环境的重要组成部分,是人类交流信息、获取信息的重要渠道。网络信息检索也已经成为人们信息生活中非常重要的内容。有关研究调查显示,查阅资料、浏览新闻和即时通讯是网民们最热衷的上网行为。然而互联网信息资源的无限、无序、优劣混杂、缺乏统一的组织与控制等特点给人们查找和利用信息造成了很大的不便。人们在面对互联网这个海量信息世界时都会感到由信息过载(information overloaded)引发的困惑和茫然,要在这个浩瀚、动荡的信息海洋中,准确、及时、有效地查找并获取与自身信息需求相关、切合需要和适用的信息,对所有网络用户都是十分重要的,同时也非常具有挑战性。

IResearch《2010—2011年中国搜索引擎用户行为研究报告》说明,搜索已经成为中国用户最常使用的网络应用服务之一,近八成(76.9%)的网络用户接触搜索引擎的时间在3年以上,其中使用搜索引擎时间在3~5年、5~8年、8年以上的用户比例分别为21.5%、29.3%、26.1%。网络用户使用搜索引擎的时间在增长,表明搜索引擎在人们日常生活中的地位日益重要,搜索引擎的强大功能和效用正在被广泛认知并挖掘。但相对用户需求而言,不同年龄段的用户差异明显,亟待开发适应个性化搜索需求的定制化、个性化搜索引擎技术和搜索工具,网络搜索业所蕴藏的巨大财富还有待大力挖掘。同时,搜索引擎面临着其他互联网产品的激烈竞争,也需要搜索技术的变革来进一步拓展市场规模。

本书面向互联网用户在研究开发、经营管理、工作和学习等实际生活中产生的各种信息需求,系统介绍互联网信息资源的特点、种类、信息利用价值及评价鉴选标准,互联网信息检索的基础知识、各类型常用网络检索工具及各类学术信息,专门信息网上检索系统等的功能、特点和查找使用方法。对培养网络信息查找和利用能力,提高在网络环境下的生存和发展水平具有使用价值。

本书从2000年开始出版第1版,应市场需求,于2005年出版第2版。本书历经近20次印刷,从很多读者的来信中我们了解到,本书受到了广大读者的肯定,得到了各高等院校教学部门和企业用户的认可与广泛使用。在此,我们特向广大读者表示衷心的感谢。

本次修订在第2版的基础上结合网络环境、网络资源以及检索工具的发展变化情况对相关内容进行了更新。在修订和编写的过程中,北京师范大学管理学院在读研究生武莹同学也参与了部分工作,在此表示感谢。

限于编者学术水平和视野有限,加上当今的网络环境下的信息资源、检索平台又经常发生更新和变化,所以书中还会有不少疏漏之处,欢迎业界同行批评、指正,也恳请各位读者多多包涵。

符绍宏
2012 年 5 月于北京师范大学

目录 CONTENTS

第 1 章 互联网信息资源 …………………………………………………………… 1
1.1 互联网上的信息资源 …………………………………………………… 1
1.1.1 网络上的信息内容 …………………………………………… 1
1.1.2 网上不容易获取的信息内容 ………………………………… 2
1.2 互联网信息资源的特点及局限性 ……………………………………… 3
1.2.1 互联网信息资源的特点 ……………………………………… 3
1.2.2 互联网信息资源的局限性 …………………………………… 4
1.3 互联网上信息资源的种类 ……………………………………………… 4
1.3.1 Web 信息资源 ………………………………………………… 5
1.3.2 Telnet 资源 …………………………………………………… 6
1.3.3 FTP 信息资源 ………………………………………………… 7
1.3.4 用户组信息资源 ……………………………………………… 8
1.4 互联网信息资源的评价 ………………………………………………… 9
1.4.1 评价的意义 …………………………………………………… 9
1.4.2 评价的标准 …………………………………………………… 10
1.4.3 评价方法 ……………………………………………………… 12
思考题 …………………………………………………………………………… 13

第 2 章 互联网信息检索概论 …………………………………………………… 14
2.1 互联网信息检索的类型和特点 ………………………………………… 14
2.1.1 互联网信息检索的类型 ……………………………………… 15
2.1.2 互联网信息检索的特点 ……………………………………… 20
2.2 互联网信息检索原理之一——信息组织 ……………………………… 21
2.2.1 文档分析 ……………………………………………………… 22
2.2.2 建立索引 ……………………………………………………… 24
2.2.3 归类和聚类 …………………………………………………… 26
2.2.4 元数据 ………………………………………………………… 27
2.3 互联网信息检索原理之二——信息查询 ……………………………… 30

2.3.1　布尔检索模型 …………………………………………… 30
　　2.3.2　扩展布尔模型 …………………………………………… 31
　　2.3.3　向量空间模型 …………………………………………… 32
　　2.3.4　概率检索模型 …………………………………………… 36
2.4　互联网检索工具的性能评价 ……………………………………… 36
　　2.4.1　收录范围 ………………………………………………… 36
　　2.4.2　检索功能 ………………………………………………… 37
　　2.4.3　检索效率 ………………………………………………… 37
　　2.4.4　检索结果的处理和展示 ………………………………… 38
　　2.4.5　用户界面设计 …………………………………………… 39
思考题 …………………………………………………………………… 39

第3章　互联网检索工具（一）——搜索引擎 …………………………… 40

3.1　搜索引擎概述 ……………………………………………………… 40
　　3.1.1　搜索引擎的发展简史 …………………………………… 40
　　3.1.2　搜索引擎的工作原理 …………………………………… 42
3.2　搜索引擎的类型 …………………………………………………… 47
　　3.2.1　网络检索工具的分类 …………………………………… 47
　　3.2.2　搜索引擎的主要类型 …………………………………… 49
3.3　通用搜索引擎简介 ………………………………………………… 49
　　3.3.1　国外通用搜索引擎 ……………………………………… 50
　　3.3.2　国内通用搜索引擎 ……………………………………… 66
3.4　垂直搜索引擎简介 ………………………………………………… 76
　　3.4.1　垂直搜索引擎概述 ……………………………………… 76
　　3.4.2　垂直搜索引擎的关键技术 ……………………………… 76
　　3.4.3　垂直搜索引擎的特征 …………………………………… 77
　　3.4.4　垂直搜索引擎常用工具介绍 …………………………… 78
3.5　元搜索引擎简介 …………………………………………………… 89
　　3.5.1　元搜索引擎概述 ………………………………………… 89
　　3.5.2　元搜索引擎的技术原理：资源整合/工具集成 ………… 91
　　3.5.3　元搜索引擎与普通搜索引擎的区别 …………………… 91
　　3.5.4　元搜索引擎的优缺点 …………………………………… 92
　　3.5.5　常用的元搜索引擎 ……………………………………… 93
思考题 …………………………………………………………………… 103

第 4 章　互联网检索工具（二）——目录型网络检索工具 104

4.1 目录型网络检索工具概述 104
4.1.1 目录型网络检索工具的发展 104
4.1.2 目录型网络检索工具的特点 105
4.1.3 目录型网络检索工具的分类法与类型 106
4.1.4 目录型网络检索工具的结构和使用方法 107
4.1.5 目录型网络检索工具与搜索引擎的比较 109

4.2 目录型网络检索工具介绍 111
4.2.1 网络资源目录 111
4.2.2 学科信息门户 120
4.2.3 搜索工具门户 125

思考题 125

第 5 章　多媒体信息检索 127

5.1 图像的检索 127
5.1.1 图像检索的原理与技术 127
5.1.2 基于文本的图像搜索引擎简介 130
5.1.3 基于内容的图像搜索引擎 138

5.2 音频文件的检索 144
5.2.1 音频文件检索的原理与技术 144
5.2.2 基于文本的音频搜索引擎 147
5.2.3 基于内容的音频搜索引擎 151

5.3 视频文件的检索 154
5.3.1 视频文件检索原理 154
5.3.2 基于文本的视频搜索引擎 156
5.3.3 基于内容的视频检索 160

思考题 163

第 6 章　学术信息的网上检索与获取 164

6.1 图书信息的网上检索 164
6.1.1 世界各地图书馆的馆藏目录系统 164
6.1.2 联合目录数据库 166
6.1.3 网上书店 169
6.1.4 电子图书数据库和服务提供站点 172

6.2 学术期刊的网上检索 …………………………………………………… 178
　　6.2.1 期刊出版信息的网上检索 …………………………………… 178
　　6.2.2 期刊收藏信息的检索 ………………………………………… 180
　　6.2.3 期刊内容信息的检索 ………………………………………… 181
　　6.2.4 开放获取期刊 ………………………………………………… 185
6.3 会议信息及会议文献的网上检索 ……………………………………… 189
　　6.3.1 会议信息检索 ………………………………………………… 189
　　6.3.2 会议文献的检索 ……………………………………………… 190
6.4 学位论文的网上检索 …………………………………………………… 194
　　6.4.1 学位论文数据库检索 ………………………………………… 194
　　6.4.2 学位论文数字化项目资源 …………………………………… 196
6.5 专利的网上检索 ………………………………………………………… 199
　　6.5.1 国外专利信息的网上检索 …………………………………… 200
　　6.5.2 中国专利信息的网上检索 …………………………………… 203
6.6 标准信息的网上检索 …………………………………………………… 204
　　6.6.1 国外标准信息的网上检索 …………………………………… 204
　　6.6.2 中国标准信息的网上检索 …………………………………… 206
6.7 国际组织、政府机构及出版物信息的网上检索 ……………………… 209
　　6.7.1 国际组织机构信息的网上检索 ……………………………… 209
　　6.7.2 国外政府信息的网上检索 …………………………………… 211
　　6.7.3 中国政府信息的网上检索 …………………………………… 215
思考题 …………………………………………………………………………… 219

第7章 参考信息的网上检索 …………………………………………………… 220

7.1 参考信息概述 …………………………………………………………… 220
　　7.1.1 参考信息检索概述 …………………………………………… 220
　　7.1.2 网上参考信息源的主要类型 ………………………………… 220
7.2 百科知识的网上查询 …………………………………………………… 221
　　7.2.1 百科知识查询概述 …………………………………………… 221
　　7.2.2 国内外网络百科全书简介 …………………………………… 222
7.3 人物信息的网上查询 …………………………………………………… 226
　　7.3.1 人物信息查询概述 …………………………………………… 226
　　7.3.2 网络传记资料简介 …………………………………………… 227
　　7.3.3 白页信息查询 ………………………………………………… 228
7.4 地理信息的网上查询 …………………………………………………… 232

   7.4.1　地理信息查询概述………………………………………………… 232
   7.4.2　地名检索网站……………………………………………………… 232
   7.4.3　地图的网上检索…………………………………………………… 233
   7.4.4　旅游信息检索……………………………………………………… 237
  7.5　时事、新闻的网上查询………………………………………………………… 242
   7.5.1　时事、新闻信息查询概述………………………………………… 242
   7.5.2　时事、新闻查询…………………………………………………… 243
   7.5.3　网络版年鉴简介…………………………………………………… 246
  7.6　机构信息的网上查询…………………………………………………………… 248
   7.6.1　机构信息查询概述………………………………………………… 248
   7.6.2　学术机构、政府机构名录………………………………………… 249
   7.6.3　黄页信息服务……………………………………………………… 250
   7.6.4　商务商机网站……………………………………………………… 255
  7.7　语词信息的网上查询…………………………………………………………… 257
   7.7.1　语词信息查询概述………………………………………………… 257
   7.7.2　语文词典或语词查询网站选介…………………………………… 257
  7.8　统计信息的网上查询…………………………………………………………… 260
   7.8.1　统计信息查询概述………………………………………………… 260
   7.8.2　统计信息检索网站选介…………………………………………… 260
  思考题……………………………………………………………………………………… 265

第8章　互联网信息检索策略、技巧与提高

  8.1　分析检索课题，明确信息需求………………………………………………… 266
   8.1.1　信息需求的描述…………………………………………………… 267
   8.1.2　关键词的选取……………………………………………………… 268
   8.1.3　关键词的组配……………………………………………………… 271
  8.2　选择检索工具，实施检索策略………………………………………………… 278
   8.2.1　判断目标信息可能存在的地方…………………………………… 278
   8.2.2　了解互联网信息检索的特殊性…………………………………… 279
   8.2.3　了解可用的检索工具……………………………………………… 279
   8.2.4　仔细分析自己的信息需求并选择合适的工具…………………… 281
   8.2.5　根据检索结果调整检索策略……………………………………… 285
  8.3　进阶检索技巧…………………………………………………………………… 285
   8.3.1　猜测 URL…………………………………………………………… 285
   8.3.2　右截断网址………………………………………………………… 286

8.3.3　利用网页快照 …… 286
　　8.3.4　注意多义词 …… 286
　　8.3.5　避免拼写错误 …… 286
　　8.3.6　利用浏览器的"查找"功能 …… 287
　　8.3.7　利用检索工具的特殊功能 …… 287
　　8.3.8　使用辅助关键词 …… 287
　　8.3.9　顺藤摸瓜 …… 288
　　8.3.10　使用自然语言检索 …… 288
　　8.3.11　注意单词的大小写 …… 289
　　8.3.12　垂直检索 …… 289
　　8.3.13　字段检索 …… 289
　　8.3.14　善于利用错误信息 …… 290
　8.4　几个检索案例 …… 291
　　8.4.1　年代久远的历史文件检索 …… 291
　　8.4.2　寻找KTV …… 293
　　8.4.3　煎饼果子翻译成英文 …… 294
　　8.4.4　特定研究课题的资料收集 …… 295
　思考题 …… 297

第9章　网络信息检索的未来发展趋势 …… 298

　9.1　网络信息检索面临的困难与挑战 …… 298
　　9.1.1　不断提高的用户需求 …… 298
　　9.1.2　搜索引擎的"瓶颈" …… 300
　　9.1.3　网络信息检索中的法律风险 …… 305
　9.2　网络信息检索的发展展望 …… 309
　　9.2.1　网络信息检索技术 …… 310
　　9.2.2　网络信息检索服务 …… 317
　思考题 …… 322

参考文献 …… 323

第 1 章 互联网信息资源

1.1 互联网上的信息资源

互联网已发展成为当今世界最大的信息平台,它是全球范围内发布、传播和交流海量科研信息、教育信息、商业和社会信息,实现信息资源共享的最主要的渠道,也是最大的信息宝库。人们要想在这浩瀚无边、变化多端而又鱼龙混杂的信息海洋中发现并查找出有利用价值的信息并不是一件易事。要完成确实、有效的网络信息检索,首先就必须对互联网上信息资源的分布、种类和利用价值等有较全面的认识和把握。

随着互联网普及率的提高,互联网正渗透到社会生活的方方面面,成为推动社会经济发展的重要引擎。在互联网发展初期,人们存在的对网络信息资源的误解和偏见虽已逐渐消退,但是仍然有必要建立对互联网信息资源全面、客观的认识。如:要了解互联网信息资源并非应有尽有、唾手可得;要意识到在互联网上找到的、下载的信息并非都是正确的;要明确互联网在整个信息生态环境、信息交流链中所处的位置,了解网络信息资源的特点和利用价值;同时还应掌握各类网络搜索工具的特点、功能和查找方法;进而在面对各种媒体、各种信息系统、搜索工具时,能够根据检索需求的不同,做出正确的选择。

在当今的信息环境下,能够"在适宜的时机,以适宜的形式、适宜的价格找到确切的信息"是具有较高检索水平的重要体现。

1.1.1 网络上的信息内容

作为检索、利用互联网信息资源综合策略的第一步,就要了解网上主要有哪些信息内容,哪些信息内容是不容易被发现和查找到的。互联网上主要的信息内容包括以下几种。

1. 政府信息

政府信息是指国际组织、各国政府及其相关部门所发布的信息。包括:有关组织机构的宗旨、业务范围、人员、出版物、最新消息发布;还有各种法律、法规或相关政策信息;从统计数据到立法建议等,内容相当广泛。政府信息可以说是网上最有价值的一部分信息,由于出自官方,所以具有权威性、可靠性等特点。另一个突出的特点是价廉,其中大部分信息都是免费的,网民可以免费获得许多没有版权限制的政府文件。

2. 科研信息

科研信息主要指各专业学术机构（如学会、协会、研究院所等）所设立的网站及其相关信息，包括目标、宗旨、成员、主要出版物、最新学术活动安排（如会议、展览等）、各种学术性电子期刊、学科专题论坛、讨论组，各学科应用的工具性计算机软件，还有近年来兴起的许多开放存取资源等。

3. 教育信息

教育信息主要有各大学所设立的网站及相关信息。其内容相当广泛，有该校各学院、系、专业的介绍，学位、奖学金的设立，入学申请表、校历，以及学校周边环境、生活设施、公共交通。还有各学科专业的教学计划、课程表，以及教师的个人网页（通常含教师个人资历、所任课程的教学大纲、研究成果、著述、近期研究活动等）。另外，互联网已经发展成为一种重要的教育手段、学习环境，它所包含的教育信息是极为丰富的，如：各种远程教育的课件；用于学生自我学习的交互式虚拟教室；还有为教师教学而提供的大量参考资料与素材，如有关科学、艺术和人类感知的各种图片、照片等多媒体网站及数据库。

4. 媒体信息

媒体信息主要包括各类信息媒体（如报纸、杂志、电视、广播等）的网站资源，世界各地图书馆的数字化馆藏及其他提供各类电子书、数字期刊等信息内容的网站。近年来，互联网作为新型媒体快速崛起，网络媒体受众广泛、关注度高、交互性强、价格低廉，在满足人们不同信息消费需求方面具有独特优势，已成为最具活力、最具发展潜力的大众媒体。

5. 商务信息

目前，互联网正从信息传播和娱乐消费为主向商务服务领域延伸，电子商务的迅速发展使得互联网开始逐步深入到国民经济的更深层次和更宽领域，网络上各种与商务活动有关的信息也日渐增多，既有各种原材料、制成品的供求信息、价格行情，也有各种市场调查、市场研究与分析预测信息，还有各种采购、招标、推广与服务信息等。随着电子商务在整体网络经济中的占比继续扩大，网络商务信息也将不断丰富和繁盛。

6. 休闲娱乐信息

休闲娱乐信息曾被认为是网上"最成功"并具有占比优势的领域，包括各种网络游戏、网络文学、音乐、视频信息。有为任何一种可想象出的兴趣、爱好（如足球、音乐、电影、收藏、烹饪等）而开设的各种网站、讨论组、俱乐部等，也有各类旅游信息，风景名胜、特产、民俗，以及宾馆、饭店、住宿、交通等信息。

1.1.2　网上不容易获取的信息内容

尽管网上信息发展繁盛，事实上还是有许多重要信息不能在网上公开，或不能让用户自由访问、获取，比如有关企业的战略，发展规划，技术、商业、贸易秘密等。各类有知识产权限制的文学、艺术作品、技术成果和数据库等，一般都是要经过付费、订阅等途径获得认证、授权后，才能访问、浏览或下载到相关内容。

另外，应了解到互联网上还存在着"看不见的网页"(The Invisible Web，或称隐形网页)，简单来说就是指由于各种原因，不能被通用搜索引擎(如 Google、百度等)搜索到的网页。这部分网络资源曾被认为有很大数量。Bright Planet 公司曾估计，相比较于被普通搜索引擎收录的 10 亿网页，仍有 5 500 亿网页未被收录[①]。该公司近期网页数据显示：据早前的估计，这部分隐身网页的数量是被收录网页数量的 4 000~5 000 倍。当然，随着搜索引擎技术的不断发展，以及搜索服务商与内容提供商之间合作的加强，许多过去隐身的网页现在开放了，可以被检索和使用了。但网络用户还是应意识到：并非所有的网络资源都能够通过搜索引擎检索到，而搜索不到的网页或信息内容并非在网络上不存在。

1.2 互联网信息资源的特点及局限性

互联网作为数字化、网络化信息的核心和集成，它与传统的信息媒体和信息交流渠道相比有很大的不同。用户在享用互联网信息资源的同时，要了解其特点、优势和局限性，才能使互联网信息资源的价值能够得到更好的发挥。

1.2.1 互联网信息资源的特点

互联网信息资源的特点可以概括为以下几点。

• 广泛性。互联网连接了世界范围数以亿计的计算机，信息容量巨大，传播广泛。互联网上的信息资源极为丰富，覆盖面广，涵盖了各种学科、领域，几乎无所不包。

• 多样性。互联网以超文本、超媒体、集成式地提供多种信息类型，除文字信息外，还有声音、图像等音频、视频信息，人们可通过网络搜索到歌曲、文章、电影等多种形式的信息资源。

• 共享性。互联网是一种共享程度极高的信息资源配置平台，由于其信息存储形式及数据结构具有通用性、开放性和标准化的特点，使得网络信息资源在时间和空间上得到了最大程度的延伸和扩展。一份信息资源上网后，不仅可以及时地提供给本地用户，而且可以通过网络传播到世界各地供所有网络用户共享。

• 新颖性。互联网提供了辐射全世界的高速信息传输通道，网络信息具有出版周期短，时效性强的特点。网站、网页会随着时间的推移而不断更新，同时许多新的互联网交流形式(如推特/微博、博客等)更丰富了信息的传播渠道，加快了信息的传播速度，对一些突发事件、社会新闻、科学发现报道的原创率、首发率甚至超越了传统的新闻媒体和出版发行系统，已经成为追求信息新颖性、时效性的用户不可忽视的信息平台。

• 互动性。网络信息资源具有交互性、互动性，用户既是网络信息资源的利用者，也是网络信息资源的开发主体和建设者。以网络为媒介，世界各地的学者可以通过加入网

---

① "看不见的网页"介绍，http://www.sowang.com/SOUSUO/20041130.htm

络社区、群组交流探讨研究心得；教师和学生则可以利用在线学习平台交流学习资料，营造开放、自由的学习气氛；用户可以通过在线问答系统获得其他用户的帮助，还可以利用自己所掌握的知识为他人释疑解惑。

• 经济性。互联网是一种比较经济、廉价的信息获取方式，用户获取网络信息资源大多是免费的，一般只需付出查找信息的时间成本、一定的通信费用和打印费用。对比传统的通过订阅、购买印刷型出版物获取信息的方式，在时间和费用上都是比较经济的。

1.2.2 互联网信息资源的局限性

网络用户在享受互联网信息平台的方便、快捷时，也要意识到互联网信息资源的局限性。要注意选择相关的信息工具、掌握检索网络信息的方法，有效地查找、获取信息，并对所获取信息资源的信息价值做出客观判断，才能充分地利用网络信息。互联网信息的局限性主要体现在以下几方面。

• 分散。网络信息资源来自世界各地数以亿计的计算机，信息生产及传播渠道的分散性很强。既有组织机构、企业发布的信息，也有用户的原创；互联网在为使用者提供了广阔信息空间和丰富信息机会的同时，也使用户难以把握所需信息的来源和传播渠道。

• 无序。由于大量信息资源分散在网络的不同层次和节点，不具有中心点，没有统一的管理机构和发布标准，致使信息资源缺乏组织、整理，处于无序状态。

• 多变。网络信息资源传播迅速，动态性、变化性很强，大部分资源站点更新非常频繁，网页的变化、更迭、新生、消亡等随时随地都在发生，致使某些信息内容稍纵即逝、难以捕捉。

• 信息质量难以控制。由于信息创造者的水平处于不同层次，致使生产出的网络信息资源形式各样，质量良莠不齐。

• 信息安全难以保障。伴随着电子商务市场的扩大和交易额的增长，网络欺诈活动日益猖獗，用户在利用网路资源时常常会遭遇到虚假网站、身份窃取、账户丢失、黑客攻击等事件，使个人隐私及财产受到侵犯和威胁。

1.3 互联网上信息资源的种类

互联网信息资源丰富多彩、包罗万象、分布广泛，呈现着无限、无序的特点。了解互联网信息资源的大致分类，有助于用户理清网络信息资源的分布、交流渠道，认识不同类型、不同信息价值网络资源的传播、获取方式等。对互联网信息资源的分类可以从多个不同的角度进行，例如，根据媒体类型的不同，可分为文本、图形、图片、声音、音乐、电影及各种视频影像等多种媒体格式的信息；根据使用权限的不同，可分为开放信息（无访问、使用限制，可自由访问的网络信息）与限制访问信息（即有一定访问限制，需要付费订阅或注册登记获得授权以及账户密码后才能访问、使用的网络信息）；根据信息的表现形式，可以分为全文型(如各种报纸、杂志)、数据型(如各种报价网站)、目录型(如图书馆藏书目录)、事实型(如个人主页)等。而较常见的还是按照信息资源所采用的网络传输协议的不同来划分。

1.3.1 Web 信息资源

  Web 是 World Wide Web(WWW,3W)的缩写,中文译为"全球信息网"、"万维网"。它起源于 1989 年 3 月欧洲量子物理实验室 CERN(European Laboratory for Particle Physics)的科学家 Tim Berners Lee 提出的一份立项报告,建议采用超文本技术设计分布式信息系统并把 CERN 内部的各个实验室连接起来,在系统建成后,将可能扩展到全世界。同年夏天,Tim Berners Lee 成功开发出世界上第一个 Web 服务器和第一个 Web 客户机,虽然还非常简陋,但它确实是一个所见即所得的超文本浏览/编辑器;1989 年年底,该发明被正式定名为 World Wide Web。由于用户在通过 Web 浏览器访问信息资源的过程中,无须再关心一些技术细节,而且界面非常友好,人们只要通过输入、点击、链接等简单方法,就可以很便捷地浏览、获得丰富的信息资料。因而 Web 在互联网上一经推出就受到热烈欢迎,引起广泛关注和大面积推广使用。1994 年互联网上传送的 WWW 数据量首次超过 FTP 数据量,成为访问网络资源的最流行的方法。至今,Web 服务器已成为互联网上最大的计算机群,Web 文档之多、链接的范围之广,令人难以想象。可以说,WWW 技术给互联网注入了强大的发展动力,使互联网的普及迈出了开创性的一步。

  WWW 之所以受到人们的欢迎,在于其高度的集成性。它把各种类型的信息(如文本、声音、动画、录像等)和服务(如 News、FTP、Telnet、Gopher、Mail 等)无缝链接,提供了丰富多彩的图形界面,直观方便;其信息服务支持超文本和超媒体;可使用户在全世界范围内查询、浏览最新信息。Web 信息由资源地址域名和 Web 网站、站点组成,Web 站点可以相互链接,以提供信息查找和漫游访问,还可以使用户与信息发布者或其他用户相互交流信息。掌握 Web 资源的使用需要了解以下几个重要概念。

  1. 超文本传输协议(HTTP)

  HTTP 是浏览器与 Web 服务器之间相互通信、传输、响应用户请求的协议。Web 服务器根据客户提出的 HTTP 请求,为用户提供信息浏览、数据查询、安全验证等方面的服务。

  2. 超文本标记语言(HTML)

  HTML 是一种专门编程语言,具体规定和描述了文件显示的具体格式。也即 Web 的描述语言,用于编制通过 WWW 显示的超文本文件。

  3. 通用资源定位程序(URL)

  通用资源定位程序又称网络资源的统一定位格式或统一资源定位器。实际上就是一个用以标识文档类型及其所在网络地址的字符串,它的用途是用统一的方式指明互联网上信息资源的位置。URL 包括 3 部分:所使用的传输协议、服务器名称、该服务器上定位文档的全路径名。URL 不仅用于 HTTP 协议,还适用于 FTP、Gopher、Telnet 等协议。

4. 主页（Home Page）

主页是浏览器访问某个 Web 服务器上的信息时第一个链接到的文档。它是该服务器入口处的 HTML 文件，是进入该服务器、访问其所提供的各类信息资源的导引页，要为用户浏览该服务器中的有关信息提供方便。

5. 链接（Link）

链接是 Web 网页的元素，是指向其他信息资源的指针，把 Web 页捆绑在一起。跟随链接可从一个文档跳到另一个相关文档。

6. 浏览器

浏览器指 Web 服务客户端的浏览程序，是显示网页服务器或档案系统内的文件，并让用户与这些文件互动的一种软件。可向 Web 服务器发送各种请求，并对从服务器发来的超文本信息和各种多媒体数据格式进行解释、显示和播放。个人计算机上常见的网页浏览器包括微软的 Internet Explorer(IE)、Mozilla 的 Firefox、Google 的 Chrome、苹果的 Safari 等。国内也有搜狗浏览器、傲游浏览器、百度浏览器等多家。大部分浏览器支持除了 HTML 之外的广泛格式，如 JPEG、GIF 等图像格式，并且能够扩展支持众多的插件 (plug-ins)。另外，许多浏览器还支持其他的 URL 类型及其相应的协议，如 FTP、Gopher、HTTPS(HTTP 协议的加密版本)。HTTP 内容类型和 URL 协议规范允许网页设计者在网页中嵌入图像、动画、视频、声音、流媒体等。

目前，WWW 是互联网上最为流行的信息传播方式，Web 资源成为互联网上最具优势的主流信息资源。为满足各种不同的信息发布和交流要求，Web 资源呈现了快速、多样化的发展，有各种不同的网站形式，如门户网站、社交网站、搜索网站、商务网站、教育网站、新闻网站、内容网站、数据库网站等；还有适合不同信息传播需要的网站功能，如博客(Blog)、微博(twitter，推特)、聚合内容(RSS-Really Simple Syndication)等。

1.3.2 Telnet 资源

Telnet 协议是互联网远程登录服务(Remote Login)的标准协议和主要方式，其功能是通过在远程计算机上登录，使用户正在使用的计算机暂时成为它所登录的某一远程主机的仿真远程终端，进而实时访问、共享、使用到远程计算机系统中对用户开放的相应资源。可以通过 Telnet 方式使用的资源既包括硬件资源，如超级计算机、精密绘图仪、高速打印机、高档多媒体输入/输出设备等；也包括软件资源，如大型的计算程序、图形处理程序，以及大型数据库、电子图书与档案等内容信息资源。虽然这些资源一般都存储在远程或异地的计算机系统中，但通过互联网使用起来却像在身边一样方便。

使用 Telnet 协议进行远程登录时需要满足以下条件：在本地计算机上必须装有包含 Telnet 协议的客户程序；必须知道远程主机的 IP 地址或域名；必须有登录标识与口令。访问 Telnet 信息资源的一般过程是：

(1) 在 Telnet 命令中输入远程计算机的域名或 IP 地址，在本地机与远程主机间建立一个 TCP 连接。

(2) 连接成功后,在本地终端上输入用户名和口令以获得系统认证或访问授权。

(3) 获得访问授权后,按给定的访问权限,访问权限允许的相关资源或使用该系统提供的各种互联网服务,如 E-mail、FTP、Archie 等。其间用户所输入的任何命令或字符是以 NVT(Net Virtual Terminal)格式,通过一个 IP 数据包从本地主机传送到远程主机,而远程主机输出的 NVT 格式的数据也转化为本地所接受的格式发送回本地终端,包括输入命令回显和命令执行结果等。

(4) 访问结束,本地终端还要与远程主机撤销连接。

Telnet 曾经是一个强有力的互联网资源共享工具,通过 Telnet 方式提供的信息资源主要有:政府部门、研究机构对外开放的数据库,某些商业性联机检索系统(如 Dialog、Lexis-Nexis 等),一些大学和研究机构开设的电子布告栏系统 BBS(Bulletin Board System),还有许多大中型图书馆的在线公共检索目录(Online Public Access Catalog,OPAC)等。但近年来,Telnet 的应用在逐渐减少,主要原因有:个人计算机的性能日益提高使得在其他计算机中运行高端程序的要求逐渐减弱;Telnet 服务在通信和工作过程中是以"明码"状态来传输资料和指令的,其安全性欠佳;Telnet 使用中需要了解和掌握一些指令,初学者操作起来不是很容易。还有原来需要用 Telnet 访问的许多信息资源(如 BBS)都逐步开发了其功能更强大、更高效的 Web 访问界面。

1.3.3　FTP 信息资源

FTP(File Transfer Protocol)是互联网使用的专门用来传输文件的协议。该协议的主要功能是完成从一个系统到另一个系统完整的文件拷贝,即在联网计算机之间传输文件。一般来说,用户联网的首要目的就是实现信息共享,文件传输是信息共享中一个非常重要的内容。要解决在运行不同操作系统的联网计算机之间的文件交流问题,需要建立一个统一的文件传输协议,使用户可以把自己的文件传送给其他人,或者从其他的用户环境中获得文件。与大多数互联网服务一样,FTP 也是一个客户机/服务器系统。用户通过一个支持 FTP 协议的客户机程序,连接到在远程主机上的 FTP 服务器程序。用户通过客户机程序向服务器程序发出命令,服务器程序执行用户所发出的命令,并将执行的结果返回到客户机。例如,用户发出一条命令,要求服务器向用户传送某一个文件的一份拷贝,服务器会响应这条命令,将指定文件送至用户的机器上。客户机程序代表用户接收到这个文件,将其存放在用户目录中。通过 FTP,用户不仅可以从远程计算机下载(download)文件,也可将文件从本地机上载(upload)到远程计算机。因此,FTP 是获取各种计算机文件、共享软件资源不可缺少的工具。

使用 FTP 时必须首先登录,在远程主机上获得适当授权、取得相应权限后,方可上传或下载文件。通过 FTP 获取文件的一般步骤包括以下几点。

(1) 登录:旨在为 FTP 客户软件提供 FTP 服务器的地址,通过 FTP 与远程主机连接后，需输入用户名和口令。若访问的是匿名FTP，则只需以"anonymous"做用户名，E-mail地址或"guest"作为口令；一般这种访问被限制在公共目录(public或pub)下。

(2) 浏览目录，找到所需文件。

(3) 设置文件传输参数，选择文件的传输模式。如：ASCII模式——用于传输文本文件；二进制(Binary)模式——用于传输非文本文件。

(4) 下载所需文件。

当远程主机提供匿名FTP服务时，会指定某些目录向公众开放，允许匿名存取。系统中的其余目录则处于隐匿状态。为保障信息安全，大多数匿名FTP主机只允许用户从其下载文件，而不允许用户向其上载文件。即使有些匿名FTP主机允许用户上载文件，用户也只能将文件上载至某一指定上载目录中，经过系统管理员对文件安全性进行检查后，才会将这些文件移至某一公共下载目录中，供其他用户下载。匿名FTP使用户有机会免费存取到世界范围内容丰富的信息库，这个信息库经过日积月累，并且还在不断增长，永不关闭，涉及几乎所有的主题。

FTP主要用于下载公共文件，其可能获得的信息资源类型很广泛，有电子图书、电子期刊与杂志、文稿、数据文件、教学课件、图片、影像资料、各公司技术支持文件、各种共享工具软件、应用程序等。

提供FTP信息资源的服务器遍布全世界，且数量不断增加，信息量日益扩大。若想有目的地查找到所需要的文件，了解某一特定文件可从哪个匿名FTP服务器的哪一个目录中获得，则无异于大海捞针，必须借助相应的检索工具，如Archie服务。当然现在一些通用搜索引擎也支持对FTP资源的检索，相关内容将在本书后面的章节中予以介绍。

1.3.4 用户组信息资源

网上各种各样的用户新闻组、邮件群曾经是互联网上很流行的信息交流形式，包括：新闻组(Usenet Newsgroup)、电子邮件群(Mailing List)、专题讨论组(Discussion group)、兴趣组(Interest group)、论坛(Forum)等。虽名称各异，但实质上都是由一组对某一特定主题事物有共同兴趣的网络用户组成的邮件群组或电子论坛，是一种有组织的电子邮件系统，用户在其间通过电子邮件(E-mail)进行一对多的交流。它是电子邮件功能的进一步扩展，使人们能更便捷地进行多向交流。其主要优点如下：

1. 直接交互

在用户组中，每个人都可以自由发布自己的消息，不管是什么样的问题，都可直接发布到组中和成千上万的人进行讨论。

2. 全球互联

通过互联网，全球绝大多数的新闻服务器都相互连接，在某个新闻服务器上发表的消息会被送到与该新闻服务器相连接的其他服务器上；而通过电子邮件群，群组中交流的每一篇文章都可能漫游到世界各地。

3. 主题鲜明

国际新闻组在命名和分类上有其约定俗成的规则,如:.comp:计算机专业类,.sci:科学研究类,.soc:社会科学类,.rec:休闲、娱乐类,.biz:商业类,.talk:热门话题类等。看每个新闻组的命名就能清楚其主题,用户可以直奔主题而加入某个用户组,找到与自己志趣相投的人群进行更有针对性的交流。而用户组的主题范围也十分广泛,用户所需所求的任何主题几乎都能找到与之对应的用户组,其信息交流的广泛性、直接性是其他信息资源不能比拟的。上述用户服务组通常都具有以下几种功能。

(1) 订阅该组;
(2) 取消订阅该组;
(3) 读取组中文章;
(4) 发布文章至该组;
(5) 跟随文章(跟帖,在读取文章中加入心得或建议);
(6) 回复;
(7) 转发。

而通过上述用户组形式传递、交流的信息也就构成了互联网上不容忽视的一类信息资源。尽管由于近年来随着互联网的发展、宽带的普及,出现了更多快速、便捷的实时交流方式,如 RSS、Blog、Twitter 等,使用户组的风头逐渐削弱。但在科研和教学方面,用户组还是一种值得重视的、丰富的、自由的、最具有开放性的资源。通过加入某一电子邮件群,用户可以订阅某一行业快报、电子期刊,定期了解业界新闻动态、技术发展、学术会议等;而通过加入某一主题的新闻组、论坛,更可以有效获取某个学科主题领域的新闻、研究动向、最新成果发布,浏览各种讨论、评论,可以与世界各地各领域的专家学者直接交流讨论、质疑解惑、发表自己的观点,就学习研究中遇到的疑难问题求教于同行,分享有益经验。对于研究人员来讲,应该将其视为获取正式出版渠道以外研究性信息的一个重要渠道,其直接、方便、快捷、非正式等特点都对学术研究大有裨益。

1.4 互联网信息资源的评价

互联网上的信息发布是比较自由的,由于信息发布者可以虚拟身份、自由发表,这使得网上信息数量庞大、极为丰富多彩,但同时也带来了信息资源的优劣混杂、良莠不齐。因此,在人们有目的地获取与利用互联网信息时,就产生了对网上信息质量如何评价的问题。

1.4.1 评价的意义

与传统的信息资源相比,互联网信息资源的首要特点即广泛的可存取性(accessibility)。网络信息的自由存取和易用性,导致了网络信息资源的繁盛。任何可以想象到的学科、主题领域每日每时都有大量的网络信息产生。网上信息广泛、丰富,来源分散,却缺乏组织和质量控制,呈现着无限、无序、优劣混杂的发展状态。正如国外学者指出的那样:"网络的最大优势,同时也是其最薄弱之处即任何人、任何机构随时都可以在互联网上发布信息,生产出一个数字化文件 DLO(document-like-object,即类似文献的电子文件)。"网络用户均明显地感觉到由信息过载(information overloaded)所引起的焦虑和无所适从。另外,互联网改变了传统的信息发布和评价过程。在印刷文献时代,信息的发表、过滤和评价一般是由专业的编辑、出版部门、专家学者、书评人员或权威机构等承担的。而在互联网时代,信息发布具有很大的自由性和任意性。发表自由使信息的生产跳过了编辑出版这一至关重要的质量控制环节,网络信息的整体质量缺乏必要的控制和管理机制,就不可避免地产生了大量的信息污染。

而用户对获取高质量网络信息的期望在日益提高,他们希望所获取的网络信息是有效的、可靠的、权威的、相关的、适用的。面对着网络信息资源的质量不均衡状态,发展网络信息资源的评价方法及相关标准和工具是至关重要的。对网络信息资源进行质量评价,从信息海洋中经过甄别、筛选出有学术价值或利用价值的精华部分,推荐给网络用户使用,可以较好地屏蔽一些信息污染或检索噪音,大大地提高用户利用互联网信息资源的效率。

1.4.2 评价的标准

互联网信息资源评价受到了广泛重视,在国外已经成为一个较热门的研究课题。一些机构和研究人员纷纷在有关研究的基础上,提出若干系列的评价标准。

对互联网信息资源的评价一般是以网站(Website)或网页(Webpage)为评价单位,评价标准一般是借鉴了传统的对印刷型文献评价的标准并结合网络信息的特点,主要着眼于网页所提供的信息内容质量和信息存取方式等综合而成的。评价标准分为以下若干方面。

1. 目的(Purpose)

目的,即该网站是否有明确说明其目的、对象?是宣传报道、教育教学,还是销售或娱乐?网站面向什么层次、水平的用户对象:是专业人员、一般人员,还是外行或学校学生?你是否属于该用户层?网站的信息内容是否符合其目的、要求?是否适用于其所面向的用户层?

2. 范围(Scope)

范围,即该网站所覆盖的主题领域、所提供信息的广度、深度、时间范围以及所包括的网络资源类型和服务范围(如 Telnet、FTP 或 RSS 订阅等)。

3. 内容(Content)

该网站所提供的信息是事实性的,还是评论性的?网站是否包括原始信息还是仅提供链接?评价主要围绕网站内容的如下方面。

(1) 准确性(Accuracy)。该网站是否提供信息的来源、出处以备用户进一步核查?其页面语言是否准确、严谨、无拼写、语法错误?是否明确列出网站信息的编辑、提供等责任者？其语气是客观性的还是广告性的？有否受政治意识形态或商业利益因素的影响？

（2）权威性（Authority）。该网站的主办者、编写者是谁？是否为有声誉的组织机构、专家学者？是否提供了可进一步联系、核实、交流信息的可能，如电话号码、通信地址及 E-mail 地址？其内容是否有版权保护、其版权的拥有者是否有明确说明？

（3）新颖性（Currency）。主要看该网站信息的提供时间、更新周期及最近一次的修改日期。

（4）独特性（Uniqueness）。该网站的信息内容是否还有其他的提供形式，如其他的 Web 网站、印刷品或光盘版。网站信息服务的特点，有无特别的服务功能？

（5）可靠性（Reliability）。该网站是否稳定、可靠。能否较稳定、连续地接受访问？其链接及检索的速度是否正常？

（6）链接（Links）。指向其他资源的链接是否明确、清楚且维护良好，无空链、死链，是否有潜在的版权限制等。

（7）图形和多媒体设计（Graphic and multimedia design）。网站的感官效果是否良好？所采用的各种图形、图像、声音或虚拟现实等手段是否符合其开发目标和用户对象，是否增强了网页的信息提供功能，有否喧宾夺主？

（8）信息的展示与设计（Information presentation and design）。网站信息的组织、提供、展示的方式如何？其设计的信息框架是否符合用户的浏览习惯，易于查找？

（9）可操作性（Workability）。即衡量该网站是否方便、有效、易用。具体包括：

① 用户友好性（User friendliness）。指有无特别的命令、帮助信息、用户界面有无菜单，屏幕内容是否清楚、易读。

② 检索性能（Searching）。网站包含的内容能否被有效地检索到？其组织信息的方式是逻辑分类、按年代或按地理分区？是否有网站内的搜索引擎？检索界面如何？支持哪种检索算法和检索结果排序？

③ 交互性（Interactivity）。网站是否提供了与用户的交互功能？这些功能是否增强了该站点的使用价值？

4. 费用（Cost）

人们一般认为，互联网上的信息使用是免费的，但实际上还是存在费用问题的，且在获取信息中的成本费用因素日益为人们所重视。费用可分为两部分：一是连通费用，即为接受该网站服务所花费的连通时间或流量计费；二是为访问、获取、使用网站中的知识内容所必须付出的费用。如某些电子书刊的订购费、数据库的检索使用费等。应该注意到某些付费服务会以有限功能版、一段时间试用期等形式免费提供。

5. 评论（Review）

要关注有关的网络资源评价服务，如专业期刊上的站点推荐，较著名的资源评价网站、专业的网络资源评价调查报告等。

网络用户了解、掌握了上述网络信息资源的评价标准，可以使自己的网上"冲浪"行为建立在某种分析、判断的基础上，变得更加有智慧。同时还能对自己所搜集、获取的信息的价值有所判断。而网络资源的使用者同时也会成为网络信息的编辑、生产者，如大家都能在编辑、发布网络信息的过程中，规范地按照上述网络信息资源质量的标准要求去做，也将逐渐提高、改善网络信息的整体质量。

1.4.3 评价方法

1. 网络信息资源质量的评价方法

网络信息资源质量的评价方法可分为以下几种。

（1）定性评价，即按照一定的评价标准对被评站点的各方面特征、质量做出主观评判。一般有问卷调查、专家评议等方式。

（2）定量评价，即利用数量分析方法，对相关数据进行调查采集、统计分析，进而做出较系统、客观的评判。常见的对网站信息进行定量评价是对访问次数、登录情况、链接数量等进行统计分析，进而对用户兴趣、网站影响力、站点所提供信息的质量、水平和可信度等做出评判。

2. 网络信息资源的一般评价方法

在日常的互联网应用中，对网络信息质量的把握与评价更多地是要由用户自己承担。对于用户个人来说，全面应用上述一系列标准对某一网页或网站做出综合评判是一件很不容易的事。用户可以通过以下一些途径搜集相关信息，对网络资源信息做出初步的一般评价。

（1）从 URL 中得到信息。从一个网页的 URL 中可以看出它所在的服务器网域（Domain），一般来说，来自教育机构（.edu）、政府部门（.gov）、非营利性组织（.org）的网页的学术价值和权威性较高。同时，如果信息内容来自某机构的官方网站，如来自 www.cctv.com 的电视节目预告表，来自国家统计局的统计月报等，其质量往往是有保证的。

（2）查看网站描述和版权说明。机构网站的首页通常有"关于我们"（About us）、"联系方式"（Contact us）、"常见问题"（FAQ）、"版权说明"（Copyright）等栏目，通过查看这些栏目的内容，能够了解到网站主办者的名称、地址、联系方式、工作宗旨、职能、信息来源、最近更新日期等情况，进而对网站内容的权威性、可靠性和时效性等做出判断。需要指出的是，从网站本身的描述来判断网站信息质量的方法并非百分之百的可靠，因为这些描述也有可能是虚假的，用户必须结合其他线索和方法来做评估。比如某网站宣称自己是一家很有实力的公司，但留下的业务联系方式却是通用的免费电子邮箱，就会让人生疑。

（3）从链接中获取信息。和一个网页有关的链接有两种。一种是看得见的，即网页上以"友情链接"、"相关链接"等方式推荐的其他站点、页面或指出本网页内容所参考的来源。如果网页作者能够列出一定数量的链接来支持和印证自己在网页中阐述的观点（类似于写作论文所列出的参考文献），那么就能为网页读者扩展浏览内容提供途径。而一个网页所提供的链接质量的优劣也能够在一定程度上反映这个网页本身的质量，如果某网页上的链接多为空链、死链、错链,或者为一些无聊、色情站点提供链接,那么该网页的质量就很值得怀疑。另外一种链接是看不见的,即指向该网页的链接(反向链接),一般来说,如果在互联网上有大量的链接指向某个网页,就说明这个网页的知名度高,信息质量也应该不错,这也是搜索引擎判断一个网页重要性的基本方法。

那么,用户如何知道自己有多少个链接指向自己正在浏览的网页呢?可以通过Google 的"link:"语法来实现:在 Google 的检索框中输入自己正在浏览的网页的 URL 进行搜索,就可以从返回结果的数量知道有多少个网页提供了指向该网页的链接(虽然这个数字并不是非常准确,但还是有一定的参考价值)。

(4)参考他人的评价。有一些书刊和网站提供对各专业互联网信息资源的评价、介绍、综述或热门站点推荐等。如一些门户网站推出的"站点精选"、"最佳购物站点"、"信息资源荟萃"、"What's Cool"、"Cool Links"等栏目。这些虽然不能算是对网络资源的全面评价(一般只是对一些优秀、实用站点简单罗列和描述),但是其简单易行,对一般网民具有一定的参考价值。

综上所述,互联网信息资源的质量评价是当代信息管理领域的一个重要课题。国外一些学术性图书馆在这方面的研究起步较早,也取得了一定成果,有些图书馆还将相关研究成果整理成教程在网上发布,供用户参考。如:加州大学伯克利分校图书馆提供的"Evaluating Web Pages:Techniques to Apply & Questions to Ask"(www.lib.berkeley.edu/TeachingLib/Guides/Internet/Evaluate.html),有兴趣的读者可以进一步参阅。更有许多学术性图书馆等信息管理机构,综合运用其在信息采集、信息组织、信息筛选和评价等方面的专业技能,开发出各种学科专业信息门户网站,为用户获取各领域优质网络信息资源提供服务。本书将在第 4 章介绍相关内容。

思考题

1. 互联网上能找到哪些信息资源,什么样的信息无法通过互联网搜索到?
2. 互联网信息资源有什么特点?
3. 如何评价一个网站的质量?
4. 近年来出现了一些新型的网络资源形式,如豆瓣、微博、推特等基于 SNS 社交网络平台的新资源受到人们的追捧。与传统的网络信息资源相比,这些新型资源的特点有哪些?怎样利用它们?
5. 什么是"看不见的网页",都有哪些类型和特点?如何更有效地发现、利用这些信息资源?

第 2 章

互联网信息检索概论

在互联网出现之前,人类文明发展过程中所积累的知识基本上是以文献形式保存的,古人常用"浩如烟海"、"汗牛充栋"来形容文献数量的庞大。对古人来说,要从浩瀚无边的文献库中寻找特定领域的数据或史实是一件相当艰难的工作。唐朝大诗人李商隐的诗句中多有隐晦迷离、难于索解的典故,诗人也常需要查找资料对这些典故进行确认。据《唐才子传》记载:"商隐工诗,为文瑰迈奇古,辞隐事难。及从楚学,俪偶长短,而繁缛过之。每属缀,多检阅书册,左右鳞次,号獭祭鱼。"可见即使是大文豪写作,需要检索资料时,工作量依然是十分艰巨的。在大量文献中进行信息检索的难度,由此可见一斑。而在信息爆炸的当今社会,互联网迅速发展及与人类生活日益紧密的结合导致网上信息主题日益增多,涉及的学科、领域、层面也越来越广,信息量与唐朝的典籍相比更是不可同日而语。互联网成为了一个巨大的、开放的信息资源库,资源包罗万象、类型繁多,且变化频繁。如果没有一定的检索方法和工具的帮助,寻找所需要的信息资源将犹如大海捞针般困难。互联网信息检索已经成为现代人获取信息极为重要的一种方式,能否便捷、高效地检索互联网上的信息,在一定程度上决定了互联网技术的发展方向。

本章将从互联网信息检索的类型、方法入手,讲述互联网信息检索的理论发展与技术细节,并介绍互联网信息检索工具的设计架构、种类特色和性能评价指标,使读者能够深入了解互联网信息检索的原理和特色,从而能更加准确、灵活地利用各种工具来满足自己的信息检索需求。

2.1 互联网信息检索的类型和特点

在介绍互联网信息检索之前,有必要对信息检索的发展历史做一下简单回顾:在互联网出现之前,信息检索经历了手工检索和计算机检索两个阶段。手工检索是传统的检索方式,使用的是目录、索引、文摘、百科全书、机构名录、手册等印刷型检索工具,检索方式是"手翻、眼看、头脑判断";计算机检索是随着计算机的出现发展起来的,借助计算机系统信息存储的技术革命,人们能够实现海量信息的低成本便捷存储,并在此基础上利用计算机的运算速度实现高效率的信息检索。互联网信息检索并不能狭义地理解为计算机检索的一种,而是融合了手工检索和计算机检索二者之长,是这两种信息检索方式的发展和延伸。可以说,互联网信息检索的出现,开创了信息检索领域的新篇章。

伴随着互联网的发展,互联网信息检索也经历了几个标志性的时代:互联网诞生初期,万维网(World Wide Web,WWW 或 Web)还没有出现,那时存在于各大 Ftp 服务器的文件构成了互联网信息资源的主要部分,第一个互联网信息检索工具是 FTP 搜索引擎 Archie。后来随着万维网的出现,Web 形式的信息资源逐渐受到重视;但早期 Web 信息量还比较少时,目录检索产生并占据了主要地位;再后来,互联网迅速发展,Web 信息呈指数级增长,分类目录式的导航式检索远远不能满足大量用户需求,关键词索引式的搜索引擎诞生,同目录检索工具相辅相成,协同为用户提供检索服务。而今,Web 2.0 方兴未艾,各种特色型、垂直型、智能型搜索工具不断出现,互联网信息检索正向纵深方向发展。

2.1.1 互联网信息检索的类型

1. "顺链而行"的浏览

说起互联网信息检索,读者首先会想到的是使用通用的搜索引擎或访问某些网络资源目录、指南等。实际上,在互联网上发现和检索信息最原始的方法是不依靠任何检索工具的网络浏览行为。即在日常的网上阅读、漫游过程中,随机地发现一些有用信息。这种方式虽然原始,但直到今天仍然不失为获取互联网信息的一种重要渠道。回想一下,我们是否都有每天打开网络浏览器,访问某个自己熟悉的网站,看到某个感兴趣的网页,进而通过该网页中的链接进一步浏览其他相关网页的经历?这种方式具有较大的随意性,与在书店、图书馆浏览、翻阅有几分相似,在某个开放式书架前驻足,挑出几本自己感兴趣的图书,或是来到熟悉的书架前,看看是否上架了同一类型的新书,浏览过程中常会有一些意想不到的收获,但也有可能一无所获。

基于互联网"超链接"的技术特点,用户在浏览网页时,可以非常方便地利用超文本文件中的链接从一个网页跳转到另一个相关网页。这有些类似于传统文献检索中的"追溯检索",即根据文献后所附的参考文献目录去追溯相关文献,但检索效率已大大提升。追踪网页的超链接,用户可以一轮接一轮不断地扩大检索范围,在很短的时间内获得大量相关信息。随着论坛、微博、SNS 社交网络的兴起,信息分类、聚类的技术水平的提高,很多网页在提供特定信息内容的同时,还为用户提供了越来越详尽、贴近用户兴趣的相关网页链接列表,甚至将相关信息集中整理成专题,供用户集中浏览。这些支持浏览查询的手段既帮助用户扩充了检索范围、提供了更丰富的相关信息,也使用户在"顺链而行"中偏离检索目标、发生信息迷航的可能性大大降低。

在互联网发展初期,互联网信息检索工具还比较少,这个阶段"顺链而行"的人工浏览方式是互联网信息检索最主要的手段,而浏览器的"书签"(收藏夹)功能是成为该阶段被使用得最多的功能之一。人们在上网浏览的过程中常常将一些常用的站点地址记录下来,组织成目录以备今后之需。还有人进一步发现:一份记录了很多有用企业站点的书签对于其他人来说是检索互联网商业信息资源的宝贵工具,于是第一批互联网黄页应运而生。著名企业家、阿里巴巴集团的创始人马云,就是通过开发黄页而在互联网上掘到了第一桶金。互联网黄页的出现,意味着传统手工检索的工具开始与互联网融合。发展至今,支撑传统手工检索的重要检索工具,如《工程索引》、《科学引文索引》、《化学文摘》等各类文献检索工具以及百科全书、辞典、手册等参考工具几乎都进入了互联网,在网络信息平台下继续提供信息检索服务。

2. 基于目录型检索工具的互联网信息检索

"顺链而行"的浏览固然是必不可少的互联网信息检索方式,但相对于整个互联网信息资源的发展,个体的浏览所能覆盖的信息范围是微不足道的。人们在网上过滤与选择信息时,不可能仅仅按照传统的方式只凭人力逐个浏览、查阅。即使是黄页等传统检索工具移植到互联网之后,人们仍然需要更有效率的工具以协助信息检索工作的进行。

人们对互联网信息的寻找,从最原始的"顺链浏览"到黄页等早期检索工具的出现,实现了第一个飞跃。而互联网黄页本质上就是一种目录型检索工具。目录型网络检索工具也被称为网络资源目录或网络主题指南,它是一种基于人工的检索工具,由人工发现、抓取、辨别互联网信息,依靠编目、标引人员的知识,按照图书分类、学科分类或其他分类依据的体系,建立主题树分层目录,将采集、筛选后的信息分门别类地放入各大类或子类下面,用户通过逐级浏览这些目录来查寻自己所需要的内容。

最有代表性的互联网目录型检索工具当属 Yahoo(雅虎),虽然它并不是互联网上最早的目录指南,但无疑是最成功的一个。雅虎由杨致远和 David Filo 于 1993 年在斯坦福大学攻读研究生时创立。当时互联网刚刚开始风行,杨致远和 Filo 在网上"冲浪"的过程中,逐渐把他们所喜爱的站点编成一个名单以便寻找,并将这一名单在网上公布,供网友使用,这一名单当时叫做"Jerry's Guide to the World Wide Web(通往万维网的杨致远指南)",这一大受欢迎的名单就是 Yahoo 的前身。互联网发展的前期,在信息资源还不是十分丰富,检索手段更是相对缺乏的情况下,Yahoo 通过专业的人工处理,对网站信息进行整理、归纳,并组织到所建立的分类体系中。通过给用户提供可浏览和检索的树状分类目录,方便人们找到相应的网站、获取相应的信息,这种方式取得了巨大的成功,也使得 Yahoo 成为了早期最具知名度的互联网搜索公司。后来张朝阳在中国创办搜狐,也走了同样的道路,搜狐的网站指南成为当时中国最有影响力的目录型检索工具,Yahoo 和搜狐的网站分类与组织方法甚至成为当时图书情报领域热门的一个研究课题。

目录型检索工具由于人工参与程度高,网络资源目录的编排组织符合人们所熟悉的知识分类体系,检索目标性相对较强,提供的检索结果准确性也较高。在互联网发展前期,为人们检索互联网站点提供了极大的方便。不过,它也存在着信息涵盖量不大,更新能力有限的缺点。随着互联网的持续发展,目录型检索工具的地位遭遇到以 Google 为代表的搜索引擎的挑战。时过境迁,Yahoo 和搜狐都已发展成为门户网站,两个网站不再赖以网络资源目录作为吸引用户的核心内容;但两个网站仍然保留了各自的网站分类目录(搜狐将这部分业务转移给了旗下的"搜狗"品牌)。具体如图 2-1、图 2-2 所示。

第2章 互联网信息检索概论

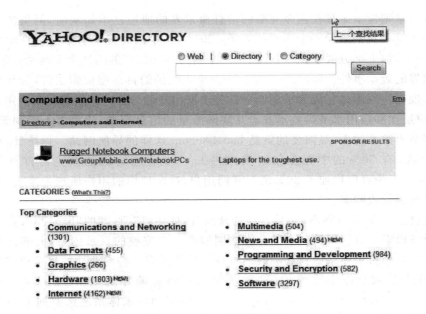

图 2-1　Yahoo 的目录界面

图 2-2　搜狗的网址导航界面

虽然目录型检索工具在当今互联网信息检索界的地位已不如从前,但仍然是一支不可忽视的力量。我们来看一个典型的例子:2004年,中国的搜索引擎巨头百度公司斥资1 000多万元,加上部分股票期权,收购了一个名为"hao123"的网址大全网站,成为当年国内互联网界的轰动事件。hao123只是一个由个人维护的目录型检索工具,为什么会让百度如此重视呢?原因是它成为了相当一部分上网用户的"入口"。随着互联网用户的急剧增加,用户层次和应用水平参差不齐。互联网海量的信息资源,让很多人感到无从下手,一个对网络不熟悉的人,最需要的就是hao123.com这样的导航网站。据统计,百度收购hao123之前,有30%的中国互联网用户将hao123设为自己的浏览器首页。收购了hao123,就等于为百度增加了30%的互联网用户,这个规模的用户所能带来的商业价值,促成了这桩天价收购案。

无论过去的Yahoo指南,还是现在的搜狗"网址导航"、百度的"hao123",都属于综合性的目录型检索工具。即按各自的分类法则构造一个完整的目录体系,大部分常用的网站都可以在这个目录体系中找到准确的位置。另外还有一些专业性的目录型网络检索工具,如南开大学数学图书馆维护的"数学学科网络资源导航"(http://www.mathlib.nankai.edu.cn/DaoHang/catalog.htm),用一个两层的目录体系遴选罗列了一系列高质量的互联网数学学科站点,如图2-3所示。

图2-3 南开大学数学图书馆维护的"数学学科网络资源导航"

基于目录型检索工具的互联网信息检索易于上手,用户只要对检索课题所涉及的知识体系有所了解,同时熟悉一些综合性和专业性的目录型检索工具,就可以利用浏览的方式获取质量较高的信息资源。

3. 基于索引型检索工具的互联网信息检索

随着互联网信息量的急剧增加,仅以"网站"为信息基本单元的检索方式已经不能满足更精细的检索需求,于是基于"页面"为信息基本单元的检索方式成为主流。用户检索关注的互联网信息已不仅仅停留在网站名称、简介和URL层面,而更迫切地要获取每个网页的内容。目录型网络检索工具数据量有限、更新不及时、相对成本较高等弊端逐渐显露出来,用户更期待使用全自动、大数据量的网络信息定位、检索系统,于是索引型网络检索工具由此登上了舞台。

最有代表性的索引型网络检索工具就是搜索引擎。它利用一个称为 Robot(也叫做 Spider、Web Crawler 或 Web Wanderer)的程序自动访问 Web 站点,提取站点上的网页,并根据网页中的链接进一步提取其他网页,像滚雪球一样,将搜集到的网页加入到搜索引擎的数据库中,并建立索引,供用户检索使用。然后在用户输入关键字后进行检索,检索结果中会一并附以摘要,如图 2-4 所示。索引型检索工具充分利用了计算机的处理能力,对于规模巨大的互联网信息资源的索引和检索具有强大的优势,使得人们可以用更少的时间检索到更为广阔的互联网信息。所以,索引型检索工具很快就成为了互联网用户使用最为广泛的检索工具。

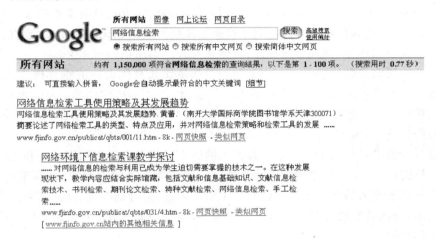

图 2-4 Google 检索结果页面

当然,搜索引擎也存在一定的缺点,其主要缺点是检索噪音问题。使用搜索引擎检索某个关键词或关键词组合,通常都会返回大量检索结果,逐一浏览这些结果对用户来说是不现实的。搜索引擎通过不断改善的算法策略,力争将最符合用户检索需求的结果排序靠前,取得了一定的效果,以 PageRank 技术为代表的第二代搜索引擎技术,将索引型检索工具的检索质量提升了一个档次。但当前人工智能的发展水平尚未达到可以取代人工专业筛选的程度,搜索引擎的检索质量仍然不能完全令人满意。

搜索引擎的另一个缺点是索引非文件形式的互联网信息资源的能力有限,为了保证 robot 抓取网页的效率,让 robot 不至迷失在无尽的超链接中无法返回,通常搜索引擎的 robot 在漫游各个网站时会受到目录深度的限制,较大搜索引擎的 robot 一般也就能顺链深入到一个网站的 4~5 层页面而已。随着网站技术的进步,许多站点已经将站内信息以数据库的方式而非文件的方式存储,这类站点被称为"看不见的网页"(The Invisible

Web),搜索引擎索引到这类站点的内部信息比索引文件形式的网页困难得多。

有一类索引型检索工具被称为元搜索引擎,在一定程度上能弥补搜索引擎的不足。元搜索引擎本身并没有抓取网页的robot程序,也没有存放网页信息的数据库,当用户检索一个关键词时,它把用户的检索请求转换成其他搜索引擎能够接受的命令格式,并发送访问数个搜索引擎来检索这个关键词,把这些搜索引擎返回的结果经过处理后再返回给用户。由于不同搜索引擎索引的网页范围不一样,元搜索引擎通过共享多个搜索引擎的资源库而扩大了检索的范围,同时用户通过元搜索引擎一次检索多个搜索引擎,也提高了检索效率,增加了找到所需信息的可能性。

还有一类索引型检索工具刚刚兴起,即垂直搜索引擎。在互联网信息资源种类越来越丰富的同时,人们对于互联网信息检索的要求也越来越细致,检索越来越走向纵深方向。垂直搜索引擎就是针对通用搜索引擎的信息量太大、查询深度不够等问题提出来的新的搜索服务模式,针对某一特定领域、特定人群或特定需求提供的检索服务。其特点就是"专、精、深",且具有行业色彩。与通用搜索引擎的海量信息无序化相比,垂直搜索引擎索引的信息量虽然更小,但其更加专注、具体和深入。如酷讯(www.kuxun.cn)的机票检索和团800的团购导航(www.tuan800.com/)都是比较有代表性的垂直搜索引擎,前者可以检索2 000家机票销售公司的打折机票信息、10万家酒店的房价信息以及航班信息、火车时刻信息等;后者可以检索国内近千家团购网站的每日活动信息,按用户的地域和感兴趣的购物领域,为用户提供团购、导航以及聚合式的检索结果呈现。

目录型检索工具与索引型检索工具最大的区别在于前者是以知识体系和超链接为基础的浏览检索模式,属于族性检索;后者是以关键词为基础的查询模式,属于特性检索。由于后者依赖于庞大的索引数据库以及人工语言识别、关键词匹配、查询结果排序等计算机领域技术,因此其实现方式也比前者复杂得多,本章的下一节还将继续介绍索引型检索工具的工作原理。

2.1.2 互联网信息检索的特点

互联网信息检索带来了信息检索的全新变革,互联网信息资源相对传统信息资源的巨大变化,使得互联网信息检索的范围、对象、工具、方法都与传统检索迥然相异,其主要特点包括以下几点。

1. 无限的检索范围,动态的检索对象

传统手工检索的主要提供者是图书馆或其他信息机构,能够检索到的信息就是某个图书馆所收藏的文献或某家信息机构所开发的数据库。即便图书馆协作组织实现了联合目录和馆际互借,但检索范围仍然十分有限,文献数据更新也比较缓慢。而互联网出现之前的计算机检索,虽然检索效率大大提高,但检索对象也还是局限在若干个特定的数据库或光盘阵列,检索空间有限,检索对象也是相对静止的。而互联网的发展将全世界、全人类的知识汇聚成一个大的资源集合,只要有一台能够连接互联网的计算机甚至手机之类的移动设备,就可以检索实际存储位置位于世界任意地点、任何一台提供互联网公共信息服务的主机上的信息资源,检索突破了机构甚至是国界的限制,真正实现了无限的检索范围。同时,由于互联网的"全民参与"、所有人参与"织网"的特色,信息资源随时都在更新,每一分每一秒都有新的文章发表,新的网站诞生,也有旧的页面被删除,老的网站被关闭。互联网检索的对象是动态的信息源,搜索引擎用同样的关键词在不同时间检索所获得的检索结果可能都会有很大的差异。随着实时搜索技术的发展,互联网信息检索的动态化特点也将更加明显。

  2. 丰富的检索内容,新兴的检索领域

  传统信息资源以图书、期刊等纸质文献为主体,之后又出现了缩微胶卷、光盘等载体形式,但检索内容基本上还局限在由文字构成的文本资源。而互联网信息资源从内容到形式都得到极大丰富,文本信息呈现多语种、多层次的特点,除了各类型传统出版物发展为互联网信息资源外,博客、微博、论坛等新兴出版物也占据了越来越大的互联网文本信息比重,文本信息资源的数量相比传统文献有指数量级的增长。而声音、图像、视频信息等多媒体信息资源也成为互联网信息资源的重要组成部分,可以说,在互联网时代,新兴的信息资源形式和由此带来的检索课题层出不穷。海量文本检索、基于旋律的音频检索、基于影像识别的视频检索等都成为新兴的互联网检索领域,推动了相关的检索技术不断发展。信息检索研究的对象和范围也不断扩大,研究队伍突破了原有的以图书情报领域的专家学者为主的框架,众多的高科技企业加入到研究互联网检索技术、开发互联网检索系统的行列中。

  3. 强大的检索工具,低廉的检索费用

  互联网信息检索彻底改变了传统信息检索对专业性依赖较强的特点,超文本、超媒体等新鲜事物的出现,打破了信息资源传统的线性组织方式和线性存取方式,信息的获取变得极为简单。同时,互联网信息检索工具容易上手,功能强大,支持自然语言,检索界面具有良好的交互性,可以根据初次检索的结果方便地调整检索提问。检索工具人工智能化越来越高,检索结果越来越接近用户的信息需求,人们能够不经过专门训练,用自己熟悉的表达方式就可以实施检索。检索费用也非常低廉,绝大部分检索工具是免费使用的,相当多的检索结果也是可以免费获取的,用户通常只需支付上网的通信费用。所以在互联网时代,检索变得不再神秘,不再是文献情报专业人员和研究人员才懂得操作的技术。根据中国互联网络信息中心(CNNIC)《第 28 次中国互联网络发展状况统计报告》数据显示,截至 2011 年 6 月底,中国搜索引擎用户规模达到 3.86 亿人,搜索引擎 2010 年年末已经超过网络音乐,成为网民使用最多的互联网服务,"全民检索"的时代已经来临。

2.2 互联网信息检索原理之一——信息组织

  目录型检索工具是基于某种人类制定的知识分类体系,对网络信息资源的编排和组织加以人工控制,其工作原理相对简单。本节所介绍的互联网信息检索原理,主要是指基于计算机技术的索引型检索工具的工作原理。基于索引的互联网信息检索工具(如搜索引擎),其软件程序固然十分复杂和精密,但从原理上看,其功能也就在于信息组织和信息查询这两个主要环节上。网络信息检索系统功能结构如图2-5所示。

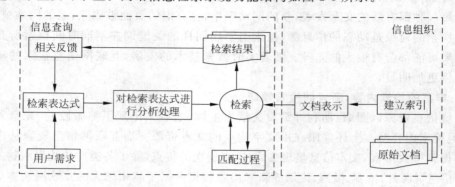

图 2-5　网络信息检索系统的构造

信息组织与信息查询对于互联网信息检索来说,是相辅相成的两个部分。信息组织就是把数据按照一定的结构、顺序、排列方式组织起来,或者说是按照信息查询的需要,对数据根据其特征进行组织;信息组织的目的是服务于信息查询。信息查询就是通过搜索、定位以及取得数据的过程,也就是说从大量数据集合中获取用户需要的相关信息,信息查询的效果和成败极大地依赖于信息组织的水平。本节先介绍信息组织的各个重要环节。

2.2.1 文档分析

目前,我们所使用的万维网,实际上就是一个存储和共享图像、文本的媒介。计算机所能看到的只是一堆文字或图像,对其内容无法进行识别。如果要让计算机处理万维网中的信息,就必须首先将这些信息加工成计算机可以理解的信息形式后才能进行处理。就文本信息而言,原始文档被 robot 自动抓取回来之后,信息组织的工作便开始了,这便是对原始文档进行分析。文档分析的主要功能是过滤文件系统信息,为文件系统的表达提供一种满意的索引输出。其基本目的是为了获取最优的索引记录,使用户能很容易地检索到所需信息。文档分析首先要经历信息过滤的步骤,即将原始文档中的词从大量用于描述文档格式的标签中分离出来。例如,以下的一个 HTML 文档,如图 2-6 所示。

图 2-6 中,词"图书信息"所处的标签为"title","title"所处的标签为"head"。那么"图书信息"所处的完整的上下文标签为"head→title"。其中"A→B"表示 A 处于 B 所表示的标签之中。一般来说,在 HTML 文档中,一个词的完整的上下文标签是从它所处的标签开始,沿着标签的嵌套层次向上,直到文档的根元素标签。当在计算机中表示此 HTML 文档时,从数据结构上看它就是一棵树,其中数据部分出现在这棵树的叶子节点,如图 2-6 所示。所以只要将各个叶子节点连接起来,就可得到去掉了 HTML 标签的初步加工

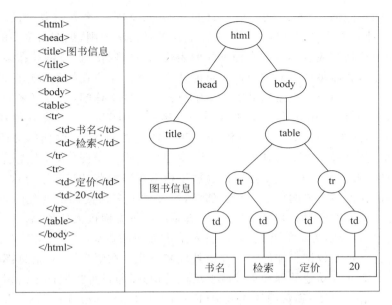

图 2-6 HTML 文档分析

文档。

如果是汉语页面,还面临着一个分词的问题。对于英文来说,语句中单词之间是天然通过空格分开的;但亚洲语言的中、日、韩文语句中的字则是连接在一起的,所以要对语句按"词"进行索引的话,如何切分语词就是一个很大的问题。首先,肯定不能用单个字符作为索引单元,否则查"上海"时,含有"海上"甚至"海面上"的结果都将匹配。但对于文字组合"北京天安门",计算机如何按照中文的语言习惯进行切分呢?"北京 天安门"还是"北 京 天安门"?让计算机能够按照语言习惯进行切分,往往需要机器有一个比较丰富的词库才能够比较准确地识别出语句中的单词。另外,一个解决的办法是采用自动切分算法:将单词按照二元语法方式切分出来,比如:"北京天安门"切分为"北京 京天 天安 安门"。这样,在检索的时候,无论是查询"北京"还是检索"天安门",都可以查到。这种方式对于其他亚洲语言——韩、日文都是通用的。常用的语词切分方法有:按词典进行最大词组匹配、逆向最大词组匹配、最佳匹配法,联想-回溯法、全自动词典切词等。近年来,又出现了基于神经元网络的分词方法、基于专家系统的分词方法和基于统计与频度分析的分词方法。

接下来就是词法和句法的分析过程。在英语中有语根问题,即一个词在句子中有不同的词尾变化。在检索应用中,这些词尾并不太重要,像 computer 与 computers。但在汉语检索中,用户检索"拍卖"时大概并不希望检到"羽毛球拍卖完了",检索"中将"时同样也不愿意看到"地铁中将能够使用手机"。所以需要对语词进行词法分析,识别出各个语词的词干,以便根据词干建立信息索引。对于英语语词,建立索引之前首先要去除一些停顿词(如常见的功能词 a、the、it 等)和词根(如 ing、ed、ly 等)。然后在切分的基础上,利用基于规则和统计的方法进行词性标注。还要利用各种语法规则,识别出重要的短语结构。

此外,同一种观念或事物常有多种不同的表达,如经济、便宜、省钱等在某种状况下是表达同一个意思,然而每个人的选择使用可能并不一致。用户在检索"便宜"的时候,当然也希望能将"经济"、"省钱"检索出来。为了解决检索中的上述问题,可以采用控制词汇的方式。建立权威文档(authority file,即在系统中建一群同义词表,并在其中择一词为"合法"代表)和索引词典(thesaurus,为词汇间一些语意关系的档案,包括广义词、狭义词及特定关系的词汇等)等作为检索辅助工具。无论用户用哪一个词检索,都先通过权威文档和索引词典进行转换和扩充,这实际上已经属于检索环节的范畴了。不过这么做,必须要先整理词汇,由词汇做主要的检索控制。然而,当文件增多而使词汇变化时,即使多加了一个词,全部数据库的索引必须全部更新,引起系统维护方面极大的负担。

为了减轻文档分析方面的开销,人们引入了语义网的概念。语义网是对万维网本质的变革,它的目标是使数据更加便于计算机处理和查找。在语义网中,信息都被赋予了明确的含义,机器能够自动地处理和集成网上可用的信息,通过可扩展标记语言(eXtensible Markup Langauge,XML)和资源描述框架(Resource Description Framework,RDF)来完成。XML 是一种用于定义标记语言的工具,其内容包括 XML 声明、用以定义语言语法的 DTD(Document Type Declaration)、描述标记的详细说明以及文档本身,RDF 则用以表达网页的内容。语义网将是今后互联网信息检索发展的一个重要趋势。

2.2.2 建立索引

为了快速响应检索,在组织信息时就必须建立索引。索引是一种将关键词词目映射到相应文档的数据结构。例如,一本书的索引就是将关键词映射到相应的页面。使用索引就可以快速找到至少包含一个检索词目的文档。书的索引一般是手工建立的,网络资源由于其数量过于庞大,其文档索引必须自动建立。

那么该索引都有些什么呢?理论上,最好的索引对文档的任何内容都建立索引:所有的词,所有的数字。只有标点符号和标记符可以被忽略,这就是理想的全文索引。但这样的索引需要庞大的存储空间,尤其是对于没有天然分隔符的语种,比如,对一篇 1 000 字的中文文献进行理想化的全文索引,理论上需要建立 500 500 个字(词)的索引表,显然这种索引的成本太高了。比较经济的解决方案还是根据文档分析过程中的切分词结果来建索引。

索引类型有很多种,对于全文检索来说,最有效的索引结构则是倒排档,如图 2-7 所示。它是一个列表集合,每个词目对应一条记录,在记录中列出了包含此词目的所有文档的标识符。在检索工具将数据源(文档集合)排序顺序存储的同时,有另外一个排好序的关键词列表,用于存储关键词→文章的映射关系。利用这样的映射关系索引:[关键词→出现关键词的文章编号,出现次数(甚至包括位置:起始偏移量,结束偏移量),出现频率],检索过程就是把模糊查询变成多个可以利用索引的精确查询的逻辑组合的过程,从而大大提高了多个关键词查询的效率。所以,全文检索问题归结到最后是一个排序问题。

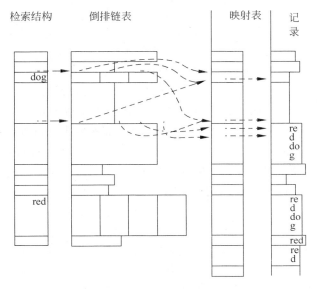

图 2-7 倒排档的结构示意图

全文索引一般包括词表和倒排文件索引两部分。词表中给出了文档集中的全部唯一词(distinct word),其中一般去掉了停用词(stop word),英文词一般做了词根还原(stemming)处理。另外给出了词在倒排文件索引中的起始偏移位置。例如:

china 1000

chinese 1017

...

倒排文件索引则是每条记录中给出了对应词在哪些文档中出现,因此是一种链表结构,链表的每个节点是文档编号,用指针指向与该关键词相关的某个文档。例如:

[1000] 1,3

[1017] 3,10,22

...

倒排文件方法的优点有:实现相对简单,检索速度快,很容易支持同义词检索。例如,同义词可以在词典中组织成穿插表(threaded list)。因此,倒排文件方法在当前绝大部分搜索引擎中被采用。但其缺点是:存储开销大。最极端的情况下,倒排文件的大小可能会达到原文件大小的300%;动态环境下索引文件更新和重新组织的开销大;如果表太大太多,则将它们合并的开销巨大。

组织索引文件可以采用更复杂的方法,如 B 树、TRIE 树、Hash 表或者这些方法的变形或混合,这里不再一一列举。

2.2.3 归类和聚类

前面提到的目录型检索工具对互联网信息资源的分类基本上都是靠人工进行的,人工分类在准确性方面的优势毋庸置疑,其操作过程也很简单,但最大的问题是无法应对互联网上的海量信息。如果能够实施网页的自动分类,就可以实现目录型检索工具的计算机化,将网页标引和检索的分类主题统一起来。这样的检索工具就能够兼有分类浏览、查找和关键词检索的优点,同时具备族性检索和特性检索双重功能;能够深入到网页层次,帮助用户迅速判断返回的结果是否符合自己的检索要求。例如,在关键词检索中用"眼镜蛇"作为检索词,返回的结果中作为动物的眼镜蛇和作为一种导弹名称的"眼镜蛇"其内容是混杂在一起的,用户要对结果进行分析判断,才能确定哪些是自己需要的。如果采用了自动分类技术,就可将不同的内容分到不同的类目中去,从而节省用户的判断时间,提高检索效率。

根据分类知识的获取方法不同,可以将文本自动分类系统分为两种类型:基于知识工程的分类系统和基于统计的分类系统。基于知识工程的方法主要依赖语言学知识,需要编制大量的推理规则作为分类知识,实现相当复杂,而且其开发费用相当昂贵。这方面的系统有卡耐基集团为路透社开发的 Construe 系统。现在应用比较多的是基于统计的自动分类系统,它忽略文本的语言学结构,将文本作为特征项集合来看,利用加权特征项构成向量进行文本表示,利用词频信息对文本特征进行加权。它实现起来比较简单,并且分类准确度也高,能够满足一般应用的要求。向量空间模型是一种检索中广泛采用的模型,在后面的篇幅中将做更详细的介绍。

自动分类方法又可分为归类和聚类两种。自动归类是分析网页的内容特征,并与事先拟定的各种类别中的特征描述进行比较,然后将对象归入为特征最接近的一类,并赋予相应的分类号。实际上,手工分类一般根据历史的经验先定了类,于是一般分类的问题就衍变成归类的问题。自动聚类则是从待分类网页中提取出特征,然后将提出的特征进行比较,再根据一定的原则或需要(如类别数目的规定,或同类对象的相似或接近程度),将具有相同或相近特征的对象定义为一类,这个类目未必是事先拟定好的。自动归类可以在索引建立的同时进行,索引中也就包含了分类的结果;而自动聚类往往实施于检索环节,是对用户检索的结果进行聚类处理,所以严格地说自动聚类应该属于信息查询过程,但由于聚类和分类的联系非常紧密,所以本书仍将聚类归入网络信息组织这一节。

一般来讲,自动归类系统对网页的处理方法如下:首先,对网页进行自动标引,对网页中的语词根据它们的词频和网页中出现的位置赋予权重。然后将处理后得到的语词集合与系统预定义的分类表中的每一个款目进行比较。每个款目包括它们的分类号、一长串关键词和它们的同义词。从一级类目开始比较,直到出现比较显著的匹配值为止,此时将该网页归入此类。匹配值是在综合考虑到语词的相似度以及文档的长短等因素之后给出的。目前尚没有较大规模的自动归类检索系统,原因是自动归类需要事先预定义类别,而很多时候标引的网页经过计算机分析可能无法归入预定义的任何一个类别中,或者归到了一个错误的类别,归类的准确性和归类体系的完整性仍是当前自动归类系统需要进一步研究解决的问题。如淘宝网(www.taobao.com)的商品检索就是一个有趣的例子,由于淘宝网有完整的商品分类体系,所以其商品数据天然就带有了类别属性,但严格来说,淘宝的商品检索系统并不能算是自动归类系统,因为系统中的商品分类信息主要是由卖家人工维护生成的,但系统也能根据卖家提供的商品描述信息对分类进行一些校正。如图 2-8 所示。

图 2-8　在淘宝网上检索"苹果"返回的分类结果

自动聚类方面,由于类别是根据检索结果自动生成的,所以系统处理起来容易一些,至少计算机可以把判断为无法归入已知类别的网页单独聚成一类。近年来,Vivisimo、Clusty、CartOO、Quintura、Iboogie 等聚类元搜索引擎,对结果进行自动聚类后返回给用户。iBoogie 检索"apple"的结果的显示如图 2-9 所示,在左边可以清楚地看出聚类的结果(生成了 Fruit、Mac、Store、Computer 等类别)。

如果要使用自动分类的话,还要考虑使用什么分类法。这可以参考人工分类的网络资源目录所采用的分类体系。在使用分类法的时候,还要考虑分类的细密程度,也就是分到几级类目。对于网页的分类,其精髓在于控制每个类目下的网页数量,太多可继续细分,太少则可合并类目。

2.2.4　元数据

万维网的出现是互联网发展史上的一个重要里程碑,以 Web 作为信息载体大大降低了信息传播的障碍。但也引发了两个看似迥异却又相关的问题,一是如何来有效率地过滤信息;二是如何来有效率地描述信息。对前者来说,使用检索工具的时候,用户经常面

图 2-9 在 Iboogie 上检索"apple"的结果

临的问题之一是所得到的检索结果太多,无法一一浏览过滤;而有时排在前面的搜索结果又不是用户所真正需要的。很明显,无论是检索工具还是用户都需要更多的信息来改善并甄选检索结果,而这些信息无疑应当由数据发布者提供。因此,如何制定一套数据描述格式来有效率地描述网上的数字化信息资源,成为一个重要的课题。这正是元数据(Metadata)日渐受到重视的原因。

元数据最常见的英文定义是"data about data",可直译为描述数据的数据。就其本义和功能而言,可说是电子目录(Electronic Catalogue)。编制目录的目的在于描述数据的内容或特色,进而达成辅助信息检索的目的。而元数据就是用来揭示各类型电子文档的内容和其他特征的有力工具,其典型的作业环境是互联网。就目前元数据的发展现状来说,最成熟和完整的元数据格式,首推美国联邦地理数据委员会(Federal Geographic Data Committee,FGDC)的地理元数据(Digital Geospatial Metadata)标准。地理数据由于无法直接检索其内容,故必须经由适当的著录来揭示,以利于数据的整理、交换、检索,所以地理方面的元数据是发展较早也是较完备的。

而近年来在互联网信息资源组织领域应用最广泛,也最被看好的一套元数据标准是都柏林核心集(Dublin Core)。Dublin Core 是由专业组织 Dublin Core Metadata Initiative 拟定的用于标识电子资源的一种简要目录模式。它一出现就获得了北美、欧洲、亚洲和澳洲的 20 多个国家的认同,许多图书馆、博物馆、政府机构、商业组织正在或准备采用。Dublin Core 的产生,是开发者从传统图书馆读者借阅卡片目录中得到启示,认为在网络上检索电子资源,也可以借助于反映这些电子资源的目录信息。于是 Dublin Core 的制定者参照图书馆卡片目录的模式,制定了 15 项广义的元数据。这些数据是:

(1) 名称(Title)。标识:Title。定义:分配给资源的名称。解释:使资源为众所周知的有代表性的正规名称。

(2) 创作、制作者(Creator)。标识：Creator。定义：制作资源内容的主要责任实体。解释：创作、制作者包括个人、组织或机构。应该是用于标识创作、制作者实体的具有代表性的名称。

(3) 主题及关键词(Subject and Keywords)。标识：Subject。定义：资源内容的主题。解释：用以描述资源主要内容的关键词语或分类号码表示的有代表性的主题词。

(4) 说明(Description)。标识：Description。定义：有关资源内容的说明。解释：该说明可以包括但并不限于摘要，内容目次，内容图示或内容的文字说明。

(5) 出版者(Publisher)。标识：Publisher。定义：制作资源有重要作用的责任实体。解释：如包括个人、组织或机构的出版者。应是用于标识出版者实体的有代表性的名称。

(6) 发行者(Contributor)。标识：Contributor。定义：对资源内容负有发行责任的实体。解释：发行者包括个人、组织或机构。应是用于标识发行者实体的有代表性的名称。

(7) 时间(Date)。标识：Date。定义：与资源使用期限相关的日期、时间。解释：资源产生或有效使用的日期、时间。推荐使用 ISO 8601[W3CDTF]定义的编码形式，跟随的是 YYYY-MM-DD 形式。

(8) 类型(Type)。标识：Type。定义：资源内容方面的特征或体裁。解释：类型包括种类、功能、体裁或作品集成级别等描述性术语。推荐从可控表(如 Dublin Core Types[DCT1])中选用有关术语。对于资源物理或数字化方面表示，采用"格式"项描述。

(9) 格式(Format)。标识：Format。定义：资源物理或数字化的特有表示。解释：格式可包括媒体类型或资源容量。也可用于限定资源显示或操作所需的软件、硬件或其他设备，如容量包括数据所占空间和存在期间。

(10) 标识(Identifier)。标识：Identifier。定义：依据有关规定分配给资源的标识性信息。解释：推荐使用依据格式化标识系统规定的字符或号码标识资源。如正规标识系统包括统一资源标识(URI)、统一资源地址(URL)、数字对象标识(DOI)以及国际标准书号(ISBN)、国际标准刊号(ISSN)等。

(11) 来源(Source)。标识：Source。定义：可获取现存资源的有关信息。解释：可从原资源整体或部分获得现有资源。建议使用正规标识系统确定的字符或号码标引资源来源信息。

(12) 语言(Language)。标识：Language。定义：资源知识内容使用的语种。解释：推荐使用由 RFC1766 定义的语种代码，它由两位字符(源自 ISO 639)组成。随后可选用两字符的国家代码(源自 ISO 3166)。如"en"表示英语，"fr"表示法语。

(13) 相关资源(Relation)。标识：Relation。定义：对相关资源的参照。解释：推荐用依据正规标识系统确定的字符或号码标引资源参照信息。

(14) 范围(Coverage)。标识：Coverage。定义：资源内容的领域或范围。解释：范围包括空间定位(地名或地理坐标)、时代(年代、日期或日期范围)或权限范围。

(15) 版权(Rights)。标识：Rights。定义：持有或拥有该资源权力的信息。解释：版权项包括资源版权管理的说明。版权信息通常包含智力知识内容所有权(IPR)、著作权和各种拥有权。如果缺少版权项，就意味着不考虑有关资源的上述版权和其他权力。

纵观上述15项元数据，可以看出：首先，它们比较全面地概括了电子资源的主要特征，涵盖了资源的重要检索点(1,2,3项)辅助检索点或关联检索点(5,6,10,11,13项)，以及有价值的说明性信息(4,7,8,9,12,14,15项)。其次，它们简洁、规范。这15项元数据不仅适用于电子文献目录，也适用于各类电子化的公务文档目录、产品、商品、藏品目录，具有很好的实用性。

元数据对电子文件的作用，正如目录之于传统的印刷媒体文献。因此，元数据可以说是"电子目录"，通过元数据来对数据加以适当的描述，提供给检索者更多的信息来做判断，提高数据检索的效率。值得注意的是，用元数据标引网络信息资源的提议乃至Dublin Core 的提出都已经有不短的时间，然而元数据在网络信息检索中发挥的作用却不是很大。究其原因，可以归结为以下两点：一是目前互联网信息资源的主体还是以HTML 文档为主，而HTML 是一种半结构化的资源描述格式，它的大量标签是用于控制文档显示和排版的，而非服务于文档内容本身的描述；二是HTML 也加入了部分元数据的字段，但由于网页发布者个人的原因，虽然有完善的标准，但网页也未必按照标准进行严格而准确的著录。更有甚者，一些网页制作者为了提高自己的页面在搜索引擎结果中的排名，不惜用作弊的方式在元数据字段中加入大量虚假信息，这反而降低了用户检索的效率。前一个问题可以经由HTML过渡到XML来解决，XML是一种结构化的文档描述语言，非常适合元数据的著录；后一个问题则迫使元数据著录原始文档的任务由信息提供者转到了信息加工者，由互联网检索工具人工或自动地对原始文档生成较高质量的索引。

2.3 互联网信息检索原理之二——信息查询

信息查询涉及计算机处理的工作主要包括检索表达式的分析、关键词的匹配和结果的排序，其中，检索表达式的分析可类比文档分析的过程，只是分析对象的内容较为简单。分析生成的一个或多个关键词与索引的匹配和结果的排序是信息查询的核心环节，需要设计复杂的算法模型以求达到较好的查询效果。较为普遍的查询算法模型包括布尔检索模型(Boolean Model)、扩展布尔模型(Extended Boolean Model)、向量空间模型(Vector Space Model，VSM)和概率检索模型等。

2.3.1 布尔检索模型

布尔检索模型是最简单的检索模型，也是其他检索模型的基础。用户根据所检索关键词在检索结果中的逻辑关系递交检索,检索模块根据布尔逻辑的基本运算法来给出检索结果。模型的具体数学描述如下:设文本集 $D=(d_1,d_2,d_3,\cdots,d_n)$,$d_i(i=1,2,\cdots,n)$ 为文本集中某一文档;又设 $T_i=(t_{i1},t_{i2},\cdots,t_{im})$ 为 d_i 的索引项集合,则对于形如 $Q=W_1 \wedge W_2 \wedge \cdots \wedge W_k$ 的检索表达式,如果 $W_1 \in T_i, W_2 \in T_i, \cdots, W_k \in T_i$,则 d_i 为检索提问 Q 的命中文档(检出),否则 d_i 为 Q 的不命中文档(不检出);而对于形如 $Q=W_1 \vee W_2 \vee \cdots \vee W_k$ 的检索表达式,如果至少存在某个 $W_j \in T_i (j=1,2,\cdots,k)$,则 d_i 为 Q 的命中文档,否则 d_i 为不命中文档。举个例子,假如有一个由 4 篇文档组成的文档集合,其中各个文档中出现的部分关键词见表 2-1。

表 2-1 布尔检索模型举例

文档\关键词(索引项)	……	宗教	太阳	月亮	地球	天文	哥白尼	……
d_1		1	1	0	1	1	1	
d_2		0	1	1	1	0	1	
d_3		0	1	0	0	1	1	
d_4		1	0	0	0	1	0	

那么,对于检索提问"太阳 AND 哥白尼",通过与上表中各个文档的索引项进行匹配比较,再进行逻辑"与"运算,检索的结果最终将命中文档 d_1 和 d_3。

布尔检索模型原理简单易理解,容易在计算机上实现并且具有检索速度快的优点。但最终给出的检索结果没有相关性排序,不够精确,不能反映不同的索引项对一个文档的重要程度的差异(如表 2-1 中就无法通过布尔检索模型确定 d_1 和 d_3 两个文档哪一个更符合检索要求,亦无法显示文档 d_2 和 d_4 的差异)。

2.3.2 扩展布尔模型

扩展布尔模型是对布尔逻辑模型的改进。在布尔模型检索中,文档与检索提问的相关判断是根据布尔逻辑运算来"一刀切"的,结果只有"相关"和"无关"两种。而扩展布尔模型的基本思想是将非此即彼的相关判断方式改为计算相似度。

对于 $Term_1$ OR $Term_2$ 形式的检索提问,相似度公式为

$$\text{Sim}(q_{or}, d_i) = \sqrt{\frac{(x^2+y^2)}{2}}$$

对于 $Term_1$ AND $Term_2$ 形式的检索提问,相似度公式为

$$\text{Sim}(q_{and}, d_i) = 1 - \sqrt{\frac{(1-x)^2+(1-y)^2}{2}}$$

式中,x 和 y 分别表示两个检索关键词 $Term_1$ 和 $Term_2$ 在文档 d_i 中的重要程度,它们的取值都是 0 或 1。以扩展布尔模型分析表 2-1,得到表 2-2 所示的结果。

表 2-2　扩展布尔模型检索结果

文档 \ 提问	太阳 AND 哥白尼	太阳 OR 哥白尼
d_1	1	1
d_2	0.707	1
d_3	1	1
d_4	0	0

从上表可以看出,检索提问"太阳 AND 哥白尼"与文档 d_2 的相关度为 0.707,这就体现了它和其他文档相对于该检索提问的区别,避免了"一刀切"的情况。

根据这一思想,可以将上述只包含两个关键词的检索提问的相似度计算进一步拓展为包含 m 个关键词的检索提问的相似度计算(即 P-norm 公式):

$$\text{Sim}(q_{\text{or}}, d) = \left[\frac{x_1^p + x_2^p + \cdots + x_m^p}{m}\right]^{\frac{1}{p}}$$

$$\text{Sim}(q_{\text{and}}, d) = 1 - \left[\frac{(1-x_1)^p + (1-x_2)^p + \cdots + (1-x_m)^p}{m}\right]^{\frac{1}{p}}$$

2.3.3　向量空间模型

向量空间检索模型的基本思想是:文档和检索提问都可以用向量表示,检索过程就是计算文档向量与检索提问向量之间的相似度,可以根据相似度值的不同,对检索结果进行排序;还可以根据检索结果,做进一步的相关检索(relevance feedback)。该模型引用线性代数理论,将待检文档与检索提问(query)都表示成向量,而向量中的元素则是索引词。其数学形式如下:

$$d_i = (w_{i1}, w_{i2}, w_{i3}, \cdots, w_{in})$$

文件集合中所有文件向量将形成一个文件-词汇矩阵 A,如图 2-10 所示。

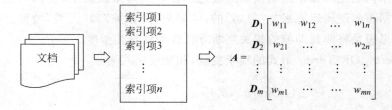

图 2-10　文件-词汇矩阵 A 示意图

如果待检文本有 n 个可检项(term),文本 D_i 就可以表示为一个 n 维向量;w_{ij} 表示文本 d_i 的第 j 维的权值。我们可以通过下面的例子来看看向量空间模型在检索中的应用。

（文档 d_1）"卡耐基梅隆大学的数字图书馆计划希望建立一个巨型在线数字视讯图书馆系统。为了适应这个数字图书馆的庞大视讯数据量，以及在实用中网络传输所需的大量数据量，一定要发展适合视讯数据储存、搜寻与使用的方法，才能使这个视讯图书馆达到实用的目的。另外，视讯数据的建立也是一个很重要的步骤。如果全都要靠人才来完成，不仅耗时费力，在实用上更是大打折扣。因此希望建立一个可以有智慧、自发性地建立视讯数据的数字图书馆系统，是十分需要去突破的重点。"

（文档 d_2）"卡耐基梅隆大学的数字视讯图书馆系统，未来可应用在课程教育、教育训练，或者是运动员训练及一般视讯娱乐等领域。而用户以桌上型计算机用户为主要对象。由于管理的方便以及网络频宽的限制，估计是以都会网络（MAN）为范围，可能会最恰当。"

假如有 3 个索引项："视讯"、"网络"、"图书馆"，并且我们以索引项在文本中的出现次数为它的权值，又假设有一个检索提问"视讯"，权值不妨定为 2，则可以得到表 2-3 和图 2-11 所示的向量。

表 2-3　向量空间模型的例子

项目	T_1（视讯）	T_2（网络）	T_3（图书馆）
d_1	6	1	5
d_2	2	2	1
q	2	0	0

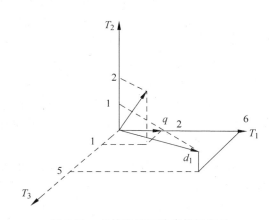

图 2-11　文档向量和检索提问向量

那么，如何判断检索提问 q 是与文档 d_1 还是文档 d_2 更相关呢？基本的方法是判断两个向量之间夹角的余弦值，夹角余弦越大，表明文档和检索提问相关程度越高。计算夹角余弦的数学公式如下：

设有文档向量 $d(d_1,d_2,\cdots,d_n)$，检索提问向量 $q(q_1,q_2,\cdots,q_n)$

$$\mathrm{Sim}(d,q) = \cos\theta = \frac{\sum_{i=1}^{n}(d_i \times q_i)}{\sqrt{\sum_{i=1}^{n}d_i^2 \sum_{i=1}^{n}q_i^2}}$$

据此公式,我们可以计算出 d_1 和 d_2 分别与检索提问 q 的相关度:

$$\mathrm{Sim}(d_1,q) = \frac{6\times 2+1\times 0+5\times 0}{\sqrt{(6^2+1^2+5^2)\times 2^2}} = \frac{12}{15.748} = 0.762$$

$$\mathrm{Sim}(d_2,q) = \frac{2\times 2+2\times 0+1\times 0}{\sqrt{(2^2+2^2+1^2)\times 2^2}} = \frac{4}{6} = 0.667$$

可见,文档 d_2 与检索提问 q 更相关。

索引项的权值的意义在于表达一个关键词对于一个文档的重要程度,即该关键词在多大程度上可以将这个文档与其他文档区别开来。当然,以关键词在文档中的出现次数作为索引项的权值是一种很粗略的方法,从检索性能考虑需要更好的加权方法。目前比较成功的是 TF-IDF 加权法。

TF 指项频率(term frequency),意为索引项 term_i 在文档 d_j 中的出现次数,记作 $\mathrm{tf}_{i,j}$,该值越高,表示 term_i 在文档中的地位越重要;IDF 指逆向文档频率(inverse document frequency),要说明它的作用需要先了解 DF(文档频率),含有 term_i 的文档数量记作 df_i,该值越高,意味着 term_i 在衡量文档之间相似性方面作用越低,这类词称为"非敏感词",不具有区别性,像英文文档中大量出现的 is、of、at 等词。而 idf_i 则和 df_i 成反比关系,它的值越高,意味着 term_i 对文档区别的意义越大。假如 N 为全部文档的数量。如果一个项目仅出现在一个文档中,$\mathrm{idf}=\log N$,如果一个项目出现在所有文档中,则 $\mathrm{idf}=\log 1=0$。在整个文档集中包含某一词条的文档越多,说明它区分文档类别属性的能力越低,其权值越小(权值为 0 的那些词往往被筛选出来组成了停用词表,以避免检索时的系统浪费,比如汉字里的"之乎者也"和"的了吗是呢"这些字,又如在英文中的冠词和连接词等);另外,某一文档中某一词条出现的频率越高,说明它区分文档内容属性的能力越强,其权值越大。

用 TF-IDF 加权法给索引项加权的思想就是:给那些经常出现在一个文档中,而不常出现在其他文档中的项目以更高的权重,即让"特别的词"从"一般的词"中凸现出来。在这个基本精神指导下,可以提出许多不同的加权公式。下面是一个比较简单的 TF-IDF 公式:

$$\mathrm{wight}_{i,j} = \mathrm{tf}_{i,j} \times \mathrm{idf}_i = \mathrm{tf}_{i,j} \times \log\frac{N}{\mathrm{df}_i}$$

利用这个公式我们来看一个检索实例,假设以"一段风花雪月的往事"来检索由 3 篇文档组成的文档集合。

d_1:3721 与 CNNIC 曾经有过的那么一段"风花雪月"……

d_2:可惜年少无知,不懂怜香惜玉,错失了一段浪漫的故事……

d_3:"风花雪月"出自宋朝邵雍《伊川击壤集序》:"虽死生荣辱,转战于前,曾未入于胸中,则何异四时风花雪月一过乎眼也。"

根据TF-IDF加权法,先计算各个关键词的文档频率和逆向文档频率,见表2-4。

表2-4 文档频率和逆向文档频率

项目	一段	风花雪月	的	往事
df	2	2	3	1
idf	0.176	0.176	0	0.477

然后根据TF-IDF加权公式分别计算出4个关键词在3篇文档以及检索提问中的权重,见表2-5。

表2-5 TF-IDF加权

项目	一段	风花雪月	的	往事
d_1	0.176	0.176	0	0
d_2	0.176	0	0	0
d_3	0	0.352	0	0.477
q	0.176	0.176	0	0.477

关键词"的"权重为0已经被排除,于是3篇文档3维向量,分别计算与检索提问的夹角余弦,得到

$$\text{Sim}(d_1, q) = \frac{0.176 \times 0.176 + 0.176 \times 0.176 + 0.477 \times 0}{\sqrt{(0.176^2 + 0.176^2) \times (0.176^2 + 0.176^2 + 0.477^2)}} = 0.462$$

$$\text{Sim}(d_2, q) = \frac{0.176 \times 0.176 + 0.176 \times 0 + 0.477 \times 0}{\sqrt{0.176^2 \times (0.176^2 + 0.176^2 + 0.477^2)}} = 0.327$$

$$\text{Sim}(d_3, q) = \frac{0.176 \times 0 + 0.352 \times 0.176 + 0.477 \times 0.477}{\sqrt{(0.352^2 + 0.477^2) \times (0.176^2 + 0.176^2 + 0.477^2)}} = 0.908$$

与检索提问的相似度 $d_3 > d_1 > d_2$。

向量空间模型最大的优点在于使用简便,并且在模型中有许多可调整的计算方式。但其弱点在于欠缺理论的支持与验证。但向量空间模型对信息检索研究最大的启发在于:文档与检索提问之间的相似性可以相互比较,按照相似性大小依顺序展现所检出的文档。在布尔模型下,文件检索的结果只有检出与不检出,检出的文档集合中并不再区分个别文档的价值。在向量空间模型下,文档的检索价值则变成可量化、可比较。同时,这也代表用户可以设定预期的检出文件数量。

由于文档与检索提问都是以向量表示,检出的文档经判断为相关后,其文档向量可以用来修正检索提问向量,使原本的批次作业(执行一次检索,得到一次结果)信息检索变成人机互动(用户选择部分检出的相关文件,由检索系统依据文档向量调整检索提问向量,

再进行更精确的检索)的相关反馈。许多的研究证实,相关反馈对于检索性能的提高有显著作用。

2.3.4 概率检索模型

概率检索模型是在布尔逻辑模型的基础上为解决检索中存在的一些不确定性而引入的。在概率检索模型中,首先设定标引词的概率值,一般是对检索任务重复执行多次,每一次检索要求用户对检出文档进行相关性判断。再利用这种反馈信息,根据每个词在相关文档集合和无关文档集合的分布情况来计算它们的相关概率,将词的权值设计为

$$\log \frac{p(1-p)}{p'(1-p')}$$

式中 p, p' 分别表示某词在相关文档集和无关文档集中出现的概率。某一文档的权值则是它所含的标引词权值之和,于是,文档 d 与用户检索 Q 相关概率可定义为

$$S(d, Q) = \sum \log \frac{p_w(1-p_w)}{p'_w(1-p'_w)}$$

式中 p_w 和 p'_w 分别为 w 在相关文档和无关文档中的概率。上式中右边公式是对所有出现在文档 d 和检索 Q 中的词 w 求和,即 $w \in d \cap Q$。

概率模型有严格的数学理论基础,采用了相关反馈原理克服不确定性推理的缺点,它的缺点是参数估计的难度比较大,文件和检索的表达也比较困难。

算法模型一直是互联网信息检索研究的中心内容,布尔模型由于其简洁性一直受到商业搜索引擎的青睐,而向量空间模型和概率模型则由于其形式化备受学者们的推崇。上述检索模型以及一些新的检索模型还在进一步研究、完善之中。

2.4 互联网检索工具的性能评价

本书对网上信息检索工具的比较研究主要集中在系统功能设置、用户界面、数据库内容结构与更新,以及检索工具的准确性、易用性、可选择性、检索效果的分析、比较等方面。

2.4.1 收录范围

每种互联网信息检索系统都有特定的收录对象与收录原则、方针,选择检索系统必须要了解其收录数据的性能。首先是数据量的大小,虽然数量多并不能确保检索质量也同样好,但检索结果可能会较完整。就收录类型而言,许多检索系统不仅收集一种资源,有时还会收录多种不同资源供用户选取检索。一般来说,收录类型越多对于检索就越方便,因为使用同一套检索指令和检索平台就可以检索多种形式文件的数据库。就索引深度而言,有些系统是将全文建立索引,有些则选择其中部分信息建立索引,索引深度越深检索就能越详尽和深入。就新颖性及更新频率而言,所收录的资源是否新颖及数据库是否经

常更新,绝对会影响到检索结果的正确性。如果检索系统更新索引的频率不高,最好就不要使用,以免查到一些老旧甚至是错误的信息。就索引建立方式而言,现有的检索系统多半采取自动化的索引建立方式,这样在数据维护上可节省人力;但就目前的技术而言,想要以自动化的方式做到去伪存真还有一段距离,而以人工建立索引的方式在数据质量上可能较易控制。如分类目录这类检索系统就无法完全仰赖自动化索引系统,自动化的索引程序只能协助前半部的数据收集工作,之后还是得由人工逐一筛选。就处理语言而言,互联网上的资源是属于多国语言,若检索系统能处理多种语言,如检索时可以用户熟悉的语言输入,系统再将相关的信息不论文种一并找出,并以输入时的语言呈现结果,则对检索会有很大帮助。最后就提供评论而言,某些检索系统还会提供资源的评论,这对用户而言或许会有一定的参考价值,虽然评论可能带有主观因素,但至少应提供摘要性介绍,以免仅由资源名称而误判其内容。

2.4.2 检索功能

检索功能直接影响信息检索的检全率、检准率、检索的灵活性、方便性及检索速度,是评价与选择互联网信息检索工具的核心指标。检索功能评价可围绕以下几个指标进行:

1. 检索方式

检索方式单一还是多样。如,是否既可直接输入检索词查找,又可进行分类浏览查找,可用于浏览查找的索引列表是否丰富、多样;是否既提供基本或简易检索模块,供初学者及一般用户使用,又提供各种形式的高级或复杂检索模块,以方便用户进行组配检索和精确检索;是否既提供自然语言检索,又提供受控语言(主题词、叙词)检索,以弥补自然语言检准率不高的缺陷。

2. 检索技术

所使用的检索技术是否先进、多样。如:布尔检索、组配检索,截词检索、相关检索、引文检索等;除利用逻辑算符 AND、OR 和 NOT 外、可否利用位置算符、通配符、词根符、优先算符等符号进行扩检、缩检和精确检索;可否通过自动聚类等相关信息检索功能为用户快速扩大检索范围,为寻找发现新的信息资源创造条件。

3. 检索限定

对所查信息是否有选择与限定的自由。如,可否对不同的数据库、文档及可检字段(包括关键词 Keyword、题名 Title、著者 Author、文摘 Abstract、全文 Full Text)及所有字段(All Fields)等进行选择与限定;可否对出版年代、文献类型、文献语种等进行自由选择与限定,如可任意限定时间段检索。检索字段越多,检索途径(入口)就越多,用户的选择就越多,更便于检索,有助于提高检全率和检准率。

2.4.3 检索效率

虽然目前网络检索系统的检索速度都很快,但检索效率却不一定很高。检索效率的评估在信息科学中极为重要,其最基本的想法是要找出某些能区别各系统之间性能差异的指标。在评估网络信息检索系统时,有一项系统特性是必须要强调的,系统必须要检索出用户需要的信息,这项特性也就是检索系统的正确性。就目前而言,广泛采用的、能够被量化或质化的反映检索系统效率的主要指标是检全率(recall)与检准率(precision);另外还有系统的响应时间(response time)及系统的连通性(accessibility)也属于要考虑的因素。

(1) 检全率。对于一项检索,实际检出的文件数目与所有应该被检出的文件数目的比率。较高的检全率可以节省用户从数据库中查找相关信息的时间。

(2) 检准率。对于一项检索,实际检出的文件之中有多少比率是真正应该被检出的文件。较高的检准率可以节省用户从检出的所有文档中过滤掉无关信息的时间。

二者的计算公式如下:

$$\text{Precision} = \frac{r}{n}$$

$$\text{Recall} = \frac{r}{R}$$

式中,n 为文件集合中被检出的文档数量,r 为检出文件中真正与检索相关的文件数,R 为文件集合中真正与检索相关的文档数。

检全率与检准率的优点在于有明确定义的计算公式,而且计算方式十分简单。从其定义来看,检准率忽略了计算应该被检出但却未被检出的文件,而检全率则不能指出系统究竟帮助用户过滤掉了多大比例不应该被检出的文件,两者正可弥补互相的缺点。

检全率与检准率的缺点则在于忽略了不同文件之间的差异而给予所有相关的文件同样的权重,这样的处置在检出结果未经排序的情况下仍可接受,但若是检索工具按照某种顺序排列检索结果(例如,与检索较相关的文件排在前面),则两个检索工具只要检出的文件都相同,以检全率及检准率计算的效能指标就无法比较两个检索系统的性能差异。

需要指出的是,信息检索的目标是希望能同时满足高检全率与高检准率,但在许多实验中却发现这两者之间存在着某种抵换关系,难以同时兼顾。也就是说,当要求系统提高检全率时,检准率会下降,反之亦然。

响应时间和系统连通性共同影响检索的速度。检索速度受网络的传输速度、带宽、检索数据反馈量、访问时间、界面设计等多种因素的影响,在网络环境下,用户往往难以承受长时间的网上等待。因此,响应时间、系统连通性也是评价检索工具效率的重要指标。

2.4.4 检索结果的处理和展示

检索结果的展现方式也是评价的重点之一,因为如果系统呈现检索结果的方式不佳则会阻碍用户浏览和吸收信息的效果。例如,相关性排序,互联网上资源庞大,若检索结果只能按字母顺序显示,用户势必会耗费大量时间和精力去浏览。目前一些检索系统所采用的方式,即根据资源的权威性与检索的相关性来排序,相关度高的结果就会排得越靠前。又如大多数系统允许用户自定显示的结果数量,可节省浏览时间。而显示数据的详细程度也会影响数据的参考价值(如提供批注、列出更新日期,甚至库存的网页快照等)。此外,目前的检索系统在显示检索结果时皆会以超链接方式展现,这样用户可在查到结果后,立即链接就可获取原始文件。

另外,由于很多检索都不是一次成功的,而是经过多次检索不断向目标接近的过程,所以选择检索工具也需要看是否提供检索提问修改功能,对检索提问进行重新限定,扩大或缩小检索范围,以进一步提高检全率或检准率;可否对检索结果进行合并检索;是否提供相关检索,提供的相关检索点有哪些等。

2.4.5 用户界面设计

用户接口的设计也是评价检索系统一个相当重要的因素。若设计不良,即使检索功能再丰富、再先进,也可能无法吸引用户使用。一般而言,检索系统的用户接口是否优良,可从直观上判断其是否用户友好型的易于使用(User-friendly);此外,其是否提供在线辅助说明(如指令的使用);是否提供 FAQ 之类的文件(如介绍系统特色、常见问题解答等);是否考虑到文字模式的用户环境(如提供 Lynx 接口);可否保存检索策略和检索结果;检索界面功能键或工具条的设置是否清晰、明确、完备;界面的切换是否灵活;检索界面或检索步骤的设计是否简洁、紧凑等都是参考因素。

思考题

1. 互联网信息检索有哪些主要特点和类型?
2. 常用的互联网信息检索模型包括哪些?各自的优缺点是什么?
3. 通过你能了解的渠道,比较百度公司和谷歌公司两大搜索引擎索引库的数量级。
4. 怎样评价互联网信息检索工具的检索性能?
5. 什么是"框计算"?它对搜索引擎的发展有何意义?

CHAPTER 3 第3章

互联网检索工具（一）
——搜索引擎

3.1 搜索引擎概述

搜索引擎（search engine）是一种能够通过互联网接受用户的查询指令，帮助用户迅速地从网上查找所需要的信息，并向用户提供符合其查询要求的搜索结果列表及相关信息的检索系统。搜索引擎是一种普及程度很高的网络信息检索工具。根据中国互联网络信息中心（CNNIC）《第27次中国互联网络发展状况统计报告》数据显示：2010年，搜索引擎用户规模达3.75亿，用户人数年增长9 319万人，年增长率达33.1%。搜索引擎在网民中的使用率增长了8.6个百分点，达81.9%，跃居网民各种网络应用使用率的第一位，成为网民上网的主要入口。影响较大的网上搜索引擎品牌有很多个，如Google、百度、Bing等。另外还在不断涌现各种新型、专门的搜索引擎及应用。

本章主要介绍搜索引擎的发展简史、搜索引擎的工作原理和类型，并将分类介绍通用搜索引擎、元搜索引擎和垂直搜索引擎中有代表性的搜索引擎品牌工具。

3.1.1 搜索引擎的发展简史

在互联网发展初期，由于网络信息资源只集中分布在少量计算机和局域网络中，供少数专业人员使用，普及性不高，因此大规模网络信息检索的要求并不迫切。但随着20世纪90年代互联网的飞速发展，大量学术团体、研究机构、企事业单位，甚至个人用户纷纷加入，互联网的使用者不再仅限于计算机专业人员和学术研究人员，导致上网用户规模和网络信息数量急剧增长。面对纷繁复杂的海量信息和数据，网络用户面临着由信息过载带来的困惑和茫然，如何在浩瀚的互联网信息中提取所需内容是所有网络用户面临的挑战。网络用户迫切需要一种搜索工具来帮助他们在网络信息海洋中寻珍觅宝。

20世纪90年代之前，没有任何人能搜索互联网。搜索引擎的鼻祖是1990年由蒙特利尔大学的学生Alan Emtage、Peter Deutsch等人开发的Archie。当时通过网络传输文件的活动相当频繁，由于大量的文件散布在不同的FTP服务器中，查询起来非常不便，因此 Alan Emtage 等人想到了开发一个可以用文件名查找文件的系统，于是便有了 Archie。通过利用 Archie，FTP 服务器的管理者主动向 Archie 服务器提交注册信息，申请 Archie 服务。每个月 Archie 服务器将运行一个简单的脚本程序遍历所有注册过的 FTP 服务器的目录和文件名，形成一个可搜索的 FTP 文件名列表，用户必须输入精确的文件名进行搜索，Archie 会反馈给用户具体的 FTP 地址以下载该文件。Archie 还不能算是真正意义上的搜索引擎，但它的出现使用户体验到了不用手工记录资源地址的传统做法，这一便捷性深受广大用户的欢迎。

随着万维网（WWW、Web）的出现和普及，网络信息资源呈指数增长，检索不断出现的网页内容也变得愈加困难，单一的网络检索工具如 Archie 已经很难满足用户的检索需求。因此，一些开发者对传统的"蜘蛛"（spider）程序工作原理进行了改进。其开发原理是，基于 Web 的超文本文件结构，既然所有网页都包含连向其他网站的链接，那么从一个网站开始遍历所有的链接，就有可能检索到整个互联网。1993 年年底，基于此原理的搜索引擎纷纷涌现，其中最负盛名的是 JumpStation、The World Wide Web Worm（Goto 的前身，也就是今天的 Overture）以及 Repository-Based Software Engineering spider（RBSE）。JumpStation 和 WWW Worm 只是以命中信息的先后次序为结果排序，因此毫无信息关联度可言。而 RBSE 是第一个索引 Html 文件正文的搜索引擎，也是第一个在结果排列中引入关键字串匹配程度概念的搜索引擎。

1994 年 4 月，Yahoo 导航诞生。斯坦福大学的两名博士生 David Filo 和杨致远共同创办了 Yahoo。Yahoo 为早期的网络资源目录式导航系统，采用分类目录树提供浏览和检索。由于其数据库收录的网站资源都经过 Yahoo 专家的精挑细选，所以它提供的可检数据库规模和检索数量并不大，但是其独特的检索方式、优质的信息却吸引了众多网民使用。可以说是 Yahoo 成功地使网络检索工具的概念深入人心，从此各类网络检索工具进入快速发展阶段。

1994 年 7 月发布的 Lycos 是搜索引擎史上一个重要的进步，也被认为是真正意义上最早的搜索引擎。卡耐基梅隆大学的 Michael Mauldin 将一个 spider 程序接入到其索引程序中，创建了 Lycos。除了相关性排序外，Lycos 还提供了前缀匹配和字符邻近位置限制，它第一个在搜索结果中使用了网页自动摘要，而最大的优势还是当时它远胜过其他搜索引擎的可检数据量：Lycos 创建时数据量就已达到 54 000 条记录，到 1996 年 11 月已经超过 60 000 000 条记录。同时其用户访问量也名列前茅。20 世纪 90 年代中期，搜索引擎如雨后春笋般涌现，仅美国就有著名的 Magellan、Excite、Infoseek、Inktomi、Northern Light 和 AltaVista 等。2000 年左右，Google 崛起，作为搜索引擎领域的后起之秀，Google 逐渐以超大的索引规模和不断创新的搜索技术显露出其优势，领先于各路搜索竞争对手，成为搜索引擎的业界龙头。

由于不同学者对搜索引擎的定义和技术性能的理解有差异，目前学者们对搜索引擎的产生时间意见不一，有人认为是 1990 年的 Archie，也有人认为是 1994 年 Lycos，还有学者认为 Yahoo 也属于较早期的搜索引擎。但不可否认的是自从 1994 年开始，搜索引擎逐渐被网络用户所熟知并快速发展起来。从搜索技术层面上分析，搜索引擎的发展大致经历了以下 3 个阶段。

（1）第一代搜索引擎是以文档分类导航为特征，是基于文档内容的搜索引擎，以 Yahoo 为代表。它通过人工或自动的方式将筛选过的网络资源信息按一定的顺序放置于预先制定的分类体系目录下，用户通过浏览或检索该目录体系进行网络信息检索。第一代搜索引擎对检索结果的评价往往通过检索结果数量进行衡量，可以说第一代搜索引擎以求全为主要目标。但是，第一代搜索引擎受检索者主观意识影响较大，需要耗费大量的人力进行系统和数据的维护，同时检索全面性和精准性也不够理想。

（2）第二代搜索引擎产生于 20 世纪 90 年代中期，以关键词匹配为特征，并基于超链接分析技术，从而实现网页的自动抓取、排序等。超链接分析技术来源于引文分析法，该原理认为，网络中所有的网页均存在着链接与被链接的关系，同时被链接次数越多的网页或是其存在较多高质量网页链接的网页信息质量越高。超链接分析技术不仅提出了一种新的无须人工干预的排序方法，提高了检索结果的相关性的同时兼顾了检索效率，使得大规模搜索成为可能。这一时期的主要代表为 Google 和百度。但随着网络信息的急速膨胀，第二代搜索引擎也逐渐产生了诸多问题，如检索视频、音频等多媒体信息能力欠缺，自然语言检索能力差，检索结果准确率较低等，人们迫切需要一种能够"理解"用户检索需求的新型搜索引擎出现，因此开始了对第三代搜索引擎的探索。

（3）第三代搜索引擎目前尚未形成统一的界定标准，开发也处于探索阶段。但总体来说，第三代搜索引擎是一种智能化的搜索引擎，可以实现自然语言的无障碍搜索、可以实现语义匹配、可直接返回检索结果而非链接，提供智能化的检索结果排序，并且可能具备"推理"功能，对复杂的检索问题，也能给出符合使用者需要的更精确和权威的答案。其搜索服务也更注重加强与用户的互动和用户使用的个性化。随着网络的进一步发展，新一代搜索引擎要能用最简洁的方式，使检索用户可以"随时随地"通过各种各样的终端，跨语言、无障碍地从互联网中获取信息。

3.1.2 搜索引擎的工作原理

1. 搜索引擎的工作原理

搜索引擎实际搜索的对象并不是真正的互联网，而是预先经过加工整理的网页索引数据库。同时搜索引擎对网页的检索并不是基于语义的，而是一种机械性的匹配网页文字。

搜索引擎的一般工作流程是：首先对互联网上的网页进行搜集，其次对搜集来的网页进行预处理，建立网页索引库，实时响应用户的查询请求，并对查找到的结果按某种规则进行排序后返回给用户，如图 3-1 所示。

搜索引擎的重要功能是对互联网上的文本信息提供全文检索。以下分步骤叙述搜索

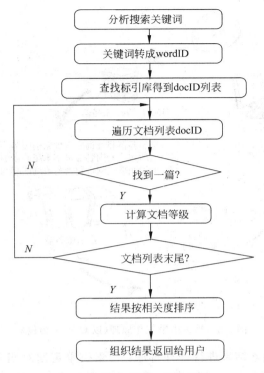

图 3-1 搜索引擎工作流程图

引擎的工作原理。

(1) 抓取——从互联网上抓取网页:搜索引擎的信息搜集基本上是自动的。利用能够从互联网上自动抓取网页的"蜘蛛"程序,自动访问互联网,并沿着任何网页中的所有链接跳转到其他网页,重复这个过程,并把访问过的网站中符合收录要求的网页收集回来。理论上说,若网页上有适当的超链接,"蜘蛛"程序便可遍历绝大部分网页。

(2) 索引——建立索引数据库:此过程即为搜索引擎对搜集到的网页信息进行系统整理的过程。由分析索引系统程序对收集回来的网页进行分析,提取相关网页信息(包括网页所在 URL、编码类型、页面内容包含的关键词、关键词位置、生成时间、大小、与其他网页的链接关系等),根据一定的相关度算法进行大量复杂计算,得到每一个网页针对页面内容中及超链中每一个关键词的重要性,然后用这些相关信息建立网页索引数据库。

(3) 搜索、排序——在索引数据库中搜索排序:用户输入关键词进行检索后,由搜索系统程序从网页索引数据库中找到符合该关键词的所有相关网页。依据已经计算好的所有网页针对该关键词的相关度,按照其数值高低进行排序。相关度数值越高,排名越靠前。如图 3-2 所示。

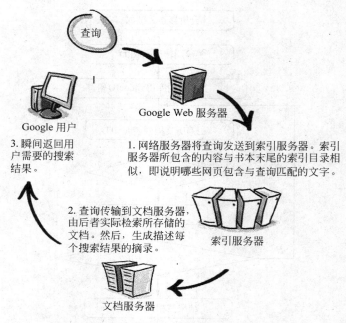

图 3-2　搜索引擎工作原理（以 Google 为例）

（4）显示——对搜索结果进行处理排序：搜索引擎定期对网页进行重新访问，更新数据库信息，同时根据网页文字和链接关系的改变重新进行排序。最后由页面生成系统将搜索结果的链接地址和页面内容等信息摘要组织起来返回给用户。

2. 搜索引擎的关键技术

（1）信息收集和存储技术

网上信息收集和存储一般分为人工和自动两种方式。人工方式是由专业人员对网站进行调查、筛选、分类并手工建立关键词索引，再将索引信息存入计算机相应的数据库中。此种方式虽然拥有较高的准确性，但检索效率比较低。自动方式通常是由 robot 或 Spider 等自动运行的软件来完成，该软件的功能是遍访互联网网站并采集、抓取网页。依靠超链接技术，自动采集软件定期访问网站，当遇到新的网页时，就给该网页上的某些关键语词或全部语词做索引并把它们加入到搜索引擎的数据库中，从而使得搜索引擎数据库信息不断更新。自动方式拥有非常高的工作效率，但在信息收集的准确性方面却较人工方式逊色很多。

（2）信息预处理技术

为保证用户信息检索行为顺利进行，并获得满意的检索结果，搜索引擎对采集到的信息进行预加工、预处理。主要包括：

① 关键词提取技术：为了支持后续信息检索服务，必须对收集到的网页进行关键词提取，用来表示网页的内容特征。关键词提取是预处理阶段最重要，也是最基本的任务。

其具体含义为：对采集到的网页源文件的内容部分所含的关键词进行提取。

② 垃圾信息消除技术：本书所指垃圾信息意为在信息检索结果中包含的无关、重复和无法打开的网页信息。为了改善用户检索体验、提高查准率，必须对垃圾信息进行有效的消除。

③ 链接分析技术：大量的 HTML 标记既给网页的预处理造成了一些麻烦，也带来了一些新的机遇。HTML 文档中包含的指向其他文档的链接信息是人们近几年来特别关注的对象。它们不仅给出了网页之间的关系，而且还对判断网页的内容有重要意义。

④ 网页重要性计算技术：庞大的检索结果集使得搜索引擎必须依据一定的技术对检索结果的重要性进行计算，使得检索结果能够按照网页与检索词相关性的高低进行排序，帮助用户快速地找到所需信息。目前比较常用的网页重要性计算技术有 Pagerank、HITS 等。

(3) 信息索引技术

信息索引就是创建文档信息的特征记录，以使用户能够快速地检索到所需信息。建立索引主要涉及以下几个问题。

① 信息语词切分和语词词法分析：词语是信息表达的最小单位，由于语词切分中存在切分歧义，切分需要利用各种上下文关联和语法知识。语词词法分析是指识别出各个语词的词干，以便根据词干建立信息索引。由于西文语言采用空格和标点来分隔单词，进行分词也较为简单；而中文使用表意文字，不能通过简单的空格和标点进行词组的分隔，因此中文的信息语词切分和语词语法分析技术是目前研究的热点和难点。现在常用的分词器有 CJKAnalyzer、MManalyzer、PaodingAnalyzer、IKAnalyzer 等。

② 进行词性标注及相关的自然语言处理：词性标注是指利用基于规则和统计（马尔可夫链）的科学方法对语词进行标注。基于马尔可夫链随机过程的 n 元语法统计分析方法，在词性标注中能达到较高的精度。可利用多种语法规则识别出重要的短语结构。自然语言处理是运用计算机对自然语言进行分析和理解，从而使计算机在某种程度上具有人的语言功能。将自然语言处理应用在信息检索中，可以提高信息检索的精度和相关性。

③ 建立检索项索引：使用倒排文件的方式建立检索项索引，一般包括"检索项"、"检索项所在文件位置信息"以及"检索项权重"。

④ 检索结果处理技术：搜索引擎检索结果数量的巨大以及大量垃圾信息的存在，给用户造成较大的检索干扰。为保证用户检索过程的有效、便捷，搜索引擎一般应按与查询提问的相关程度对检索结果进行排序，将相关度高的检索结果排在最前面。搜索引擎确定相关性的方法有概率方法、位置方法、摘要方法、分类或聚类方法等。

• 概率方法，根据关键词在文中出现的频率来判定文件的相关性。这种方法对关键词出现的次数进行统计，关键词出现的次数越多，该文件与查询的相关程度就越高。

• 位置方法，根据关键词在文中出现的位置来判定文件的相关性。关键词在文件中出现得越早，所处的位置越重要（如文件标题、段首等位置），文件的相关程度就越高。

- 摘要方法,是指搜索引擎自动地为每个文件生成一份摘要,让用户自主判断结果的相关性,以使用户进行选择。
- 分类或聚类方法,是指搜索引擎采用分类或聚类技术,自动把查询结果归入到不同的类别中。用户进行检索时即可从类别角度进行区分与排序。

3. 搜索引擎技术的发展趋势

(1) 自然语言检索技术

新一代智能搜索引擎采用自然语言理解技术进行检索。在信息检索中自然语言包括关键词、自由词和出现在文献题名、摘要、正文或参考文献中的具有一定实际意义的词语。目前第二代搜索引擎的信息检索是关键词层面的检索,而智能搜索引擎将这种词语层面的检索提升至基于知识或概念的层面,对知识有一定的理解和处理能力,能够提供分词技术、同义词技术、概念搜索、短语识别以及机器翻译技术等服务。总体来说基于自然语言检索技术的智能搜索引擎具有一定的智能化、人性化特征,允许用户采用自然语言进行信息检索,从而使得检索过程更为方便、准确。

近年来,国内外关于自然语言处理的研究长期专注于"语法"层次,但是单纯在语法层次上进行研究是不能解决实际问题的,还要充分研究自然语言的语法、语义和语用信息,保证自然语言理解的准确性和有效性。

(2) 目录导航检索与关键词检索相结合

目录导航检索可为用户提供从不同类别或功用的角度进行浏览式查询与检索的入口,而关键词检索则为用户提供更为特性、精准的检索方式。这两种搜索方式各有千秋,目前它们谁也无法完全取代谁,于是很多的搜索引擎或检索服务网站同时提供这两种类型的检索服务。如今,国内外的众多知名搜索引擎均采用了这种方式,例如,百度的主营业务一直是提供基于关键词的搜索,但同时它也提供名为"hao123"的目录导航式网络信息搜索服务。

(3) 智能化和个性化检索技术

传统的搜索引擎只能进行被动的检索服务,而未来的搜索引擎可以使用智能代理技术对用户的查询计划、意图、兴趣方向进行推理、预测并为用户提供有效的检索结果,从而实现更加主动的信息检索。智能代理技术使用自动获得的知识进行信息的搜索过滤,并自动地将符合用户兴趣模式的信息提交给用户;同时智能代理还可以实现信息和用户兴趣变化的追踪学习,从而为用户提供更为确切、快捷的个性化搜索服务。

个性化检索是未来发展的重要特征和必然趋势之一。搜索引擎通过社区化产品使用户根据自身需求进行检索服务和其他网络服务的个性化选择和设置,然后在搜索引擎基础信息库的检索中引入个人因素进行分析,获得个性化的检索结果。

(4) 多媒体检索技术

网络资源类型的多样性决定了信息检索对象的多样性。目前基于文字的信息检索已经较为成熟,但多媒体信息的检索还需要进一步的发展。多媒体信息主要包括图像、视频、音频信息。目前多媒体信息检索技术主要包括基于描述的多媒体检索技术和基于内容的多媒体检索技术。基于描述的多媒体检索技术就是对多媒体信息进行关键词标引著录等文本转换加工后,实现检索功能。其实质还是文字层面的检索与匹配。基于内容的多媒体检索技术则直接对多媒体资源的内容和上下文语义环境进行检索。

(5) 3G 移动搜索

移动搜索是指用户在移动通信中,通过移动终端,利用 SMS、WAP、IVP 等特定搜索方式获取所需信息的搜索行为。3G 网络的普及使得传统移动搜索存在的数据传输瓶颈不复存在,解决了移动搜索发展的最大困难。3G 移动搜索主要优势有：

① 个性化信息服务,用户使用的移动终端主要为手机等更为个性化的设备,因此提供的信息更符合用户的个人需求；

② 使用更为便利,摆脱了硬件设备、网络环境等的限制,3G 移动搜索可实现随时随地的便利检索；

③ 搜索方式多样化,可以通过短信平台、WAP 及使用网页搜索。

随着 3G 时代的到来,原有的搜索引擎服务商将市场竞争领域从互联网逐渐延伸至移动通信领域,3G 移动搜索必然是未来发展的一个重要领域。

(6) 交叉语言检索技术

交叉语言检索技术是指用户使用母语提交查询请求,搜索引擎在多种语言的数据中进行交叉语言信息检索,返回能够解决用户检索请求的所有信息。该技术目前还处于初步探索阶段,主要的技术难点在于不同语言的表达方式和语义上存在着较大的不同。但是对于经济全球化、互联网服务的跨国界化,交叉语言检索具有重要意义。

3.2 搜索引擎的类型

3.2.1 网络检索工具的分类

当前,互联网信息检索已成为网民最重要的一项网络应用,而各种提供不同检索与服务功能的网络信息检索工具也在不断产生,数量众多。对网络检索工具的分类可以有不同标准,具体划分如下。

1. 按检索对象划分

(1) Web 资源检索工具。即以 Web 网页为主要检索对象的检索工具,是网络检索工具的主流,比如常用的搜索引擎。

(2) 非 Web 资源检索工具。即以某种非 Web 资源(如 FTP 文件、论坛组文章、邮件列表、软件、RSS、博客等)为检索对象的检索工具。

2. 按检索机制划分

(1) 目录型(Subject directory,catalogue)。即按人工制定的某种分类体系编排组织网络资源,提供分类浏览导航式的检索。适用于查找综合、概括性的主题,或对检索准确度要求较高的课题。

(2)索引型(Subject index,Search Engine)。指基于关键词检索的网络检索工具,提供方便、直接的检索,支持布尔逻辑组配检索、短语检索、相关检索、模糊检索、自然语言检索等检索方式,还可以限制检索对象的地区、语种范围、数据类型、时间等,可满足特定条件资源的准确定位。

(3)混合型(Hybrid tools)。目前,目录型和索引型网络检索工具之间逐渐走向融合,很多流行的网络检索工具均同时提供两种方式的检索,担负网络资源主题指南和索引的双重责任,多被混称为搜索引擎。

3. 按检索领域划分

(1)综合型网络检索工具。指在采集标引信息时不限制资源的主题范围和数据类型,提供跨学科、跨领域的网络信息检索工具,又称为水平型、通用型的搜索引擎。

(2)专业型网络检索工具。指专门采集某一领域或主题范围的信息资源,并采用更为详细和专业的方法对信息资源进行标引、摘述,且提供有专业特色的检索机制、方法和检索服务的网络信息检索工具。专业型网络检索工具又称为垂直搜索引擎,比如:旅游搜索、购物搜索、房产搜索、医药搜索等。

(3)特殊型网络检索工具。指专门针对某种特定的信息类型或数据提供查询服务的检索工具。如:黄页、地图、统计数据等的检索网站。

4. 按集成检索工具数量划分

(1)独立型网络检索工具(Singular search tools)。指依靠自身的网络信息采集机制所建立的网络资源索引数据库,独立开展检索的常规网络检索工具。

(2)集合型网络检索工具(Collective search tools)。指集成多家网络检索工具于一个检索平台,或作为检索工具的目录和功能导航,或作为集成检索平台,将用户的检索提问发送给多家搜索引擎并行搜索,再将检索结果去重、整理后提交给用户。该检索工具又称为联合搜索(Federated Search)工具、元搜索引擎(Metasearch Engine 或 Megasearch Engine)。其目的是引导用户根据需求选择使用合适的网络检索工具;还可以扩大搜索范围、节省用户时间、提高检索效率。

5. 按运行环境划分

(1)互联网搜索工具。指在独立网站上在线运行,以互联网信息内容为检索对象的常规检索工具。

(2)网站内搜索工具。指在独立网站上运行,但仅以该网站信息内容为检索对象的检索工具。如:站点地图(site map)、站内搜索(site search)、站点索引(site index)等。

(3)桌面搜索工具。指在用户个人计算机上运行的搜索软件,它在一般网络在线搜索的基础上,增加了对用户本地计算机的搜索功能。本地搜索内容包括硬盘中的各种文档、电子邮件、浏览网页内容、即时通信记录等。这样,用户便可以在个人计算机桌面上,通过统一的界面,完成网络及本地计算机的搜索工作。以帮助用户快速搜索定位到自身已有的信息资源,满足用户快速便捷地管理、利用自有信息资源的需求;还可以为用户提供搜索代理等个性化搜索服务。

3.2.2 搜索引擎的主要类型

目前对于搜索引擎的分类还没有一个确定的标准,以下介绍几种常用的搜索引擎工具。

1. 通用搜索引擎(general search engine)

通用搜索引擎通过对互联网上提取的各个网站的信息而建立的数据库中,检索与用户查询条件匹配的相关记录,然后按照一定的排列顺序将检索结果返回给用户。通用搜索引擎的优势在于全文搜索、检索功能较强、信息更新快等;但是也存在着某些问题:检索结果数量巨大,严重影响用户搜寻有用信息的检索体验,检索的查准率有待提高;同时检索结果中的死链、重复信息较多,检索结果显得繁多杂乱。目前国外具有代表性的通用搜索引擎有 Google、Bing、AllThe Web 等,国内著名的搜索引擎有百度、搜狗、有道等。

2. 垂直搜索引擎(vertical search engine)

垂直搜索引擎是针对某一特定领域、某一特定人群或某一特定需求提供的信息搜索和相关服务,其特点就是专、精、深,且具有行业色彩。它是一种与通用搜索引擎截然不同的搜索引擎类型,它专注具体、深入的纵向服务,致力于某一特定领域内信息的全面和内容的深入,该领域外的其他庞杂信息不被收录。目前国外具有代表性的垂直搜索引擎有 Linked、Retrevo 等,国内具有代表性的垂直搜索引擎有酷讯旅游网、智联招聘等。

3. 元搜索引擎(meta search engine)

元搜索引擎就是通过一个统一的用户界面,帮助用户在多个搜索引擎中选择和利用适用的搜索引擎来实现检索操作;或者同时调用多个搜索引擎,为用户实现一站式检索:用户只需递交一次检索请求,元搜索引擎会根据知识库中的信息,将用户的检索请求转换为多个搜索引擎所能识别的格式,同时自动地分别发送给各个搜索引擎,由这些搜索引擎完成实际的信息检索,最后元搜索引擎再把从各个搜索引擎返回的结果收集起来,进行比较分析,合并冗余、去除重复信息,以一定的格式返回给用户。这样既扩大了检索范围,又节省了在不同搜索引擎之间转换的时间。因此,检索的综合性、全面性、完整性会有所提高。元搜索引擎可被视为对分布于网络的多种检索工具的全局控制机制。按照运行方式的差异,可分为桌面元搜索引擎和在线元搜索引擎。

3.3 通用搜索引擎简介

通用搜索引擎是相对于专业搜索引擎而言。通用搜索引擎是一种"大众资源",试图为每个人提供各种类型的信息;而专业搜索引擎往往将资源范围限定在某个特定的学科或者特色资源的领域,因而只适用于特定的人群。通用搜索引擎使用方便,对信息查询反应迅速,为广大用户所喜爱。本节简单介绍国内外知名的通用搜索引擎。

3.3.1 国外通用搜索引擎

1. Google(http://www.google.com)

(1) 创建者。1996年1月,加州斯坦福大学两位博士生拉里·佩奇(Larry Page)和谢尔盖·布林(Sergey Brin)在学校开始一项关于搜索的研究项目,两人开发了一个对网站之间的关系做精确分析的搜索引擎。这个名为 PageRank 的引擎通过检查网页中的反向链接来评估站点的重要性,提高了检索的精确度,这便是 Google 的雏形。1998年9月4日,二人创建了 Google 公司,正式加入搜索引擎市场。至今,Google 已经发展成为一个跨国性科技公司,业务涉及网络搜索、云计算、广告技术等众多领域,并开发了一系列的网络服务与产品。Google 搜索一直占据搜索引擎市场的重要地位,可称为全球第一大搜索引擎。

(2) 收录范围。除了搜索网页外,Google 亦提供搜索图像、新闻组、新闻网页、影片的服务。2005年6月,Google 宣布已存储超过80亿页的网页、1亿3千万张图片,以及超过1亿条的新闻组消息——总计大概10亿4千万个项目。它也缓存了编入索引中绝大多数网页的内容。

(3) 检索界面。检索界面包括以下几种。

① 首页。首页包括:

- 功能选择。Google 首页的检索界面很简明,如图3-3所示。其丰富多样的检索功能以及其他服务功能标注于页面上端的模块选择一栏中。首页显示了网页、图片、视频、地图、新闻、购物和 Gmail 等多种功能,单击"更多"后用户将可见到更多种功能模块,不仅涉及网络检索,同时还涵盖桌面软件、办公软件、手机软件等多种网络服务工具。

图3-3 Google 首页界面(中文版)

•检索框。输入检索词后按"回车键"或提问框下的"Google 搜索"按钮即可执行检索操作。Google 支持简单的布尔检索,同时用户可以进行更为精确的"高级检索"。具体的检索规则下文将进行详细的介绍。

•登录。本部分主要为 Google 个性化附加功能的扩展。用户可以免费注册 Google 账户,登录后获得更多的个性化服务,如大容量邮箱"Gmail"、根据检索记录的"个性化搜索"等。

•iGoogle 个性化首页。通过这一功能模块,用户可以实现个性化的功能选择,设计符合自身使用特点的 Google 首页。图 3-4 即为设置有游戏、谷歌资讯、翻译、待办事项列表等多种功能的个性化界面。

图 3-4　iGoogle 界面

② 高级搜索。高级检索界面如图 3-5 所示,包括了 Google 可使用的所有检索方法,包括布尔检索、语言检索、域名检索、链接检索等,在高级检索界面中,用户可以用鼠标单击输入复杂的检索要求和限制,同时还可以设置搜索结果的显示格式。

③ 图片搜索。Google 新添加了图片搜索的功能,除了可以进行基于文本描述的图片搜索外,还可以通过上传图片进行搜索。同时用户点击高级搜索按钮,可以对检索对象的尺寸、类型、颜色、时间等特征进行进一步限定。

(4) 检索功能

① 布尔检索。Google 支持不完全的布尔逻辑。在检索框中输入的所有检索词

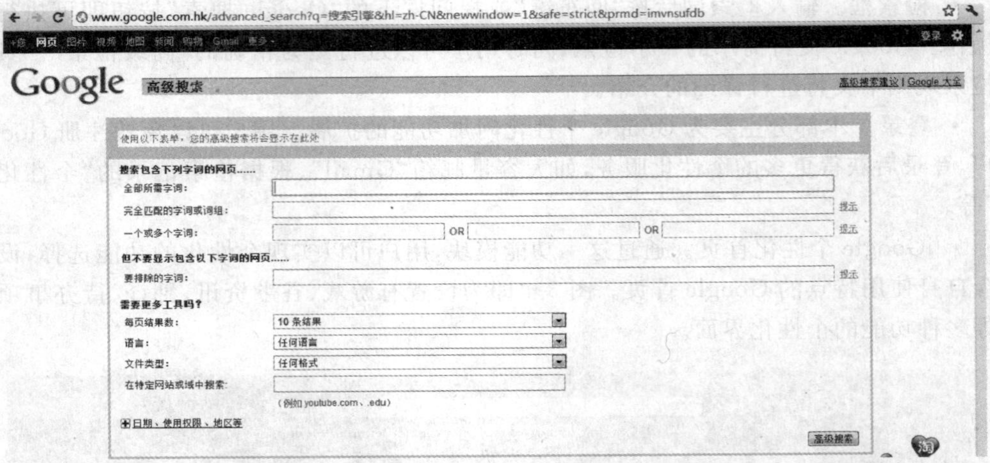

图 3-5　高级搜索界面

Google 会自动以 AND 逻辑连接；Google 也支持 OR 操作，但注意在进行"或"操作时 OR 操作符必须大写；否则，Google 会将小写 or 视为停用字符而忽略掉。例如，检索《魔戒 3》的演员阵容，可用如下检索式："The Return of the King"cast OR crew；Google 用"-" （英文字符的减号）执行 NOT 操作，表示检索结果中不能出现某一个词，注意，减号前一定要加空格符。

② 词组检索。在检索词上加双引号（英文引号）表示将该检索词视为一个词组，中间不允许插入别的词。

③ 禁用词检索。Google 在检索过程中会自动忽略某些十分常用的词，通常情况下这些词无助于检索，却会降低检索的效率，如某些助词或冠词 to、by、with、a、the 等，一般把这些词称为禁用词。通常情况下，如果检索式中出现了禁用词，Google 会很有礼貌地提醒用户这些字词由于太常用，因此不被列为检索范围；遇到这种情况，如果这些禁用词对用户的检索至关重要，就在该词前加上"+"。

④ 截词检索。Google 不支持截词符的使用，但它具有后台截词检索功能。例如，输入 travel ti * 不会找到诸如 travel tip 的关键词匹配，但如果输入 travel tip 则会匹配上诸如 traveler、traveling、tips 等关键词。不过有一种情况可以使用通配符"*"，在词组检索中可以插入"*"替代任何一个英文单词。

⑤ 同义词检索。英文单词前加"～"（不空格），Google 将搜索该单词的单复数形式或者与该词在意义上相近的词。该操作符只用于英文网页搜索。

⑥ Google 不区分字母的大小写。

⑦ 字段检索（field search）。用以限制检索词出现的位置，可在检索框中输入"字段前缀:关键词"，例如，"allintitle:search engine"。Google 可检字段及说明见表 3-1。

表 3-1　Google 可检字段及说明

常用可检字段	详细说明
Intitle	在 HTML 的 title 标签中查找关键词（关键词是单个词）
Allintitle	在 HTML 的 title 标签中查找关键词（关键词是词组）
Inurl	在主机的 URL 中查找关键词（关键词是单个词）
Allinurl	在主机的 URL 中查找关键词（关键词是词组）
Link	查找链接到该网页的所有网页
Site	在指定的网站内查找关键词
Related	查找与指定页面有相似内容和等级的页面

（5）检索结果提供。检索结果页面如图 3-6 所示。页面左侧一栏显示对检索结果可以进行进一步限制的限定条件，如文件类型、网页类型、发布时间等，引导用户在初步获得的检索结果中进行二次检索。页面右侧为检索结果列表，每个结果项包括网页标题、URL 链接、关键词所在的上下文、文档大小、网页快照和相似网页链接，同时对于最近更新的网页显示更新日期，通常为两日之内。结果页面上方显示检索结果的数量、检索时间，以及用户近期的检索历史。结果页面下方显示与检索词相关的其他检索词，如"搜索引擎"这一检索词 Google 给出了"中文搜索引擎"、"搜索引擎原理"等共计 10 个相关检索词，能够在一定程度上引导用户进一步修正检索结果，获得更多或是更为具体的检索结果。

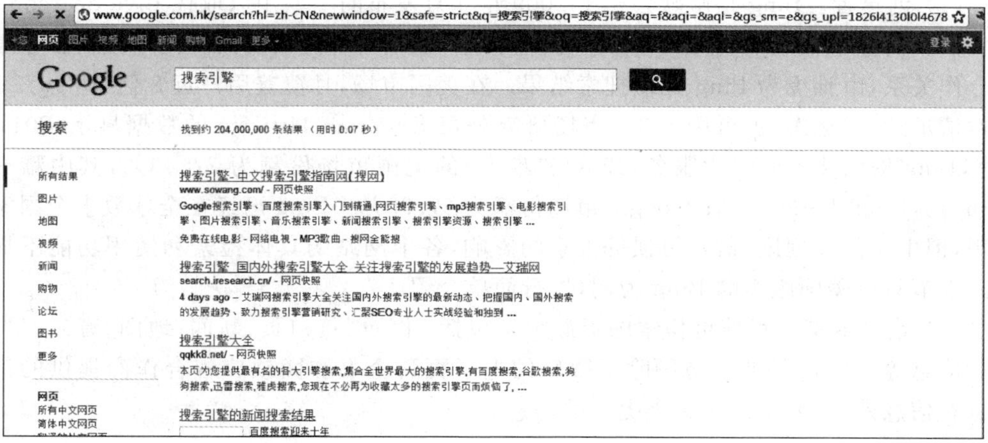

图 3-6　检索结果页面

（6）评价。据统计，当今网络上 75% 的搜索任务都是由 Google 完成的。Google 拥有世界第一的庞大数据库、简单明了的检索界面、强大的检索功能和世界先进的相关性排序技术，Google 的魅力让人难以抵挡。网站资讯分析网 Alexa 数据显示，Google 的主域名 google.com 为全世界访问量最高的站点，除此之外，Google 搜索在其他国家域名下的多个站点(google.co.in、google.de、google.com.hk等)及旗下的YouTube、Blogger、Orkut等的访问量都在前100名之内。根据comScore 2009年11月公布的市场统计，Google在美国搜索引擎市场上占有率为65.6%。2007年至2010年，Google连续4年蝉联BrandZ全球品牌价值榜首，但在2011年被苹果公司超越从而屈居次席。目前Google已经发展成为一个综合性的跨国大型科技公司，业务范围从单纯的网络信息检索发展到与其相关的一系列服务与软件。

一直以来，Google很重视网络搜索引擎技术的创新发展。除了基本的文字搜索以外，Google还提供了22种特殊的检索功能，如天气、同义词、地图等，并提供检索界面的翻译、检索数据的转换等。2011年，Google先后推出了语音搜索和图片搜索，是搜索引擎发展史上的一大进步。目前语音搜索只能支持美式英语发音，同时在语音识别和检索的精确度等方面还有待进一步加强。2011年11月4日，Google对搜索引擎算法进行了大调整，主要是强调时间因素影响，调整会影响约35%的搜索结果。Google将这次调整称为"新鲜算法"(freshness algorithm)，为相关搜索提供实时结果，它采用的是Google Caffeine网络索引系统，该系统可以更快抓取网站内容，从而提高检索结果的时效性。

在市场上处于绝对领先地位的Google公司在用户隐私保护、版权、网络审查等方面一直饱受争议，还存在较大的发展挑战。

2. Bing(http://www.bing.com/)

(1) 创建者。Bing是微软公司于2009年5月发布的一款用以取代Live Search的搜索引擎。简体中文版Bing已于2009年6月2日正式对外开放访问。同年微软和雅虎形成合作关系，由雅虎为Bing提供搜索结果。在美国市场，月覆盖用户近2亿，达90%；月搜索请求达41亿次，占市场1/3。市场研究公司Experian Hitwise的数据显示，2011年1月，Bing提供技术的搜索服务(Bing和雅虎)的美国市场份额为27.43%，其中雅虎为14.62%，Bing为12.81%；Google市场份额为67.95%。Bing已经在全球数十个国家中使用，但由于开发程度、语言习惯等因素的影响，各个网站的具体检索和使用功能不尽相同。本节将以美国版本的Bing为例，进行简单介绍。

(2) 收录范围。目前可检索的资源类型包括：网页、黄白页、新闻、地图、音乐、星座、求职信息等。Bing的收录范围除了微软的电子百科全书和微软广告合作商提供的信息等自有信息外，主要来源于雅虎提供的信息。

(3) 检索界面

① 模块选择。Bing首页搜索界面十分简洁，如图3-7所示。页面左上端一行模块选择栏，用户单击相应的模块即可进行相应类型资源(Web、image、video、news、maps等)的检索。同时包含了MSN和Hotmail的链接，用户可以轻松链接，享受微软的其他服务。

② 检索框。输入检索词后按"回车键"或提问框下的检索按钮即可执行检索操作。

图 3-7　Bing 首页

③ 注册按钮。用户单击可以进行免费注册,从而享有微软更多的服务。此处注册可链接至 Facebook 和 Windows live。

④ 语言工具。设定 Bing 所有的检索界面所使用的语言。目前 Bing 可进行多达 60 种语言的设置,同时可以根据用户的 IP 地址判定用户所使用的语言,进行检索界面语言的自动设置。

(4) 检索功能

① 布尔检索。Bing 支持完全的布尔逻辑(所谓完全的布尔逻辑指可以使用括号执行嵌套)。在检索框中输入的所有检索词会自动以 AND 逻辑连接;Bing 也支持 OR 和 NOT 操作,但注意在进行布尔逻辑操作时所有操作符必须大写。高级检索界面中也可以用"-"(英文字符的减号)执行 NOT 操作(注意,减号前一定要加空格符)或直接输入字符串 NOT,但简单检索界面只支持后者。同时在进行高级检索时,获取搜索结果仅使用前 10 个搜索条件。

② 词组检索。简单界面中检索词上加双引号,表示将该检索词视为一个词组,中间不允许插入别的词。

③ Bing 对特殊词的大小写做区分对待。如果关键词以小写形式出现,则 Bing 将不加以区分,对所有形式(包括大写和小写)的关键词检索;如果关键词中夹杂大写字母,如 arXiv,那么 Bing 将严格按照大小写形式检索,检索人名、地名和某些专业名词时做这种区分是很有意义的。

④ 截词检索。Bing 不支持截词符的使用。

⑤ 字段检索(field search)。Bing 的字段检索见表 3-2。

表 3-2 Bing 可检字段及说明

常用可检字段	定义
contains:	只搜索包含指定文件类型的链接网站
filetype:	仅返回以指定文件类型创建的网页
inanchor:、inbody:、intitle:	这些关键字将返回元数据中包含指定搜索条件(如定位标记、正文或标题等)的网页。为每个搜索条件指定一个关键字,您也可以根据需要使用多个关键字
ip:	查找托管在特定 IP 地址的网站。IP 地址必须是以英文句点分开的地址。键入关键字"ip:",后面加网站的 IP 地址
language:	返回指定语言的网页。在关键字"language:"后面直接指定语言代码。使用搜索生成器中的"语言"功能也可以指定网页的语言。有关使用搜索生成器的详细信息,请参阅使用高级搜索
loc: 或 location:	返回特定国家或地区的网页。在关键字"loc:"后面直接指定国家或地区代码。若要搜索两种或两种以上语言,请使用逻辑运算符 OR 对语言分组
prefer:	着重强调某个搜索条件或运算符,以限定搜索结果
site:	返回属于指定网站的网页。若要搜索两个或更多域,请使用逻辑运算符 OR 对域进行分组。您可以使用"site:"搜索不超过两层的 Web 域、顶级域及目录,还可以在一个网站上搜索包含特定搜索字词的网页
feed:	在网站上查找搜索条件的 RSS 或 Atom 源
hasfeed:	在网站上查找包含搜索条件的 RSS 或 Atom 源的网页
url:	检查列出的域或网址是否位于 Bing 索引中

(5)检索结果页面。检索结果页面如图 3-8 所示,页面上方显示检索结果的类型(包含网页、新闻、视频、图片等),用户可以进行检索结果类型选择的轻松切换。接下来显示的是检索结果的数量和检索时间。同时包含"Advanced"即高级检索按钮。同时"Safe

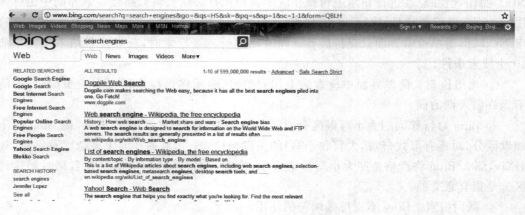

图 3-8 Bing 检索结果页面

Search Strict"按钮表示在用户 IP 地址范围内的国家或地区对网络信息资源的限制,例如,黄色淫秽信息的屏蔽等。页面左侧主要体现 3 个功能:显示相关检索词、查看检索历史记录、对检索结果进行时间限制。页面中间部分为检索结果列表。与 Google 相比,Bing 的检索结果显示较为简单,每个检索结果只是列出了网页标题、关键词所在的上下文以及 URL 链接。若想获得更为详细的简介内容,用户可将鼠标移动至一条检索结果右侧,即可弹出该检索结果的较为详细的内容介绍面板,如网站是否可用、基本内容简介等。

搜索结果的即指即译功能是 Bing 的一项创新功能。在使用中文版"必应"时在检索框中输入英文单词,搜索结果页面会提示国内版、海外版的版本选择。国内版即中国版搜索结果,而海外版则是 Bing 美国版的搜索结果,但并不包含 Bing 美国版的大部分功能。选择海外版,鼠标指针停留在某英语单词,Bing 搜索页面内会自动显示"必应"词典的翻译面板。

(6) 评价。Bing 自 2009 年 6 月全球首发后,一直以惊人的速度迅速发展。据 ComScore 调研数据显示,Bing 搜索引擎一直保持稳步上升态势,2011 年 11 月的最新统计数据中,Bing 市场份额已经达到 11.8%,排名第三位,是包括 Google、Yahoo 等传统搜索引擎巨头中唯一保持上升态势的搜索引擎,在世界市场中具有较高的竞争力。同时 Bing 注重全球性合作关系的建立,2009 年与 Yahoo 合作开展搜索引擎数据建设,使得 Bing 在短时间内实现了数据检索资源积累,迅速扩展了市场份额。2011 年 Bing 又开展了与百度的合作,利用双方在中、英文搜索中的优势,使得 Bing 打开了中文搜索的市场,也为其在中国的迅速发展奠定了基础。

在检索结果的准确性方面,Bing 同样也表现出了极大的关注度。Bing 将自身定位于"决策引擎"而并非传统意义上的"搜索引擎",这就意味着 Bing 的检索结果必须保证较高的准确性。Bing 一直为这个目标努力,而事实也证明了这种努力的效果。2011 年 1 月市场分析公司 Expeian Hitwise 通过对 1 000 万美国网络用户的调查得出结论:Bing 的搜索结果成功率为 81.5%,远远高于 Google 的 65.5%。

但是 Bing 若想实现超越 Google 的梦想,还需要走很长的路。其自身尚存在较多的问题,如:不同地域检索功能不统一,影响全球市场的拓展;个性化设置尚不够全面,仅为简单的界面语言等设置;二次检索和高级检索功能较低。

3. Ask.com(http://www.ask.com/)

(1) 创建者。诞生于 1996 年的 Ask Jeeves 目前发展成为美国第四大搜索引擎,并于 2005 年更名为 Ask.com。在 1998—1999 年间,Ask Jeeves 因采用"自然语言搜索"而一举成名。它曾是著名搜索引擎 DirectHit(2002 年 4 月被关闭)的母公司,在 2001 年年末收购了全文搜索引擎 Teoma 并与之整合后,其搜索能力得到了进一步的加强。2005 年,Ask.com 被 IAC 公司收购。

(2) 收录范围。Ask.com 是人工操作目录索引,规模不大,但具有自身独特之处。Ask.com 拥有一个专家编辑组,监控检索日志,然后有针对性地收录网站以回答最常出现的用户提问。同时 Ask.com 建设有独特的 Q&A（问答）模式，即用户经过注册后可以进行在线的提问与回答，这就建立了基于普通用户的答案数据库，与普通检索数据库并存，同样可以提供检索功能。目前 Ask.com 可检索的范畴包括：新闻、天气、购物、股票、图像等。

（3）检索界面

① 首页。2010 年 Ask.com 进行了改版，首页检索界面保持了原有的简洁风格，增加了 Q&A 社区。如图 3-9 所示。

图 3-9　Ask.com 首页

② Q&A 社区界面。该界面（如图 3-10 所示）是 Ask.com 于 2010 年创新性提出的服务搜索项目，其检索结果全部来源于其注册用户的答案。用户可在此界面进行轻松的自然语言提问，同时直接获得检索答案。

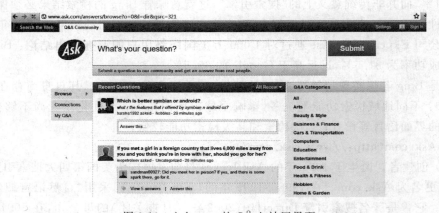

图 3-10　Ask.com 的 Q&A 社区界面

（4）检索功能

① Ask.com 采用自然语言搜索，因而不涉及复杂的检索式构造和检索逻辑；和很多搜索引擎一样，Ask.com 也具有拼写纠错功能，比如用户搜索"speling"，Ask.com 便会自

动搜索"spelling"。

② Ask.com 可实现布尔逻辑检索与、或、非；支持词组检索，用""表示词组；不区分大小写；不支持截词检索。

③ 限制检索。在高级检索界面中，Ask.com 可限制的字段包括：URL、Title、Site、Language、Date 等。

（5）检索结果。Ask.com 的检索结果页面分成以下几个部分，如图 3-11 所示。

图 3-11　Ask.com 检索结果页面

第一部分为检索结果主体。不论用户使用自然语言还是关键词进行提问，在检索结果页面中间区域将直接给出答案或关键词的定义等事实性信息；随后页面显示其他检索结果，包含网页标题、关键词所在的上下文以及 URL 链接 3 部分内容，没有网页的更新时间和网页快照、网页大小等信息，相对其他搜索引擎来说提供的检索结果信息较为简单。

第二部分位于检索结果页面左侧，用于对检索结果的形式进行进一步筛选。Ask.com 给出了全部、图片、新闻、视频、文献、购物、地图以及用户 IP 区域地图等多个选项以供选择。

第三部分位于检索结果右侧。主要显示了整个网络上与答案相关的网站或专家、相关检索词，以及与检索词（或检索句）相关的热门问题。用户通过利用此部分可以进一步修正检索提问，并可以进入 Q&A 社区直接寻找问题答案。

（6）评价。自然语言检索是 Ask.com 的一大搜索特色，它采用回答用户提问的自然语言引擎，可以针对普通问题直接返回答案，如搜索"What is the capital of California?"（加利福尼亚的首府是哪里？）会在结果页面以询问或答案的方式显示出来。如果它在自己的数据库中没有找到相关答案，它会提供从其他各个搜索引擎中找到的页面。因而，Ask.com 是用户进行事实性检索的最佳选择，凭借该特色，Ask.com 一直跻身于一流的搜索引擎之列。

现在 Ask.com 不仅使用专有的语义搜索技术从它自己的内容库和社区提供答案，也给用户指明了整个网络上涉及相关答案的地方或专家。这些专家是潜在的答案提供者,拥有相关的专业知识,或是曾经在竞争对手网站(如 Quora)上解决过相关的问题。

由于 Ask.com 更为注重自然语言的事实检索功能,因此检索结果界面略显简单,缺少一定的结果项介绍。同时对于检索的帮助信息不够详细,主要是由常见问题形式组成。同时检索的个性化功能较弱,无法实现检索界面的个性化设置。

总之,作为美国第四大搜索引擎,Ask.com 凭借其自然语言检索的优势在搜索引擎市场中一直保持着其独特的地位。但随着新型搜索引擎的不断出现和检索技术的不断完善,Ask.com 的地位将面临极大的挑战。

4. Lycos(http://www.lycos.com/)

(1)创建者。Lycos 搜索在搜索引擎史上占据着重要的地位。卡耐基梅隆大学的 Michael Mauldin 将 Spider 程序接入到其索引程序中,创建了 Lycos,于 1994 年 7 月正式发布。Lycos 第一个在搜索结果中使用了网页自动摘要,曾以远胜过其他搜索引擎的数据量著称。1999 年 4 月,Lycos 停止自己的 Spider,改由 AllTheWeb 提供搜索引擎服务。2003 年,lycos 与 LookSmart 合作,LookSmart 的部分检索结果也被 Lycos 采用。2004 年 8 月,Lycos 被韩国的 Daum 信息技术公司收购。2006 年年初一个全新的运营团队开始管理 Lycos。目前该公司已经成为基于互联网服务的大型技术公司,提供包括网站托管、电子出版、邮箱、搜索引擎等多种网络服务工具与软件。

(2)数据库规模与范围。Lycos 自身拥有的数据库很少,其检索结果大多是来源于搜索提供商 Overture、LookSmart 和 Inktomi 的。Lycos 的数据来源情况如下:关键词广告(Sponsored Links)来源于 Overture 和 Lycos 的 AdBuyer 业务;网页结果:主要来源于 Looksmart、Inktomi 以及 Lycos Network Content;新闻:取自 Lycos 开发的数据库和 Google 新闻数据库;图像:取自 FAST 数据库;分类目录:源于 Open Directory。目前利用 Lycos 可检索、获得的信息包括:网页、图片、视频、黄页信息、白页信息、地图、新闻、购物信息、优惠信息、分类广告、天气等。

(3)检索界面。Lycos 的检索界面分为首页与其他。其界面如图 3-12 所示。

① 首页。Lycos 检索首页主要由以下几部分组成。

• 检索区域。检索区域是 Lycos 搜索引擎的核心部分,检索框的上部为 Lycos 提供的检索类型模块选择,用户可以单击相应模块进行某一类型网络信息的检索。同时单击"More"可获得新闻、黄页等更多信息检索服务。在检索框的下方显示热门检索词,用户可作为检索参考信息。

• 其他服务区域。首页左侧显示的是 Lycos 提供的其他服务信息,同时包含了部分在首页界面中未能全面展示的检索服务以及其他网络服务。主要有邮箱、创建网站、注册域名、在线游戏、网络购物、每日交易、工作信息检索、黄页信息检索等。

• 新闻区域。用户通过选择相应的检索模块的选择,同样也可以实现相应资源的检索。

图 3-12　Lycos 的检索界面

- **滚动变换区域**。本部分通过不断变化检索类型的方式向用户展示 Lycos 提供的多种可检索资源类型。

② 其他。Lycos 首页提供了 20 多个国家的入口,用户可根据需求进行语言选择。同时用户在检索首页时可获得 Lycos 发展历程和帮助信息等内容。Lycos 的检索界面很简单,功能模块划分清楚,让人一目了然。不过可惜的是,在 Lycos 中没有类似 preference 的链接,检索用户不能对检索环境进行某些个性化设置。

Lycos 还有一个较有特色的工具 sidesearch,下载安装后,当你在其他搜索引擎上(如 Google)执行搜索操作时,sidesearch 在左边工具条中执行 Lycos 搜索,试图将用户吸引至 Lycos。

(4) 检索功能

① 布尔检索。Lycos 支持完全的布尔检索逻辑。在检索框中输入的所有检索词会自动以 AND 逻辑连接;简单检索界面中允许在关键词间用"+"表示 AND,"-"表示 NOT,但直接使用字符串 AND NOT 是无效的,Lycos 会将 AND 和 NOT 当作普通关键词与其他关键词作"与"处理。在高级检索界面可以通过"find all word"和"find any word"实现逻辑与和逻辑或的检索。

② 词组检索。在检索词上加双引号表示将该检索词视为一个词组,中间不允许插入别的词。在高级检索界面中可以通过"find exact phrase"选项实现词组精确检索。

③ 禁用词检索。Lycos 对所有的词一视同仁,常用词在检索过程中不被忽略。

④ 截词检索。Lycos 支持截词检索功能。通过符号"*"可实现代表某一单词中的若干个字母实现截词检索。如查询单词"Parature"可通过输入"Para*"实现。

⑤ 不区分大小写。

⑥ 字段检索。URL/SITE 指在特定域名内检索。

⑦ 其他限制检索。高级检索界面中可限制的其他字段包括：网页语言限制、成人内容过滤。

⑧ 网页目录。Lycos 采用 Open Directory 的分类体系，用户可选择首页的网页目录进行分类检索或者在高级检索界面的 Catalog 中选择 Editorial Results。

（5）检索结果页面。Lycos 检索结果界面较其他搜索引擎的检索界面更为简洁，同时每一条检索结果没有采用传统的文字链接的方式，而是图文并茂，左边显示结果页面、右边显示结果文字信息，如图 3-13 所示。将鼠标移动至图片位置可获得大图和文字介绍内容，用户可以点击文字和图片阅读结果全文，如图 3-14 所示。这种结果显示方式是 Lycos 独有的，同时也使用户更为直接明了地获得检索结果信息。每一条检索结果文字信息包含以下内容：网页标题、URL 链接、关键词所在的上下文等简单信息。不足之处在于信息量过于简单，缺少文档大小、网页更新时间等内容。允许在结果中进行二次检索。

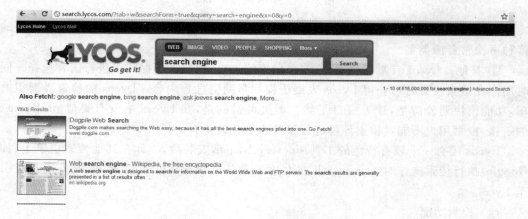

图 3-13　Lycos 检索结果界面(1)

（6）评价。Lycos 是老资格的搜索引擎，在搜索引擎发展史上占据重要地位。1998—1999 年间，Lycos 吸引的访问人数占上网人数的半数以上，甚至超过了长期排名第一的 Yahoo。然而 Lycos 在 2002 年后排名逐渐降低，它在搜索引擎市场和门户网站上的优势地位分别被 Google 和 Yahoo 取代。

Lycos 的优点在于数据库量大，并会给出综合性的搜索结果，若用高级搜索则显示全部搜索结果的简要说明。Lycos 按搜索频率排序，处于索引前面的最可靠。缺点在于检索速度相对较慢，缺少个性化设置功能，同时检索结果的显示不够全面。

Lycos 除了提供检索，还是一个很优秀的门户网站。Lycos 提供的交友、求职、讨论区等各种社区功能，吸引了很多用户。

5. Excite(http://www.excite.com/)

（1）创建者。Excite 的历史可以上溯到 1993 年 2 月，源于 6 个斯坦福大学的学生想

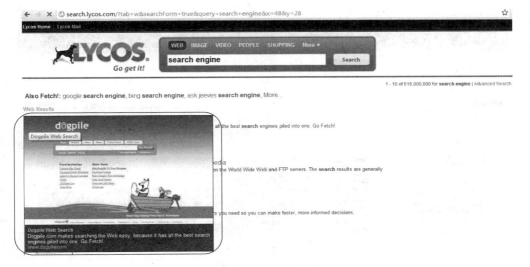

图 3-14　Lycos 检索结果界面（2）

要通过分析字词关系，以对互联网上的大量信息作更有效检索的想法；至 1993 年中，这已是一个完全投资项目 Architext。他们还发布了一个供网站站长们在自己网站上使用的搜索软件版本，后来被叫做 Excite for Web Servers。Excite 曾以概念搜索闻名，2002 年 5 月，被 Infospace 收购的 Excite 停止了自己的搜索引擎，改用元搜索引擎 Dogpile。Excite 目前是 ARCHITEXT 公司的产品。由于它已经开发出包括中国的多种全球区域版本，为特定地区提供高效率的服务，因此它也是使用最为广泛的搜索引擎之一。

（2）数据库规模与范围。Excite 可检索的资源范围包括 WWW、Usenet、音频、视频、新闻、地图、黄页、软件、股票、电子邮件地址、飞机航班等信息。含有 5 000 万个网页，由 30 名专业记者组成的队伍用一年半的时间对 6 万个 Web 站点进行评论。

（3）检索界面

① 与一般的通用搜索引擎不同，Excite 检索首页内容十分丰富，包含了众多网络服务链接。如图 3-15 所示，首页顶端设置有检索框及常用检索模块选择，包括网页、图片、新闻和视频。用户输入检索词后单击"search"按钮即可执行检索操作。

② 网页中部设置有分类目录，用户可按照所需信息类别进行逐级搜索。

③ 用户可自行进行服务项目的增删，制定个性化的检索首页。

（4）检索功能。Excite 的最大特点是提供概念检索，即搜索引擎不仅查找包含关键词的主页，还查找包含与关键词相关的概念的主页。Excite 提供了两种检索方式：分类目录检索与关键词检索。

① 分类目录检索。Excite 支持分类目录检索方式，在检索主页中列出分类目录。用户可以根据查找内容的类别在分类目录中选择相应的类目，系统会显示该类目中包含的

图 3-15 Excite 检索首页

所有子类。经过多次选择后,就可以访问到包含查找内容的站点。

② 关键词检索。可在搜索框中输入关键词,单击搜索按钮就可以在数据库中查找与关键词匹配的记录,即可获得检索结果。

Excite 支持完全的布尔检索逻辑。可在检索框中输入"+"与"-"指定或排除某个单词,也可以使用布尔逻辑运算符 AND、OR、NOT 以及括号构成复杂的检索式。Excite 支持二次检索。

(5) 检索结果。选择检索词为"search engine",资源类型为"Web"可获得如图 3-16 所示的检索结果页面。顶端为检索框,用户可选择进行资源类型的灵活切换,同时可以采用高级检索方式获得更准确的检索结果。在检索框的后部显示了检索结果的来源为 Google、Bing 和 Yahoo。检索结果正文上部,用户可以对检索的安全级别和每页显示条数进行设置。检索结果正文左侧显示相近检索词,以帮助用户修正检索结果。同时还可以对检索结果的资源类别进行修改。

(6) 评价。Excite 作为一种搜索引擎,在功能上它属于中等;在规模上,它的数据库远不及 Google 和 AllTheWeb;在检索方法上,它所支持的布尔逻辑检索不太灵活。但 Excite 的个性化功能极佳,任何用户都可以根据自己的需求向 Excite 定制个性化主页,特别是利用标题新闻和个性化新闻提示,其他方面的功能,包括体育比赛和游戏、购物等都可以由用户选择,显示在个性化主页上。

6. AOL Search[http://aolsearch.aol.com(internal),http://search.aol.com/(external)]

AOL 的中文网址为 http://search.cn.aol.com/aol/webhome。

(1) AOL 的简介。AOL(美国在线)是全美最大的网络服务商,近年来又成为传媒业巨头。从创始至今,美国在线只不过拥有十几年的历史,然而其发展速度令人瞩目。美国

图 3-16　Excite 检索结果页面

在线是个集团性的公司,包括美国在线和计算机服务两个网络服务公司和多个子公司,这些公司大多是被美国在线收购过来的。目前,美国 50% 的家庭计算机用户通过美国在线上网,AOL 拥有全美约一半计算机用户。AOL 搜索引擎可检索的资源包括:网页、图像、音视频资源、购物信息、新闻、黄白页信息、本地检索、股票信息、求职信息等。

(2) 评价。AOL 的检索结果是在 Google 结果集的基础上进一步精练而成,因此,利用 AOL 检索获得的结果数量比 Google 少,但理论上质量应该更好。利用 inernal 版本的 AOL 进行检索不但可以获得普通网页资源,而且还可以获取 AOL 在线服务的相关资源,而 external 版本则与普通的搜索引擎并无二致。如果你喜欢使用 Google,而且不需要 AOL 在线服务,不妨直接使用 Google。2010 年 6 月,一份来自 Chitika 公司的报告显示,Google 用户的第二检索选项包括以下 4 个搜索引擎:Yahoo、Ask、Bing、AOL,如图 3-17 所示。

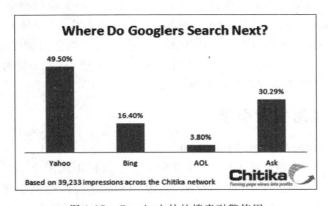

图 3-17　Google 之外的搜索引擎使用

7. 其他知名搜索引擎

(1) AltaVista(http://www.altavista.com/)。AltaVista 是全球最知名的搜索引擎公司之一，同时提供搜索引擎后台技术支持等相关产品。1995 年 12 月诞生，2003 年 AltaVista 被 Overture 收购，目前 Overture 为 Yahoo 的子公司，是功能全面的搜索引擎。AltaVista 提供常规搜索、高级搜索和主题搜索，主题包括网页、图像、视频、购物、新闻等。AltaVista 还提供简单检索和高级检索，高级检索支持完全的布尔逻辑。其优点在于使用方便，在搜索的结果中列出了超链接和概要的清单，按用户选择而定。缺点为高级检索功能较差。

(2) HotBot(http://www.hotbot.com/)。HotBot 曾是比较活跃的搜索引擎，数据更新速度比其他引擎快，以独特的搜索界面著称。该引擎已被 Lycos 收购，成为 Terra Lycos Network 的一部分。进行常规搜索时，用户可以通过选择下拉列表各项来定制搜索条件。在高级搜索中，HotBot 则提供更复杂的限制搜索条件。用户可指定以特定的域名后缀、地理位置、时间范围、文件长度等项目进行搜索。还可专门查找个人主页。搜索规则：支持通配符"?"和"*"。允许在列表中选择精确匹配或使用""号进行精确匹配查询，支持完全布尔逻辑，不区分大小写。优点在于检索速度快，缺点在于布尔检索不够全面、在线帮助文件较差。

(3) Go(Infoseek)(http://go.com/)。Go 创建于 1999 年 1 月，是由 Infoseek 和 Disney 共同开发的门户和搜索引擎网站，它的前身是 Infoseek(1995 年创建)。现在 Go 停止了自己的搜索引擎，改用 Google 的搜索结果。Go 可检索的资源类型包括：WWW 信息、图像、音频、视频、新闻、新闻组，此外，Go 还提供许多附加的参考数据库。其检索技术来自 Google，因而检准率很不错；可检索股票报价、黄页信息、E-mail 地址、类似字典、地图以及邮政编码指南等各种参考数据，是很好的门户网站。其缺点是数据库规模较小，高级检索中可检索范畴太少，在一定程度上限制了其检索性能。

根据有关文献报道，在 Bing 面世前后，欧美又涌现出不少新的搜索引擎，如 Chacha、Yebol、Goby、Yandex、Blekko、Yummly、Solusee、Interred 等，其中体现了新的搜索引擎发展趋势和技术应用。比如 Chacha 使用人工智能去改善机器搜索结果，反映出下一代搜索引擎的核心特质：搜索的社会化。而 Interred(阿根廷)是一个针对教育资源的语义网搜索引擎，包含了多个不同的学科领域。

3.3.2 国内通用搜索引擎

1. 百度搜索(http://www.baidu.com/)

(1) 创建者。2000 年 1 月 1 日，李彦宏在北京中关村正式成立了百度公司。百度初期的主要业务是为其他门户网站如搜狐、新浪、Tom 等提供搜索引擎。2001 年 10 月 22 日，百度正式发布了百度搜索引擎，开始关注于中文搜索引擎服务，并陆续推出 MP3、图片、新闻、贴吧等多种搜索服务，开始了其飞速发展阶段。

(2) 收录范围。作为世界上最大的中文搜索引擎,百度收录了最为全面的中文信息资源,其中仅图片资源就收录了近亿张。目前除了搜索网页外,百度亦提供图像、音视频、地图、影片、新闻等多种搜索服务。

(3) 检索界面

① 首页。百度搜索首页如图 3-18 所示,通过简明的检索界面,提供了丰富多样的检索功能和服务。重要内容有:

• 检索框。输入检索词后按"回车键"或单击检索框后的"百度一下"的按钮即可执行检索操作。

• 模块选择。在检索框的上下两行显示了百度新闻、网页、贴吧、知道、MP3、图片、视频、地图等多种常用检索功能。同时用户单击"更多"可进入百度网络功能和服务导航界面,使用百度提供的数十种服务。百度默认状态为网页搜索。

• 搜索设置。单击此按钮可以对百度的搜索界面进行个性化设置,主要包含搜索框提示、搜索语言范围、结果显示条数和输入法等选项。与 Google 相比,百度的个性化设置略显简单。

• 注册按钮。用户单击后可进行免费注册,从而拥有自己的个性化空间。检索界面

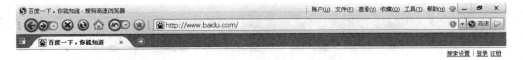

图 3-18　百度搜索首页

等,此处体现了百度的个性化服务功能。
- 关于百度。用户单击此处可以获得关于百度的全面信息,从公司的发展到普通检索用户的使用帮助,从百度新闻到广告客户服务,信息都十分全面。

2011年百度大会正式推出全新首页。用户进行免费注册后便可获得如图3-19所示的搜索界面。此界面主要由3个部分组成,中间为检索区域,用户可以进行服务类型的选择和检索;右上角用户登录后会显示用户的名称,同时用户可以通过单击"我的空间"进入百度个人服务空间;页面的下部为页面设置功能,用户可以自行进行功能的取舍,此处百度主要提供了网站导航、时事热点、应用和新鲜事4项功能。

图3-19　百度新首页注册用户搜索界面

② 高级搜索。高级搜索界面如图3-20所示,包含了百度可以使用的所有检索方法,主要为布尔检索、语言检索、时间检索、文档格式检索、位置检索和站内检索等。通过高级检索,用户可以进一步修订检索结果。但百度的高级检索界面在检索首页中并没有体现出来,普通用户很难发现。

(4) 检索功能

① 布尔检索。百度支持不完全的布尔逻辑。在检索框中输入的所有检索词会自动以AND逻辑连接。执行逻辑非操作时则在两个检索词中间加入"-"即可,注意,前一个关键词和减号之间必须有空格;否则,减号会被当成连字符处理,而失去减号语法功能。减号和后一个关键词之间有无空格均可。进入高级检索界面,用户可以按照搜索框的提示进行逻辑"AND"、"OR"、"NOT"操作。

② 词组检索。在检索词上加上""(中英文皆可)表示将该检索词视为一个词组,中间

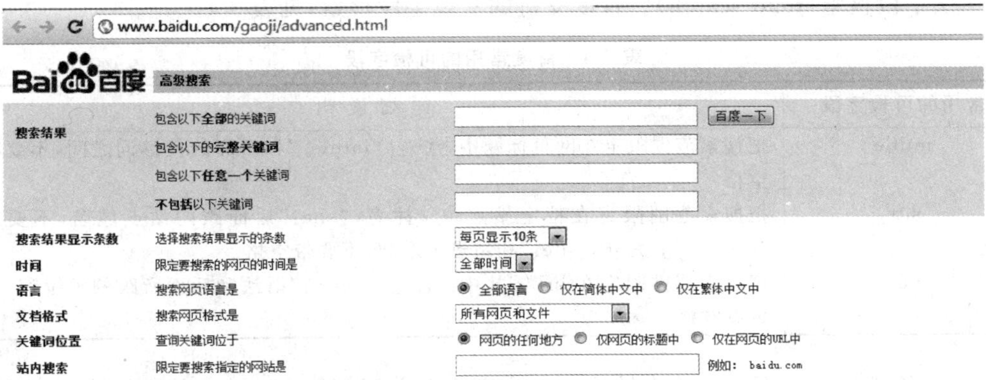

图 3-20 百度高级搜索界面

不允许插入别的词,此功能在高级检索中也可以实现。同时百度还提供图书检索的特殊查询语法。加上书名号的查询词,有两层特殊功能:一是书名号会出现在搜索结果中;二是被书名号圈起来的内容,不会被拆分。用户通过此功能即可实现通过书名信息的图书检索。

③"即搜即得"。2009 年百度推出全新的框计算技术概念,并基于此理念推出了百度开放平台。该平台的推出使用户直接在百度搜索结果页面上看到所需的相关信息,即"即搜即得"。此功能与 Ask.com 检索结果的直接显示十分相似。在此基础上形成的多样检索功能,见表 3-3。

表 3-3 百度的附加检索功能

检索功能	详细说明
计算器和度量衡转换器	百度网页搜索中内嵌计算器和度量衡转换器,用户输入计算式或度量衡转换提问即可实现相应功能,检索结果在第一条显示
专业文档搜索	在普通的查询词后面,加一个"filetype:"文档类型限定。"filetype:"后可以跟以下文件格式:DOC、XLS、PPT、PDF、RTF、ALL
股票、列车时刻表和飞机航班查询	在百度搜索框中输入股票代码、列车车次或者飞机航班号,就能直接获得相关信息
天气查询	在搜索框中输入要查询的城市名称加上"天气"即可
货币换算	百度内置货币换算器,只需在搜索框中输入货币转换提问即可
拼音提示	输入查询词的汉语拼音,百度就能把最符合要求的对应汉字提示出来,拼音提示显示在搜索结果上方
错别字提示	输入错误的检索词,百度会给出错别字纠正提示,错别字提示显示在搜索结果上方
英汉互译词典	查询英文单词含义,可在搜索框中输入想查询的"英文单词或词组"+"是什么意思",搜索结果第一条就是英汉词典的解释

④ 字段检索（field search）。百度支持的常规字段检索，见表3-4。

表3-4　百度常用的可检字段

常用的可检字段	详细说明
intitle	把搜索范围限定在网页标题中，注意，"intitle:"和后面的关键词之间，不要有空格
site	把搜索范围限定在特定站点中。注意，"site:"后面跟的站点域名，不要带"http://"；另外，"site:"和站点名之间，不要带空格
inurl	把搜索范围限定在url链接中。注意，"inurl:"语法和后面所跟的关键词，不要有空格

（5）检索结果。百度的检索结果页面分为几个主要部分：页面上部为缩小版搜索页面的首页，检索框中显示本次检索所用检索词。页面左侧为检索结果正文，每个检索结果项包含网页标题、关键词所在的上下文、URL链接、网站日期和百度快照。在本部分的最后显示了检索结果的数量。页面的右侧为与检索词相关的广告，每个检索结果包含了网页标题、关键词所在的上下文和URL，如图3-21所示。页面的下部主要提供了两个功能：相关检索和二次检索。相关检索提供与本检索词相关的其他检索词，用户可以借鉴使用。页面最后提供了二次检索的检索框和高级检索、使用帮助的按钮，用户可以对检索结果进一步修正，如图3-22所示。

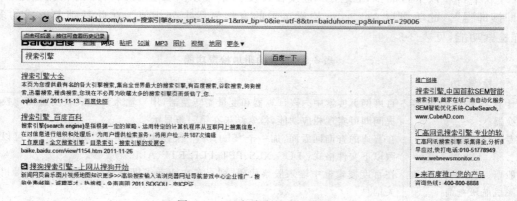

图3-21　百度检索结果页面（1）

（6）评价。作为世界上最大的中文搜索引擎，百度在搜索引擎市场中占有重要地位。从2000年最初的单一通用搜索引擎发展至今，百度的产品已经涉及网络服务的方方面面。百度在继续保持其在通用搜索引擎市场地位的同时，积极开发专业搜索引擎和元搜索引擎。据统计，自2005年之后百度一直保持着较强的发展态势，始终占据着中国搜索引擎市场的首把交椅。百度之所以能在短短十几年的时间内获得如此巨大的成功与其自身积极开拓中国搜索引擎市场、发扬创新精神有很大的关系。

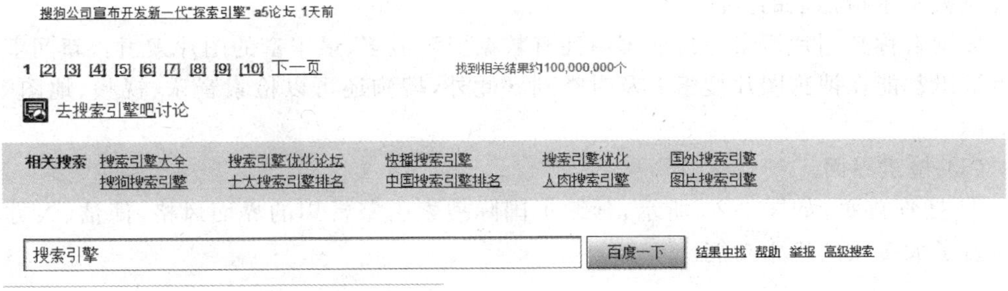

图 3-22　百度检索结果页面(2)

① 积极开发中文搜索技术。作为最大的中文搜索引擎,百度着重解决中文词汇的分词、截词、语义搜索等问题,同时积极开发拼音提示、错字提示等功能。虽然目前百度的搜索结果还不能实现完全意义上的语义检索,但不可否认,百度是实施中文搜索的最佳选择。

② 积极开发网络相关服务和工具。百度从最初的单一通用搜索引擎发展至今已经可以进行网页、MP3、图片、视频、地图等多样化的搜索服务,同时百度积极开发多种网络服务,如建立搜索社区服务,积极提供移动互联网服务,创新企业合作模式等。与此同时百度还积极开发了浏览器、输入法等软件工具。

③ 努力开拓海外市场。据IT商业新闻网报道,2011年7月25日,美国知名财经杂志《福布斯》评选出了美国之外的全球网站十强,其中有4家中国网站上榜,其中百度排名第一,成为最受网民青睐的网站。百度与微软公司于2011年签订了合作协议,由微软负责提供百度的英文搜索结果,这意味着百度将积极挺进世界搜索引擎市场。

但是,百度也具有其他搜索引擎同样的问题,如版权、网络隐私和审核等问题。同时由于中文的特殊性,其查准率还有待提高,信息噪音也较为严重,而这也是百度公司今后研发的重点领域。

2. 搜狗(http://www.sogou.com/)

(1) 创建者。搜狗是搜狐公司旗下的子公司,主要经营搜狐公司的搜索业务。搜狗的名称据说取自2001年电影《大腕》里的幽默台词"他们搜狐,我们搜狗,各搜各的"。在搜索业务的同时,搜狗也推出输入法、免费邮箱、企业邮箱等业务。搜狗创建于2004年8月3日,目的是增强搜狐网的搜索技能。2010年8月9日,阿里巴巴和云峰基金共同注资新搜狗,并获得16%的股份;搜狐公司的CEO张朝阳个人的投资基金也投入了同等额度,并获得另外16%的股份;而搜狐仍保留搜狗68%的股份。

(2) 收录范围。网页搜索作为搜狗最核心的产品,经过持续不断地优化改进,于2007年1月1日正式推出3.0版本。全面升级的搜狗网页搜索3.0凭借自主研发的服务器集群并行抓取技术,成为全球首个中文网页收录量达到100亿张的搜索引擎;加上每天5亿张网页的更新速度、独一无二的搜狗网页评级体系,确保了搜狗网页搜索在海量、及时、精准三大基本指标上的全面领先。

搜狗自称其图片搜索是目前国内拥有数据资源最多、最丰富的图片索引。新闻事件、热点资讯都能在搜狗图片搜索上及时查到。此外,搜狗还可以检索音乐、视频、地图等网络资源。

(3) 检索界面

① 搜狗首页,如图 3-23 所示,延续了国际搜索引擎常用的界面风格,简洁、大方,同时涵盖了大多数的检索功能。

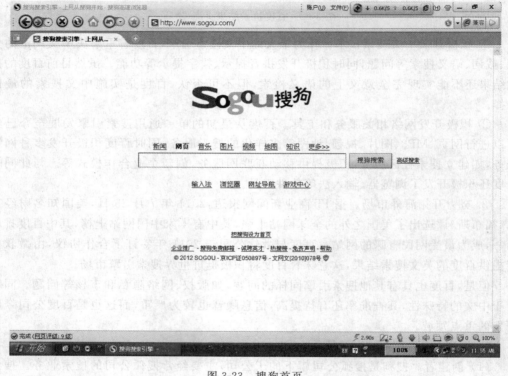

图 3-23　搜狗首页

- 搜索框。输入检索词后按"回车"键或单击"搜狗搜索"按钮可执行检索操作。在检索框的后方为"高级搜索"按钮,用户点击后遵循其检索规则即可进行更为精细的检索,获得更高准确性的检索结果。
- 模块选择。搜狗搜索同样在首页显示了基本的检索模块。检索框上方显示了新闻、网页、音乐、图片、视频、地图、知识等多种常用检索模块。检索框的下方显示了输入法、浏览器、网址导航和游戏中心等多种网络服务和工具。用户点击"更多"可进入搜狗的搜索产品和桌面工具界面,获得更多的服务支持,同时还可以下载浏览器、输入法和音乐盒等桌面工具。

② 高级检索界面，如图3-24所示，通过通俗易懂的语言对其支持的检索方法进行了统一揭示，涵盖了基本检索、布尔检索、限制检索等。同时用户可以通过"个性设置"按钮对检索结果进行简单设置，其设置选项包含搜索结果显示条数和打开方式两项。

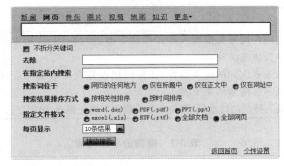

图3-24　搜狗高级检索界面

(4) 检索功能

① 布尔检索。同百度一样，搜狗支持不完全的布尔逻辑。在检索框中输入检索词，搜狗会默认为AND逻辑连接。如果执行逻辑非操作可以在这个词前面加上一个减号（"－"，英文字符）。注意减号之前必须留一空格，否则减号就会被处理成连字符，失去语法功能。进入高级检索界面后，用户可以根据提示执行逻辑非操作，但并不支持逻辑或和逻辑与的操作功能。

② 词组检索。利用双引号可以查询完全命中关键字串的网站。搜狗会严格按照该词组的形式查找结果，不做任何拆分。用户在高级检索界面也可实现此功能。

③ 即时搜索。简言之，就是对互联网上的一些信息进行即时、快速搜索，实现"即搜即得"的效果。虽然搜狗对此项检索功能并没有进行广泛宣传，但其个别的检索已经实现了与百度和Ask.com相似的"即搜即得"。用户在检索框中直接输入下面几种类型问题后，搜狗在检索结果的第一条便可以直接显示检索结果内容本身，而不是相关结果的链接。具体可直接获得检索结果的问题类型，见表3-5。

④ 其他检索。搜狗还有一些很实用的检索功能，见表3-6。

⑤ 字段检索。搜狗的字段检索，见表3-7。

表3-5 搜狗的即时搜索

检索功能	具体功能
生活娱乐特色搜索	国家法定假期查询,实时天气,电视节目表,网站自动登录
旅游出行特色搜索	限行查询,地图搜索,航班、列车查询
理财投资特色搜索	汇率查询,股票查询,计算器
阅读学习特色搜索	在线翻译,小说,高考

表3-6 搜狗部分检索功能

检索功能	详细说明
搜索框提示	当用户向搜索框输入拼音或文字时,搜狗马上开始推测用户想要输入的内容,并提供实时建议
拼音提示	输入查询词的汉语拼音,搜狗能把最符合要求的对应汉字提示出来,拼音提示显示在搜索结果上方
错别字提示	输入错误的检索词,搜狗会给出错别字纠正提示,错别字提示显示在搜索结果上方

表3-7 搜狗的字段检索

常用可检字段	详细说明
intitle	把搜索范围限定在网页标题中,其格式为:查询词+空格+intitle:。网页标题所含关键词
filetype	对检索结果的文件类型进行限定,其搜索语法为:查询词+空格+Filetype:格式,格式可以是 DOC、PDF、PPT、XLS、RTF、ALL(全部文档)
site	把搜索范围限定在特定站点中。其格式为:查询词+空格+site:网址。搜狗还支持多站点查询,多个站点用"|"隔开,如:财经 site:www.sina.com.cn|www.sohu.com("site:"和站点名之间不要带空格)

(5) 检索结果

搜狗的检索结果页面与 Google 的极为相似,如图3-25所示。检索结果页面左侧栏显示对检索结果可以进行一定限制的限定条件,如类型、发布时间及相关搜索等。中间栏为检索结果正文,每个结果项包含网页标题、URL链接、关键词所在的上下文、网页快照,以及近期网页更新时间。右侧为与检索提问相关的广告。检索框下显示本次检索结果的数量和检索时长。

(6) 评价

搜狗在产品研发的过程中追求技术创新。例如,搜狗以一种人工智能的新算法,分析和理解用户可能的查询意图,对不同的搜索结果进行分类,对相同的搜索结果进行聚类,在用户查询和搜索引擎返回结果的人机交互过程中,引导用户更快速准确地定位自己所关注的内容。该技术全面应用到了搜狗的网页搜索、音乐搜索、图片搜索、新闻搜索、地图搜索等服务中,帮助用户快速找到所需的搜索结果。这一技术推动了搜狗晋身为第三代

图 3-25　搜狗的检索结果页面

互动式中文搜索引擎，是搜索技术发展史上的重要进展。但与百度、Google 等知名传统搜索引擎相比，搜狗还有一定差距。最为突出的问题是个性化设置功能较为欠缺，如进行个性化设置只能进行检索结果条数和显示方式的设置。同时，搜狗可检资源类型还是以传统的网页、新闻、图片和视频资源为主，对于新兴资源检索能力还有待提高。

3. 其他中文搜索引擎

除百度、搜狗之外，还有多家中文搜索引擎品牌，如新浪的爱问搜索（http://iask.sina.com.cn/）、腾讯的搜搜（www.soso.com/）、网易的有道（www.youdao.com/）和中搜（www.zhongsou.com/）等。还有 2011 年 2 月正式上线的盘古搜索（www.panguso.com/），定位于国家级搜索引擎，由新华通讯社和中国移动通信集团公司联手打造。覆盖了新闻搜索、网页搜索、图片搜索、视频搜索、音乐搜索、时评搜索以及一系列实用的生活资讯搜索，其主页如图 3-26 所示。盘古搜索将互联网服务与移动终端深度融合，充分利用新华社的新闻信息资源和中国移动的技术优势，提供搜索服务新体验。

图 3-26　盘古搜索主页

本节主要介绍了国内外常用的通用搜索引擎，对其主要检索功能和使用方法进行了介绍和评价。通用搜索引擎是最早的搜索引擎类型，也是目前主流的搜索引擎类型，虽然当前已经有 Google、百度等众多成功的例子,但是通用搜索引擎也存在着较大的问题,主要为检索结果繁杂、查询不够准确、深度不够等,而这也是通用搜索引擎未来发展的重点研究领域。如今通用搜索引擎还占据着搜索引擎市场的主体,但是其地位正逐渐受到来自垂直搜索引擎和元搜索引擎的挑战。

3.4 垂直搜索引擎简介

3.4.1 垂直搜索引擎概述

随着互联网的发展,搜索引擎作为重要的信息资源检索服务工具已经成为人们获取信息的重要途径,影响着我们的生活。但是通用搜索引擎在信息采集、索引数据库建设等方面存在很多不足,导致信息查准率低、检索噪音大等问题。尤其在用户需要较为专业的信息资源时,这种问题就更为突出。为了解决通用搜索引擎信息量大、查询不准确、深度不够等问题,垂直搜索引擎应运而生,异军突起。

所谓垂直搜索(Vertical search engine),是针对某一特定领域、某一特定人群或某一特定需求提供的信息搜索和有一定价值的相关信息服务,其特点就是专、精、深,且具有行业色彩。它是与通用搜索引擎截然不同的搜索引擎类型。垂直搜索引擎专注具体、深入的纵向服务,致力于某一特定领域内信息的全面和内容的深入,该领域外的其他庞杂信息不予收录。

3.4.2 垂直搜索引擎的关键技术

1. "主题爬虫"技术

与通用搜索引擎不同,垂直搜索引擎的目标不是为用户提供更多更全面的信息资源,而是为用户提供某一领域中最为准确、有用的信息资源。传统的"通用爬虫"技术是一个自动提取网页的程序,它为搜索引擎从网络上下载页面,是搜索引擎的重要组成部分。"通用爬虫"的目标是尽可能多的采集页面的相关主题,这需要消耗非常多的系统资源和网络带宽。而"主题爬虫"的目标是尽可能快速爬行、采集尽可能多的与预定主题相关的页面。"主题爬虫"可以通过对整个网络按主题分块采集,并将不同块的采集结果整合到一起,以提高整个互联网的采集覆盖率和页面利用率。

"主题爬虫"是根据一定的网页分析算法过滤与主题无关的链接,保留主题相关的链接并将其放入待抓取的网页 URL,并重复上述过程,直到达到系统的某一条件时才停止。所有被爬虫抓取的网页将会被系统存储,进行一定的分析、过滤,并建立索引。对于"主题爬虫"来说,这个过程所得到的分析结果还可能对后续的抓取过程进行反馈和指导。目前,"主题爬虫"技术已经成为网络信息检索领域的研究热点之一。

2. Web 信息提取技术

通用搜索引擎仅能通过关键词匹配的方式对海量网页进行筛选查找,然后返回给用户一组包含关键词的网页的链接作为查询结果。由于网页所含信息较为复杂,在一定程度上影响了检索的准确率和针对性。为了增强网络中隐藏的结构化数据的可用性,增强网页中数据的语义信息,人们提出了一种新的Web信息处理技术——Web信息提取技术(Web information extraction)。Web信息提取技术通过"包装"现有html信息数据源,将网页中的信息数据提取并以更为结构化、语义更加清晰的方式发布出来,为应用程序利用Web中的数据提供了可能。

目前,大多数针对Web信息提取的研究都将研究重点放在Web网页中数据的准确定位上,各种已有的Web信息提取系统一般都通过使用系统生成的包装器(wrapper)来对某个特定信息源进行信息提取。这些包装器把网页中含有的半结构化数据转换成某种规范形式,并最终形成标准形式的结构化数据,从而使得数据可以直接被应用程序利用或写入指定数据库。然而,绝大多数的自动信息提取系统只能够正确处理格式、种类、数量有限的html文档,并不能很好的应对文档中可能出现的结构变化。因此,在现实中存在着许多文档结构复杂的数据源,其中的许多数据源单纯依靠当前的一种信息提取系统难以进行正确的解释和处理。Web信息提取技术需求的增加和各项相应研究工作的深入,推动了Web信息提取技术的发展。目前,已经出现了多种类型的Web信息提取工具和系统。尽管这些工具和系统中大多数都是通过网页包装器来最终实现对某个数据源中结构化数据的获取,然而其采用的方法原理和涉及的研究领域却都不尽相同。

依据识别定位Web网页中用户感兴趣数据的方法原理的不同,人们对各种Web信息提取系统和相关技术做了大致分类,其中的主要类型有:基于本体的信息提取(Ontology-based Extraction)、基于位置的信息提取(Position-based Extraction)、基于自然语言处理方式的信息提取(NLP-based Extraction)、基于包装器归纳方式的信息提取(Wrapper-induction-based Extraction)和基于Web查询的信息提取(Webquery-based Extraction)。

3.4.3 垂直搜索引擎的特征

垂直搜索引擎是针对通用搜索引擎的信息量大、查准率低、深度不够等问题,而提出的一种新的搜索引擎服务模式,其特征主要体现在以下几个方面。

1. 信息采集

从采集方式来看,垂直搜索引擎采用主动采集与被动采集相结合的方式。通过主动采集的方式,有效地对网页中标引的元数据进行采集,同时对上下游网页或商业数据库进行整合,提供更为专业、准确的检索服务。

从采集深度来看,与通用搜索引擎相比,垂直搜索引擎提供的是更为专业的行业检索服务,因此对信息采集的深度要求要高于信息采集的广度要求。同时,由于部分行业中信息采用动态发布的方式,而这部分信息具有较高的信息价值,如企业数据、供求信息等,因此垂直搜索引擎对动态网页的采集优先级较高。

2. 信息加工

垂直搜索引擎与其他搜索引擎最大的区别是，对网页信息进行了结构化信息提取加工，即将网页的非结构化数据提取成特定的结构化信息数据。也就是说通用搜索引擎进行检索的最小单位为网页，而垂直搜索引擎的最小单位是结构化的数据。

垂直搜索引擎的结构化信息提取和加工主要有两种：一种是网页元数据的提取，主要是对网页中的主题、作者、发表时间、版权等信息进行提取；另一种是将内容中结构化实体信息进行提取，包括人名、地名、组织机构、电话号码等信息。这些元数据存储于数据库中，进行进一步去重、标准化、分词、索引等加工处理，再以检索的方式满足用户的需求。

3. 信息检索

从信息检索来看，垂直搜索引擎不仅能够对网页信息的结构化信息进行检索，还能提供结构化与非结构化相结合的方式进行检索。从检索结果排序方式看，通用搜索引擎主要通过pagerank算法来实现，而垂直搜索引擎由于其特殊的行业特点，需要更为多样的结果排序方式，如时间排序、相关度排序或是以某个结构化的字段进行排序等。

3.4.4　垂直搜索引擎常用工具介绍

近年来，垂直搜索引擎如雨后春笋般涌现，种类繁多，涵盖购物、旅游、房产、求职等各个方面，多与网络用户的生活需求密切相关。国内外垂直搜索引擎平台数量很多，本节主要介绍国内有代表性的几个垂直搜索引擎常用工具。

1. 旅游类：酷讯旅游网（www.kuxun.cn/）

（1）创建者。2006年1月，酷讯上线推出第一个产品"火车票转让信息搜索"，开始踏入了旅游垂直搜索引擎市场。2006年3月成立北京酷讯科技有限公司，并于2007年7月推出国内第一个全旅游搜索引擎。2009年10月，酷讯成为全球最大的在线旅游服务公司Expedia及全球最大旅游社区TripAdvisor旗下企业，开始步入迅速发展阶段。

（2）收录范围和服务。目前，酷讯旅游网可提供包括国内外机票、酒店、旅游度假和火车票等专业的信息搜索。经过多年发展，酷讯可实时搜索国内外全部航空公司官网，超过2 000多家专业机票销售网点，10万家酒店、火车票以及度假产品供应商网站，帮助用户一站式获取全方位旅游产品信息。目前，酷讯的月访问量已突破5 500万次。

（3）检索界面

酷讯首页，如图3-27所示，包含了丰富的功能以供选择。在页面顶部设置了其机票、酒店、火车票、旅游指南和度假5项基本功能入口，用户可以点击相应的功能按钮，或是浏览首页、下拉至相关功能区域即可享受相应服务。同时，用户也可以通过页面右上角提供的"快速通道"按钮直接进入相关服务频道。

酷讯首页提供了简单、明了的机票、酒店和旅游线路的检索框，用户可以直接在首页进行检索，较为便利。总体来说，可以将酷讯看成一家集旅游相关信息为一体的综合性搜索引擎网站。

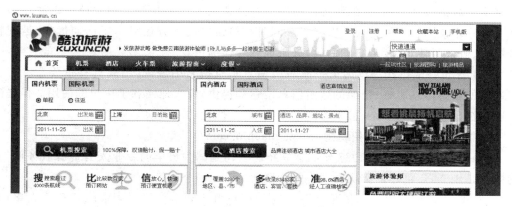

图 3-27　酷讯旅游首页

（4）检索功能。酷讯提供的检索功能较为简单。用户只要在首页相关功能模块区域的检索框中或者点击进入相应模块频道中,按照提示进行输入检索即可。由于垂直搜索引擎的特殊行业特点,酷讯提取相应元数据供用户检索使用。为了给用户提供更为准确的检索服务,酷讯的所有检索均可实现二次检索。用户检索后,如果对检索结果不满意可以按照检索框下方的相关限制条件进行更为详细具体的检索。

（5）检索结果。与通用搜索引擎不同,垂直搜索引擎的检索结果显示和排序更为复杂,往往需要依据不同检索对象的特性元数据设定不同的结果显示和排序方式。酷讯依据旅游信息的特点对检索结果进行了多维度、多类型的显示设定。例如,图 3-28 所示为

图 3-28　酷讯旅游检索结果页面

北京至上海机票查询结果，酷讯可以按不同时间段或按机型排序。用户还可以利用检索框下方的相关限制条件实现二次检索。同时在检索页的下方还显示了近期优惠、返程特价机票、机票行情，以及上海的酒店、旅游地点等详细信息。

（6）评价。酷讯作为国内第一家旅游信息垂直搜索引擎，其出现具有重要意义。其一站式的旅游信息服务、精准的旅游信息搜索和提供，极大地便利了用户的使用。但是酷讯还存在着界面较为复杂、检索方式过于简单、个性化功能欠缺等缺点。

2. 求职招聘类：智联招聘网（www.zhaopin.com/）

（1）创建者。成立于1997年的智联招聘公司是国内最早的专业人力资源服务商，它的前身是1994年创建的猎头公司——智联（Alliance）公司。

（2）收录范围和服务。招聘智联面对的用户群主要分为两种：求职者和用人单位。求职者通过免费注册、提交相关信息即可一站式搜索上千家公司招聘信息；用人单位则可通过智联招聘享受一站式的人力资源服务，包括网络招聘、校园招聘、猎头服务、报纸招聘服务、招聘伴侣（RC服务）、企业培训以及人才测评等。截至2011年1月，智联招聘网平均日浏览量6 800万次，日均在线职位数达255万个以上，简历库拥有近3 800万份简历，每日增长超过30 000封新简历。个人用户可以随时登录增加、修改、删除、休眠其个人简历，以保证简历库的时效性。目前，智联招聘提供的服务主要有网上招聘服务、报纸招聘服务、猎头服务、培训服务、校园招聘服务、招聘外包服务、"急聘VIP"、人才测评、智联社区，同时开办《首席人才官》杂志，提供专业的人力资源指导。

（3）检索界面。如图3-29所示，智联招聘首页包含了丰富的内容，有用户入口，个人和企业用户通过免费或付费的方式进行注册后可登录的个性化检索界面。右侧为智联招聘提供的主要检索服务模块，用户可以点击相应模块享受相应服务。在检索界面的主要位置为大量的招聘企业入口，求职者可以便捷的获得相应信息，进行简历投递。

图3-29 智联招聘检索首页

(4)检索功能。检索首页提供了由求职相关元数据组成的简单、明了的检索框,用户可对职位的名称、行业或地点进行简单限制。同时用户还可以进行职位的高级检索和地图检索。

高级检索界面内,用户可对求职相关的信息进行进一步的限制,以获得更为准确的职位信息。目前智联招聘的高级检索功能提供的限制条件主要有职位类别、行业类别、工作地点、发布时间、关键词、工作经验等十余项选择。如图 3-30 所示。

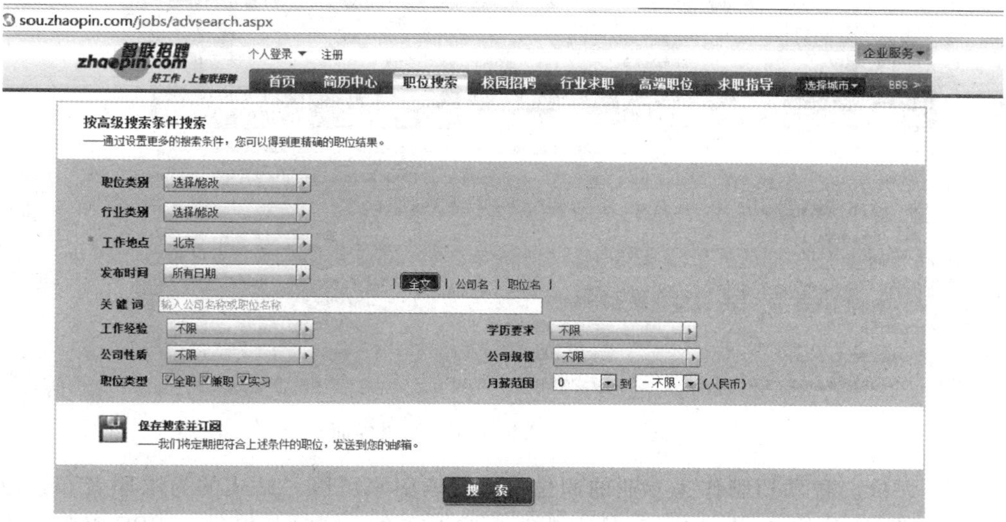

图 3-30 智联招聘高级检索界面

地图检索是智联招聘提供的按照地理位置进行职位选择的特殊检索。用户进入地图检索界面后可按照城市、位置等条件进行检索。如图 3-31 所示。

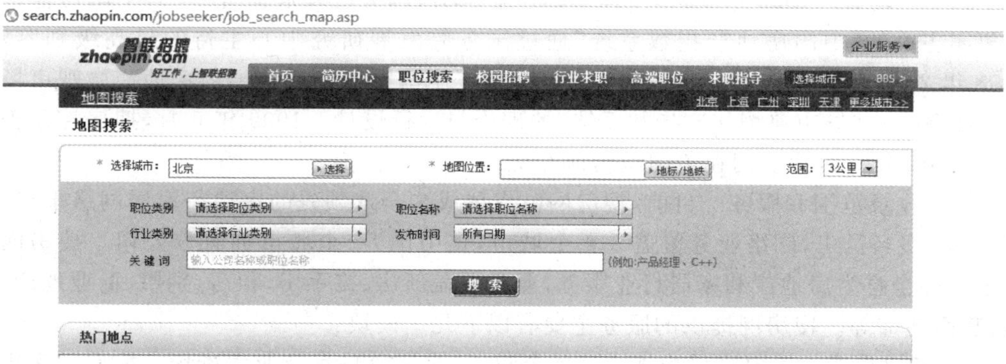

图 3-31 智联招聘地图检索界面

(5) 检索结果。以"北京"和"图书馆"为限制条件进行检索,获得如图 3-32 所示检索结果。用户可以在检索结果页面上方的检索框中进行更为详细的二次检索。同时也可以通过热门城区、地标和地铁沿线等选项进一步筛选检索结果。检索结果后还显示有相关检索信息。

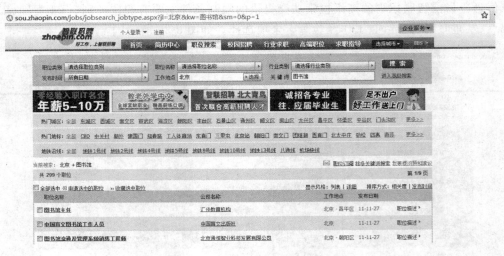

图 3-32　智联招聘检索结果界面

(6) 评价。智联招聘作为专业的职位信息搜索引擎可以一站式的为求职者和企业用户提供求职、招聘信息,十分便捷,检索功能也较为齐全。同时其提供的 BBS 服务也为求职者提供了进行求职交流的良好平台。但作为新兴的垂直搜索引擎,还存在着页面较为混乱,职位信息分类不够清晰等问题。

3. 房产类:搜房网(http://search.soufun.com/new-house/)

(1) 创建者。1995 年 9 月,中国房地产业协会、国务院发展研究中心、中国房地产开发集团主办的"中国房地产指数系统"通过国务院发展研究中心主持的最高级别鉴定。1998 年 2 月,莫天全在美国硅谷主持研究完成了中国第一个反映国内房地产微观市场的科学工具——"城市典型住宅指数系统"的理论与运行设计。1999 年 6 月,搜房控股正式成立,2010 年 9 月搜房网在美国纽约证券交易所成功上市。

(2) 收录范围和服务。目前,搜房网已发展成为全球领先的房地产家居网络平台,拥有 6 000 多名员工,网络业务覆盖 314 个城市,在中国 86 个城市拥有分公司。搜房网致力于全心全意为房地产和家居行业服务,业务覆盖新房、二手房、租房、别墅、商业地产、家居、装修装饰等。搜房网提供的服务主要有以下几个模块:

① 新房集团。主要提供房地产新闻资讯,楼盘浏览信息及业主论坛。搜房新房集团业务覆盖新房、别墅、写字楼、商铺等。

② 二手房集团。提供二手房和租房市场房源信息。

③ 家居集团。提供全面及时的装修装饰、建材、团购等家居装修资讯和网络媒体服务。

④ 研究集团。整合中国房地产指数系统、搜房研究院、中国别墅指数系统、中国房地产TOP10研究组等研究资源,由国内外几十位专家和数家学术机构共建的全方位服务于中国商业经济的研究机构。

(3) 检索界面。搜房网的检索界面十分简洁、明了,与通用搜索引擎的风格十分相似。如图3-33所示,在简单的检索界面上,搜房网集中了其最主要的服务。设置有综合、新房、二手房、租房、装修设计、业主论坛等多个服务模块。用户点击相应模块即可进行相应主题的检索。点击更多后可以获得更多的、更具体的服务信息。检索框中依据房屋信息设置了相关限制条件,用户根据提示即可十分容易的进行搜索。

图3-33 搜房网检索首页

(4) 检索功能。搜房网提供的检索功能较为简单。在检索首页中可按提示进行检索。同时,搜房网根据不同的检索需求设计不同的限制条件,具有较强的针对性。如新房的搜索限制条件有城市、区县、地铁、住宅类型等,而装修设计的限制条件有户型、功能间、风格等。搜房网提供二次检索功能。

(5) 检索结果。以新房信息检索为例。输入检索条件为"新房"+"北京"+"4号线"可获得如图3-34所示的检索结果。在已有检索条件的下方用户还可对其进行类型、价格、环线等方面的再次限定。同时,搜房还提供按时间和装修情况进行结果排序。

(6) 评价。搜房网可提供一站式的房屋信息和装修信息,极大地方便了用户的使用。其简单、明了的检索界面十分友好,是未来垂直搜索引擎发展的方向。用户注册后可进入讨论社区交流经验,将会获得更多的服务。

4. 视频搜索:优酷网(www.youku.com),搜库(www.soku.com)

(1) 创建者。优酷网是中国领先的视频分享网站,是中国网络视频行业的第一品牌。2005年,原搜狐总裁和首席运营官古永锵创立了合一网络技术有限公司,并于2006年6月12日发布公测版网站——优酷网。2006年12月21日,优酷网正式运营。2010年12月8日,优酷网成功在纽约证券交易所正式挂牌上市。视频网站行业离不开搜索引擎对

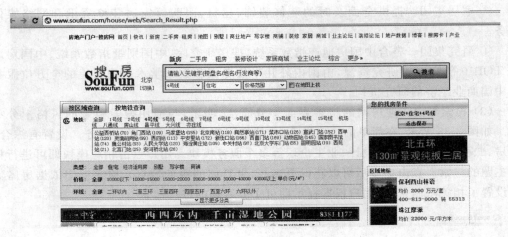

图 3-34 搜房网检索结果

其流量的贡献,优酷的流量很大一部分都来自百度和 Google 等搜索引擎,很多网民都已经习惯了在搜索引擎下观看视频,而且百度也加入视频行业,旗下的"奇艺网"也上线。经过长时间准备之后,优酷网也推出了自己的搜索引擎——搜库。据有关调查发现,搜库用户体验优于百度的视频搜索。

(2) 收录范围和服务。自 2006 年 12 月 21 日正式运营以来,优酷网在诸多方面保持优势,领跑中国视频行业,业绩发展迅猛。2007 年 7 月中国互联网协会发布的 2007 年度(上半年)中国互联网调查报告表明,优酷网深受用户喜爱,在品牌认知度方面领先于同行业其他网站。2007 年 12 月,知名调研机构 AC 尼尔森公司公布:优酷网日视频播放量率先突破 1 亿次,每日独立访问用户数量超过 1 200 万次。优酷网的主要产品和服务主要有以下几种:

① 检索服务,提供在不同区域寻找视频的有效方法,主要有关键词搜索、人气搜索榜单、兴趣分类频道、搜索排行榜和相关视频搜索等。

② 视频库,提供海量的视频资源;提供多种视频标签,分为热点、原创、电影、电视、体育等 8 种专业频道实现垂直定向搜索。

③ 多种排行榜,主要有精选剧场、电视剧播放榜、电影播放榜、综艺播放榜、搜索榜等。用户通过多种类型视频的点击排名可了解到最为热门的视频资源。

④ 其他还有:我的优盘,提供个性化的网络视频空间;社区,提供优酷用户交流的平台;优酷拍客,提供个人作品的展示平台;优酷网络原创联盟,拍客的交流平台;优酷达人,进行拍客达人、资讯达人、原创达人等数十种达人的评选。

除网络服务外,优酷还积极开发操作系统,进军智能手机应用市场。据优酷网介绍,在内置了优酷客户端的 1 000 多万台手机中,涵盖了当前主流的手机厂商,如索尼爱立信、诺基亚、三星、MOTO、LG、HTC、联想乐 phone 等。2010 年,优酷网对外披露国内

2 250万台智能手机中,优酷客户端内置覆盖量超过1 000万台。目前,优酷正积极与各个Pad终端厂商沟通,将在优酷客户端植入、产品运营及内容合作等多个方面进行合作。

(3) 检索界面。

① 优酷首页,如图3-35所示,信息含量非常高,同时还十分具有视频网站的特点。在检索框的上方显示优酷可观看的主要视频类型,并依据点击量进行了视频的分类,有按视频类型分的,分为电视剧、电影、综艺、音乐、动漫等;还有按视频内容分的,分为资讯、娱乐、生活、时尚等。用户可点击选择相应类型视频资源,进行筛选观看。在检索框下方显示热门检索词,用户检索时可加以参考。同时在检索框的后方显示有登录和免费注册选项,用户进行注册后可获得个性化的个人空间设置。首页占据最大面积的是各类型视频资源的列举范例。位于检索首页的检索框下方左侧,包含今日头条、最佳原创、电视剧、娱乐信息、体育财经信息、科技时尚信息等。每类资源中显示的范例是按照具有同类最高点击量的视频资源,每一段视频资源显示有视频截图、名称、视频上传者、播放次数和评论条数等信息。

图3-35 优酷首页

② 搜库首页,搜库是优酷独有的视频搜索引擎。其首页设计新颖独特、简洁明了。搜库的检索首页用点击量较高的视频资源的截图画面排列成一个电视的图形,凸显了其视频搜索的特点。同时用户点击相应的画面即可进入相应资源的观看界面。如图3-36所示。检索框下方显示了常用的功能选择,包含优酷主页的链接、排行榜以及影视目录信息的链接。而优酷首页检索框中的检索行为也由搜库完成。

(4) 检索功能。

① 支持不完全的布尔检索。逻辑与,用"+"加号连接多个关键词即可实现;逻辑或,用空格连接不同关键词;逻辑非,可使用"—"减号表示。

② 支持词组检索功能。可使用""(引号)表示,如"优酷网世界都在看",搜索结果将

图 3-36　搜库首页

包含完整连续的该词组。

③ 关键词自动匹配。输入关键词的同时，下拉框中出现提示关键词，点击提示的关键词，不用再进行输入。

④ 关键词纠错功能。对一些可能是错别字的关键词进行自动纠错提示，点击纠错后的关键词，得到正确的搜索结果。

⑤ 相关搜索。相关搜索出现在搜索结果下面，点击即可。

⑥ 支持高级搜索公式，但需要使用{}（大括号）将输入的公式全部包括起来，否则会将其视为搜索符号进行普通搜索。

（5）检索结果。在搜库检索框输入检索词"图书馆"进行检索，可获得如图 3-37、图 3-38 所示的检索结果。

优酷的检索结果以视频和专辑两种形式进行显示。

① 视频显示，以视频方式显示与检索词相关的检索结果。检索结果上方显示优酷推荐的视频资源，并显示画面截图、发行时间、发行地区、演员信息、资源类型、简介等。在推荐资源下方显示优酷检索出的全部与检索词相关的视频结果，并显示出检索结果数量、视频资源的画面截图、标题、播放次数等信息。用户还可以选择按照相关度、发布时间、播放次数、评论次数和收藏次数选择检索结果的排序方式，默认的显示方式为按照相关度进行

图 3-37 搜库检索结果页面

图 3-38 检索结果的专辑显示

显示。对检索结果可以通过检索结果右侧的画质、分类、时长、发布时间等做进一步修正。

② 专辑显示，是按照视频题名将相同题名的视频作为一个专辑进行显示的方式。此种显示结果比较简单，每一条检索结果显示有该视频的名称、时长、上传会员名称、视频数量、播放次数等信息。检索结果可以按照相关度、播放次数、更新时间进行排序，默认排序方式为相关度。同时用户可以按照检索结果页左侧的分类对检索结果进行再次筛选。

（6）评价。基于优酷巨大的视频资源，搜库作为国内大型的视频类搜索引擎，使用户可以一站式的体验视频检索，获取丰富的视频资源进行付费或是免费观看。近年来，优酷不断陷入知识产权风波，虽然优酷通过自身努力已经获得巨大的授权播放资源，但是仍存在较大的知识产权风险。

5．购物搜索

购物搜索更是垂直搜索中普及度比较高，有较高人气的一种类型。购物搜索是从比较购物网站发展起来的，其最初设想是为消费者从众多在线零售网站中采集信息，提供商品价格、网站信誉、购物方便性等方面的比较资料。购物搜索引擎的主要作用是搜索产品，用户可以以多种方式，如产品名称、品牌名、网站名称等进行检索，所有销售该商品的网站上的产品记录、商品说明等基本信息都会被检索出来。用户可以根据产品价格、对网站的信任和偏好等因素进入所选择的网上购物网站购买产品（一般来说，购物搜索引擎本身并不出售这些商品）。此外，购物搜索引擎还提供对商品价格、性能的比较，将以往使用者对产品质量和在线销售服务发表的意见进行汇总、评比，对后续用户做出商品购买决策有较大的参考价值。购物搜索引擎不仅为在线消费者提供方便，也为在线销售商推广产品提供了机会，尤其对于知名度不是很高的网上零售商来说，通过购物搜索引擎不仅增加了被用户发现的机会，如果在评比上有较好的排名，也有助于增加顾客的信任，从而达到促销的目的。目前，我国已开发应用的购物搜索引擎有很多家，主要有：

(1) 百度有啊（www.youa.com）。百度有啊是百度旗下电子商务交易平台。依托全球最大的中文搜索引擎公司百度，基于其独有的搜索技术和强大社区资源，百度有啊实现了网络交易和网络社区的无缝结合，以打造满足用户期望的体验式服务为宗旨，力图为庞大的中国互联网电子商务用户提供更贴心、更诚信的专属服务。通过对海量网络交易信息的分析、调研，和对各种交易需求的挖掘，对交易流程进行了特别的优化和处理，不仅让卖家的入驻、管理和销售更加简易快捷，同时还要做到让买家浏览、比较、购买更加通畅。致力为亿万中国网民提供一个"汇人气，聚财富"的高效网络商品交易平台。

(2) 淘宝网（www.taobao.com/），一淘网（www.etao.com/）。淘宝网由阿里巴巴集团于2003年5月10日投资创办，目前是亚洲最大的网络零售商圈。其目前业务跨越C2C(个人对个人)、B2C(商家对个人)两大部分。C2C为淘宝网，而B2C则为从淘宝分离出来的天猫商城。淘宝网2011年1月发布的企业数据显示，2010年淘宝网注册用户达到3.7亿人，在线商品数达到8亿件。同时，以淘宝商城为代表的B2C业务交易额在2010年翻了4倍，未来几年也仍将保持这一增长速度。中国电子商务研究中心发布了《2010(上)中国电子商务市场数据监测报告》，该报告显示了2010年上半年国内电子商务市场情况，C2C市场还是被淘宝网所垄断，占到了83.5%的市场份额；分析机构易观国际发布数据显示，2010年第三季度，淘宝商城以超出第二名一倍多的33.5%市场份额继续领跑国内B2C市场。到2011年，国内著名咨询机构艾瑞的研究数据表明，2011年第二季度，淘宝商城占据国内B2C市场48.5%的市场份额，为第二名到第十名之和的近两倍。

2010年10月9日阿里巴巴集团推出了一淘网，该网站是从淘宝网分拆出来的，其立足点就是电子商务搜索。一淘网定位于一站式购物搜索引擎，目标是为消费者打造最好的一站式购物入口，帮助消费者简单、聪明、安全的购物，为用户提供专业的比价购物搜索服务，提供互联网最新最全的精彩购物活动、打折促销信息、团购网站大全等。阿里巴巴的领军人物马云毫不隐晦地表达了要依靠发展垂直搜索来向百度搜索发起挑战的欲望。

(3) 有道购物搜索（http://gouwu.youdao.com/）。有道购物搜索是网易公司于2009年1月推出的搜索产品。其中收录了上百家知名网上商城的600万商品（仍在不断增加）；提供商品比价功能和独立公开的商城评论平台。

(4) 谷歌购物搜索测试版（www.google.cn/products）。谷歌购物搜索搜集商品信息有两种途径：一是商家通过网络主动提交商品信息，任何商家如果希望其商品出现在谷歌购物搜索结果中，都可以提交商品信息；二是谷歌特有的爬虫程序可以在互联网上自动识别购物网页。

（5）聪明点比较购物搜索引擎（www.smarter.com.cn/）。聪明点比较购物搜索引擎旨在帮助消费者在线购物时做出聪明的决策。用户可以在数百万件商品中进行搜索查找和比较挑选，针对每件商品都可以比较不同商家的售价和服务承诺，查看商品和商家的各种评论、评分，最终做出购买决定。到目前为止，"聪明点"已能够提供计算机、数码产品、通信产品、办公用品、化妆品、运动户外用品、汽车用品、鲜花园艺、礼品首饰、图书、影视、家居、鞋子箱包、服装、食品、汽车和淘宝精品等10多个频道的商品搜索和比较购物服务。

垂直搜索引擎的出现可以视为搜索引擎领域专业分工、深化发展的结果，其专、精、深的特征使得用户可以获得更为准确的行业性、专门性信息，为用户解决各种专门问题提供更有力的支持。垂直搜索引擎在未来将会有更大的发展空间和机会。本节主要介绍了垂直搜索引擎的概念及产生、发展，以及垂直搜索引擎的核心技术和主要特征，同时列举了国内开发的各类有代表性的垂直搜索引擎工具的主要功能和使用方法。除上述类别的垂直搜索引擎外，也有学者提出"学术类垂直搜索引擎"的概念，并以GoogleScholar、学术搜索（www.libsou.com）和深度（www.shendusou.com/）等作为其典型代表。本书第6章将介绍相关内容。

3.5 元搜索引擎简介

3.5.1 元搜索引擎概述

1. 元搜索引擎的概念与发展

元搜索引擎（Metasearch engine）又称集合式搜索引擎、并行搜索引擎或搜索引擎之搜索引擎。它是将多个搜索引擎集成在一起，并提供一个统一的检索界面。其最初的开发目的是帮助用户克服面对众多网络检索工具时难以选择的困惑，避免了用户为追求查全而在多个搜索引擎上重复检索的烦琐。

元搜索引擎将多个搜索引擎进行集合，通过统一的检索界面接受用户的检索提问，用户只需递交一次检索请求，元搜索引擎就可根据知识库中的信息，将用户的检索请求转换为多个搜索引擎所能识别的格式，自动地分发、提交给多个独立的搜索引擎，同时进行多个数据库的检索，最后元搜索引擎再把从各个搜索引擎返回的检索结果收集起来，进行比较分析，合并冗余、去除重复信息，并以一定的格式返回给用户。其核心要义是通过提供"一站式"的检索，既扩大检索范围，又节省用户在不同搜索引擎之间转换的时间，使用户检索的综合性、完整性有所提高，并努力提高查全率。

自 1995 年华盛顿大学硕士生 Eric Selberg 和 Oren Etzioni 推出第一个元搜索引擎——Metacrawler 以来,这一新型的网络检索工具发展迅速、引人关注。目前可用的元搜索引擎已有很多,人们对其曾寄予厚望,希望它能弥补传统搜索引擎的不足而成为一种高效的网络检索工具。虽然理论上元搜索引擎可以集中搜索多个数据库、覆盖较多的信息资源,并能够在一定的时间内提供相对全面、准确的检索结果,但实际上元搜索引擎还存在着较多的问题和功能局限,在检索的权威性、准确性等方面尚有待加强。

2. 元搜索引擎的分类

元搜索引擎依据不同的标准可以划分为不同的类型。具体可分为以下几类:

(1) 按照检索机制划分。

① 搜索引擎目录。搜索引擎目录,又可称为集中罗列、单独检索式。也就是将主要的搜索引擎集中起来,按类型或按功能组织成目录,引导用户使用。用户每次只选择、调用一个搜索工具,进入其中的一个成员搜索引擎平台进行检索。其作用是指导用户根据需求选择、使用适用的网络检索工具,如:hao123。

② 元搜索引擎。元搜索引擎又可称为统一入口式、并发式元搜索引擎。它将多个搜索引擎集成在一起,提供一个统一的检索界面;用户通过一个公共检索入口输入检索请求后,元搜索引擎会将检索请求处理后转发给各个成员搜索引擎进行并行检索,然后将各个成员搜索引擎返回的检索结果进行综合处理后显示给用户。这是一种较常见的元搜索。

(2) 按照运行方式划分。

① 在线式元搜索引擎。在线式元搜索引擎通过 Web 方式在线为用户提供搜索服务。

② 桌面式元搜索引擎。该搜索引擎是一种搜索软件,可以直接在用户的计算机上以桌面程序的方式为用户提供服务。客户端直接将检索请求发送给其所调用的成员搜索引擎,对各个成员搜索引擎返回的检索结果进行融合后返回给用户,这相当于用户自己拥有了一个元搜索引擎。桌面式元搜索引擎通常允许用户对成员搜索引擎及后期处理功能进行自定义设置,可实现对成员搜索引擎的并行调用。

(3) 按照工作方式划分。

① 并行式元搜索引擎。采用并行调用成员搜索引擎的方式,它使用线程的方式将用户的查询请求并行转发,成员搜索引擎可同时进行检索操作,并行搜索返回的检索结果后进行整合处理。整体所需的查询时间比较少。

② 串行式元搜索引擎。先调用其中的一个成员搜索引擎,等待其返回检索结果,之后再调用另一个成员搜索引擎,收集其检索结果,依此类推,顺次调用其他成员搜索引擎,待所有的检索结果都返回后,再对其进行统一处理,这种元搜索引擎在处理检索请求时往往会消耗较长的时间。

3.5.2 元搜索引擎的技术原理：资源整合/工具集成

一般认为,并行式元搜索引擎是真正意义的元搜索引擎。它通常由3个部分组成,即检索请求提交机制、检索接口代理机制、检索结果显示机制。"请求提交"负责实现用户个性化的检索要求设置,包括调用哪些搜索引擎、检索时间限制、结果数量限制等。"接口代理"负责将用户的检索请求"翻译"成符合不同搜索引擎本地化要求的格式。"结果显示"负责所有源搜索引擎检索结果的去重、合并、输出处理等。元搜索引擎的出现,对于那些需要连续使用不同的搜索引擎重复相同检索提问的用户来说,是一个福音。使用元搜索引擎同时对几个搜索引擎进行检索,获得分级编排的检索结果。

检索时,元搜索引擎根据用户提交的检索请求,调用源搜索引擎进行搜索,对搜索结果进行汇集、筛选、去重等优化处理后,以统一的格式在同一界面上集中显示。元搜索引擎虽没有网页搜寻机制,亦无独立的索引数据库,但在检索请求提交、检索接口代理和检索结果显示等方面,均有自己研发的特色元搜索技术支持。如提交检索请求时,根据源搜索引擎的特点和技术参数,指定优先顺序,并对检索时间、检索结果数量进行控制;作为若干源搜索引擎的检索接口代理,元搜索引擎必须具有较强的字符和语法转换功能,使用户的检索请求为检索语法各异的源搜索引擎所认知和接受;而对检索结果的显示,不同的元搜索引擎有不同的处理技术。由于元搜索引擎设定的检索结果排序依据、最大返回结果数量、相关度参数及优化机制等不同,调用相同的源搜索引擎的不同元搜索引擎所显示检索结果的数量多少、排序先后、结果信息描述选择也有较大差异。

3.5.3 元搜索引擎与普通搜索引擎的区别

元搜索引擎与一般搜索引擎的主要区别有:

(1) 元搜索引擎可以将一次提问提交多个数据库。元搜索引擎定制了调用多个独立搜索引擎的统一联结界面,将用户递交的提问提交给其他多个独立搜索引擎,因此,用户的一次查询可以同时检索多个独立搜索引擎(或称"成员搜索引擎"),并根据不同独立搜索引擎的要求按不同的形式提交同一查询。

(2) 元搜索引擎没有自己独立的资源库。搜索引擎拥有独立的网络资源采集标引机制和相应的数据库,而元搜索引擎一般没有自己独立的数据库和采集程序(Robot),它以一个代理(Agent)的角色接受用户检索请求。

(3) 元搜索引擎的结果是基于独立搜索引擎结果的二次加工。元搜索引擎的结果基于独立搜索引擎的查询结果,少数简单的直接调用原始的结果页面,但都实现了对独立搜索引擎查询结果的二次加工,如重复结果的删除、结果的再度排序等。

(4) 元搜索引擎标明结果记录的来源搜索引擎及其相关度。在定制结果输出形式的元搜索引擎中,检索结果一般都标明记录的来源搜索引擎及其相关度。

3.5.4 元搜索引擎的优缺点

1. 元搜索引擎的优点

通过分析研究,元搜索引擎具有以下几方面的优点:

(1) 信息覆盖面大,检索效率高。元搜索引擎集成多个成员搜索引擎,可以一次在多个独立的搜索引擎中并发查询,增加了检索的范围,扩大了查询的区域,信息覆盖率显著增加,因而能够获得较高的查全率。同时,元搜索引擎利用各种智能软件,根据用户要求对各搜索引擎返回的信息进行过滤,通过使用过滤器或改进算法对成员搜索引擎的查询结果进行处理,删除不合适或重复的网页并对结果按关联度高低进行排序等,查准率得到了较大提高。

(2) 检索工具扩展性能强。元搜索引擎集成多个独立搜索引擎,突破单个独立搜索引擎的组织边界,用户可以按照自己的习惯和需求定制具有个人风格的查询工具。例如,用户可在一个元搜索引擎中集成一般通用搜索引擎的功能,又能集成基于 OPAC 的图书目录检索功能。

(3) 服务多样化。元搜索引擎提供内部"黑箱操作"(亦称"暗箱操作")和外部"人性化"服务模式,根据用户个性化需求进行灵活的结果输出。成员引擎各自保持其原来的局部数据模式和检索指令,有利于其"各尽其能";元搜索引擎的集成界面可实现用户选择和利用合适的若干成员引擎进行信息检索。

(4) 无须考虑网页索引数据库的建立和维护。元搜索引擎可以有也可以没有自身的数据库,能集中精力和财力用于查询请求的分发与查询结果的处理。用户只需提交一次搜索请求,由元搜索引擎负责转换处理,然后提交给多个独立搜索引擎进行不同的处理再返回给用户,最后为用户提供一个统一界面的搜索结果报告,这弥补了独立搜索引擎搜索不全的缺点,提高了查全率。

2. 元搜索引擎的缺点

虽然元搜索引擎具有独立的搜索引擎无可比拟的优越性能,给人们的网络信息检索带来了极大便利,但是,现有的元搜索引擎普遍存在以下不足。

(1) 检索结果全面性和可靠性较差。元搜索引擎检索受时间、检索结果数量的限制等,限定了从每个成员引擎返回的检索结果的数量。此外,因各成员引擎彼此相对独立,最后返回给用户的检索结果往往不完整、常常有重复,不能完全满足用户需求,用户需要做更多的筛选,从而影响了检索结果的全面性和可靠性。

(2) 不能灵活控制结果的输出。由于元搜索引擎是通过一个统一用户界面帮助用户利用若干独立搜索引擎来实现检索操作,因此,在查询输入处理及输出显示时可能出现问题。

(3) 检索结果排序不够理想。由于不同的搜索引擎在搜集信息的数量、收录信息的范围、采用的索引方法、使用的相似度评价等方面存在巨大差异,再加上元搜索引擎的设计者不能获取这些搜索引擎的很多技术细节,对不同搜索引擎返回的大量检索结果不能很好地进行排序。

(4) 信息搜索覆盖面存在局限性。因为元搜索引擎实现检索语法转换的能力仍然有限,不支持指定字段检索等特殊的高级检索功能,不同的搜索引擎在解析查询表达式的方式、处理大小写字母的方式、是否允许自然语言查询、是否可以采用截词符等方面都可能有差异。此外,元搜索引擎不能正确处理一些词组和布尔检索算符,发挥不了各个独立搜索引擎的高级检索特色。为了尽可能多地挂接搜索引擎,元搜索引擎通常只使用简单、直接的搜索策略,一般仅支持 not、and、or 等简单的布尔逻辑语法操作,因此,许多大型搜索引擎被排除在外,影响了信息检索覆盖面。

(5) 检索式处理较复杂。由于大部分搜索引擎互不兼容,互操作性差,用户接口不一致,一些包含多个词或复杂逻辑的查询请求,其查询式常被一些成员引擎误解。

3.5.5 常用的元搜索引擎

以下主要介绍国内外一些具有代表性的常用元搜索引擎。

1. 搜索引擎目录

搜索引擎目录是将主要的搜索引擎集中起来,并按类型或按检索问题等编排组织成目录,帮助、导引用户根据检索需求来选择适用的搜索引擎;它集中罗列检索工具,并将用户导引到相应的工具去检索;检索的还是某一搜索引擎的数据库,与普通单一搜索引擎的检索是一样的。只不过是设立了又一层导航界面,为用户选择适用的检索工具提供积极的帮助,以克服用户面对众多的检索工具的茫然和无所适从。主要有以下几种:

(1) iTools!(http://www.iTools.com)。iTools! 是一种资格较老的搜索引擎目录导航系统,于 1995 年开始提供该搜索服务。集合了多个搜索引擎(如,Google、Bing、Ask Jeeves、Yahoo Search 等)和网络资源目录(如,Open Directory Project、About Topic Guides、LookSmart 等),以及字典、百科全书、地图、黄白页信息、财经等参考资料搜索工具。

ITools! 将网络检索工具分为以下 5 类,如图 3-39 所示。

① 检索工具(Search)。所集成的工具包括网页搜索工具、实时信息搜索工具、百科搜索、论坛搜索、人物搜索等信息检索工具。

② 语言工具(Language)。字词的查找和翻译。集成的工具包括网上优秀的在线词典、专业词库和翻译工具。

③ 多媒体检索工具(Media)。包括图片检索工具、音响视频检索工具、地图及文档检索工具。其中地图检索提供的是著名地图检索工具 MapQuest 的部分检索功能,包括查找国家城市地图、(美国、英国、加拿大)三国的街区地图、行车路线图等。

④ 互联网工具(Internet)。包括域名服务器(DNS)搜索、IP 地址搜索、站点信息等检

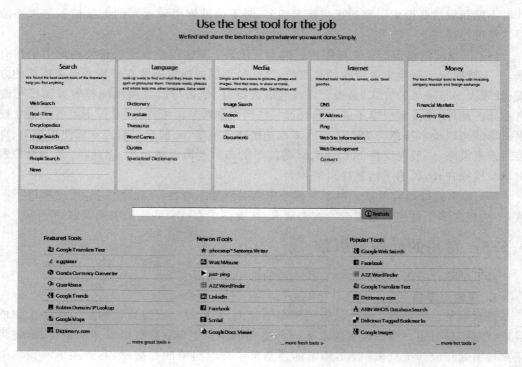

图 3-39 iTools! 首页

索工具。

⑤ 金融工具(Money)。提供 Oanda 的实时汇率换算功能。

用户可以按照自己的检索需求先找到适合的检索工具,再输入检索提问,调用相应的网络检索工具进行检索。

(2) 搜网全能搜(http://so.sowang.com)。搜网全能搜由中文搜索引擎指南网(www.sowang.com/)开发、提供,也是为用户查找、选择网络检索工具提供导航目录,其主页如图 3-40 所示。

中文搜索引擎指南网还提供搜索引擎大全,分类型和检索功能介绍各种有代表性的搜索工具,并提供相应链接供用户选择使用。其主页如图 3-41 所示。

(3) hao123"我的工具箱"(www.hao123.com/tools/tool.html)。百度旗下的 hao123 创建于 1999 年 5 月,是中国最早的上网导航站点。多年来,hao123 致力于为用户提供简单、实用、贴心的导航服务,已成为中文上网导航的第一品牌。其下的实用查询提供的"我的工具箱"为用户日常的实用查询工具提供了导航、链接,如图 3-42 所示。

2. 并发式元搜索引擎

并发式元搜索引擎是将多个搜索引擎集成在一起,提供一个统一的检索界面,用户发出检索请求后,提问式被同时分别提交、发送给多个独立搜索引擎,同时检索多个数据库,

第3章 互联网检索工具(一)——搜索引擎

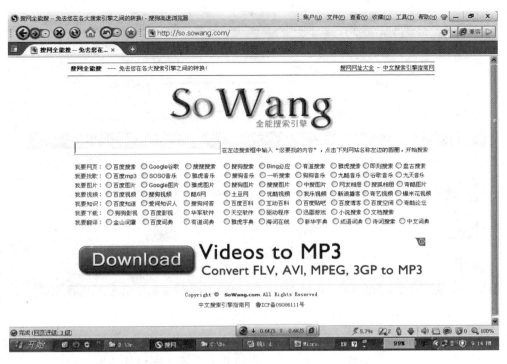

图 3-40 SoWang 全能搜索引擎主页

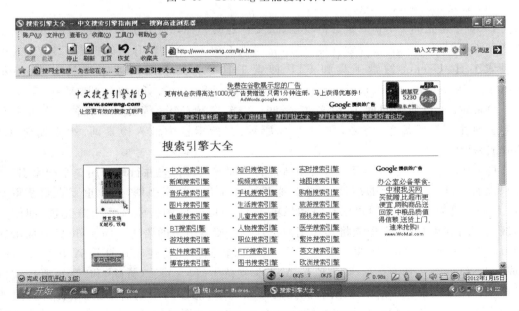

图 3-41 SoWang 搜索引擎大全主页

图 3-42　hao123"我的工具箱"页面

最终输出的检索结果是经过聚合、去重之后反馈的多个独立搜索引擎查询结果的综合。它是一种集中的、跨平台的检索方式。以下介绍几个常用的国内外并发式元搜索引擎。

(1) Dogpile(www.dogpile.com)

1996 年建立的 Dogpile 是资格较老、很受欢迎的一种元搜索引擎工具。Dogpile 新近加入了 Go2Net。Dogpile 检索性能良好,它集成了约 25 个比较有名的搜索工具,涉及网页搜索工具、Usenet 搜索工具和 FTP 搜索工具等。其中网页搜索工具有 Google、Yahoo、Ask Jeeves、About、Teoma、FindWhat、LookSmart、Overture、AltaVista 等十几个。Dogpile 可以检索网页、图像文件、新闻、文档、音频/MP3 等各种多媒体资源及购物信息。其主页界面简单、清晰,如图 3-43 所示,在检索框中输入检索词,然后提交(Go Fetch!)即可。

Dogpile 采用独特的并行和串行相结合的查询方式。首先并行地调用 3 个搜索引擎;如果没有得到 10 个以上的结果,则并行地调用另外 3 个搜索引擎,如此重复直到获得至少 10 条结果为止;可使用布尔算符和模糊查询。Dogpile 的搜索技术十分先进,即使是高级运算符和连接符,它也能将其转化为符合每个搜索引擎的语法。Dogpile 的界面虽然简单,支持的检索功能却不少。可以使用 * 作为通配符,支持逻辑运算符 AND(与)、OR(或)和 NOT(非),括号( )。缺省值是 AND。支持+(包含)、-(排除)和""(短语),支持"NEAR"位置检索;Dogpile 具有智能化的搜索程序,能够利用该引擎猜测出来的、附加的搜索条件来智能优化用户的搜索结果;可设置最大查询时间,Dogpile 的查询时间是按秒计算的。Dogpile 除具备上述检索特性与功能之外,还具有较为特色的服务,如利用

图 3-43　Dogpile 主页

Favorite Fetches 进行快速查找；利用 Web Directory 进行互联网资源导航服务等。Dogpile 还就每个搜索引擎的受欢迎程度和用户点击率情况进行排名。

在提供搜索结果方面，可以分别按相关度显示和按搜索引擎显示。

① 按相关度显示。由于各搜索引擎返回给 Dogpile 的结果各有各的排序规则，Dogpile 还将根据自己的算法进行再排序，实践表明，Dogpile 的排序能力是相当好的，这也与它不需要处理庞大的索引数据库，可以留出更多时间进行相关度排序处理有关。Dogpile 公司负责搜索业务的副总裁莱斯利-格兰迪表示："实际上我们所做的事情就是将每个搜索引擎中的第一页搜索结果，也就是最具相关性的搜索结果一一呈现在用户面前。"

② 按搜索引擎显示。这种排序方式则相对简单，只是将检索结果按来源搜索引擎的名称分类，在每一个来源搜索引擎下面再列出结果记录，这是 Dogpile 默认的排序方式。此外，2003 年购买了 Vivisimo 的网站聚类技术，并可以使用该技术将检索结果自动聚类。

Dogpile 检索速度较快，跟普通搜索引擎不相上下；而且 Dogpile 往往将检索者的提问式优先提交给一些较优秀的搜索引擎，如 Overture 和 Google 等，因而它的检索结果较为优质。在 SearchEngineWatch 网站 2004 年对搜索引擎的评比中，Dogpile 以 27% 的支持率当选"最佳元搜索引擎"。Dogpile 对于各种不同资源查询所调用的独立搜索引擎是不同的，它能够根据用户的检索提问自动进行选择和判断，但同时也存在缺陷：不允许用户选择使用那些独立的搜索引擎，即没有为用户提供定制独立搜索引擎的功能。

(2) MetaCrawler(www.metacrawler.com)。MetaCrawler 是最早开发的元搜索引擎，1994 年由华盛顿大学开发。现在是 Go2Net 的一个组成部分，是公认的功能强大的元搜索引擎。

MetaCrawler 主页如图 3-44 所示。除可调用 Google、Yahoo、AltaVista、Ask Jeeves、About、LookSmart、Teoma、Overture、FindWhat、Fast 等十几个独立搜索引擎外，本身还

提供了涵盖近 20 个主题的目录检索服务，提供网页、FTP、公共数据库、视频、音频/MP3、图像、域名、新闻组、黄页、拍卖等信息的检索。提供布尔检索、常规检索、高级检索、定制检索、国家或地区的资源检索等检索服务模式。可自动改正常见的拼写错误，并提供相关替换词。Preferences 项允许检索者进行多项个性化的设置。有独特的查询计算机产品、用户组、档案和股票价格等功能，并支持分类目录查询。高级检索模式可实现：搜索引擎的选择调用，基于域名、地区或国家的检索结果过滤，最长检索时间设置，每页可显示的和允许每个搜索引擎返回的检索结果数量的设定，设定检索结果排序依据（包括相关度、域名、源搜索引擎）等。新的 MetaCrawler 技术能够自动组织检索结果并聚类，以便减少干扰，使用户获得最准确的信息。MetaCrawler 还提供 MetaSpy 功能，借此可了解与用户同时使用该引擎的其他人正在查询的内容。

图 3-44　MetaCrawler 主页

MetaCrawler 对各搜索引擎返回的检索结果进行去重处理。检索结果按相关度排序，每条检索结果显示内容包括：网页标题、来源引擎、网页简介、与检索词的相关度分值、网址、相关链接等，并对检索词加亮显示。

MetaCrawler 的检索功能强大，拥有优良的语词搜索性能和搜索计算机软件等选项。从商业角度来看，MetaCrawler 包含内容丰富，是比较成功的，它无疑是元搜索引擎中的佼佼者。然而它也有自己的缺点，如分类目录搜索等均调用 InfoSpace 资源，没有自己组织的信息等。

（3）搜魅（www.someta.cn/）。搜魅（Someta）是一款优秀的国产并发式元搜索引擎，作为一家性能较好的中文元搜索引擎，它支持多个互联网著名搜索工具，包含百度、Google、搜狗、雅虎等多家主流搜索引擎的结果，提供网页、资讯、网址导航等聚合查询。其首页如图 3-45 所示。该检索工具提供网页、资讯、图片、导航和排行五大类检索，用户可以直接输入检索词在各大类内进行检索。同时,它在首页上还包含有"今日热点"推荐,将最新的信息列在最为醒目的地方供用户浏览检索。与其他元搜索引擎最为不同的是,搜魅网不仅聚集了很多知名的搜索引擎,它还拥有自己的网站查询功能,这突破了元搜索引擎没有自己的蜘蛛程序的瓶颈,极大地满足了用户的检索需求。

图 3-45　搜魅网首页

搜魅是目前国内优秀的元搜索引擎,它在集成搜索引擎数量、检索结果的全面性、检索速度和查询功能等方面走在中国元搜索工具的前列。当然,与国外的元搜索引擎相比,搜魅还存在一些局限性和不足,在检索功能的多样性、检索结果的集成以及检索系统的稳定性方面还有需要改进和提高的地方。

3. 常用的桌面元搜索引擎

桌面元搜索引擎通常以网络搜索软件的形式工作,它就像本地化的元搜索引擎,这类软件既有连接多个通用搜索引擎的比较全面的检索工具,也有专门针对某一种格式文件(如 flash、mp3)的专门检索工具。

(1)飓风搜索通。飓风搜索通是由国人任良于 1995 年开始研发的系列共享软件之一,这是一款五星级的国产网络信息检索工具和多窗口浏览工具。它整合了包括软件、驱动程序、音乐、股票、新闻、购物等众多类别的近百个搜索工具,采用多线程并行运作。飓风搜索通是共享软件,可从软件作者的主页 www.renliang.com 下载,其版本不断更新。其主界面如图 3-46 所示。

飓风搜索通的主界面有点类似于 Windows 的资源管理器,上面是一个简单明了的检索框,用来接收用户输入的检索提问,左边是可选择的搜索引擎类表,共包括"中文网页"、"英文网页"、"软件搜索"、"新闻搜索"、"图片搜索"、"词典搜索"、"购书搜索"、"拍卖搜索"、"论坛搜索"、"地图搜索"和"用户定义"11 个大类,共 69 个各式各样的搜索引擎。主界面右侧的窗口则显示检索时连接各搜索引擎的状态,当某个搜索引擎返回结果很慢的时候可以单击进度条右边的"停止"或"重载"按钮。如果想保存某个搜索引擎的搜索结

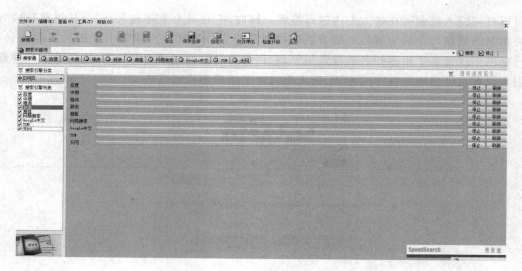

图 3-46　飓风搜索通的主界面

果,只需单击工具栏上的"保存"图标即可,如果选择"全部保存",则飓风搜索通会弹出一个对话框,要求用户指定一个文件夹保存检索结果,每个搜索引擎的检索结果将会以各自引擎的名字命名,保存在用户指定的文件夹里,如图 3-47 所示。

图 3-47　"全部保存"以及检索结果被保存到同一文件夹

通过搜索引擎找到的页面,经常会遇到死链接。当用户点击后,浏览器等待很久才会返回"该页无法显示"之类的错误,很耽误用户的时间。飓风搜索通为此提供了检验链接是否可用的功能。单击菜单"工具-校验链接",软件会对当前页里的搜索结果进行检测,如果在链接后显示"Active",说明该链接可用;如果显示为"Dead",用户就无须费心再去点击它,直接访问"网页快照"就可以了。飓风搜索通默认是使用"多引擎"方式进行检索,如果用户想使用一个搜索引擎进行深度检索,可以选择"单引擎"方式,这种方式可以同时得到一个搜索引擎多达 10 页的检索结果。

飓风搜索通还支持用户自定义搜索引擎,单击工具栏上的"用户定义"图标,就可以切换到用户定义的搜索引擎;单击"用户定义"图标右侧的小三角,从下拉菜单中选择"编辑用户定义搜索引擎列表",就可以把飓风搜索通没有包括的搜索引擎加入进来,方便用户的使用。

飓风搜索通集聚了中外有名的搜索引擎,覆盖的信息面广泛,检索效率较好,检索速度也较快,界面简洁友好,易于用户使用。但是,由于其包含各个搜索引擎的检索功能和效率不同,致使飓风搜索通的检索结果存在参差不齐的情况,每次检索并不是每个搜索引擎都可以很快地检索出所要的信息,有的搜索引擎存在页面无法显示和检索速度慢的现象。另外,飓风搜索通是按照所选引擎的结果显示方法来显示检索结果,并没有再进行二次加工,这是它以后亟待解决和提高的方面。

(2)网际狂搜。网际狂搜(Hot Search)是另一款优秀的国产桌面元搜索引擎,它是由吕杨及其软件开发小组成员共同研发出来的。该软件短小精悍,整个安装文件一共才还不到1M,下载地址是http://www.hotsys.net/,目前最高版本为V3.1专业版。安装完成后可以看到它的主界面如图3-48所示。

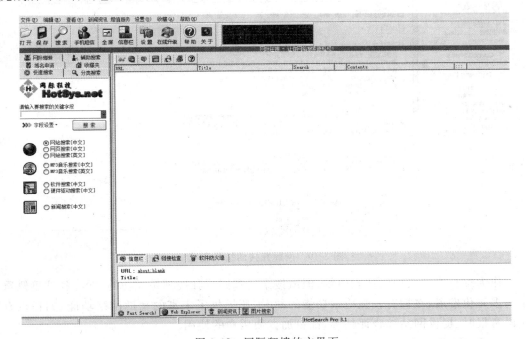

图3-48 网际狂搜的主界面

网际狂搜整合了包括软件、驱动程序、音乐、股票、新闻、购物等众多类别的近百个搜索引擎,并将收集的搜索引擎按中英文分成了多个大类,用户检索时可以自由挑选使用哪些搜索引擎。与飓风搜索通相比,网际狂搜所收集的英文搜索引擎比较全面,而中文搜索引擎的数量相对少一些。

　　从界面设计上看,网际狂搜比飓风搜索通要漂亮一些,可见其设计者在人机接口方面还是下了不少工夫的。从功能上看,网际狂搜也毫不逊色,它除了提供桌面元搜索引擎的功能之外,还有域名申请等辅助功能,点击主界面左边的"分类搜索"标签,用户可以从"音乐搜索"、"图片搜索"、"股票信息"、"驱动下载"等分类检索所需信息。网际狂搜同样集成了一个以 IE 为核心的多页面浏览器,可以直接在软件窗口界面内浏览检索的结果,如图 3-49 所示。此外,网际狂搜还提供有字段设置功能,里面包含了"全部关键字段"、"任意关键字段"、"逻辑关键字段"以及"精确关键短语",用户可以此进行精确检索,从而提高检索效率。由于收集的搜索引擎本身可能随时发生变化,网际狂搜也提供了在线升级功能,以紧跟搜索引擎从地址到检索语法的变化。

图 3-49　网际狂搜的结果浏览

　　作为综合型的桌面元搜索引擎,飓风搜索通和网际狂搜都是成功的,网际狂搜更侧重于向多元化发展,在拥有较强检索功能的同时,还提供了丰富的辅助网络功能,如提供真人语音报时、提供网站综合评估等,都更加方便用户的使用。

　　元搜索引擎是为了弥补传统搜索引擎的不足而出现的一种辅助检索工具,有着传统搜索引擎所不具备的许多优势。但是元搜索引擎依赖于数据库选择技术、文本选择技术、查询分派技术和结果综合技术等,所以用户界面的改进、调用策略的完善、返回信息的整合以及最终检索结果的排序,仍然是未来元搜索引擎研究的方向与重点。

思考题

1. 搜索引擎是如何工作的？
2. 网络检索工具的类型有哪些？
3. 什么是垂直搜索引擎？找到与地图有关的垂直搜索引擎，并搜索你所在学校或居住地区方圆1.5千米内的书店，比较一下结果。
4. 什么是元搜索引擎？有哪些检索方面的优缺点？
5. 在北京师范大学的网站中检索出包含有"国家社科基金"的.doc格式的文件，请问利用哪个搜索引擎检准率最高？
6. 尼采的主要哲学理论是什么？翻译成中文之后请再用英文搜索引擎试一试，对比几个搜索引擎的检索结果。

CHAPTER 4 第4章

互联网检索工具(二)
——目录型网络检索工具

4.1 目录型网络检索工具概述

与以关键词检索为主要特征的索引型网络检索工具搜索引擎不同,目录型网络检索工具是以分类检索为主要特点的网络检索工具。这类工具主要包括网络资源目录、信息资源门户和搜索门户等。其中最常见的是网络资源目录(Web Directory),又称网络目录、分类站点目录、站点导航或主题指南等。它是由开发者将网络资源收集后,按某种分类体系(如学科类目、主题、字顺、地域区划等)进行组织整理,并和检索方法集成的一种可供分类浏览和检索的等级结构式目录。网络资源目录一般是通过引导网络用户的查询概念(而不是确切的检索词)来帮助用户找到所需的网络信息,即用户通过浏览其分类目录树,在目录体系上下位类的从属、并列、组分等关系的导引下层层递进、不断深入,随着目录类范畴的缩小,查询的专指度逐步提高,最终使用户发现、检索到自己所需要的相关信息,以满足查询需求。

目录型网络检索工具一般采用人工或半人工方式采集和存储网络信息,由专业人员对网络资源进行调查收集,并遵循某种分类体系进行分类、存储和组织。具体而言,采集一个网站时,首先将网站定位、安排在某个经层级类目划分后确定的合适类目之下,专业人员记录一些摘要信息,为该网站编制简介,提供给用户搜索。目录型网络检索工具一般提供网站级的检索,通常是按网站的主题性质进行分类,以某种分类体系为依据,将网站资源先分为若干领域范畴,再分为学科、专题等分类目,还可以再进行细分,最后在细分类目下列举、链接到具体的相关网站资源,形成一个由信息链组成的树状结构,即范畴—大类—分类—专题—类目—链接—网站。

互联网出现伊始,目录型检索工具便应运而生,迄今为止已经有近20年的发展史,本章将介绍目录型检索工具的发展历程,并对其特点、类型、结构与使用方法等进行分析;还将介绍国内外比较有代表性的目录型网络检索工具。

4.1.1 目录型网络检索工具的发展

1994年出现的Yahoo是最早在网络上闻名的目录型网络检索系统之一。该系统最初只是美国斯坦福大学工程学院的学生将自己感兴趣的网址按等级方式编制的一个简单检索工具，由于这一工具收录的网络资源质量较高，可以通过等级结构进行系统浏览，形式直观、简便，受到了广泛的欢迎，逐步发展成为当时一种主要的网络检索形式。不仅在此基础上建立的Yahoo迅速成长为当时非常著名的网络检索工具网站，同时，还使分类浏览的检索方式得到迅速推广、普及，成为多数检索网站提供的一种基本检索方式。

但是由于目录型网络检索工具作为一种人工编制的工具，人力花费较大，国外除了Yahoo等个别网站外，通常采用外包的方式，由专门的公司或团队对分类体系进行编制和维护，相关网站按照协议使用，并可以根据需要进行调整，加入自有的资源等。过去十余年间，影响较大的英文分类搜索引擎是Yahoo、Open Directory、Look Smart和Vlib等。中文的目录型网络检索工具发展时间稍晚，最早的中文网络分类目录之一是1998年出现的搜狐。随着搜索引擎热潮的兴起，多数中文网络门户采用了关键词检索和网络分类目录结合的形式。中文门户网站使用的分类搜索引擎，多数为门户网站自行编制，分类体系不一。目前比较有影响的分类目录主要有搜狐、新浪等。

目录型网络检索工具一直处在不断地改进与革新过程中，近年来随着Yahoo变身为大型网络门户以及Look Smart等编制方针的改变，加上以Google为代表的搜索引擎搜索功能不断加强，目录型网络检索工具发展势头似乎逊于搜索引擎。总体而言，独立的目录型网络检索工具逐渐减少，更多互联网检索工具基本都提供关键词检索和分类查询两种途径，其中目录型工具的分类特性仍然发挥着一定的网络导航和指引作用。

4.1.2 目录型网络检索工具的特点

从发展来看，目录型网络检索工具是一种根据网络环境的特点和用户需要而编制的分类检索工具，其特点突出表现在如下几个方面。

1. 面向用户的易用性

目录型网络检索工具面向所有终端用户，其分类浏览方式直观易用，适合多数网络用户，尤其是网络新手。它不需要用户懂得很多的专业检索知识和高深的检索技巧，只要懂得计算机最基本的操作，就可以遵循目录体系的指引，直接通过网络资源目录中不同的类目入口，逐级浏览自己所需信息。尤其是当用户检索目的不明确，检索词不确定时，分类浏览方式更为有效。

2. 提供准确性较高的信息内容

目录型网络检索工具的资源采集和组织是以人工方式或半自动方式进行，由编辑人员查看信息之后，人工形成信息摘要，并将信息置于事先确定的分类框架中。该类工具所收录的资源经过专业人员的甄别和筛选，所以信息质量有保证，检索的准确性相对较高。

3. 提供导航作用良好的检索体系结构

目录型网络检索工具是一个由类目、子类目等构成的可供浏览的等级式树状结构目录，它根据知识分类原则、收集的信息或网站数量以及用户需求程度，设置一定数量的基本大类,每一个基本类目下再细分不同层次的次类目或子类目,直至具体主题的网站。从基本大类出发,类目体系就像一棵大树的分枝,纵横展开。用户可以在类目体系的导引下,依类浏览,很便捷地查到某类信息,全面了解该领域、该主题的权威性网络资源和站点。

4. 以明确的主题和对象为中心设置确定类目

与传统文献分类法以学科分类为基础组织资源不同,目录型网络检索工具从方便用户的角度出发,更加重视从事物对象和主题的角度来确定类目。例如,Yahoo、Open Directory、搜狐、新浪、网易,它们的类目都是以一个事物或一个主题为其类名,如一级类目里的新闻、财经、计算机与互联网、体育、文化、科技、读书、教育及娱乐休闲等。

5. 有兼容性强的多元类目

即类目可同时采用多个标准加以展开,不仅在对一个类目区分时,同时采用多个分类标准,而且往往将这一方式贯穿在类目体系的展开过程中。目录型网络检索工具可以按照主题或事物之间的交叉、渗透等多元关系,采用多视角、多途径揭示,充分反映主题发展的多维构架和事物的多维属性。这种多维展开的方式为用户提供了多途径浏览,方便用户从不同角度查询自己所需要的网络信息。目录型网络检索工具是一个通用性很强的分类体系,具有海纳百川的特征,可以容纳各种类型和各种内容的网络信息。目录型网络检索工具所采用的以主题和事物为中心的分类思想,在很大程度上保证了此类工具的兼容性特征。

4.1.3 目录型网络检索工具的分类法与类型

1. 目录型网络检索工具的分类法

目录型网络检索工具采用的分类体系有多种形式,主要包括以下几种:

(1)主题分类法。其特征是一个主题充当一个类目,类目像主题词表一样按字顺排列,而不是以逻辑顺序排列。一个类目又可分为若干细目,同位类的细目也是按字顺排列,这种分类法实质上是分类法和主题法互相融合的产物。其优点是以事物分类,与此事物相关的内容全部集中在一起,对交叉学科的主题揭示非常有利。但主题分类法容量较小,对网络资源的覆盖率极为有限。主题分类法是绝大多数网络资源目录采用的一种分类法,一般是在通用主题法的基础上加以创新或选择部分热门主题,每个目录的主题类目数、类目名称不尽相同,且动态变化。大多数目录一般设置十几个一级主题类目,层次一般是4级,最终一级就是超文本链接列表。

(2)学科分类法。一般是以知识分类为基础,按照学科性质及从属、层次关系来组织网络资源。其优势是比主题分类有更大的容量,内容更有针对性、更具学术性、更能满足研究人员的查找需求,典型代表如 ipl2(即原 Lii)。网络信息资源开放目录也是典型的学科分类目录,代表性的如 Open Directory Project(ODP)。一般先设置十余大类或者先设置自然科学、社会科学、艺术与人文科学等大类目,再在大类目下细分子类。专业性网络分类导航系统可以有更细致深入的类目划分,如某学科的门户网站或者学科导航。

(3) 图书分类法。将图书馆业长期采用的专门分类、组织图书的经典工具——如《中国图书分类法》(中图法)、国外的《杜威十进分类法》(DDC)等的分类框架应用在目录型网络检索工具中,以提高分类方案的容量,对海量网络资源进行组织和整理。该做法有几大优势:①以科学体系为基础,体系庞大,在容量上占优势;②网络用户对图书分类法都有不同程度的了解和熟悉;③大型图书分类法版本更新及时,基本上能满足动态的网络信息分类。网上的虚拟图书馆多采用图书分类法,还有多家网络资源目录也分别采用了不同的图书分类法。

(4) 分面组配法。其原理是首先确定几个分类标准,即分面,再确定每个分类标准中的若干特征值,即类目,每一分面的类目与其他分面的类目分别组配,形成许多组配类目,达到细分的目的。分面组配法专指度高,因而具有较高的查准率,但要提高分面组配法的容量,需要进行分面分析,编制周密的分类方案,才能获得良好的效果。采用分面组配法的网络资源目录较少,比如一些地图资源检索专业工具网站。

2. 目录型网络检索工具的类型

目前,目录型网络检索工具的划分还没有形成统一标准。根据目录型网络检索工具使用的分类体系,可以将其划分为:传统型网络资源目录和创新型网络资源目录。前者即直接采用传统分类法(以学科分类为基础)的网络资源目录,它提供按学科进行浏览的功能,比较适合有学术性信息查寻需求的用户使用,代表性工具如 BUBL、ODP 等。创新型网络资源目录指根据网络信息资源的特点,结合网络新环境、新要求创造的新型网络资源目录,也有人称之为网络信息分类法,如 Yahoo、搜狐与新浪等。它们作为网络检索工具的主流目录,是用户利用网络信息资源的捷径。

本节根据目录型网络检索工具检索对象和功能的不同,着重介绍以下 3 种常见类型的目录型网络检索工具:

(1) 网络资源目录。即以整个互联网资源为检索对象,将一些重要、优质的网络资源组织成分类目录,提供给用户查询检索。最有影响的是早期的 Yahoo 网络指南。

(2) 学科信息门户。只以某一领域或学科门类的网络资源为检索对象的目录型网络检索工具。一般由图书馆、研究机构或政府组织构建,具有明确的服务对象,是网络信息资源发现的重要工具。

(3) 搜索工具门户。以信息检索工具、查询网站为检索对象,专门为人们了解、选择适用的信息查询工具提供推荐、引导服务。如本书 3.5 节元搜索引擎中所介绍的搜索引擎目录,如 hao123。

4.1.4 目录型网络检索工具的结构和使用方法

1. 目录型网络检索工具的结构

目录型网络检索工具是按等级结构组织的,其类目体系的展开与文献分类法相同,基本上是层层划分,按照从总到分的方式逐级展开。最高层(一级)目录页一般是将互联网资源分成最大范围、最普通的主题范围。这些主题范围一般有10～20个,主题链接到第二层目录(另一个页面),然后在第二层目录再分出子目录,一般到第四级。越往下的子目录中的网站其主题越特定。在子目录下提供相关的网络资源的站点地址及链接,并予以简要描述。它建立了一个由类目、子类目等构成的可供浏览的相当详尽的目录等级结构。逐层点击,就会罗列出一层层的目录清单,所有的选择只用鼠标点击链接就可以实现。目录型网络检索工具的类目设计合理,结构完整、全面,类目等级层次鲜明,各级详略、宽泛程度不一,而且交叉主题的信息会分别在相关类目体现(比如在 Yahoo 目录中,Computer Animation 分别划分到 Arts,Entertainment 以及 Computers & 互联网类下),从而为网上丰富的信息资源归类,尤其是确切归类提供了基础。

2. 目录型网络检索工具的使用方法

基于目录型网络检索工具的自身特点,在使用这类工具查询信息时,运用一些使用技巧和方法可以提高检索效率。主要有:

(1) 采用广度优先查询法。当用户尚未掌握某一领域或专题的信息时,建议从目录型网络检索工具信息总目的网络目录页面开始浏览,即优先从较宽泛的信息范畴类目入手,在浏览时沿着专题链接分级而行,直到找到感兴趣的超链接文本为止。

(2) 注意了解各个检索工具的收录特点,选择适当的工具。在使用网络检索工具前,要了解不同目录型检索工具的收录特点。比如,Yahoo 曾引领了目录检索的潮流,是查找浏览英文网站的第一选择;雅虎中国以收录繁体中文网站见长;而搜狐(搜狗)的目录指南作为较早开发的中文目录型检索工具,凭借其收录的网站数量和质量,是查找中文信息的首选。

(3) 掌握各目录型检索工具的分类体系。使用目录型检索工具还需注意,由于分类标准各异,体系不同,故同名类目或相似类目,在不同分类体系中的类目含义也不尽相同,因此性质相同或相近的网站在不同的分类体系中可能分属不同的大类,或同一大类的不同级位。如与"太极拳"相关的网站,在搜狗中归入"体育健身"大类之中(体育健身＞武术/搏击＞太极拳),而雅虎中国则列于"休闲与生活"大类之下(休闲与生活＞体育运动＞武术＞太极拳);"搜索引擎"在搜狗和雅虎中国中的大类归属相同("计算机网络"与"计算机与互联网"),但级位不同,分属三级(计算机网络＞搜索引擎/分类目录＞搜索引擎)和四级类目(计算机与互联网＞互联网＞搜寻与检索＞搜索引擎),凡此种种,非专门的研究人员不可能对各种分类体系了如指掌,一般用户只能根据需要和爱好,选择一种目录工具,经常使用,便可熟能生巧。

(4) 关注热门主题和常用目录。许多目录型检索工具类目的设置以方便使用和检索习惯为依据。为了引起用户的兴趣和关注,常常突破体系分类的规则,把热门主题或点击率高的类目置于较高级位或显著位置。类目序列以检索频次为主要参考指标,首先列举检索频次较高的类目,突出重要或时尚主题,迎合用户的检索习惯与检索偏好。热门主题和常用目录可以直接在一些门户网站和目录型检索工具的首页查询到。

(5) 关注开放目录型检索工具。这是一种新型的网络目录,它结合了最新技术的开放目录列表,允许用户个人决定哪些内容出现在目录中。比较典型的开放目录型检索工具是ODP。它通过改变使用信息的权限,让用户来决定自己希望哪些内容出现在首页,进行个性化设置,使得搜索更直接有效、透明和准确。

此外,优先考虑权威机构提供的专题信息服务、多浏览一些不同的服务器以获得广泛的信息等,都是在使用目录型网络检索工具时有效的检索策略。

4.1.5 目录型网络检索工具与搜索引擎的比较

广义的搜索引擎就是指从互联网搜集信息,经过一定整理以后,提供给用户进行查询的系统。而狭义的搜索引擎主要指信息的搜集、组织与服务由系统依靠软件程序自动进行,检索是以关键词匹配的索引式查询为主。本章所介绍的目录型网络检索工具,与搜索引擎的不同主要是以人工或半人工的方式进行信息的搜集与组织,检索是以浏览等级结构目录的分类查询为主。

目录型网络检索工具是属于最早期的网络检索工具,后来也被称为"搜索引擎"。虽然它是互联网早期的搜索引擎形式,但现在仍然占有很重要的地位。目前,用于网络信息检索的系统繁多,且功能各异,这给用户带来了很多选择,同时也带来了很大的迷惑。目录型网络检索工具与搜索引擎作为互联网上主要的信息检索系统,其分界并不十分严格,但还是各有特点,功能各有侧重。以下从两者的适用性、优势与不足以及发展趋势等角度进行比较:

1. 适用性

目录型网络检索工具将信息系统地分门归类,把同一主题的网站信息组织在一起并按一定顺序排列,通过主题分类层层浏览,比较符合人们传统的信息查找方式,尤其适合那些希望了解某一方面、某一概念的全面信息,而不是只限于查询若干关键词的用户,有助于逐步缩小主题或者查找某个主题常见的、质量较高的信息;特别适用于一般的网络信息门户,面向普通用户及网络新手展示、提供信息时采用。具体来说,目录型网络检索工具主要适用于:

(1) 用户进行较笼统的主题浏览和检索。允许用户从等级类目中任意选择检索范围,对这些不同深度的主题类目进行浏览或检索;

(2) 当用户尚未形成很精确的检索概念时,采用主题指南作为检索起点非常有效。

而搜索引擎具有庞大的全文索引数据库,用户可直接用关键词来查询,系统匹配出与该关键词对应的所有网站信息,并按其相关性排列。因此,搜索引擎对搜寻某一特定信息较为有用,也适用于检索难以找到的冷僻、稀有、最新信息或一些比较综合、模糊、无确切分类的主题。搜索引擎可为用户提供多种检索手段和检索方式,进而得到最全面最广泛的搜索结果。

由于存储和展示网站内容的方式不同,用户可以因不同的检索要求选择用"目录型网络检索工具"或"搜索引擎"查找信息。如果要查找某一类型(特定主题)的网站信息,全面掌握有关该主题的信息,例如,有关中国高等学校情况,通过分类目录中的"高等院校"则比较合适。这个类目下收录了中国所有大专院校的网站信息;但是,如果要查找的是某一个指定信息,例如,查找北京师范大学情况(查找目标明确),那么选择搜索引擎的关键词"北京师范大学"来检索,会得到所有相关的网站信息。

2. 优势与不足

相比较而言,目录型网络检索工具和搜索引擎这两类工具各有优势和不足。

目录型网络检索工具由人工编制维护,在信息的收集、编排、编码及摘要简介等方面,需要投入大量人力和时间,它强调的是组织、浏览功能。目录型网络检索工具优点是:其收录的网站经过专家的人工精选,故内容丰富、学术性强,信息质量较为稳定;人工干预提高了其返回结果的相关性,提高了检索的查准率;信息经过系统地归类,分类浏览方式直观易用,适合多数网络用户和新手,用户可以清晰方便地查找到某一大类信息;由于目录是依靠人工来评价一个网站的内容,因而,用户从目录搜索得到的结果往往比从基于Robot的搜索引擎得到的结果更具参考价值。Yahoo的成功即在于此。但目录型网络检索工具的缺点也很明显,由于受人工标引的限制,其搜索范围较搜索引擎要小许多,信息更新速度也相对较慢;保证目录结构的清晰性与每一类目下的条目数量也形成了矛盾,因此极大地限制了网络信息资源的容量;收录的网页数量和标引深度相对不足,很难检索到较专业、深入的信息;难于控制主题等级类目的质量,各系统的分类体系和标引方式不统一、不规范,导致一定的误查和漏查。

搜索引擎的优点是查询全面而充分、方便快捷。搜索引擎基本上都采用基于关键词匹配的全文检索技术,实质上是应用计算机搜索软件进行关键字符的机械匹配,并结合布尔逻辑运算等构成"高级检索"表达式进行面向全互联网的信息查询。当搜索引擎遇到一个网站时,会将该网站上主要网页获取,并收到引擎的数据库中。只要用户输入查询的关键词在索引库中的某个主页中出现过,该主页就会作为匹配结果返回给用户。从这点上看,搜索引擎给用户真正提供了对互联网信息资源查询的手段,得到最全面、最广泛的搜索结果。其缺点是,可供选择的网络信息资源太多,基于关键词检索的搜索引擎信息组织与标引缺乏控制,没有从概念语义上匹配,没有范畴限定,信息查询的命中率、准确率、查全率不太令人满意,信息噪音太大;由于没有分类目录那样清晰的层次结构,令用户感觉繁杂。同时,信息资源缺乏规范控制,降低了可靠性。另外,使用搜索引擎的用户首先需要有明确的检索词;其次要具备一定的检索知识,了解逻辑组配语法;还要了解每个搜索引擎的语法特点和检索符号的不同,这对缺乏检索知识和技能的用户有较大难度。

3. 目录型网络检索工具与搜索引擎的发展

虽然目录型网络检索工具和搜索引擎都是对网络信息资源进行组织和揭示的工具,但却是不同性质的两种检索系统,各有优势和不足。从使用的角度讲,目录型网络检索工具的最大特点,就是用户在查询信息时,事先可以没有特定的信息检索目标(关键词)。用户可以按照模糊的主题概念,在浏览查询中逐步组织自己的问题,通过分析和匹配自己的思维逻辑和概念的组织过程获取所需信息,逐步明确自己的检索概念、检索范围和确切需求,这一特点正好弥补了搜索引擎的不足。目前,很多搜索门户站点已同时提供这两种类型的服务。著名的如 Yahoo 和搜狐,则是这种模式的典型,曾经的 Google Directory 与 Google Search 也并驾齐驱过。用户如果在目录中没有找到匹配项,则可以继续用搜索引擎查找与关键词匹配的网页。

面对汹涌的网络资源和用户,理想的检索工具是能在目录型网络检索工具主题分类结构下实现搜索引擎的全文检索,将两者的优势结合起来,使检索结果更为全面、准确。比如,用户在搜索引擎上进行关键词检索时,可选择在所有站点或仅在此目录下的站点中进行检索;还可以在输出关键词检索结果的同时,列出相应的分类目录检索路径,这种方法既保留了网络目录的等级分类体系,又可以实现搜索引擎全面快捷的关键词检索,较好地发挥了二者的优势,克服了各自的不足,让用户在网页目录内也能享受强大搜索引擎的功能。根据不同的查询需要,用户可以选择搜索引擎的网络搜索,或使用依相关程度列出的网页目录。强大的搜索引擎检索功能和科学的网络目录分类体系相结合,是网络信息检索工具的发展趋势,只有将二者结合起来,才能提供更完善的检索服务。

4.2 目录型网络检索工具介绍

目前在互联网上有众多常见的目录型网络检索工具,本节分为 3 种类型介绍若干中外比较有代表性的常用目录型网络检索工具,以方便用户了解其各自特点,并根据需要选择适用的工具。

4.2.1 网络资源目录

以整个互联网资源为检索对象,将一些重要、优质的网络资源组织成分类目录,提供给用户查询检索。

1. Yahoo 目录(http://dir.yahoo.com/)

(1) 概况。Yahoo 目录(Yahoo Directory)于 1994 年 4 月正式在网上推出,是万维网上最早、最著名的网络资源目录之一,至今仍然是最流行的 Web 资源导航网站。收录的资源类型有网站、网页、新闻组、FTP、Blog 等。在专题的安排上,Yahoo 目录既包括了学术资源,还包括了大量的非学术资源和娱乐资源。

(2) 特点。Yahoo 目录的创建是以主题为基础。用户根据递交规则(包括题目和描述)递交网站,Yahoo 的专家根据递交站点出版者的描述进行分类,然后收入索引中。作为搜索门户的典范,Yahoo 在主题分类、目录结构层次、链接列表等方面很有代表性。

主题分类。按照主题内容,Yahoo Directory 将网络资源按内容分为 14 个基本大类,依次为艺术与人文(Art & Humanities)、商业与经济(Business & Economy)、计算机与互联网(Computers & Internet)、教育(Education)、娱乐(Entertainment)、政府(Government)、健康(Health)、新闻与媒体(News & Media)、休闲与运动(Recreation & Sports)、参考(Reference)、地区(Regional)、科学(Science)、社会科学(Social Science)、社会与文化(Society & Cultur)。在类目下面还列出了新增信息(New Additions)和精彩博客(The Spark Blog)两个链接,对用户关注的热点加以提示。除了个别顺序的调整,十余年来,其基本大类没有变化。如图4-1所示,在Yahoo Directory的首页,右侧显示全部大类,在每个大类下又列举有3～5个小类的链接,引导用户逐级深入检索,直到找到最后的Web页、新闻组或FTP站等信息。根据新技术的发展,Yahoo Directory还增加了RSS订阅功能,提供了各个大类及一些重要的二级类目的订阅入口,如:Arts、Arts ＞ Performing Arts、Business and Economy、Business and Economy ＞ Business to Business 等,更好地满足了用户随时跟踪感兴趣话题的需求。

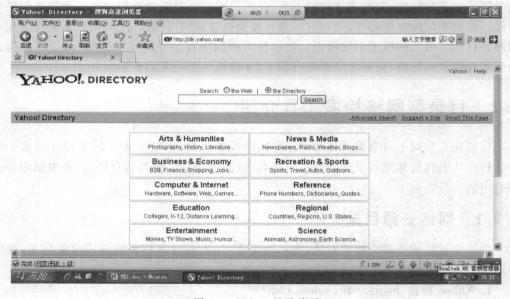

图4-1　Yahoo 目录首页

目录结构。从 Yahoo Directory 的目录可见,Yahoo 的目录划分十分详尽,并具有很强的层次性。比如艺术与人文(Art & Humanities)类,它首先划分为艺术家、艺术历史、行为艺术、人类学等13个二级类目;艺术家类目下又分为摄影师、建筑师、封面设计师、时尚设计师、视觉艺术等48个三级类目,逐级分类。如果三级类目下还包括四级类目,那么类目的标识词后会有@,如果没有进一步的细分类目的话,其后会在括号里表示该类目所包含的最终资源条数,用户进一步点击即可获得最后的检索结果及链接等详尽的信息。值得指出的是,Yahoo Directory 目录分层显示也独具特色,它的二级、三级及四级类目的显示顺序是以所包含的资源数目为依据排序显示的,它把这些类目分为两大部分:主要类目(Top Categories)和其他类目(Additional Categories),这进一步方便用户时时掌握检索情况,易于其检索策略的调整和修改,提高了用户易用性。其目录结构如图 4-2 所示。

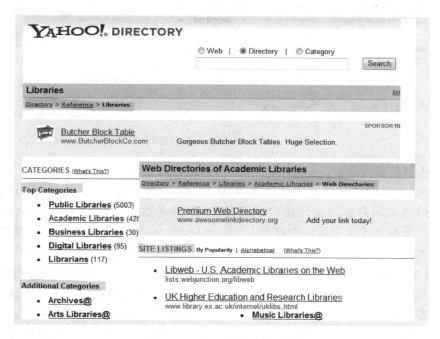

图 4-2 Yahoo 目录结构示例

浏览检索。Yahoo 目录提供了便捷的浏览检索功能。比如要查询有关网上 ETD(电子版学位论文)信息的网页。首先进入 Yahoo 目录(最高层目录)——Reference,点击后则进入二级目录。在二级类目中,该主题又被分为若干子类目(Categories)、其中包括 8 个 Top Categories,若干 Additional Categories,按照分类逐级选择,深入到三级、四级类目,即可获得最终的相关结果列表(site listings),列表一般以流行程度排序,也可选择字母顺序。点击链接便可浏览相关主题的全文信息。如图 4-3 所示。

关键词查询:Yahoo 目录除了提供列表式目录链接浏览外,还提供关键词查询。用户既可以进行主题浏览,也可以进行关键词检索。关键词查询也有两种途径,"简单查询"和"高级检索"。简单查询是在每级类目进行简单检索,可检索所有 Yahoo 内容,或者直接在 Yahoo 主页总的检索入口检索(Directory Search)。"高级检索"即 Yahoo 还可提供关键词搜索功能,并可用 AND、OR、NOT 来控制关键词的关系,进行模糊串检索和精确匹配检索,但不能进行更全面、更高级的检索。但是,随着新一代的 Yahoo 检索功能的改进和提高,其检索速度、信息量已经可与专业搜索引擎相提并论,同时还提供网页、图片、

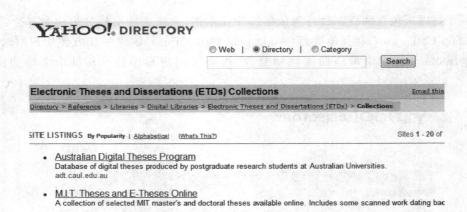

图 4-3　Yahoo 浏览查询结果页面

视频等多类型的资源检索。

(3) 评价。作为全球第一门户搜索网站，Yahoo 业务遍及 24 个国家和地区，为全球超过 5 亿的独立用户提供多元化的网络服务，服务多达 10 余种。Yahoo Directory 与 Yahoo Search 是其中应用最广的服务。Yahoo Directory 是一个人工创建并维护的依据大类和子类组组织起来的站点集合，Yahoo Search 为查询者返回一个包含检索词的网页清单，而这个清单是 Yahoo Search 和 Yahoo Directory 共同提供的相关网页与相关站点的综合结果。Yahoo 的目录内容和服务特性使用户能快捷地浏览相关网络信息。Yahoo 是一种动态的、经常修改的、不断进化的工具，至 2011 年，Yahoo 已经开发出多种版本提供专门的区域性服务。其中美国本地版本 10 余个、欧洲和太平洋地区版本 17 个，包括中文在内，它已经成为一个强大的网络目录。近 10 年来，Yahoo 一直是互联网上一个最受欢迎的目录型检索工具。目前，新一代的 Yahoo 已在世界多数国家使用，其界面和目录分类的调整，使用户得到所要查找的信息路径大大缩减，也使得网页链接简单便捷，尤其是检索功能的增强，浏览和检索功能并驾齐驱，充分顺应了时代潮流，也体现了未来网络检索工具融合互补的发展趋势。

2. Galaxy（www.galaxy.com/）

(1) 概况。Galaxy 于 1994 年 1 月创建，略早于 Yahoo。最初开发者是商业网络通信服务公司 EINet，其研发的最初动因是用于电子商务的大型目录指南服务。它是互联网上最早按专题检索万维网信息的网络目录之一，是第一个既可搜索又可浏览的分类目录，新版门户标题充分强调了这一特点：Galaxy.com：The Web's Original Searchable Directory。Galaxy 力求囊括最多的信息，至今收录了互联网上近 10 亿张页面，可以检索到站点、网页、新闻、域名、黄页、白页、股票报价信息等。

(2) 分类特点与检索功能。Galaxy 自诞生至今，它的分类以及目录组织方式基本相似，也是以目录形式链接互联网上的各类站点，其主页面如图 4-4 所示，是一个总目式的网页文本，将 Galaxy 收录的网站信息分为 16 大类：贸易(Commerce)、社区(Community)、政府(Government)、健康(Health)、家居(Home)、人文科学(Humanities)、医药(Medicine)、娱乐休闲(Recreation)、参考(Reference)、地区(Religion)、科学(Science)、购物(Shopping)、社会科学(Social Science)、体育(Sports)、技术(Technology)、旅行(Travel)。与 2004 版主页不同，新版主页按照字顺从左到右排列，而非以用户关注的热点排序。在其二级目录下除了显示子类列表外，还显示各个子类所包含的资源量和链接列表，直接点击可阅读链接的文本信息。同 Yahoo 一样，Galaxy 在页面上方也显示浏览路径。Galaxy 与 Yahoo 的分

图 4-4　Galaxy 目录主页

类各有侧重，Yahoo 更能体现用户关注的热点，比如有 Computer & Internet、Government 大类，而 Galaxy 学术气息较强，是用户查找人文科学、社会科学、科学与技术等学科领域信息的常用工具。而且 Galaxy 的信息组织采用了垂直结构，每个领域信息揭示都很有深度，相关性高。不过，新版 Galaxy 着重提供分类目录查询，自身的检索功能已经减弱，只在主页以及各级目录页提供简单的检索词进行查找，并以 Google 强大的检索功能为支撑。即当在 Galaxy 检索时，结果列表上方会指示"Try your search for … on Galaxy"。如图 4-5 所示，分别在 Galaxy 与 Google 以关键词 digital library 进行检索，返回结果有很大差异。

图 4-5　Galaxy 检索与 Google 检索

（3）评价。主题递交是 Galaxy 的一个特色服务，它允许用户通过表格操作向其服务

器提交增补网络资源的建议。与Yahoo的提交需要注册不同，Galaxy鼓励用户随时添加网站信息，在主页、各级目录页提供了方便的提交链接。递交免费，但每个递交的站点都要经过信息专家评审才会被纳入其检索系统，依照处理时间、被收录层级的不同，收费从9.95美元到299.95美元不等。Galaxy由专家使用人工智能等最佳技术组织信息，目录分类更加细致合理。目前新版的Galaxy新界面首页，除了显示其各个大类和一些二级类目外，还推出了"What's New"和"Recent Headlines"两个板块，将最近更新的信息逐条列出，能高效而快捷地满足用户的需求。

3. Dmoz：Open Directory Project（ODP）（http://dmoz.org/）

（1）概述。Dmoz开放目录是网景（Netscape）公司主持的一项大型公共网页目录。于1998年6月推出，目前其版权归网景公司所有，其他公司可以通过取得营业许可证的方式来使用其目录信息。Dmoz是DirectoryMozilla的首字母缩写词，实际上它是由成千上万志愿者在采取了开放管理模式的体系控制下，自主管理编辑的目录。ODP创立之初仅收录英文网站，至今已有80个语种，收录网站超过490万个，目录编辑员9.2万多人，目录数超过100万个。其主页如图4-6所示。

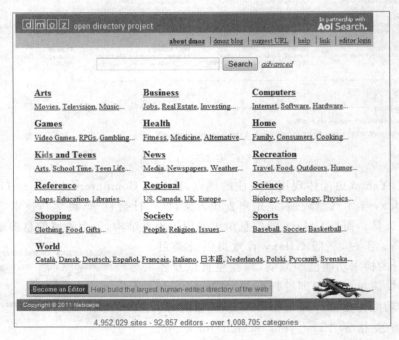

图4-6 Open Directory Project 主页

（2）目录特点。Dmoz网络资源目录分为16大类，包括艺术、商业、计算机、游戏、健康、家庭、儿童、新闻、娱乐、参考信息、地区、科学、购物、社交、运动、世界。其目录资源由全球6万多名网络志愿者及各领域专家编辑标引、加工数据、审核挑选网页，并依照网页的性质及内容来划分类目。它自称为世界上最权威的人工编辑的搜索引擎,与 Yahoo 等网络目录不同,它提供全部免费的主题目录和免费提交站点服务,目的是列出网络类目及站点间的链接。

(3)检索。ODP 提供 16 大类网络资源的分类目录检索,其次级目录浏览检索页如图 4-7 所示。同时,ODP 也提供关键词检索,允许用户向其目录中递交网页、网站等信息资源。ODP 的关键词检索也有一般检索和高级检索两种。高级检索界面如图 4-8 所示,用户可以选择搜索的目录范围,站点和目录搜索限定,还可以区分成人和儿童网站搜索。ODP 支持布尔检索、词组检索、通配符检索、默认检索、元搜索等。

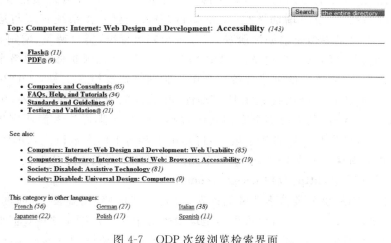

图 4-7　ODP 次级浏览检索界面

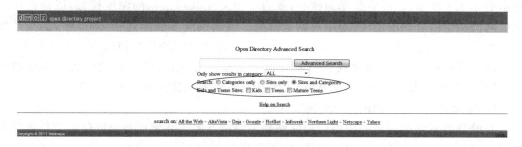

图 4-8　ODP 高级检索界面

(4)特色功能。ODP"以建立一个无偏见的,为大众服务的,阐述各种不同观点以及全面描述人类智慧为宗旨,并由来自不同国家、不同文化背景、兴趣爱好的编辑共同维护的网站目录社区组成",所以 ODP 拥有提交站点的功能,每个网民都可以成为 ODP 目录的建设和维护者。提交网址要通过 Dmoz 官方站点。

(5)评价。ODP 在网站结构和内容上与 Yahoo 类似。除独立提供搜索服务外,它还与包括 Google、Lycos、DirectHit、Ask Jeeves、HotBot、AOL、Netscape Search、AltaVista、Fast/AllTheWeb 等众多搜索引擎合作,这些搜索引擎通常借用 ODP 向用户提供目录注册及数据信息,有的更是把来自 ODP 的注册网站排在显要位置。现在,已经有 Google 等 20 多家搜索引擎和分类指南网站都在使用 ODP 的数据库。ODP 只是信息提供者,不涉及各搜索引擎对提问的处理。ODP 与传统的分类搜索引擎在形式上如出一辙,但是有着本质的区别。ODP 的编辑和管理人员广泛分布于网络世界,大多是某一方面的专家,相对于传统分类网站的雇员,他们能准确地把握某一领域网络资源状况,搜集的网站列表更加专业,质量更高,数量也更大。在人文精神的体现上,ODP 收录的网站充满了活力,注释、简介洋溢着人性化的体贴与关爱;在目录的维护上,ODP 的管理员能够随时地掌握其类目下的网站动态,及时增加条目、调整类目、删除死链;在系统管理与运作上,ODP 较之传统的分类目录更需要诸如注册登录、收录与归类标准、类目调整、增删审核、管理权限等科学、详细、严谨的条款与规章。ODP 是在开放型、可无限扩张的网络平台上,由网络社区共同建设、共同维护的网络资源整合中心和网络资源检索工具。ODP 的开发实践及其成就,向人们昭示了网络搜索工具互动性、开放性的发展趋势。此外,因为 ODP 是 100% 免费的目录,所以其界面不会有如其他营利检索目录那样许多商业广告的干扰,界面非常简洁干净,使用户可以直奔主题。目前,由于参与工作人数巨大,ODP 还存在一定的工作效率和更新速度问题,有时收录一个站点需要几个月甚至半年时间。

4. 搜狗网址导航(http://123.sogou.com/)

由中国最早期从事分类搜索业务的搜狐(原名爱特信)公司开发,目前搜狐已发展成为中国最大的综合性门户网站,也可称为全球最大的中文门户网站之一,为网民提供多种网络服务。2004 年 8 月,搜狐公司推出互动式中文搜索引擎搜狗(www.sogou.com/,详见本书 3.3.2 小节)以搜索技术为核心,致力于中文互联网信息的深度挖掘,以帮助中国上亿网民加快信息获取速度,为用户创造价值。搜狗网址导航始建于 2005 年,前身是搜狐分类目录(http://dir.sohu.com)。其开发宗旨是通过网址导航使用户获得更轻松、更便捷的上网体验,为用户快速找到所需要的网站提供方便,免除用户记忆太多网址的烦琐,同时也提供了实用查询、快速充值、天气预报等服务。其主页如图 4-9 所示。

5. 新浪分类目录(http://dir.iask.com/)

新浪分类目录由著名的中国门户网站新浪编制开发。新浪前身是四通利方信息技术有限公司和海外最大的华人网站公司"华渊资讯",两家公司于 1998 年 12 月 1 日宣布合并成立全球最大的华人网站"新浪网"。新浪以服务全球华人为己任,通过旗下业务主线提供网络新闻及内容服务的新浪网(SINA.com)、提供微博客服务的微博(Weibo.com)等,向广大用户提供包括地区性门户网站、移动增值服务、微博、博客、影音流媒体、相册分享、网络游戏、电子邮件、搜索、分类信息、收费服务、电子商务和企业电子解决方案等在内的一系列服务。

新浪分类目录(原 http://dir.sina.com.cn)有多年的编辑开发历史,是由新浪搜索

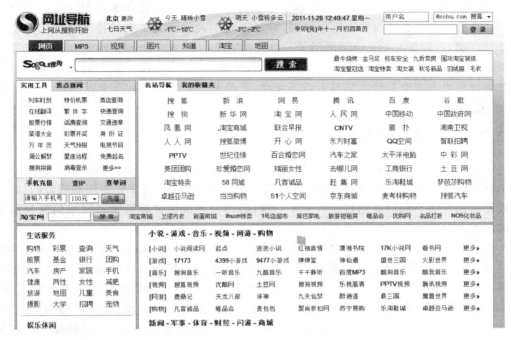

图 4-9　搜狗网址导航主页

专业编辑挑选的分类网站，主页如图 4-10 所示。收录中英文网络资源，分为娱乐休闲、生活服务、教育就业、求职与招聘等 18 个大类，各类以下再细分为三、四级类目，与 Yahoo

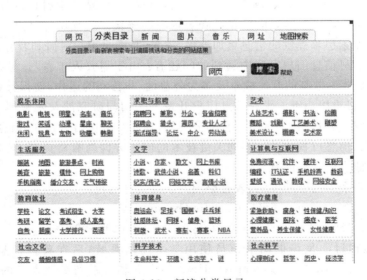

图 4-10　新浪分类目录

类似,收录有数万个细目和数十万个网站。其分类特点有:主题和学科相结合的立类原则;字顺和频率相混合的类目排序原则,即对于各个大类及其子类的排列是使用频率大的排序在前,否则排在后;由于采用了一级类目下多个标准的划分原则,使用户点击次数较少,交替类目多,检索途径多;浏览同时显示路径及下级子目数。用户可按照树形的主题分类逐层点击来查找所需信息。近5年来,新浪网的分类目录有所变更,尽管大类仍然为18类,但具体类目时常更新。

4.2.2 学科信息门户

学科信息门户(Subject based information portal/gateway,SIG 或 SBIG)是图书馆员和学科专家对网上某个学科的有关信息资源经过系统的组织、有序化整理和规范的加工,形成可供用户浏览和检索的目录数据库,为科研和教学提供可靠的学科网络信息导航服务的系统。

自 2000 年后,世界各国图书馆或专业信息机构设立了学科信息门户网站研究或开发项目近 200 多个,涉及数学、物理、化学、工程技术、医学和社会科学各领域。这也标志着图书馆员将网络信息资源作为工作对象,把网络资源作为"虚拟馆藏"纳入其管理范围。通常,提供学科信息门户是数字图书馆的一项重要服务功能。学科信息门户具有以下主要特征:提供网上大量网站或文献的链接服务;智能化地资源选择,即根据既定的质量和范围标准来选择资源;智能化的产生内容描述,包括简短的注释和评论,内容描述可以采用给定的关键词或受控术语;智能化地构建浏览结构;至少部分是人工地为每个资源创建(书目)元数据。

学科信息门户是经过人工处理、专家排选、定期检查处理的学科信息导航系统,其主要功能是:提供学科信息浏览检索和对有效资源的链接。它强调对信息的选择和判断,因而相比通用搜索引擎提供的信息更加准确、深入,是满足用户科研和教育需求的重要信息服务平台。学科信息门户发展中遇到的问题有:由于需要人工参与,导致其数据量有限且更新速度较慢;较高的开发成本及多为公益性、非营利的运作,使得其可持续发展问题突出,一些项目难以为继。学科信息门户开发要采用与研究涉及元数据、分类法整合、信息的自动获取和分析、自动标引与自动分类等,在非结构化信息处理、信息资源聚合、引文分析、元搜索、信息可视化等一系列关键技术的应用方面尚有待提高,同时还要积极解决用户与门户建设的互动问题。

以下介绍几个国内外开发的、较有影响的学科信息门户:

1. BUBL LINK(http://bubl.ac.uk/index.html)

(1)概述。该项目源于 1990 年在英国 Glasgow 大学创办的 Bulletin Board for Libraries,其最初目的是培训图书馆员使用学术网络系统,后在英国信息系统委员会(Joint Information Systems Committee,JISC)的资助和一系列专业人员的志愿服务下,BUBL(英国图书馆员布告版协会主题目录)发展成为英国一项重要的国家网络信息服务,主要为高等教育团体服务。BUBL 目前是由 CDLR(The Centre for Digital Library Research)的工作人员维护,并于 2011 年 4 月正式停止更新。其主页如图 4-11 所示。

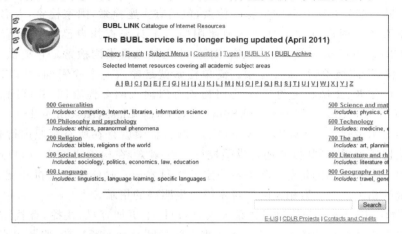

图 4-11　BUBL LINK 主页

(2) 收录范围。BUBL LINK 是一个覆盖了所有学术领域的互联网资源目录。其收录的资源类型包括参考书目、传记、名录、词典、姓名地址录、邮件列表、参考数据、文档、词表、图书及文档、期刊、期刊列表、杂志列表、诗歌、会议录、教学资料指南等。其目录是按照杜威十进分类法(DDC)的体系组织编排的,其中所有类目资源都经过筛选、评估、分类和描述,且每月更新。目前 BUBL LINK 目录收录了 12 000 多种资源。虽然收录规模比一些主要搜索引擎的数据库小,但它提供了一个更有效的检索途径,能够跨学科检索、链接许多主题的网络资源。现在 BUBL 已不仅仅面向图书馆员提供信息服务,同时也面向更广泛的学科和人群。

(3) 目录特点。BUBL LINK 根据杜威十进分类法(Dewey decimal classification, DDC)对网络资源进行分类,BUBL LINK/5∶15 提供了一个交替的界面,其目录除了以 DDC 为基础,还依据具体的学科特点来组织网上信息,其目的在于保证每个学科至少包括 5 条相关信息,大多数学科最多有 15 条信息,因此被称为 5∶15(对较大的学科领域有进一步的细分,并不严格限制最多 15 条的规则,例如,某些学科可能最多会有 35 条信息)。BUBL LINK 最初采用《美国国会图书馆主题词表》(Library of Congress Subject Headings,简称 LCSH),但后来为了适应服务要求,对其做了很大的修改和扩展,其目的是可以更容易地查找有关学科的网络信息。它不仅提供了一个扩展的基于主题的与 BUBL LINK 目录的连接接口,还提供了所有 1 100 多个主题项的完整的字顺清单,大量专业主题的与英国其他网站的链接,直接链接全世界所有 193 个国家至少 5 个有用的资源。BUBL 5∶15 的目标是使定位有关主题的网上信息变得简单。同时,其目录按杜威十进分类法、主题、国家、网络资源类型等多种分类方法罗列类目,使用户从不同角度查询。

(4) 检索。BUBL LINK 专门提供了一个检索界面,分为两部分:一部分是对 BUBL 内部资源的检索,包括有 BUBL LINK 的检索、BUBL 期刊的检索、BUBL 档案的检索和检索帮助;另一部分是对互联网资源的检索,包括有主题检索,国家检索,人名、机构检索和一般检索服务。用户可以十分便捷地使用检索工具来查找自己所需的信息。BUBL LINK 既可以按 DDC 分类或按主题字顺浏览,也可输入检索词检索。它提供了 3 种检索方式:简单检索、高级检索、联合检索。简单检索就是输入一个检索词,可以选择它所在的位置(题目、作者、文摘和主题项);高级检索可以输入两个检索词,并可同时选择它所在的位置(Title\Author\Description\Subjects\Dewey Class\Resource Type),再选择两个词之间的布尔逻辑关系(AND,OR,NOT);联合检索就是在所有领域进行查找。可见其检索方法比较简单。同时,它还提供受控词表的浏览,在检索界面上,用户选择浏览大的受控主题词表有必然的优势:除去不确定的学科术语;避免输入和拼写错误;确保相对较少数量的相关点击;为相关的学科术语提供明确的指示。

(5) 评价。BUBL LINK 目录体系庞大,用户检索更加容易、快捷,查找结果更相关,并可直接与大量高质量的资源链接。近年来它的主题目录不断翻新,服务也在不断变化,虽然目前已经停止更新,但仍旧被用户广泛使用,受到高度评价。

2. The WWW Virtual Library(http://vlib.org/)

(1) 概述。中文名为万维网虚拟图书馆,是由超文本标记语言和万维网技术的创立者 Tim Berners-Lee 1991 年首先建立的一种网页或网站的目录。目前,该网站的核心事务由新近推选的一个理事会负责协调和决策,并于 2000 年 1 月建立了办事机构。万维网虚拟图书馆收录十分广泛,它得力于世界范围内各学科专家学者的无私奉献。目前,其领域分馆遍及各学科,在世界各地广泛分布;涉及各种语言,原来主要以英文为主,2005 年开始实施国际化,现已出现中文、法文、西班牙语站点,其他语言的站点也在不断开发中。其首页如图 4-12 所示。

(2) 目录特点。该网站目录主要以学科和主题相结合的分类依据,将收录的资源分为人文及人文研究、商学与经济学、国际时事、地域研究、娱乐休闲、工程学、教育学、文学艺术、法律、社会学、社会行为学、自然科学与数学、计算机与计算机科学、咨询与图书管理、农业、通讯与传媒十六个大类,每个大类下又包含若干二级类目,共约 50 多个;二级类目下有些类目还会有进一步的细分类目,有进一步细分的类目会以不同的颜色标识出来,供用户选择,但是三级类目不会在首页显示,需要进入其相关的二级页面进行浏览。万维网虚拟图书馆的类目划分十分详尽,并且极具体系性和连贯性。此外,除使用学科分类法组织资源外,还使用首字母组织资源的办法,使得用户也可以通过要检资源的首字母来浏览所需资源。

(3) 检索。万维网虚拟图书馆提供目录浏览检索和关键词检索两种检索方式。它的目录浏览检索是最为主要和功能强大的检索工具,进入某一主题的二级页面后,它会以表格的形式向用户清晰地展示它所包含的该领域的资料分类以及一些详细的文献和站点,

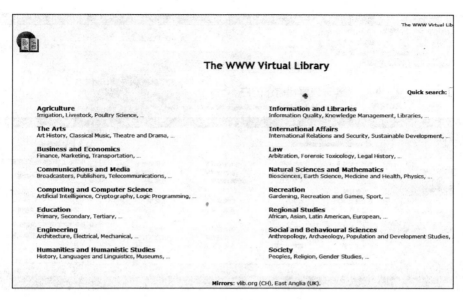

图 4-12　万维网虚拟图书馆英文版首页

用户可以按照其指示进一步延伸浏览检索。此外,它还提供快速检索和高级检索,高级检索支持布尔检索,主要包含了对检索类型、检索匹配、显示格式等项目的限定,检索结果以相关性排序,并有关键词突出标亮显示功能。

(4) 评价。与商业化的网络资源目录不同,万维网虚拟图书馆是由一批志愿者们组成的松散联合体所构建和维护的。这些志愿者大都是某一学科领域的专家,他们把针对某一特定学科的重要链接编辑成网页。尽管虚拟图书馆的这些网页也许不是规模最大的网页索引,但通常被认为是质量最高的网络信息资源指南。该网站主要还是面向国外,尤其是英语国家的用户,中文检索还发展得不够成熟。

3. 中国科学院国家科学数字图书馆(www.csdl.ac.cn)的学科信息门户

该门户是由图书馆员精心挑选和组织互联网上专业学科的文献信息资源和服务,为用户提供权威、可靠的目录导航。CSDL 学科信息门户建设分为两个层次。第一层次是按学科大类组建,由国家科学数字图书馆项目管理中心规划组织,已经有化学、生命科学、资源环境、数理科学、图书情报系统资源 5 个门户在建并已投入使用,初步形成了资源选择和标引组织的规范。如图 4-13 所示为资源环境学科信息门户主页。第二层次是针对具体的专业领域或跨专业、跨学科领域的专业信息门户,提供深入、具体的专业信息资源(包括网络资源、各类数据库、出版物、专业信息发布、专业信息交流平台等)的选择、组织、整合和提供服务。目前已建成化学、资源环境、生命科学、数学物理和图书情报 5 个学科门户和科技政策、微生物、海洋学科、种子植物、新生传染性疾病等 10 个特色门户网站。

互联网信息资源检索与利用(第3版)

图 4-13　CSDL 开发的资源环境学科信息门户主页

4. 国家科技图书文献中心(NSTL,www.nstl.gov.cn)资助的科技热点信息门户

"热点门户"是国家科技图书文献中心组织建设的一个网络信息资源门户类服务栏目,其目的是针对当前国内外普遍关注的科技热点问题,搜集、选择、整理、描述和揭示互联网上与之相关的文献资源、机构信息、动态与新闻,以及专业搜索引擎等,面向广大用户提供国内外主要科技机构和科技信息机构的网站介绍与导航服务,帮助用户从总体上把握各科技热点领域的发展现状、资源特色与信息获取途径。目前提供服务的热点门户包括以下若干领域:纳米科技、海洋生物技术、认知科学、可再生能源、食物与营养、水资源可持续利用、艾滋病预防与控制、节水农业、汽车科技、农业立体污染防治、汽车电子、工业控制与自动化、物流、机床、塑料、低压电气等。

另外,国内外相关专业机构开发的学科信息门户还有很多,如:

(1) SOSIG(Social Science Information Gateway),http://sosig.esrc.bris.ac.uk,www.intute.ac.uk/是个社会科学信息网关,提供经过人工选择的、高质量的学术站点。既可浏览目录,也可进行关键词检索,是英国资源发现网络 RDN 项目的一个组成部分,但受经费缩减影响,部分服务不再更新。

(2) SciCentral,www.scicentral.com/index.html,作为一家综合性科学研究新闻网关,SciCentral 自 1997 年以来,集成来自最权威可靠信息源的各种科研进展新闻、科技成果消息。

(3) Infomine(Scholarly Internet Resources Collection),http://infomine.ucr.edu/,1994 年创建,由加州大学和其他几家大学的图书馆专业人员联合开发,是收录、推

荐高质量的学术、教育资源,为大学教师、学生和研究人员建立的网络学术资源虚拟图书馆。美国《科学》杂志(1998年第1期)评价:"在来去匆匆的众多网站中,Infomine 以其独树一帜的高质量信息而经久不衰。"

4.2.3 搜索工具门户

目录型网络检索工具的另一重要应用场合是开发搜索工具门户——将主要的搜索引擎集中起来,并按检索对象或按检索功能的不同进行分类、编排组织成目录,通过目录既向用户全面展示网络检索工具的分布,又帮助用户根据各自需求选择适用的信息查询工具,为用户提供网络检索工具方面的推荐、引导服务,帮助用户克服面对众多网络检索工具的茫然和无所适从。本书 3.5.5 小节常用元搜索引擎中介绍了几个常用的搜索工具门户(或称搜索引擎目录)的例子,如 iTools、SoWang 全能搜索引擎、SoWang 搜索引擎大全、hao123 等。相关内容此处不再赘述。

网络资源目录作为网络信息时代传统目录的一种创新形式,已经成为一种有效的网络检索工具。传统分类目录对文献的揭示非常充分和深入,著录项目包括了文献的外部特征和内部特征。网络资源目录利用了传统分类目录的原理、方法和程序,充分揭示了网站资源的内外特征,按一定的类目组织网络信息,便于用户的浏览与选择,从而提供给用户完全不同于关键词检索的检索体验。同时,网络资源目录又不刻意追求结构上的严谨性、体系上的科学性,它以直观易懂的主题语言作为类目名称,类目设置以尽量适合网络用户需求为目的,充分体现了以用户为中心,以人为本的理念。但与传统文献目录相比,网络资源目录还存在着功能单一、信息揭示与描述不够充分、分类体系缺乏科学性、类目划分标准模糊、缺乏统一的协调与合作等不足,加之网络资源有其自身的特点,著录项目又需考虑网站、网页的稳定性、资料更新频率、网站的发展源流、网上资源的权威性评价等,因此,各网络资源目录还要不断地改进、优化,以更好地发挥其优势。网络资源目录可以依靠图书情报专业人员及专家从事网络信息资源采集、分类标引和组织,统一网络信息分类标准,建立科学的网络信息分类法,继续保持类目设立灵活、自由的特点等措施来保障站点资源质量。同时,网络资源目录的发展不能仅仅定位于浏览查询功能,而应该具有更丰富的内涵,面向广大的网络信息用户,提供更多内容的服务,如:知识地图、自动聚类、学习工具等。未来目录型网络检索工具的发展一方面需要更多地关注开放目录的发展;另一方面则应注意和搜索引擎强大的检索功能相融合,以实现两者的优势互补,建立功能齐全的综合性网络资源目录。

思考题

1. 目录型网络检索工具的特点有哪些?与索引型网络检索工具相比有哪些差异?
2. 什么类型的信息查找需求比较适用于目录型网络检索工具来解决?

3. 与你所在学科相关的网络信息门户有哪些？

4. 选定一个你感兴趣的领域或专业，查找出一些该领域的网络资源指南，并与同学分享。

5. 选定一个学科领域，通过学科信息门户找到该领域相关学术团体或相关学术期刊的网址。

CHAPTER 5 第 5 章

多媒体信息检索

近 20 年来,随着多媒体技术、网络技术以及数字化处理技术日新月异的发展,互联网上的数字多媒体信息有了爆炸性的增长。多媒体(包括音频、视频、图像和图形)信息资源以其综合性、直观性和集成性的特点,或独立出现、或嵌入到网页文档中,集合成一种不可忽视的数据资源,为互联网用户提供了更为全面和直观的信息,对现代生活产生了强烈而广泛的影响,而且改变了人们学习和思考的方式。为此,互联网上针对多媒体信息资源的搜索工具也不断涌现,但多媒体信息不同于普通文本信息的特质决定了单纯基于关键词的检索方式难以获得满意的检索效果,而人工标引方式则需要较高的成本,且无法应对海量增长的多媒体资源。多媒体信息包含的语义信息需要特殊的方法去挖掘和提取,因此,一种新型的多媒体数据库查询和检索技术——CBR(content based retrieval,基于内容的检索)已经不同程度地应用在互联网多媒体信息检索平台。技术人员正在不断探究基于关键词的检索技术和基于内容的检索技术的更好融合,以方便用户更精确地搜索互联网上的多媒体信息。本章将分别介绍图像、音频、视频等多媒体文档的检索原理和常用检索工具。

5.1 图像的检索

5.1.1 图像检索的原理与技术

图像搜索,是通过搜索图像的文本表示或者视觉特征,为用户提供互联网上相关图像资料检索服务的专业搜索引擎系统,是搜索引擎的一种类型。从广义上讲,图像的特征包括基于文本的特征(如关键词、注释等)和视觉特征(如颜色、纹理、形状等)两类。相应地,图像搜索工具也包括两大类:基于文本的图像搜索和基于内容的图像搜索。

1. 基于文本的图像搜索

图像检索的理论与实践可以追溯到 20 世纪 70 年代后期,一个关于图像应用的数据库技术会议于 1979 年在意大利佛罗伦萨召开,引起了研究者的关注。当时即推出了基于文本的图像检索技术(Text-based Image Retrieval,简称 TBIR),TBIR 沿用了传统的文本检索技术,从图像名称、图像尺寸、压缩类型、作者、年代等方面标引图像,忽视了图像的底层特征,如颜色、纹理、布局等对正确识别图像有着重要意义的元素。这种技术目前在互联网图像信息检索系统中依然占据主导地位,主要原因在于互联网环境下的图像资源往往不是独立存在的,而是与其所在的 Web 网页有着千丝万缕的关系,多半是说明网页文字的配图,起到帮助用户更好地理解网页文字的作用。除去图像本身所蕴含的意思外,网页文字也赋予了嵌入图像一定的上下文环境。因此,借助网络图像的文本上下文环境,可以在一定程度上为图像分析、标引提供依据。可以用来帮助图像分析、标引的 Web 文档内容包括以下几方面:

(1) 图像文件名及网址。大多数作者直接通过文件名来表示图像的内容,如:panda.jpg、cat.jpg、sun.gif 等,就直接把图像的内容体现在文件名之中,同时,图像的网址信息也提供了一些相关的语义信息。

(2) 图像的替代文字(alternate text)。替代文字在 html 语言中被规定为一个可选项目,用来在不支持图像的浏览器中替代图像的位置,这通常就是图像的语义信息,而且也是最为准确的一个特征。不过并不是所有的作者都愿意提供这个信息,如果网页作者没有给出该信息,默认的替代文字就是图像文件名。

(3) 图像周围的文字(surrounding text)。在网页中图像周围的文字是最可能表达图像所包含内容的,虽然有些文字可能与图像并不相关,不过这些文字在一定程度上还是表达了图像的部分语义信息,因此可被选择成为文字标识特征之一。

(4) 图像所在页面的标题。有些图像是用来加强作者意图的,因此图像的内容同网页的标题内容直接相关,页面的标题也可成为标识特征之一。

(5) 图像的超链接(hyperlink)。有时图像本身也是超链接的一部分,这种超链接信息在一定程度上与图像的内容相关,因此一些语义特征可以通过对超链接的分析计算得到。

(6) 图像所在网页彼此间的链接(link-structure)。通过对网页与网页间的链接分析(link analysis),网页内所包含的图像彼此间语义上的相似性可以在一定程度上计算得到。这些信息可以用来加强图像检索的效果。

以上所有特征,都通过页面分析器从网页中自动抽取出来,被赋予不同的重要性,并按照传统的文本检索技术,建立图像的语义特征向量。向量的每个分量都对应一个关键词,它的值取决于该关键词在与图像有关的网页中的分布。一方面,如果一个关键词在一个网页中出现很多次,对应的分量就会大一些;另一方面,如果这个关键词出现在很多网页中,对应的分量就会小一些。这种方法在文本检索中被广泛采用,也适用于图像检索。

基于文本的图像检索技术虽然更符合用户的使用习惯,在具体操作上也较为容易,但是这种技术难以适应复杂的图像检索需求。首先,大部分图像的元数据信息不能直接从网页环境中获取,要靠标引工作者根据自己的主观理解对图像进行标引,定义它的相关属性,有时还需要根据图像所处的上下文环境标注图像所代表的主题。面对互联网上浩瀚的图像数据库,人工标注不仅费时费力,而且这种方法的主观性很强,很容易丢失或错判图像本来所包含的信息。其次,单纯的文字标识也很难完整地反映一幅图像所涵盖的全部内容,图像自身所具有的色彩和纹理等信息很难用文字表述清楚,会发生一定程度的错检和漏检。

2. 基于内容的图像搜索

20 世纪 90 年代初,为了克服基于文本图像搜索的不足,出现了对图像的媒体视觉特征、内容语义,如图像的颜色(color)、形状(shape)、纹理(texture)和空间布局(spatial layout)等可视化内容进行分析和检索的图像检索技术,即基于内容的图像检索(content-based image retrieval),简称 CBIR 技术。基于内容的图像搜索涉及了数据库管理、计算机视觉、图像处理、模式识别、信息检索和认知心理学等诸多学科,其相关技术主要包括:图像数据模型、特征提取方法、索引结构、相似性度量、查询表达模式、检索方法等。相似图像的检测主要涉及特征表示和相似性度量这两类关键技术。图像特征的提取与表达是基于内容的图像处理技术的基础。CBIR 技术能够自动提取图像内部的基本视觉特征,如颜色、形状、纹理等,并根据这些特征建立索引以进行相似性匹配。图像的内容可以由各种不同层次的特征来描述:图像的底层特征是指图像的颜色、纹理和形状等;图像的中层特征是指图像内的对象、背景、不同对象间的空间关系等;图像的高层特征是指图像的语义特征,如场景、事件、情感等。目前基于内容的图像检索技术主要处理的是图像的底层特征和中层特征,针对语义特征的自动提取技术尚不成熟。可以用来处理图像的主要特征包括以下几点:

(1) 颜色(Color)。是在基于内容图像检索中最广泛使用的可视化特征。与其他特征相比,颜色与图像的大小、方向无关,而且对图像的背景颜色不敏感,因此有较高的稳定性。基于颜色特征的图像检索主要采用的方法有:颜色空间模型、颜色矩、颜色直方图、颜色相关性向量和颜色相关图等。

(2) 纹理(Texture)。纹理是图像的重要特征之一,它代表了物体的视觉模式,包含了物体表面的组织结构以及与周围环境之间的关系。通常定义为图像的某种局部性质,或是对局部区域中像素之间关系的一种度量,其本质是刻画像素的邻域灰度空间分布规律。纹理特征描述方法大致可以分为 4 类:统计法、结构法、模型法、频谱法。主要有傅立叶功率谱、共生矩阵、田村纹理特征、马尔可夫随机场、分形模型、小波变换、Gabor 变换、多分辨率滤波技术等。

(3) 形状(Shape)。形状是刻画物体最本质的特征,也是最难描述的图像特征之一,主要难在对图像中感兴趣目标的分割。对形状特征的提取主要是寻找一些几何不变量。目前用于图像检索的形状描述方法主要有两类:基于边缘和基于区域的形状方法。基于边缘的形状特征提取是利用图像的边缘信息,在边缘检测的基础上,用面积、周长、偏心率、角点、链码、兴趣点、傅立叶描述子、矩描述子等特征来描述物体的形状,适用于图像边缘较为清晰、容易获取的图像。基于区域的形状特征提取的主要思路是通过图像分割技术提取出图像中感兴趣的物体,依靠区域内像素的颜色分布信息提取图像特征,适用于区域能够较为准确地分割出来、区域内颜色分布较为均匀的图像。

在基于内容的图像检索系统中,所有的图像特征都由系统自动提取并用多维向量表示,形成一个图像特征数据库。用户在进行图像检索时,只需要构造所需图像的轮廓、颜色、形状等特征,或者从系统提供的示例图中进行选择。系统会先对用户提交的草图进行特征提取,构造相应的特征向量,接着计算其与图像特征数据库中的多维向量的距离,最后找出与用户提交的草图最相近的图像。另外,为了更好地提高基于内容的图像检索算法的准确度,图像检索系统采用了人机交互机制。用户将对检索结果的意见反馈回系统,系统根据用户的反馈自动调整查询,然后利用优化后的查询要求重新检索。用户不需要调整特征权重,只需向系统指出与所需图像相似或不相似的图像,系统就能够自动调整特征权重来更好地检索。图 5-1 表示了基于内容的图像检索系统的体系结构。系统的核心是图像特征数据库。用户和系统之间的关系是双向的:用户可以向系统提出查询要求,系统根据查询要求返回查询结果,用户通过对查询结果的相关反馈来改进查询结果。其中包含的关键环节有:选择、提取和索引能够充分表达图像的视觉特征;处理基于相似度的图像检索;处理用户对检索结果的相关反馈,改善检索结果。

图 5-1　图像检索系统的体系结构

5.1.2　基于文本的图像搜索引擎简介

1. 谷歌图像(Google Images),images.google.com

(1) 概况。Google Images 是谷歌于 2001 年发布的图像搜索产品,号称"世界上最好用的图像搜索工具",它的响应速度有着其他搜索引擎无法比拟的优势。Google 图像数据库容量大,截至 2010 年,已标引了大约 100 亿张图像,每天大约接受 10 亿次用户访问。

(2) 检索功能。提供一般检索和高级检索两种查询模式。一般检索支持布尔检索,用户只需要在搜索框内输入关键词和布尔操作符即可。其高级检索页面如图 5-2 所示,在高级检索中,用户可以利用图像属性(Image attributes)来限定目标图像的大小、纵横比、图像类型(剪切画、素描、特写等)、图像颜色等,也可以使用 more tools 来限制图像的使用权限、图像格式以及图像的来源地区等,从而获得较为精确的结果。

(3) 结果显示。检索结果以缩略图的方式显示,更新的平铺布局在搜索结果页的图像下方移除了所有的文本,在大缩略图之间和页面之间没有加载时间可以即时滚动,这被谷歌称之为设计成"现代浏览器和高清晰度屏幕"。点击具体的图像之后,以框架方式浏览图像所在的网页。每个结果项包含图像的大小、尺寸、格式、URL 等信息。也可以从图

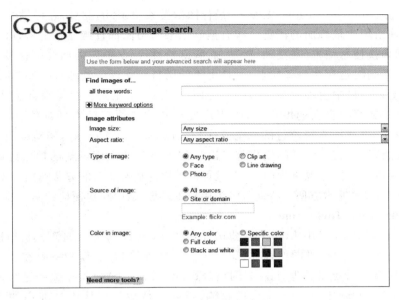

图 5-2 Google 图像的高级检索界面

像大小、类型、颜色和时间几个属性来进一步筛选检索结果。图 5-3 所示是以"紫禁城"为关键词获得的检索结果示例。

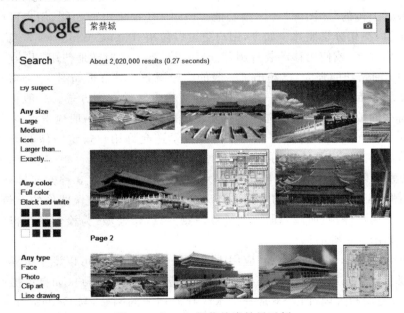

图 5-3 Google 图像检索结果示例

(4) 评价。Google Images 无愧于"最佳图像搜索引擎"的称号，它提供给用户最精准的搜索，呈现给用户最绚丽的浏览。所有搜索结果的图像都直接显示出来，可以在各种图像类型之间切换搜索结果（素描画、剪贴画、脸部特性等）。图像的摘要信息显示得比以前更丰富。但是同时也存在一些缺点，一是由于使用自动化程序处理数据库，即使采用最先进的程序，搜索结果中也难免会夹杂许多无用的信息；二是由于图像来自于其他网站，如果搜索引擎数据库的更新速度不够快，用户搜索到的图像链接不可避免有一些"死链"。Google Images 桌面版支持流行的浏览器（Chrome、Safari、Firefox），移动版图像搜索功能也在不断改版，使用英语语种的用户都可以访问到最新的页面。新的搜索缩略图界面更为直观，用触控方法操作也更为简单，并且可以采用滑动和点击的方法切换图像，单击则可以查看全图，用起来非常方便。移动版将为用户提供更人性化、更便捷的图像检索体验。

2. Flickr（www.flickr.com）

（1）概况。Flickr 是由 Ludicorp 公司开发设计，于 2004 年 2 月正式运行的一个以图像服务为主的网站，它提供图像存放、交友、组群、邮件等功能，作为一家在线图像管理和分享系统，其重要特点就是基于社会网络（Social Network）的人际关系进行内容的拓展与组织。Flickr 2005 年被 Yahoo 公司收购，目前支持包括繁体中文在内的 10 种语言。Flickr 最大的特点在于它允许图像上传者自己定义用来描述图像相关信息的标签（Tags）。Flickr 被认为是分众分类法（Folksonomy）的典范，Flickr 也是第一个使用标签云（Tag Cloud）的网站。在"Explore"页面中还提供"过去一周的有趣图像"、"热门标签"、"日历"、"最近上传的"、"图库"等诸多功能。Flickr 还提供组群功能，用户可以加入自己感兴趣的小组，互相分享照片。如今，用户更可以使用 iPhone、Windows 7 或 Android 等系统上的应用程序，或使用移动装置浏览 m.flickr.com，随时随地使用 Flickr 上传和分享图片。Flickr 网站功能强大，已超出了一般的图像服务。其首页如图 5-4 所示。

（2）检索功能。Flickr 支持一般检索和高级检索两种查询方式。一般检索允许用户选择图像所在的数据库，并可以选择检索全文还是检索标签。一般检索支持布尔检索，用户只需输入关键词和布尔操作符即可。高级检索还允许用户规定图像的类型（照片、视频、插图等）以及图像上传或者拍摄的时间段。

（3）检索结果。检索结果可以按照相关度、最新的、有趣 3 种方式排列，并可以按照小图、中图、大图或者幻灯片的方式进行浏览。每个结果项包含图像的上传者、上传日期、浏览次数、用户评价、所属相册以及标签信息。以"紫禁城"为检索词获得的相关检索结果显示页如图 5-5 所示。

（4）评价。Flickr 是 Web 2.0 应用方式的最佳范例，目前可以说是世界上最好的网上相片管理和分享应用系统。但是，由于是开放应用平台，其用户（如自由摄影人和业余爱好者）参与建设和管理，而且不是一个永久存放档案的网站，与 Google Images 这样的图像搜索引擎相比较，Flickr 在信息资源质量、权威性和稳定性、网站检索性能等方面还有一定差距，受用户标引的主观性、质量的影响，其检索结果显得可用性较差，偏娱乐化。

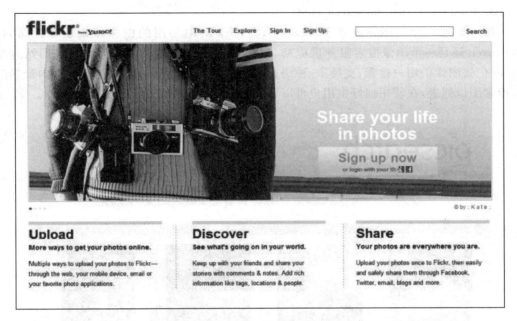

图 5-4　Flickr 图像网站首页

图 5-5　Flickr 图像检索结果示例

3. Picsearch（www.picsearch.com）

（1）概况。Picsearch 成立于 2000 年，是一个简单易用的图像搜索引擎。同时，Picsearch 还是一个图像搜索服务供应商，MSN 及 LYCOS 等都是其客户。该网站有超过 30 亿张图像供用户检索，支持 16 种语言。网站首页如图 5-6 所示，提供一周内最热门的搜索图像列表，在使用偏好中用户可以定义网站的语言以及结果页显示的方式。

图 5-6　Picsearch 图像网站首页

（2）检索功能。Picsearch 提供一般搜索和高级搜索两种查询方式。支持布尔逻辑、词组检索和截词检索。高级检索允许用户定义图像的颜色、检索彩色图像或者黑白图像、动画还是图像以及是肖像图还是风景图等。

（3）检索结果与评价。Picsearch 的检索结果以缩略图的方式给出，与 Google Images 的检索结果呈现方式相同。点击具体的图像之后，可以以框架方式浏览图像所在的网页。每个结果项包含图像的尺寸、文件大小、颜色、来源网址链接等信息。

4. Smugmug（www.smugmug.com）

（1）概况。Smugmug 是一个提供专业的照片分享和管理服务的网站，在 Smugmug 上面用户可以方便、快捷地添加、分享自己的照片。Smugmug 最初是由一对父子开发的图像共享网站，已由一个基于计算机游戏的服务网站发展成为一个成熟的图像共享服务网站。Smugmug 是一个收费网站，其用户可以分为 3 个等级：标准用户、高级用户、专业用户，每年分别需要缴费约 40 美元、60 美元和 150 美元，即可拥有自定义的 Smugmug 网址、可定义自己网页的设计和布局、上传视频,可以在图像上加上自己的水印或者一些图像保护形式。对于所有等级的用户来说,都可无限量地上传照片。与 Flickr 类似,用户可以自定义上传图像的标签。用户也可以在密码管理的基础上建立自己的图库。其首页如图 5-7 所示。Smugmug 在首页上提供如下链接:"News"、"Browse"、"Keywords"、"Communities"、"Forum"、"Wiki"、"ClubSmug"、"Prints&Gifts",用户可以通过"News"了解 Smugmug 最近的新闻;"Browse"可以浏览今日最受欢迎的图像、全球各地的高清晰度卫星图像(使用 Google Maps 和 Yahoo Geocoding 技术),了解今日最热门的标签,查看图像分类目录以及最受欢迎的图像社团;"Keywords"提供今日最热门的标签以及一直以来最热门的关键词,用户可以从中找到自己感兴趣的内容;"Communities"将 Smugmug 中最受欢迎的图像社团按照字母顺序排列。

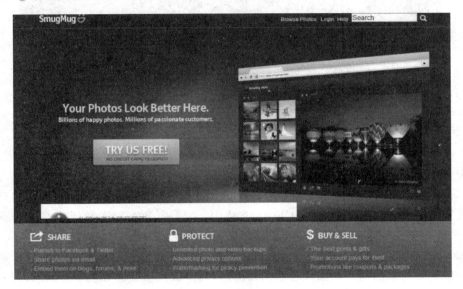

图 5-7　Smugmug 图像网站首页

(2) 检索功能。用户可以通过图像分类、地域、热门关键词等浏览相关图像,也可以在搜索框输入关键词,或者通过直接点击网页上提供的热门关键词查找所需要的图像,也可以从 Smugmug 提供的图像分类目录中进行查找。

(3) 检索结果与评价。检索结果可以按照相关度和时间进行排序。每张图像可以按"小图、中图、大图、放大一倍图、放大两倍图、放大三倍图、原始尺寸"显示,另外还附注有图像的基本信息,包括图像上传者、用户定义的标签、拍摄时间、修改日期、相机型号、图像大小以及其他更专业的详细信息。图像可以以"Smugmug"特有的形式、幻灯片形式、缩略图形式以及日志形式显示,用户可以对图像进行评价。目前,不支持中文检索,如图 5-8 所示,是用关键词"FORBIDDEN CITY"获得的检索结果。

图 5-8 Smugmug 图像检索结果示例

5. Yippy Image（image.yippy.com）

（1）概况。Yippy 原名 Clusty，是 Vivisimo 公司研发的一种具有检索结果自动聚类功能元搜索引擎，与 Lycos 相似。Clusty 支持 40 多种语言的搜索，位于众多元搜索引擎之首，尤其在中文检索方面大大超过了其他元搜索引擎。

（2）检索功能。Yippy Image 检索界面友好。网站提供一般检索和高级检索两种方式。一般检索与前面的几个图像检索网站类似，其高级检索界面如图 5-9 所示，用户可以设定查询动画还是图像、图像的颜色、尺寸以及是否进行成人内容过滤。偏好选项提供了丰富的个性化定制功能，用户可以定制每页显示的检索结果数量、聚类数量、检索结果默认的打开方式（当前窗口或新窗口）、检索结果的显示内容（如网页摘要、URL、来源和 Cache 等）以及是否过滤成人内容等。

（3）检索结果与评价。Yippy 具有检索结果自动聚类功能。检索结果页面如图 5-10 所示，分左、右两部分，右侧为对应的检出图像，左侧则为将检索结果按照图像尺寸、图像名称、图像格式及来源网址在自动聚类基础上形成的树形等级式目录，用户可以通过点击树形目录的不同层级来筛选检索结果。每个结果项包括图像的像素、大小以及来源网址信息。点击具体的结果项，则跳转到图像的来源网址。

6. 百度图片（image.baidu.com）

（1）概况。百度图片号称是世界上最大的中文图片搜索引擎，拥有来自几十亿中文

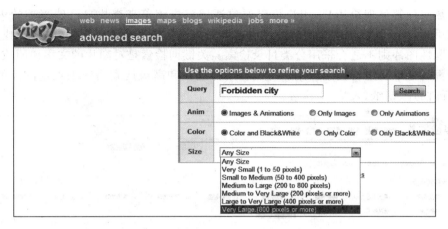

图 5-9　Yippy Image 高级检索界面

图 5-10　Yippy Image 检索结果示例

网页的海量图库,收录数亿张图片,并在不断增加中。百度新闻图片搜索从中文新闻网页中实时提取新闻图片,具有新闻性、实时性、更新快等特点。

(2)检索功能。百度图片检索界面友好,检索方式多样,检索结果的相关度较高。高级检索功能允许用户对图片的格式和来源网址进行限定。网站提供浏览式查询和关键词检索两种方式。浏览式查询是按照图片的主题内容和用户搜索偏好,将图片划分成 13 大类,包括精品推荐、动物植物、风景名胜等,每个大类下又划分为若干小类,并以标签云的形式将热门标签呈现给用户,用户可以通过逐层点击浏览来查找自己感兴趣的内容,如图 5-11 所示。分类目录所提供的图片内容大多与娱乐和生活消费相关,如果查找学术性或者专题性图片则不适合采用分类目录检索。关键词检索是对图片的文字说明或者图片所处网页的上下文进行检索。用户可以利用筛选栏和高级搜索语法来限定图片的类型,例如新闻图片、壁纸、表情、头像等。

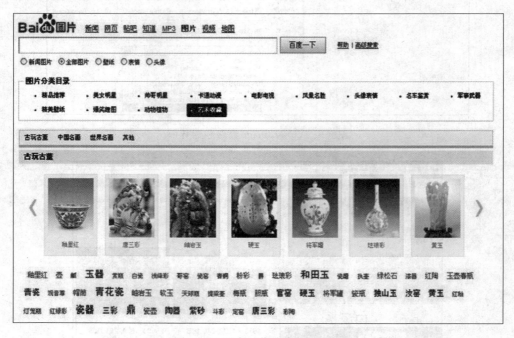

图 5-11 百度图像检索分类类目

(3) 检索结果。可以按照图像的尺寸、颜色和类型进一步筛选。每个结果项包含图像的像素、大小以及来源网址等信息。如图 5-12 所示。

5.1.3 基于内容的图像搜索引擎

在 5.1.1 小节中已经介绍了基于内容的图像检索原理与技术。目前常见的系统一般是在给定查询图像的前提下,依据其媒体内容特征或指定的查询标准,在图像数据库中搜索并查找出符合查询条件的相应图像。即查询条件本身就是一个图像,或者是对于图像特征的描述,建立索引的方式是通过提取底层特征,然后通过计算比较这些特征和查询条件之间的距离,来决定两个图像的相似程度。查询模式有以下 3 种:

(1) 按例查询(Query By Example)。用户提供一个查询图片,在数据库中搜索相似图片。

(2) 按绘查询(Query By Sketch)。用户在类似画板的接口上面进行简单的绘画,以

图 5-12 百度图像检索结果示例

此为标准进行查询。

(3) 按描述查询。例如,指定条件可以是 30% 的黄色,70% 的蓝色等。

最早成功应用基于内容图像检索技术的是 IBM 开发的 QBIC 系统,其他比较著名的系统还包括伊利诺伊大学的 MARS 系统、麻省理工学院的 Photobook 系统、加州大学伯克利分校的 Digital Library Project 系统,加拿大的 TinEye.com 系统以及哥伦比亚大学的 VisualSEEk 系统等。下文介绍代表性的基于内容的图像检索系统。

1. QBIC(www.qbic.almaden.ibm.com)

(1) 概况。IBM 公司于 20 世纪 90 年代开发的 QBIC(Query By Image Content)系统,主要为 IBM 的大型数据库提供图像检索,并支持基于 Web 的图像检索服务,是第一个商业化的基于内容图像检索系统。作为基于内容图像检索系统的典型代表,用户在检索时不是输入关键词,而是将自己的检索需求用简图、图像特征描述或图像片段表达出来,系统会自动进行色彩、纹理、布局等特征的抽取和分析,检索出与用户需求相近的图像。QBIC 为俄罗斯彼得堡一个州立教会博物馆开发了绘画作品查询系统,网址为 www.hermitagemuseum.org。

QBIC 系统由 Data Population 和 Database Query 两部分组成。Data Population 负责对系统存储的图像进行多种特征抽取和维护特征索引库,Database Query 负责对用户输入的查询图像进行同样的特征抽取并把特征信息输入匹配引擎,检索出具有相似特征的图像。这两部分中间使用一个过滤索引生成器进行连接,所有的查询、反馈过程都必须经过过滤索引生成器,才能进入匹配引擎,这样的设计提高了整个系统的速度。

(2) 检索功能与结果。用户可利用系统提供的各种标准范图检索,范图代表不同的色彩、纹理、轮廓结构,用户可选择与检索目标对象最相似的范图作为检索条件去查询。这些标准范图的特征信息存储在特征索引库中。还可输入动态影像片段和前景中运动的对象检索。在用户输入图像、简图或影像片段时,QBIC 即分析和抽取所输入对象的色彩、纹理、运动变化等特征,根据用户选择的查询方式分别处理。查询方式不同则得到的结果有异,因为不同的特征分析抽取的结果不同。具体检索方式有 QBIC Colour Search 和 QBIC Layout Search。如图 5-13 所示。

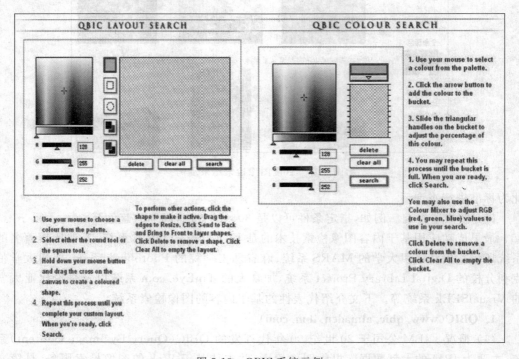

图 5-13　QBIC 系统示例

① QBIC Colour Search 色彩查询方式。用户可以选择色彩构成,逐步调整各颜色所占比例进行检索。

② QBIC Layout Search 结构查询方式。用户通过输入自绘简图或扫描输入图像检索,并可对检索结果进行优化。

(3)评价。QBIC 在基于内容的图像检索系统开发方面起着先导和示范作用,在新版系统中,结合了基于文本的关键词查询(Quick Search、Advanced Search)、分类浏览(Browse),改善了检索效率,还在 IBM 数字图书馆技术的支持下,研发了 Zoom Viewx 项目,可以让欣赏者对图片进行局部放大,并能在对图片精细分析的同时阅读相关资料。

2. TinEye(www.tineye.com)

与利用关键词、元数据或者水印检索图像的方式不同,TinEye 是网络上第一个使用图像识别技术的网络搜索引擎,是知名的图像识别与视频检索软件公司 ideé 公司(ideeinc.com)的主要产品。TinEye 是一个反向图像搜索引擎,即通过图像来源、图像被使用的方式、图像版本的变化等来实现检索,而且还是一个免费使用的非商业性搜索引擎。TinEye 通常从网上抓取新图片,同时接受在线提交,至今已经索引了 20 亿幅图片。TinEye 的图像检索方式包括上传图片、输入图片网址来检索,如图 5-14 所示。

图 5-14　TinEye 检索主界面

检索结果可以进行排序(最佳匹配、大图等)和共享(On Twitter,On facebook)等,如图 5-15 所示。TinEye 还为用户提供 Safari,IE 和 Opera 浏览器的插件。

图 5-15　TinEye 检索结果示例(故宫)

3. 搜狗识图（http://pic.sogou.com/#）

以基于内容的图像搜索为代表的视觉搜索可以说是 2010 年全球互联网的最大技术应用热点，许多知名的搜索引擎和搜索门户也纷纷推出了"以图搜图"的新功能。

2011 年 9 月，搜狗发布了识图搜索功能，用户可以直接用图片进行检索，搜狗提供对应的图片、内容关联图片以及对图片内容的识别。搜狗识图开启了中文读图时代，它为用户提供 3 种按图搜索的方法：复制并粘贴图片的网址，上传本地图片，拖拽图片到搜索框内进行搜索。搜狗识图正是应用了基于内容的图像检索中特征提取、相似度匹配和反馈等技术，比如：图像有效特征的抽取、图片优化与索引、图片的真伪鉴别与准确标注、同主题图片的识别，不仅根据图片的特征和语意，搜狗技术还用到了图片之间的链接关系，以提高识图的精度。识图功能推出后一周，用户使用次数即达到上百万次。搜狗识图有 10 项主要用途，如查询清晰度更好的图片、了解风景名胜详情、鉴赏艺术品和物品等。搜狗识图检索主界面如图 5-16 所示。

图 5-16　搜狗识图检索主界面

4. 百度识图（http://stu.baidu.com/）

2011 年 5 月，百度工具栏新版发布，新版的工具栏不仅完美支持 IE 9，而且增加了识图搜索等功能。百度识图（测试版）可以让用户通过上传图片（5M 以内）或输入图片的 URL 地址，从而搜索到互联网上与该图片相似的其他图片资源，即按例查询（QBE-Query By Example）模式，同时也能找到这张图片相关的信息，这标志着百度图像搜索从文本检索走向文本检索与内容检索相结合的发展道路。其主页如图 5-17 所示。

百度识图的主要用途有：①查询一个不熟悉人物的相关信息，如姓名、新闻等；②查

图 5-17　百度识图主页

询某张图片背后的相关信息,如拍摄时间、地点、背后的一些故事等;③查询已有图片的其他风格、样式;④查询某张图片被网站引用的信息。百度识图这些实用的功能,大大丰富了用户查询和浏览图像信息的体验。

5. 淘淘搜(www.taotaosou.com),淘宝图想(http://imagine.taobao.com)

淘淘搜是一家基于视觉计算的图片购物搜索网站,由阿里巴巴集团投资入股。淘淘搜是目前国内最大的图片购物搜索引擎,目前已收录 100 万个商家、3 000 万张商品图片。只需提交一张图片,淘淘搜就能帮用户在海量的商品中快速找到符合条件的物品,省去选择关键词描述的烦恼。同时,淘淘搜聚合了款式、颜色、风格等多种角度的相关商品供用户挑选,只需轻点鼠标,即可畅游网购。同样相似的网站还有安图搜(www.antuso.com)。淘淘搜和淘宝网合作的"图想"(imagine.taobao.com)是全球第一个大规模商业化运营的图像搜索产品,面向淘宝网用户提供便捷的图片搜索服务,解决了用户不能和不愿用文字进行搜索的问题,得到了用户的高度评价。其主页如图 5-18 所示。

本节讨论了图像搜索的基本原理和关键技术,介绍了有代表性的图像搜索工具。图像搜索引擎是互联网搜索工具的重要组成部分,是通过搜索图像文本或者视觉特征,为用户提供互联网上相关图形图像资料检索服务的专业搜索引擎系统。主要包括两大类:一种是通过输入与图片名称或内容相似的关键字来进行检索——基于文本的图像检索;另一种是通过上传与搜索结果相似的图片或图片 URL 进行搜索——基于内容的图像检索 CBIR 系统,即所谓"以图搜图"的识图搜索。尤其是识图搜索,目前来看是一项技术上的突破,能够为用户提供更好的互联网搜索体验,让图像搜索更加趋向于专业性服务,搜索

图 5-18　图想主页

结果方向性更强,精确度更高。尽管还存在一些问题,但识图搜索的价值和方向不容忽视,从长远来看,对于非文字信息的识别是互联网信息管理和检索的发展方向,还有很多问题值得研究。

5.2　音频文件的检索

5.2.1　音频文件检索的原理与技术

　　计算机信息处理和互联网相关技术的快速发展带来了多媒体以及数字多媒体数据规模的急速扩展,其中广泛存在于日常生活中的各种音频文件成为数量增长最快的一种数据形式,是一种重要的多媒体信息资源。音频通常分为语音、音乐和其他声音 3 类。在互联网信息环境下,大量 Web 网站、FTP 服务器中包含音频数据,特别是数字音频信息,各种音乐、歌曲、课程录音、听力培训等音频资料以网络为平台传播、交流,与人们的学习、娱乐、休闲生活密切相关,因此音频信息检索的重要性不言而喻,音频信息检索技术已经成为网络信息检索的研究重点之一。

1. 基于文本的音频检索

　　传统的音频检索技术采用与基于文本的图像检索方式相似的方法,即用文件名、文件格式、长度、文件大小等外部特征对音频信息进行标引,然后根据用户提交的相关关键词,查找到与其相匹配的音频文件。音乐、歌曲可能是音频检索中最为热门的检索对象,在互联网上传播的音乐一般被压缩成 mp3、wma、rm 等编码格式。这些格式的文件,除包含音乐本身的音频信息外,通常还带有 ID 标签,该标签包括曲名、作者、专辑、年代、采样率等字段,这实际上是一些元数据,它们在音乐被制成音频文件时自动或人工生成,这些信息是音乐文件最重要的外部特征。另外,在 Web 网页出现的音乐文件名以及它附近的文字也能提供一些可检索的外部特征。

目前,互联网上普遍使用的音乐搜索工具大部分都是采用基于音频文件外部特征来检索的,其工作原理和普通的 Robot 搜索引擎相似,只是其索引的目标不是 html 文档,而是 mp3、wma、rm 等格式的音频文件。Spider 遇到这些文件之后,并不像对待 html 文档那样将其抓回本地数据库,而是直接读取音频文件的 ID 标签,因为音频文件通常有数百倍、千倍于 html 文档的数据量,如果全部抓取回本地,需要庞大的存储空间;另一方面这种抓取也存在侵权的风险。从 ID 标签提取到曲名、作者等信息之后,Spider 将这些信息连同音频文件的 URL 一起写入搜索工具的音乐索引库。音乐搜索引擎的检索原理如图 5-19 所示,所形成的音乐索引表例见表 5-1。

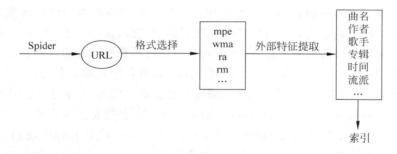

图 5-19 音频搜索引擎原理

表 5-1 音乐搜索引擎的索引表示例

歌名	演唱者	作曲者	专辑	发行年	URL1	URL2	…
船歌	齐豫	罗大佑	船歌	1985	ftp://…	ftp://…	…
…	…	…	…				

当然,音乐搜索引擎的索引表达远比表 5-1 复杂得多,可能还包括歌词等更多的字段。用户在检索时,只要提供一首音乐作品已知的部分信息(如乐曲名、作曲者或演唱者),音乐搜索引擎就能从索引库中找出符合条件的结果,用户可以通过结果中的 URL 链接到互联网上音乐的真实存储地址。

基于外部特征的方法来实现音乐文件的检索符合大多数用户的检索习惯,在实际应用中取得了很好的效果。大部分用户在查找音乐作品时,通常都已掌握部分相关信息,如作品名、创作者等较明显和准确的外部特征,采用这种技术的百度音乐搜索、搜狗音乐搜索引擎等都取得了很大成功,广为网民熟知。但基于外部特征的音频检索也有很大的局限性，它只适用于一部分音乐检索，而对于其他类型的检索要求就无能为力了。比如用户要找一段"平缓的"海浪声音，要找一段"悲情的"演讲，或者仅有一段乐曲的旋律片段，要检出完整的曲子及其他旋律相似的曲子，这些检索需求就无法通过音频的外部特征来匹配，除非人工聆听音频后标注更为详尽的音频属性和描述，但这种人工标引相对庞大的数据资源来说，几乎是"不可能的任务"。当数据量越来越多时，人工注释的强度加大；此外，人对音频的感知，如音乐的旋律、音调、音质等属于音频对象的内部特征，很难用文字注释表达清楚。这些正是基于内容的音频检索需要研究和解决的问题。

2. 基于内容的音频检索

原始的音频数据是一种非语义符号表示和非结构化的二进制流，缺乏内容语义的描述和结构化的组织，因而给音频信息的深度处理和分析带来一定困难，音频检索受到很大限制。如何提取音频中的结构化信息和内容语义是音频信息深度处理、基于内容检索等应用的关键。基于内容的音频检索是指通过对音频特征分析，对不同音频数据赋予不同的语义，使具有相同语义的音频在听觉上保持相似。音频内容由三级特征来表示：最低层的物理样本级、中间层的声学特征级和最高层的语义级（如图 5-20 所示）。在物理样本级，音频内容是以媒体流的形式存在，其中包含原始音频数据和注册数据，如采样频率、时间刻度、样本、格式、编码等特征。声学特征是从音频数据中自动抽取的，它可以分为物理特征和感觉特征。前者包括音频的基频、幅度和共振峰结构等，后者表达用户对音频的感知，例如，音调、响度和音色等，感觉特征一般都与某些物理特征之间存在一定的联系。最高层是语义级，它是音频内容、音频对象的概念描述。具体来说，在这个级别上，音频的内容可以是语音识别、辨别后的结果，音乐旋律和叙事说明等。基于内容的音频检索技术最关心的是声学特征级和主观语义级的音频检索。在这两个层次上，用户可以提交某一概念或按照特定的声学特征进行查询。

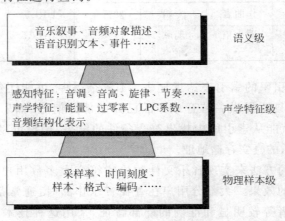

图 5-20　音频内容分层描述模型

与基于内容的图像检索相比,基于内容的音频检索,特别是基于内容的音乐检索,具有特殊的挑战性。当前基于内容的音频检索方法多是借鉴基于内容的图像检索方法。首先,从数据库中的音频文件中抽取声学特征和主观特征来构造特征向量;其次,从查询中抽取同样的特征向量;最后,按照查询和数据库的特征匹配结果对相关音频进行排名,精确度和速度是评价检索方法的两个重要指标。目前主要的基于内容音频检索方法有主观描述查询(Query by Description)、示例查询(Query by Example)、拟声查询(Query by Onomatopoeia)、表格查询(Query by Table)和浏览(Browsing)。

(1) 主观描述查询。主观描述查询是指提交一个语义描述,如"古典音乐"或者"鼓声"等这样的关键词,系统就会把包含有这些语义标注的音频例子或音乐寻找出来,反馈给用户。用户也可以通过描述音频的主观感受,例如,"欢快"或"清脆",来说明所要检索音频的主观(感觉)特性。

(2) 示例查询。示例查询是指由用户提交一个音频例子,系统自动提取这个例子的特征,然后从数据库中识别出匹配这些特征的若干样本按序返回给用户。

(3) 拟声查询。拟声查询是指用户发出与要查找的声音相似的声音来表达检索要求。例如,用户在不记得某首歌曲的具体名称或演唱者的情况下,可以将音乐的旋律"哼唱"出来,这些旋律通过麦克风输入给计算机后再经过数字化转换,计算机就可以依据其特征在搜索引擎的数据库中去寻找一些与用户哼唱的旋律类似的音乐。

(4) 表格查询。表格查询是指用户选择一些音频的声学物理特征并且给出特征值的模糊范围来描述其检索要求,例如,音量、基音频率等。

此外,浏览也是用户进行查询的重要手段。但浏览需要事先建立音频的结构化组织体系和索引,否则浏览的效率将会非常低下。上述几种查询方法并不是孤立的,它们可以结合使用,以取得最佳的检索效果。

音频检索第一步是建立数据库,对音频数据进行特征提取,将音频数据装入数据库的原始音频库,将特征装入特征库,通过特征对音频数据聚类,将聚类信息装入聚类参数库。数据库建立以后就可以进行音频信息检索,其系统结构如图5-21所示。其中,原始音频库存放的是音频数据,特征库存放音频数据的特征,按记录存放,聚类参数库是对音频特征进行聚类所得的参数集,包括特征矢量空间的码本、阈值等信息。音频各项内部特征的分析和提取都涉及比较复杂的算法和音乐乐理知识,有兴趣的读者可以进一步参阅有关多媒体信息处理与检索技术方面的书籍。

5.2.2 基于文本的音频搜索引擎

1. AllMusic(www.allmusic.com)

(1) 概况。AllMusic成立于1995年,源于1991年的All Music Guide(AMG,后为All Media Guide),现属于Rovi Corporation。网站数据量丰富,用户不仅可以追踪最新的唱片信息,还可以查找已经不再发行的唱片资料。网站首页如图5-22所示,为用户提

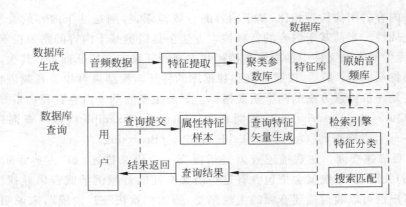

图 5-21　基于内容的音频检索系统结构示意图

供 12 大项服务，包括新发行的音乐、最受欢迎的歌手/专辑、音乐基调、乐器、明星聚光灯等。网站提供详尽的关于歌手、乐队、专辑的信息，内容主要由四大部分组成：基本信息（名称、风格、版权信息、出版编号）、描述性信息（主题、曲调）、相关性内容（包括歌手及专辑的风格、评价、发行年份、与其风格类似的歌手或专辑、歌手自传、专辑介绍）以及 AllMusic 编辑和业内人士的评价。

图 5-22　AllMusic 网站首页

（2）检索功能。网站提供按照关键词检索和按照分类目录浏览两种检索方式。按照关键词检索时，用户可以选择检索范围：歌手/组合、专辑、音乐、经典。按照分类目录浏览查找时，网站将音乐风格划分为 11 大类型，如 POP/ROCK，JAZZ，R&B，LATIN，CLASSICAL 等，每个类型中包含简要介绍、不同的流派以及有代表性的歌手。

（3）检索结果。检索结果分为综述、自传、大碟年鉴、音乐、评价、获奖年表六大项。其中，综述部分包括音乐家的照片、出道的时间、音乐流派、音乐风格等诸多内容，能够帮助用户很好地了解音乐家或者作品的概况。如图5-23所示为通过Artist/Group分别检索"Beatles"和"Lang Lang"的结果拼图。

图5-23　AllMusic检索结果示例（合成图）

2．MP3.com（www.mp3.com）

MP3.com是一个很优秀的综合性音乐网站，收录超过100万个mp3文件。除了提供各类乐曲的检索和下载外，还提供相关技术服务、音乐视频资料、乐曲上传等服务，其首页如图5-24所示。MP3.com提供关键词检索和分类浏览两种查询方式。网站将乐曲按照不同的风格划分为22大类供用户浏览检索，用户进行关键词检索时只需输入乐曲名或者音乐家名即可。MP3.com的检索结果非常详尽，以乐队为例，包括乐队的演唱风格、乐队传记、最受欢迎的音乐以及与其风格相似的其他歌手和乐队等。如果检索的是音乐家，则显示其新闻、图像、视频和背景资料，还可以直接播放其音乐作品。如图5-25所示，是分别检索"Beatles"和"Lang Lang"的结果拼图。

3．其他音频检索工具

（1）Kazaa Media Desktop（www.kazaa.com）。Kazza长期致力于MP3的搜索和下载服务，是最流行的一款基于P2P的音乐下载软件。但是Kazaa不支持中文，且由于国内外网络环境的差异，造成使用Kazaa链接和下载速度很慢，国内使用不广泛。

（2）Last.fm（www.last.fm）。Last.fm是世界上最大的音乐交流平台。用户可以寻找、收听、谈论自己喜欢的音乐。其音乐库里有超过1亿首音乐曲目和超过1 000万的

图 5-24 MP3.com 网站首页

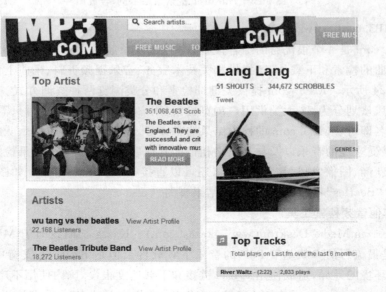

图 5-25 MP3.com 检索结果页面(合成图)

歌手。网站使用12种语言为全球听众提供音乐服务,还提供个性化定制服务。

（3）音乐极限（www.chinamp3.com）。音乐极限是一家提供以音乐为主线并包含娱乐资讯的专业内容网站,力求成为全球最大的华语综合音乐网站和音乐消费电子商务平台。支持关键词检索,可检索的字段包括音乐名、歌手名、专辑名以及歌词。

（4）九天音乐（www.9sky.com）。九天音乐网成立于1999年,是一个致力于制作、推广内地原创音乐,发行海外优秀音乐产品的网站,拥有国内曲目数量最多,收录最全的音乐数据库,提供超过75万首曲目的正版数字音乐和原创、翻唱音乐,提供音乐全方位服务,支持关键词检索。

（5）八宝音乐盒（www.8box.com）。八宝音乐盒是一个在线个性化音乐社区,除了提供在线听歌等基本服务外,还能在用户分享、试听、打分、评论音乐的过程中,了解用户偏好,帮助用户选择音乐。

（6）Mudcat Café 数字传统民歌数据库（www.mudcat.org）。Mudcat Café 是一个在线的供用户分享和讨论传统民歌的音乐网站。

（7）MUSICA 全球合唱曲目数据库（www.musicanet.org）。MUSICA 是一种合唱曲目的查找工具,也是指挥家、音乐学家、音乐学院、音乐联合会等的教学工具,它同样也为音乐的业余爱好者和渴望了解合唱音乐曲目的人提供详尽的信息。

（8）OPERABASE（www.operabase.com/en）。OPERABASE 是一个专门用来查找歌剧信息的网站,成立于1996年,目前网站已记载了来自6 000多家歌剧院的超过275 000场歌剧演出的信息,并以19种不同的语言向歌剧爱好者定期发布歌剧信息。

（9）Publicradiofan（www.publicradiofan.com）。Publicradiofan 是一个公共电台的联合目录,提供世界范围内1 400多个电台的节目信息、时间安排表、流媒体文件以及相关链接,用户可以通过名称、所属地区、类型、语言查找到所需要的信息。

（10）Radio-Locator（www.radio-locator.com）。Radio-Locator 是一个综合的全球电台搜索引擎,收集了世界上10 000多个电台的主页和2 500多个流媒体文件,可以通过选择地域来浏览该地区的电台信息。

除了以上专门的音频检索工具之外,知名搜索引擎的音乐搜索工具及软件,也广受网络用户青睐,比如全球最大中文音乐搜索平台百度音乐搜索、搜狗音乐、谷歌音乐等。从2003年下半年开始,多款采用P2P技术的国产软件迅速崛起,其中有代表性的有Poco、Openext、百宝等,为音乐交换专门开发的软件如Kuro、Kugoo、酷我音乐盒等。基于文本特征（元数据）的音乐搜索工具方兴未艾,让互联网用户享受到了更多的音乐资源。

5.2.3 基于内容的音频搜索引擎

1. Themefinder（www.themefinder.org）

（1）简况。Themefinder 是由斯坦福大学和俄亥俄大学联合研发的基于内容的音乐搜索引擎。Themefinder 数据库收录了大约20 000首西方古典乐曲、民乐曲和16世纪拉美圣歌，用户需要输入乐曲的主旋律片段来检索。

（2）检索功能。其检索界面如图 5-26 所示。进行检索时，用户首先可以选择一个乐曲库——古典乐、民乐或者赞美诗。其次，用户再选择检索方式——pitch（音调，如升调、降调）、interval（间隔）、scale degree（音阶/级）、gross contour（粗略的曲调）、refined contour（较为精确的曲调），这几种方式可以单独使用也可以综合起来使用。然后，用户还可以通过确定这个片段所在全曲的位置（location）来选择，默认为曲首。此外，辅以调式（key）和节拍（meter）也可以提高检索的准确度。

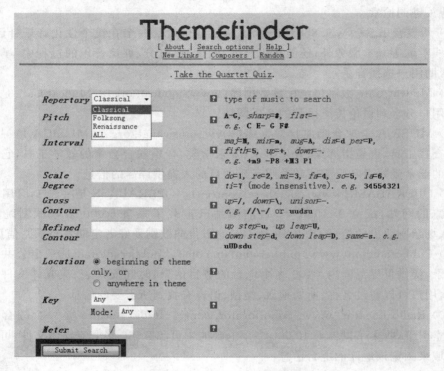

图 5-26　Themefinder 检索界面

（3）检索结果与评价。相匹配的检索结果以图形符号（graphical notation）显示出来。目前，有两种不同的显示方式，并可进行格式转换，具体涉及较为专业的术语，在此不详述。总之，这个音乐搜索引擎面向具备专业音乐知识的用户，因为只有准确地输入相关的音乐参数才能进行搜索，检索者必须具备一定的乐理知识。网站提供了详尽的检索帮助功能。

2. Midomi（www.midomi.com）

Midomi 是基于用户声音的搜索引擎，是 Melodis Corporation 2008 年发布的产品。其最大特点是允许用户自己对着计算机麦克风哼唱一小段歌曲旋律，然后它会根据这些声音把相关的歌曲查询出来。它的这一突出特色，正是谷歌音乐查询所缺少的"哼唱搜索"。而且使用简单，只需单击页面最上方的"Click and Sing or Hum"按钮，至少哼唱10秒钟以上以提高检索准确性。然后在弹出的Flash窗口中单击"允许"。接下来再通过麦克风将自己想要的歌曲清晰地唱出来，或只要把节奏哼出来就行。30秒钟之后，网站会自动停止录制并开始进行旋律比对。稍后，一个根据哼唱结果匹配出来的歌曲列表会自动显示出来。而列表顶端往往就是让用户"踏破铁鞋无觅处，得来全不费工夫"的那一曲。目前，该网站有包括中英文在内的10个版本。"哼唱搜索"（语音搜索）还可以通过"高级语音搜索"进行流派和语言的限定，此外，网站还提供文字搜索。如图5-27所示。

图5-27　Midomi检索主页及文字检索页面（合成图）

3. 其他类似工具

（1）Musipedia(zh.musipedia.org)。旋律搜索引擎是一个开放式的音乐百科。可以"弹奏搜曲"，在Musipedia上面通过使用钢琴键盘弹奏旋律、哼唱歌曲或者单纯在键盘上敲打节奏来搜索音乐，当然还可以直接输入准确的音符来搜索。

（2）SongTapper(www.bored.com/songtapper)。可以只敲打键盘上的空格键，把心中的歌曲的大概节奏敲出来即可，它会帮助用户把相关歌曲查找出来。

基于内容的音乐搜索引擎被用户称赞为真正意义上的音乐搜索工具，即"用音乐搜索音乐"，作为基于内容音频搜索领域中最大的一个子类，无论是通过旋律搜索（哼唱或键盘输入），还是通过其他声音特征搜索（如图5-28所示），都给用户带来了奇妙的体验。因此近年来发展迅速，相关研究取得可观进展，为用户提供的相关检索工具

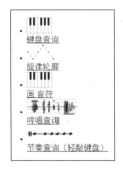

图5-28　音乐查询方式举例

多达数十种,但为使基于内容的音频/音乐检索系统在实践中更为便捷和实用,仍然有诸多问题需要探索和研究。

5.3 视频文件的检索

5.3.1 视频文件检索原理

互联网的扩张是令人惊异的,随着数据获取、存储、传输技术的飞速发展,人们可以便捷地查询和获取到大量的视频数据,但现阶段用于组织、管理和检索视频文件的技术却远不能满足人们的需要,视频检索日益成为网络信息检索领域的重要研究方向。

1. 基于文本的视频检索

视频包含的信息极其丰富,一段完整的视频往往由字幕、音轨、图像记录以及按照一定速率连续播放的图像记录组成。因此,视频可以被看做是文本、音频以及含时间维度的图像集合。基于外部特征的视频检索技术与基于外部特征的音频检索技术在原理和系统结构上极其类似,比较适用于有相关元数据描述信息的视频,例如,电影和电视这类有着特定的片名、演员、导演、内容简介等的视频。但这种技术有着很大的局限性,如果要直接检索一段包含特定场景的视频片段,如要找一段火山爆发的视频、足球比赛中的射门镜头、含有日出景色的片段等,传统的基于文本的检索方法则无法快速实现,因而基于内容的视频检索技术就应运而生了。

2. 基于内容的视频检索

基于内容的视频检索是根据视频的内容和上下文关系,对大规模视频数据库中的视频数据进行检索。它提供这样一种算法:在没有人工参与的情况下,自动提取并描述视频的特征和内容。这是一门交叉学科,以图像处理、模式识别、计算机视觉、图像理解等领域的知识为基础,从认知科学、人工智能、数据库管理系统及人机交互、信息检索等领域,引入新的媒体数据标识和数据模型,从而设计出可靠、有效的检索算法、系统结构以及友好的人机界面。基于内容的视频检索系统流程如图 5-29 所示。

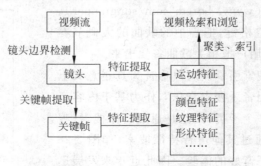

图 5-29 基于内容的视频检索系统示意图

目前，基于内容的视频检索研究，除了识别和描述图像的颜色、纹理、形状和空间关系外，主要研究集中在视频分割、特征提取和描述（包括视觉特征、颜色、纹理和形状及运动信息和对象信息等）、关键帧提取和结构分析等方面。视频检索其实与图像检索联系很紧密，视频实质上是由一个个的图像帧所组成，每一帧都是一幅静态的图像。但视频与图像不同的地方在于，除了具有静态图像所拥有的颜色、纹理、形状和对象空间关系等特征外，视频还有动态性，如镜头运动的变化、运动目标的大小变化、视频目标的运动轨迹等，因而视频又称为动态的图像，与时间关系、图像序列有关。换言之，视频有一个潜在的综合结构，一个视频序列可以被看做一个组织完善的文档并且能够被分割成不同级别的逻辑单元。顶层包括序列和情节，主要由一系列场景(Scenes)组成。场景能够进一步被分割为多个镜头(Shots)，每个镜头包括一个帧(Frames)序列，这些帧被连续记录并且表达了一个在时间或空间上连续的动作。将一个长的视频序列分解为有意义的组件是视频分割和时间结构化的任务。首先要进行视频结构分析，将视频流通过镜头边界检测分割为镜头，并在镜头内选择关键帧，这是一个高效的视频检索系统的基础和关键。然后提取镜头的运动特征和关键帧中的视觉特征，作为一种检索机制存入视频数据库，最后根据用户提交的查询按照一定特征进行视频检索，将检索结果按相似性程度排序提交给用户。特征的提取和检索算法的优劣决定了整个检索系统的效率和性能。

视频检索处理的关键技术包括以下几种：

(1) 镜头边界检测(shot boundary detection)。镜头边界检测，即镜头分割。镜头是视频数据的基本单元，它代表一个场景中在时间上和空间上连续的动作，是摄像机的一次操作所摄制的视频图像，任何一段视频数据流都是由许多镜头组成的。要实现基于内容的视频检索首先要做的是将视频数据自动地分割为镜头，这个过程称为镜头边界检测或场景转换检测(scene change detection，SCD)。镜头边界检测是更高层次视频分割（如场景分割等）的基础。镜头边界检测的典型方法有模板匹配法、直方图法、基于边缘的方法、基于模型的方法和压缩域方法等。

(2) 关键帧(key-frames)抽取。帧是静态的图像，是组成视频的最小单位，它通常会反映一个镜头的主要内容。关键帧是从原始视频数据中抽取静止的图像，它以抽象的方式最好地表达了镜头的内容。关键帧的使用大大减少了视频索引的数据量，同时也为检索和浏览视频提供了一个组织框架。关键帧的提取原则是"宁错勿少"，因为只有足够多的关键帧才能更准确地描述视频的内容，关键帧对于视频浏览是至关重要的。关键帧选取方法有很多，典型的有基于镜头的方法、基于内容分析的方法、基于运动分析的方法和基于聚类的方法。

(3) 特征提取。视频分割成镜头后就要对各个镜头进行特征提取，得到一个尽可能充分反映镜头内容的特征空间，这个特征空间将作为视频聚类和检索的依据。特征提取包括从关键帧集合中提取视觉特征（包括颜色、纹理、形状、空间位置等特征），以及从镜头集合中提取运动特征。

最后,用特定的格式来描述这些特征,并根据这些特征进行镜头和关键帧的聚类,并组织索引。由于一个视频文件经过上述几个步骤之后产生了大量的镜头和帧,它的索引也是相当庞大的。一旦建立视频内容的索引,就可以利用相似性测度,基于关键帧特征或镜头的时间(运动)特征,或二者的结合来进行视频检索。目前视频检索的方法主要有以下 3 种:

① 基于关键帧的检索。用户可以使用目标特征的说明直接查询、可视实例的示例查询和指定的特征集查询等多种方法在数据库中检索需要的关键帧。

② 基于运动的检索。这是基于镜头和视频对象的时间特征进行的检索,是视频查询的进一步要求。

③ 基于故事单元的浏览检索。一般采用分层结构和集束分类技术。同基于特征的图像检索相比,组合多个特征来定义两个镜头的视频序列之间的内容相似度以支持检索则更具有难度和挑战性,因此基于内容的视频检索和浏览工具依然在发展探索中。

5.3.2　基于文本的视频搜索引擎

1. YouTube(www.youtube.com)

(1) 简况。YouTube 于 2005 年创建,2006 年被 Google 收购,目前已是世界上最大的视频分享网站。网站用 Flash Video 来播放各种由上传者制成的视频内容,包括电影剪辑、电视短片、音乐录像带等,以及上传者自制的业余影片,包括一些媒体公司及合作伙伴上传的自制影片。YouTube 提供全球、加拿大、德国等 20 个区域频道,支持简体中文、繁体中文、日语、韩语、英语等 15 种主要语言。其首页如图 5-30 所示。

(2) 检索功能。网站支持关键词检索和浏览两种查询方式。YouTube 将网站的所有视频内容划分为 14 大类,包括喜剧、新闻和政治、电影和动画、娱乐等。进行浏览查找时,用户只需点击进入不同的类目,网页上就会显示该类目下的热门视频和今日浏览最多的视频。关键词检索时用户只需要输入相应的关键词,系统就会自动检索出符合用户需求的图像。此外,YouTube 的高级检索功能还允许用户进行安全搜索设置,可定义相关搜索结果优化选项,包括从词组、位置、视频长度、语言、主题类别、上传时间、视频质量(高清)等方面限定检索结果。

(3) 检索结果和评价。检索结果提供 4 种排序方式:相关性、上传日期、观看次数和评分。用户还可以从结果类型、上传日期、类别、时长和功能等方面对检索结果进行筛选,找到最符合条件的视频资源后即可观看播放。2007 年 10 月,YouTube 分别开放了中国香港及中国台湾两地的中文网站,不过由于多种原因,内地用户有时不能正常访问该网站(2010 年 1 月 17 日,酷 6 传媒宣布已经与 YouTube 达成协议,酷 6 网的国际用户可以通过 YouTube 的一个新频道观看中国内地的视频)。作为业内最成功、实力最为强大、影响力颇广的在线视频服务提供商,YouTube 的系统每天要处理上千万个视频片段,为全球

图 5-30　YouTube 网站首页

成千上万的用户提供高水平的视频上传、分发、展示、浏览服务。通过强有力的技术支持，YouTube 提供了对多种格式视频内容的支持，并且对上传文件规格的规定比较宽松，吸引了大量用户，这也导致了其视频内容的鱼龙混杂。其访问量远远超过 Google Video 和 Yahoo Video，2011 年 10 月份访问量即达到 210 亿次左右。

2．Hulu（www.hulu.com）

（1）简况。Hulu 是由美国国家广播环球公司（NBC Universal）和新闻集团（News Corp）在 2007 年 3 月共同注册成立的一家视频网站。Hulu 中的大部分视频内容来自 260 多家媒体单位，包括 FOX、NBC、ABC、国家地理等，用户可以欣赏到这些公司的热门电视节目，也可以看到 Hulu 自制的视频节目以及众多的纪录片、电影等。其主页如图 5-31 所示。

（2）检索功能。网站提供关键词检索和浏览查找两种方式。其中，关键词检索中的高级检索功能支持布尔检索，允许用户从名称、描述、编号、演员等字段进行检索，也可以从视频类型、来源网站、播出日期等字段优化检索结果。浏览查找时用户可以按字顺进行查找，也可以从网站提供的类目、子类、来源网络、时间等字段进一步筛选结果。

（3）检索结果。检索结果包括视频的名称、类型和来源网站，用户还可以按照相关度、流行度、播出日期、用户评分等角度对检索结果进行排序。此外，网站提供的"Most Popular"功能可以为用户提供最近最热门的视频和用户评价最高的视频。

图 5-31 Hulu 网站首页

3. Rotten Tomatoes（www.rottentomatoes.com）

（1）简介。Rotten Tomatoes 创立于 1998 年，是美国一个以提供电影相关评论、资讯和新闻为主的视频网站。网站以其独特的电影评论方式，成为许多影迷的首选之地，为用户提供了一种独特的、全方位的视频社区。在 Rotten Tomatoes 中，好的评价会用新鲜的红番茄表示，而坏的评价用腐烂的绿番茄表示。网站会追踪所有的评论内容以及正面评价的比例，若正面的评论超过 60% 以上，该部作品将会被认为是"新鲜的"（fresh）。相反的，若一部作品的正面评价低于 60%，则该作品会被标示为"腐烂的"（rotten）。其主页如图 5-32 所示。

（2）检索功能。网站支持关键词检索和分类浏览两种查询方式。关键词检索可查询电影、演员以及评论家的相关信息。分类浏览则将网站内容划分为电影、DVD、名人、新闻以及评论五大类，每大类下还设有若干小类。

（3）检索结果。检索结果显示与检索词相关的电影、与之有关的名人及评论者的前五位，电影显示其受欢迎程度的新鲜程度的图标。进一步点击单部电影包含影片的评分、上映日期以及主演等信息，点击每个结果项还可以看到评论家和观众对影片的评分结果、影片的介绍、主演信息、剧照和片段以及评论家和观众的相关评论。

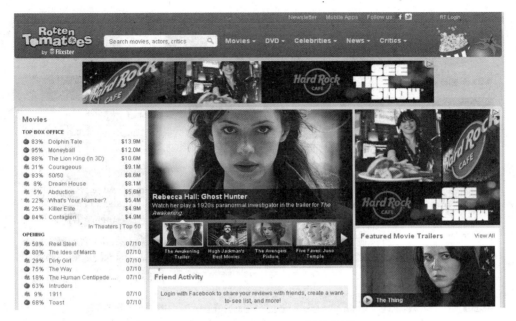

图 5-32　Rotten Tomatoes 网站首页

4. 优酷（www.youku.com）

（1）简介。优酷网于 2006 年 12 月 21 日正式推出，目前已堪称中国第一视频网站。网站号召用户随手将身边的精彩生活拍下来与亿万互联网用户共享，提出"拍客无处不在"，倡导"谁都可以做拍客"，引发全民狂拍的拍客文化风潮，使优酷网成为互联网拍客聚集、分享的平台，但这种提交方式也导致资源内容良莠不齐。其首页如图 5-33 所示。

（2）检索性能。优酷网提供多种检索方式，包括：关键词搜索、人气搜索榜单、兴趣分类频道、搜索排行榜。分类导航将全站资源按类型分为电视剧、电影、综艺、动漫和其他，每个类型可以按照国家地区、视频类型（武侠，喜剧等）、上映时间、免费或付费等进行选择；又按照内容分为资讯、娱乐、生活等大类，点进各大类下还划分若干小类，用户可以根据自己感兴趣的内容浏览查找。此外，优酷还发布了一款视频搜索引擎搜库（SOKU），用户不仅能搜索到优酷网的视频，还提供全网搜索，可搜索其他视频网（如土豆、酷 6、激动等网站）的视频。

（3）检索结果。检索结果可以按照相关程度、最新发布、最多播放、最多评论、最多收藏排列，也可以从画质、分类、时长、发布时间等方面限制检索结果。每个结果项包含上传者 ID、发布时间以及播放次数等信息。

类似的网站还有土豆网和激动网。土豆网（www.tudou.com）是国内一家大型视频分享网站，激动网（www.joy.cn）也是一个著名的中国视频门户，向用户提供包括新闻、财

图 5-33 优酷网首页

经、体育、娱乐等在线视听节目,提供多种形式的视频互动服务。

5.3.3 基于内容的视频检索

相对于基于内容的图像检索系统而言,基于内容的视频检索系统发展步伐略显缓慢,目前国内外已出现一些研发项目和试验型检索系统,但还未得到互联网用户的广泛使用。

1. Informedia(www.informedia.cs.cmu.edu)

卡耐基梅隆大学(CMU)于 2001 年起开始的数字图书馆项目——Informedia Digital Video Library,针对关于视频元数据的提取、查询和检索问题,着重处理多媒体内容的固有问题,是一个"视频的全内容查找和检索"系统。该系统旨在建立一个在线视频数字图书馆以允许用户查找、检索和浏览。该项目使用了两个主要的语料库作为内容:"广播新闻"镜头和"科学纪录片"。本项目研究的首要目标是实现对视频和电影媒体的机械理解,包括在视频库内容集合中查找、检索、可视化和摘要等各个方面,探索有效地从知识库中搜索、观看和理解视频镜头的方式。这对于广播娱乐工作者快速找到老镜头大有裨益。

该项目着重应对两大挑战:

① 自动从视频中获取有用的语义信息以提供直觉、有效的数据搜索;

② 提供有用的检索结果呈现方法供用户评估。项目组作了大量研究,有一个简单DEMO,如图 5-34 所示。

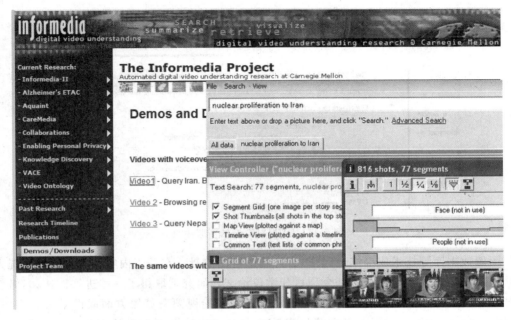

图 5-34　Informedia 首页及 DEMO（合成图）

2. VisualSEEk（www.ee.columbia.edu/ln/dvmm）

在图像检索部分曾经提到过 VisualSEEk，这是美国哥伦比亚大学 DVMM 实验室 (Digital Video Multimedia Lab)研究的一种在互联网上使用的"基于内容"的检索系统。它实现了互联网上的"基于内容"的图像或视频检索系统，提供了一套供人们在 Web 上搜索和检索图像及视频的工具。如图 5-35 所示是 DVMM Lab 的新版主页。

该实验室致力于研究多媒体内容分析、检索、通讯的新理论、算法和系统，主要研究数字视频。目前主要研究领域包括多媒体查询与检索，多媒体标准，试验平台和基准评估。迄今为止，已经完成了数个多媒体检索项目。除 VisualSEEk 之外，还包括：

（1）VideoQ。VideoQ 扩充了传统的关键词和主题导航的查询方法，允许用户使用视觉特征和时空关系来检索视频，是一个全自动面向对象的基于内容的视频搜索引擎。它有以下几个特征：集成文本和视觉搜索方法；自动的视频对象分割和追踪；丰富的视觉特征库，包括颜色、纹理、形状和运动；通过 WWW 互联网交互查询和浏览。

（2）WebSEEk。网络图像/视频搜索引擎，一个基于内容的图像和视频目录检索工具。

（3）MetaSEEk。基于内容的图像元搜索引擎。对多媒体检索技术和数字图书馆项目感兴趣的用户，可以继续关注该实验室的研究进展。

3. 国内相关研究现状

视频检索技术是世界各国学者研究的热点问题之一。视频检索把图像检索、模式识

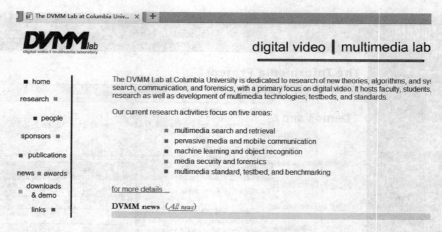

图 5-35　DVMM Lab 的新版主页

别、图像数据库等技术成果结合起来,有广阔的应用前景。在基于内容的视频检索系统方面,国内的一些大学、研究院、基金项目和学位论文在研究上取得了一些进展。比如,微软中国研究院的多媒体计算机组在智能搜索引擎和智能视频浏览器方面取得了重要突破。国防科技大学研发了新闻节目浏览检索系统和多媒体信息查询和检索系统。清华大学开发了视频节目管理系统 TV-FI,提供基于内容的浏览、检索,提供多种模式访问视频数据,包括基于关键词的查询、基于示例的查询、按视频结构进行浏览以及按用户自己预先定义的类别进行浏览。但总体而言,国内有多数研究停留在"基于内容的视频检索系统的设计与实现"的理论研究层面,而开发适合互联网用户使用的相关系统尚不多见,亟待开发。

　　本章分别介绍了多媒体(图像、音频、视频)信息的检索原理和常用检索工具。网络多媒体检索是一个日新月异的研究领域,尤其是基于内容的多媒体检索技术,将会在诸多领域中得到更广泛的应用,包括数字图书馆、网络多媒体搜索引擎、交互电视、远程教育、远程医疗、远程购物和多媒体编辑等。尽管基于内容的多媒体检索工具在国内外仍处于研究、探索和实验阶段,目前所实现的一些技术也还存在许多问题,比如多媒体特征的描述和特征的自动提取问题,多媒体的同步技术、匹配和结构的选择问题,以及按相似性特征为基础的索引、查询和检索等。基于内容的多媒体检索作为一个新兴的研究领域,由于其检索对象和范围的多样性,还要解决多种检索手段相结合的问题,以提高检索效率。此外,更好地理解检索内容以及使检索性能更接近人类视觉、听觉的特征,也是未来的研究热点。互联网多媒体信息的迅速膨胀,广大用户希望"以图搜图"、"以音找音"以及方便快捷查询视频片段的需求,加上搜索工具逐步完善的检索功能,一定会促进多媒体检索技术的发展。新一代智能型的多媒体搜索引擎将会给用户带来新的搜索体验。

思考题

1. 基于内容的图像搜索引擎的原理是什么?
2. 图像视觉特征的提取和表达有哪些方法?
3. 举例说明传统图像(音频或视频)检索工具与基于内容的检索工具的优缺点。
4. 选择一种基于内容的图像(音频或视频)搜索工具,进行试验性检索并对检索性能和检索效果进行评价。
5. 未来图像信息搜索技术将有哪些发展方向?新一代智能型多媒体检索工具主要应解决哪些问题?

CHAPTER 6
第 6 章

学术信息的网上检索与获取

互联网为研究人员带来了前所未有的海量信息,并提供了最大范围检索和利用信息的可能性。研究人员无论是要查找世界著名图书馆的书目、寻找家族的历史、谱系,还是要获取关于某种濒危野生动物的分布、数量,或是想了解某国接受高等教育的人数、经费投入情况等,在互联网上都会有众多相应的信息可以查询、获取和利用。

然而,互联网上信息的无限、无序及缺乏质量控制又给研究人员有目的地查找和利用信息造成了很大困难。网上的确充斥着许多不准确的、过时的甚至错误的信息,但也存在着许多优质的、具有一定学术性、权威性、有较高利用价值的信息。如前所述,网络信息既不是传统信息资源的复制,不能完全取代传统的文献交流渠道,也不是毫无学术价值的一种单纯的信息交流工具。互联网是对传统信息交流渠道及传统信息资源的最有力、最重要的补充,而且在科研信息资源中的比重日渐增加,对于科研工作人员来说,不熟练掌握互联网这一工具,不充分利用互联网信息资源,是很难达到相关领域的前沿,是很难取得具有国际先进水平的工作成果。

本章将从学术研究的资源需求出发,围绕电子图书、电子期刊、会议文献、学位论文、专利与标准、机构与政府信息等资源的网上检索与获取,介绍代表性的网络学术信息系统、检索工具和信息服务门户站点。

6.1 图书信息的网上检索

在互联网上提供图书信息检索、服务的机构日益增多,不仅有图书馆等文献信息机构,还有图书出版商、发行商及销售商等,再加上出版的数字化和图书的电子化,用户在网络环境下检索、获取图书会感觉十分便捷。以下主要介绍网络环境下检索图书信息的几种主要途径:

6.1.1 世界各地图书馆的馆藏目录系统

在图书馆未实现自动化和网络化之前,图书馆目录的使用范围基本上只限于馆内用户,而互联网的发展则冲破了这一限制。自 20 世纪 80 年代以来,世界各地图书馆在开发、建设数字图书馆(digital library)系统的进程中,已将传统的图书馆目录发展为"联机图书馆公共可检索目录"(online public access catalog,OPAC),即一个基于网络的开放式书目检索系统,提供本馆书目信息的检索服务。网络用户可通过自己的网络终端检索世界各地图书馆的OPAC,使用每个目录时只需知道所要访问、检索的图书馆主页的URL就可查询任何国家、地区图书馆及高校图书馆的藏书。用户既可以查询国内最大的图书馆——国家图书馆的目录,也可以访问美国国会图书馆、大英图书馆等世界级大型图书馆的馆藏。

检索某个图书馆目录有多种途径,以查询国内高校图书馆为例,首先,直接访问高校主页,点击图书馆即可。若查询国内高校图书馆目录,可参考清华大学图书馆——国内上网图书馆导航(www.lib.tsinghua.edu.cn/chinese/otherlib/),如图6-1所示。

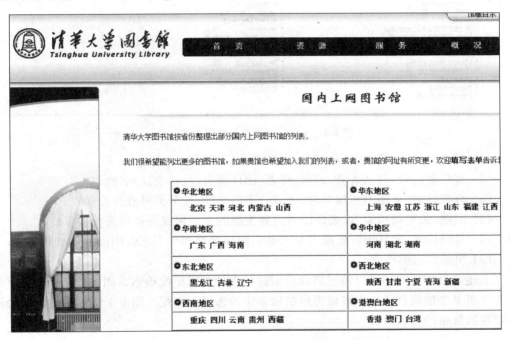

图 6-1 清华大学图书馆——国内上网图书馆导航

其次,可以利用各类网络目录中的"图书馆"目录。例如,在Yahoo的总目录页中,按路径Reference→Library,可以找到一个如图6-2所示的目录页,在该目录页中就可按照图书馆的类型(如:艺术图书馆、商业图书馆、教育图书馆、法律图书馆、科学图书馆、公共图书馆、国家图书馆等)找到相应类目,进而链接到世界各地各类型图书馆的主页,检索其公共目录OPAC。

最后,还可以利用通用搜索引擎直接查询某图书馆的名称,链接其主页后即可点击使用其馆藏目录。每个图书馆的书目检索系统不尽相同,各有特色。但都是通过揭示图书的形式和内容特征进行著录并提供用户检索,因此检索途径基本相同,主要有:

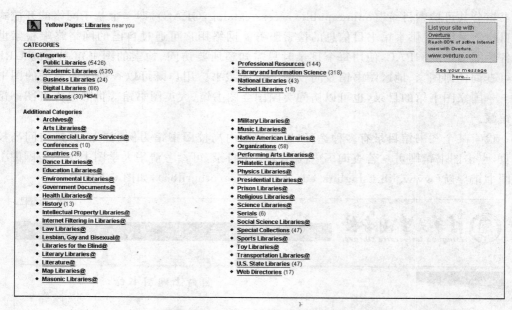

图 6-2 Yahoo 的世界各类图书馆目录

（1）题名检索，包括书名、丛书名、并列书名、刊名等；
（2）责任者检索，包括著者、编者、译者、团体著者（包括会议）名称；
（3）分类检索，从图书所属学科、领域分类的角度，按分类号进行检索；
（4）主题/关键词检索，以表征图书内容主题的主题词或关键词进行检索；
（5）号码检索，包括国际标准书号 ISBN，国际标准刊号 ISSN，中国书号或期刊号；
（6）出版社名称检索。

上述书目特征间还可以通过高级检索进行多种逻辑组配检索。图 6-3 显示了北京师范大学图书馆馆藏目录检索界面提供的检索字段选择和组配。图 6-4 显示了美国国会图书馆联机目录的检索页面。

6.1.2 联合目录数据库

联合目录是揭示报道多个文献收藏单位的馆藏情况，汇总多个机构馆藏书目信息的目录。其作用是把分散在各地、各图书馆的文献，从目录上连成一体，帮助研究人员同时查询多个机构的馆藏，选择最佳的图书资源。联合目录也是图书馆为用户开展馆际互借，实现资源共享、获取本地缺藏文献的重要依据。著名的联合目录系统有很多，国外的有：WorldCat、OhioLink Library Catalog、COPAC（Union Catalogue of British and Irish Libraries）以及 The European Library 等。国内的有：CALIS 联合目录公共检索系统、高校人文社科外文图书联合目录（CASHL）、中国科学院科学数字图书馆联合目录（CSDL）、BALIS 联合检索系统等。这里重点介绍以下两个联合书目数据库。

第6章　学术信息的网上检索与获取

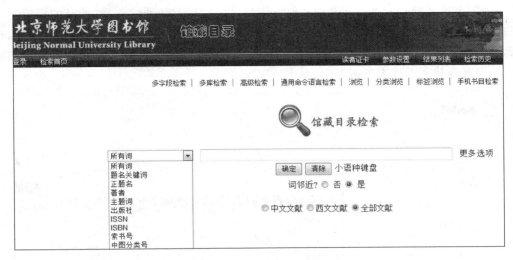

图 6-3　北京师范大学图书馆的馆藏目录检索主页

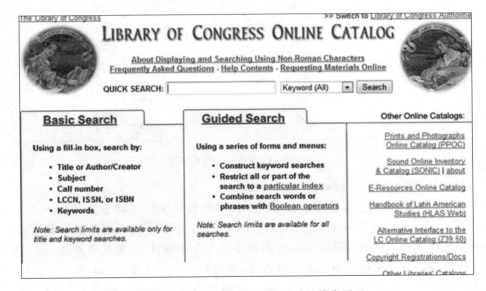

图 6-4　美国国会图书馆联机目录的检索页面

1. WorldCat（www.worldcat.org）

互联网 WorldCat 是 OCLC 系统提供的一个在线联合目录数据库，是世界上最庞大、最完整、收录图书馆最多的联合目录。包含 OCLC 近 2 万个成员图书馆编目的所有记录，可以为用户提供数以百万计的书目记录。从 1971 年建库至今，共收录有 470 多种语言总计达 16 亿多条的馆藏记录、2 亿多条独一无二的书目记录，其中还包括 800 多万条硕士、博士论文书目记录；每个记录中均带有馆藏信息，基本上反映了 4 000 多年来世界范围内图书馆所拥有的图书和其他资料。该目录的主题范畴非常广泛，涉及的资源类型包括图书、手稿、地图、网址与网络资源、乐谱、计算机程序、电影与幻灯、录音录像带、报纸、期刊与杂志、文章、章节以及文件等。该数据库信息平均每十秒更新一次。检索功能齐全，其高级检索的检索页面如图 6-5 所示。

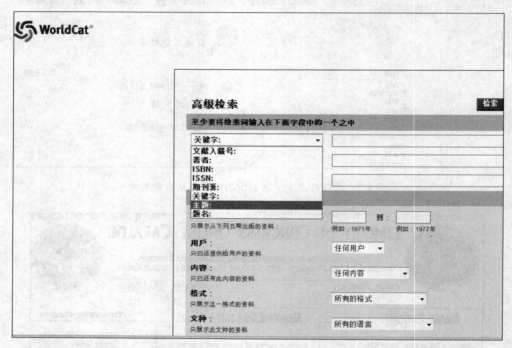

图 6-5　WorldCat 联合目录高级检索页-中文版

2. CALIS OPAC 系统（opac.calis.edu.cn）

CALIS 联合目录数据库检索系统是由中国高等教育文献保障系统（China Academic Library & Information System，CALIS）建立，自 1997 年至今已有成员馆约 500 家，它的主要任务是建立多语种书刊联合目录数据库和联机合作编目、资源共享系统，为全国高校的教学科研提供书刊文献资源网络公共查询，支持高校图书馆系统的联机合作编目，为成员馆之间实现馆藏资源共享、馆际互借和文献传递奠定了基础。通过 CALIS OPAC 系统，科研工作人员可以了解所查询图书在全国高校的收藏概况，更可以通过"馆藏"链接直接使用馆际互借服务，从而获取本馆缺藏的图书文献。

CALIS 联合目录数据库涵盖印刷型图书和连续出版物、电子期刊和古籍等多种文献类型；覆盖中文、西文和日文等语种；书目内容囊括了教育部颁发的关于高校学科建设的全部 71 个二级学科，226 个三级学科（占全部 249 个三级学科的 90.8%）。并逐渐把联合目录数据库从一个以图书和期刊为主的联合目录数据库发展为以印刷型书刊书目记录为主流产品,还包括电子资源、古籍善本、非书资料、地图等书目记录,能链接图片、影像、全文数据库的多媒体联合数据库。该系统提供多种浏览和检索途径,高级检索功能如图 6-6 所示。

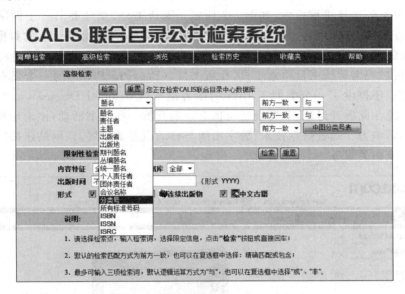

图 6-6　CALIS OPAC 系统高级检索页

6.1.3　网上书店

随着互联网在全球的普及,一种方便快捷的读书、购书方式——网上书店,实现了许多人在家中"逛"书店的梦想。用户通过网上书店的检索平台,可以按书名、作者、出版社、图书分类号、关键词等方式快速定位自己所需要的图书,并且能够通过电子支付和物流手段,方便快捷地购买、获得所需要的图书。除购书外,网上书店还提供各种图书信息服务,如:图书销售排行榜、最新图书介绍、读书俱乐部活动等信息。网上书店以互联网为依托,具有传统书店无可比拟的、广大的存储、阅览、选购空间。虽然网上书店的主要功能是销售图书,但是它的数据库或称"虚拟书架",可以作为研究人员查找图书信息的一个非常便捷的参考信息源。

1. 亚马逊网上书店(www.amazon.com)

亚马逊网上书店(Amazon.com)是互联网上最大、最著名的图书及音像制品销售公司,其总部设在美国的西雅图。起初亚马逊只经营网络的书籍销售业务,现在则扩营了范围相当广的其他产品,发展为综合性的网上商城,拥有上千万用户,可提供多达 310 万种图书及音像资料的书目数据。美国《福布斯》杂志称其为"世界上最大的书店,只是没有书"。因为其服务机制是建立在方便、迅速的订货体系和与出版商达成的供货协议上。该网站有包括中文在内的多个版本,并根据地域特色为用户提供个性化的图书服务。

亚马逊书店根据所售图书的种类不同,设置了不同的页面。所提供的书目数据包括书名、著者、出版者、ISBN、售价等信息。用户可以从著者、题名和主题、关键词、ISBN、出版商、所属分类等途径进行检索,如图6-7所示。除售书外,亚马逊书店还提供多种信息服务,如年度最佳、畅销排行、常用教材、图书推荐、图书奖、书友会等。它的数据库可以作为一个庞大的营业性书目库,为各类用户提供广泛的书目查寻。从书目信息检索的角度讲,该网站可被视为传统书目检索工具《在版书目》(*Books in Print*)的一个强有力的竞争对手。该站点还提供了一个类似于BBS的读者论坛(Customer Discussions),读者可以就某热门话题在此展开讨论,亚马逊公司也会定期开展一些读书活动,该论坛在世界范围内有不小的影响力。随着信息技术、数字出版与移动设备的发展,该网站还提供电子书的阅览与下载及相关服务。

图6-7　亚马逊网上书店图书检索页(英文版)

2. Barnes & Nobles(www.barnesandnoble.com)

Barnes & Noble是美国最大的老牌连锁书店,亚马逊的巨大成功给它造成了很大冲击。Barnes & Noble试图通过建立网络售书体系与亚马逊一争高低,经过数年的建设和完善,其网络售书体系已具备相当规模,是亚马逊十分强劲的竞争对手。Barnes & Noble网站可以提供联机图书信息检索、图书订购和发送图书等服务。用户可按学科主题分类范畴浏览,也可以按书名、著者、关键词、ISBN号等检索其数据库。除此之外,还有各种流行书、高关注度书目、特价书、特色收藏等专栏或数据库供读者检索利用。其检索页如图 6-8 所示。

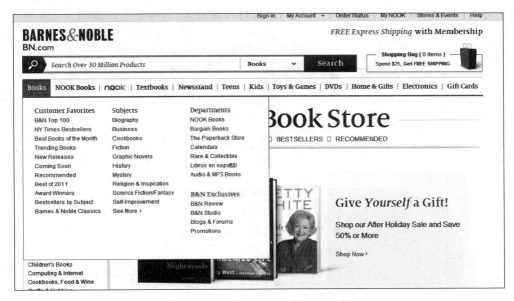

图 6-8　Barnes&Noble 网上书店检索页

3. 当当网上书店（www.dangdang.com）

当当网，又称当当网上书店、当当网上书城，成立于 1999 年 11 月，由国内出版机构科文公司、美国老虎基金、美国 IDG 集团、卢森堡剑桥集团、亚洲创业投资基金（原名软银中国创业基金）共同投资成立，是全球最大的中文网上书店，面向全世界中文读者提供 60 多万种图书以及上万种音像商品，每天都有成千上万世界各地的读者利用其网上书店服务。同时，该书店也在逐渐扩大营业范围并发展成为销售图书音像、家居和 3C 数码等几十个大类商品的在线综合商城。当当网提供较为方便的检索手段，用户可按学科主题分类浏览，也可以按商品名和作者姓名检索其数据库。除此之外，还提供二手书出售、打折特卖信息、书评和读者论坛、书名排行等信息服务。当当网提供的图书目录完整，评论数量高。购物流程方便快捷，配送系统发达，下单一天至两天即可收到图书，是国内较先进的电子商务系统。

4. 卓越亚马逊（www.amazon.cn）

2000 年 1 月，卓越网由国内 IT 企业金山和联想共同投资组建。2000 年 5 月，卓越网作为综合电子商务网站正式发布，其主要业务是销售图书、音像、软件等文化产品，以"精选品种、全场库存、快捷配送"为主要的经营模式，已发展用户几百万人，成为中国访问量最大、营业额最高的零售网站。卓越电子商务平台实现产品宣传、客户管理、供应链和内部运作等全部在线进行，从而实现完整的电子商务。2004 年，卓越网被亚马逊公司收购，逐渐向大型网上百货商城的商业模式转型。但是图书仍然是其主要商品，主要包括中文图书、教材教辅、考试资料以及进口图书，也被称为"中国最大的网上书店"。用户可以利用关键词直接检索，也可以浏览图书分类或进行高级检索，其检索页面如图 6-9 所示。

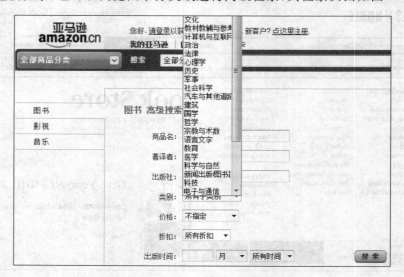

图 6-9 卓越亚马逊图书高级检索页

6.1.4 电子图书数据库和服务提供站点

近年来电子图书(Ebook)发展非常迅速，互联网上提供电子图书的站点数量众多。电子图书的种类也从过去的以百科全书、词典等参考工具书为主，发展到文学作品、专业书籍等许多门类。国内自 2006 年起，每年发布《中国电子图书发展趋势报告》，2008 年更被誉为中国电子书发展的春天，电子图书产品不断增长，读者规模不断扩大，电子图书阅读终端日益普及。而据国外媒体报道，全球最大的网络搜索引擎 Google 与英国牛津大学和美国几个世界著名图书馆（如：哈佛大学、密歇根大学、斯坦福大学、纽约公共图书馆等）达成协议，将把这些图书馆的丰富藏书制作成网络版，供全球各地的读者免费查询、阅读。此举被认为是向全球网上图书馆迈出了重要一步，此项计划一旦完成，可以提供用户网上阅读的图书数量将非常大，而且可以通过搜索引擎进行检索，让用户方便快捷地找到自己想要阅读的图书。

电子图书网站大致可分为综合性和专门性两种。综合性网站收藏的电子图书从文学、历史到科技、军事等，门类众多。专门性网站则侧重于对某门类电子图书的收集，如计算机书籍、武侠小说等。目前，已有一些著名的 Web 站点在收录电子图书方面很有特色和影响，如：古腾堡计划(Project Gutenberg)提供了成千上万种世界著名文学经典的网络查询与浏览。

查找电子图书可以使用通用搜索引擎（如 Google、Yahoo 或百度等）检索；在各电子图书资源库中则可通过浏览其网站目录，找到所需书籍。下面介绍几个国内外较有代表性的电子图书提供机构及其服务。

1. 读秀知识库（http://edu.duxiu.com）

"读秀"是超星数字图书馆中的电子书资源库或称电子书阅读方式。该库全文文献类型多样，包括学术核心图书（保证收录每年的核心出版物）、教参类图书、一般类图书、丛书、方志、地方文献、年鉴及工具书等。其中中文图书近 180 万册，年限从解放前一直到现在，学科分布于中图法的全部 22 个大类中。除图书外，还包括 260 万种中文图书书目信息元数据，以及近千家国内图书馆图书分布信息。要浏览超星电子图书，首先需要获得使用许可；其次必须使用专门定制的浏览软件——超星图书阅读器（SSREADER），同时也提供 IE 在线浏览。科研机构用户一般通过本机构的图书馆来查询和阅读。进入该网站后，可通过分类浏览和关键词检索（全文检索及目次检索）两种方法查询图书资源并进一步阅读全文、章节或享受其他服务。

2. 书生之家（www.21dmedia.com）

书生之家由北京书生科技有限公司创办，号称全球性的中文书报刊网上交易平台。网站于 2000 年 5 月开通，主要收录 1999 年至今的图书、期刊、报纸、论文、CD 等各种载体的资源，以每年六七万种的数量递增。下设中华图书网、中华期刊网、中华报纸网、中华资讯和中华 CD 网等子网。入网出版社 500 多家，以中国大陆地区出版的新书为主。涉及社会科学、人文科学、自然科学和工程技术等类别。可向用户提供全文电子版图书，可浏览、拷贝、打印输出。其独特的书生全息数字化信息阅读器，提供栏目导航和顺序阅读功能，为读者的检索增强了目的性，也为阅读长文件带来了便利。该网站提供分类检索、单项检索、组合检索、全文检索、二次检索等强大的检索功能。使用该资源需要获得许可，该平台也有专用浏览器。

3. Apabi 数字资源平台（http://ebook.lib.apabi.com）

方正 Apabi 数字图书馆是北京大学方正公司开发的数字图书系统，拥有数百家出版社出版的高质量的电子图书，截止到 2010 年年初，电子图书达 50 多万种，其中 2006 年后出版的新书占到了 70%，涵盖了社科、人文、经管、文学、科技等领域，已经形成最大的文本电子图书资源库。该平台具有方便、好用的阅读工具，采用国际上最先进的 DRM（数字版权保护）技术，是国内在妥善保护电子图书知识产权方面较为优秀的数字图书馆方案；具有方便的全文查找功能、支持词典功能；可在页面上进行添加书签、画线、加亮、批注、圈注、拷贝、前/后页翻页、半翻页/全页翻切换、页面切换等操作；还可以分类浏览、快速查询及高级检索、图文显示和列表显示等。而使用该资源需要获得许可。

4. 书同文古籍书库（www.unihan.com.cn）

书同文数字化技术有限公司成立于 2000 年，其前身是书同文电脑技术开发有限公司暨《四库全书》电子版工程中心。专注于中国经典古籍善本、历史文献档案的数字化以及汉字信息技术处理的应用研发。该公司的数字化项目与产品涉及软件和内容。作为互联网内容提供商(ICP)，旨在汇集国学数字经典，建立内容丰富、功能先进、数据海量的"书同文数码书库"(全球版、全文检索版)，以及其他特色数字化内容。其产品系列如图 6-10 所示。主要包括：

(1) 书同文古籍库。经典古籍善本全文数字化产品如《四部丛刊》全文检索库、《四部备要》全文检索库、《中国历代石刻史料汇编》全文检索库、《十通》全文检索库、《大明会典》全文检索库、《光绪新法令》全文检索库、《康熙字典》、《历代石刻史料汇编》等。

(2) 明清档案文献网。陆续将中国第一历史档案馆馆藏明清档案数字化：目前包括《大清历朝实录》、《大清五朝会典》、《军机处上谕档》全文检索版。

(3) 故宫博物院馆藏档案文献全文数字化工程。包括《清宫陈设档》、《石渠宝笈》、《天禄琳琅》、《秘殿珠林》皇家文献档案。

该平台数据库拥有强大的检索系统、完整的功能平台和灵活的纠错机制，可通过多条路径、采用多种方法进行快速海量检索，可轻松实现古籍浏览、校勘、标注、分类、编辑、下载、打印的全电子化作业。使用该资源需要获得许可。

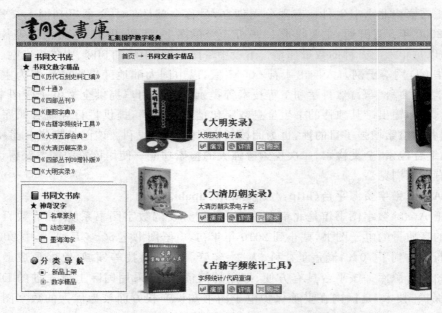

图 6-10 书同文书库"数字精品"和"神奇汉字"资源目录图(合成图)

5. NetLibrary(www.netlibrary.com/)

NetLibrary 创建于 1998 年，2002 年 1 月被 OCLC 收购。作为世界上一家重要的电子图书提供商，NetLibrary 目前收录了全球 312 家出版社近 5 万种高质量的电子图书，其中 90%的电子图书是 1990 年后出版的，每年增加新书 1 万多种。这些图书涉及自然科学和人文科学各个领域，其中不仅包含著名的专业学术著作，还包括最新出版的各类图书。NetLibrary 的电子图书主要面向高校读者，其覆盖的学科主要有：科学技术、医学、生命科学、计算机科学、经济、工商、文学、历史、艺术、社会与行为科学、哲学、教育学等。

NetLibrary 的 eBook 使用浏览器技术，可通过专线阅读，没有时间和地点的限制，且不需增添任何软、硬件，同一时间一个图书馆或机构的 eBook 读者数不限，但一本书同时只能供一位读者阅读。NetLibrary 电子图书数据库系统以模仿传统图书的借阅流通方式来提供电子图书的浏览和外借功能，一定程度上处理了电子图书使用中的知识产权问题，在国外各大图书馆中已有成功的运行实例。NetLibrary 的 eBook 具有全文检索功能，书中的每个词都可被检索。此外，NetLibrary 还提供关键字检索、高级检索和命令检索方式，支持逻辑算符、位置算符和截词算符等多种检索算符，方便读者尽快找到所需的信息。使用该资源需要获得许可。

6. Ebrary(www.ebrary.com)

Ebrary 公司建于 1999 年，由 McGraw-Hill、Pearson 和 Random House3 家著名出版公司共同投资组建。Ebrary 数据库整合了 180 多家学术、商业和专业出版商的 40 000 多册权威图书和文献，覆盖商业经济、计算机、技术工程、语言文学、社会科学、医学、历史、科技、哲学等主要学科专业。其中大部分图书都是近 3 年最新出版的，且每个月都新增几百种图书。

Ebrary 致力于为图书馆提供所需内容和技术，允许多用户同时访问，并具有特色高级检索工具。Ebrary 的数据库按学科和出版商分类，用户可以根据需要分别选择不同学科或按出版商的专业特色订购所需的电子书库。此外，Ebrary 还提供客户化的系统工具，根据选定的单词、词组，客户可以随时连接到一些在线工具书如词典、百科全书等，从而提高对文献的理解能力和知识积累。该系统的另一特色是提供了网上评注、链接、书签等功能。

Ebrary 电子图书采用 PDF 文档格式，需下载专门的软件 Ebrary Reader 才能浏览。用户不但可以阅读指定的文档或在其中进行全文检索，还可以在全部的 Ebrary 数据库内进行全文检索。Ebrary 目前提供网上个人书架服务，用户可以按作者、书名、出版社或者学科来查找自己所需的图书，然后建立网上个人书架，保存自己对已阅读文章的链接。使用该资源需要获得许可。

7. Safari(safari.informit.com)

Safari 由世界两大著名 IT 出版商：O'Reilly & Associates, Inc 和 The Pearson Technology Group 共同组建，主要提供 IT 方面的电子图书。在 Safari 系统中，70% 以上的图书是 2000 年后出版的，20% 以上的书列入了亚马逊书店前 10 000 种畅销图书清单。每月以 60~90 本的速度递增。Safari 覆盖的主题包括编程、互联网、操作系统、网络技术等。此外，Safari 还与微软出版社等其他权威出版社合作，使它的在线图书成为一个侧重信息技术与程序设计领域的电子图书参考图书馆，称为"inform IT"，如图 6-11 所示。

Safari 的显著特点是：主要为程序员和 IT 专家提供服务，新书占主流。

图 6-11 Safari 在线图书网页

Safari 提供 3 种检索方式：按主题分类浏览、简单检索/高级检索、检索特定图书。阅读全文可由检索结果中的"Table of Contents"直接跳到书中章/节，也可单击图书封面，再选择右侧"Start Reading"从头开始阅读。通过单击检索工具与检索结果之间的"Hide"按键实现全屏阅读。

未注册用户能够在线浏览 Safari 所提供图书的全书章节目录和部分图书内容，也可以申请两周的免费使用，阅读全文需要付费订阅。订阅采用订购书架（booksef）的方式，书架存书的数量有限，如果存满，可以用换书的方法继续看其他书，也可以升级更大的书架。电子图书也可以在线订购它的印刷本。

8. 古腾堡计划（http://promo.net/pg/）

古腾堡计划（Project Gutenberg）由 Michael Hart 于 1971 年发起，它的目标是使著名的或重要的过期版权的文献可为全世界免费阅读，随后有成千上万名的志愿者参加进来。古腾堡计划是互联网上最早的免费电子图书生产者，现在它几乎平均每一天都生产一部电子书。其内容主要是西方文化传统中的文学作品，比如小说、诗歌、小故事、戏剧。除此之外，也收录食谱、书目以及期刊。另外，还包括一些非文本内容，比如音频文件、乐谱文件等。古腾保计划主要收录的是英文作品，但也有相当数量的德语、法语、意大利语、西班牙语、荷兰语、芬兰语以及中文等不同语言的著作。它提供了 36 000 多部电子图书的免费检索、浏览，可通过著者、题名等多种检索入口进行查询检索，还可以下载图书，支持 HTML 和简单的文本格式。其主页如图 6-12 所示。

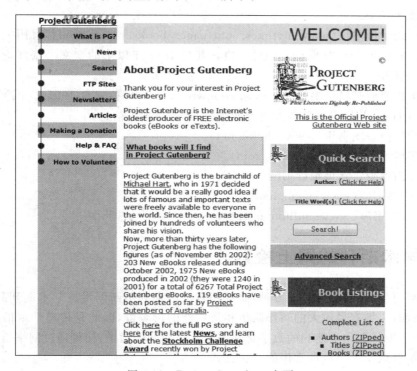

图 6-12   Project Gutenberg 主页

9. 国内外其他电子图书网站

（1）Great Books Online(www.Bartleby.com)，该网站主要向学生、研究人员提供文学、参考书及诗歌等方面的电子图书。可免费获得全文。其中"哈佛经典丛书"就多达 100 卷，此外还有很多极有价值的百科全书和词典，比如，哥伦比亚百科全书(第六版)、美国文化遗产词典、名人名言词典等。

（2）StoryPlus(www.storyplus.com)，是一个儿童电子故事书检索阅读网站。兼有免费阅读与付费订阅，书的正文可以阅读、打印或下载。阅读时可以根据需要选择图书的版本，有纯文本版、插图版、朗读版或插图朗读版。可以按照儿童的年龄段、主题、儿童兴趣领域、著者、书名等途径检索。

（3）The Electric Book Company(www.elecbook.com)，是英国的电子图书网站，其特色是拥有经典著作的电子版。具有布尔和截词检索功能，使用 PDF 格式。有近 200 条书目信息可免费试读，查询全部书目及阅读全文需付费注册，注册费最低为 5 英镑。

(4) 美国书商协会会员目录(www.bookweb.org/bookstores/)，收录了美国 4 500 多家独立书店的信息，可进行检索。除此之外，还可以直接登录各出版社网站，如兰登书屋(www.randomhouse.com)、麦格劳-希尔(www.books.macgraw-hill.com)、牛津大学出版社(www.oup.co.uk)、三联出版社、中华书局或书商的主页站点等来检索其所出版或经销的图书信息。

(5) 纽约时报书评(www.nytimes.com/pages/books/index.html)，可用关键词检索自 1997 年以来的《纽约时报》书籍专栏，检索其自 1980 年以来的全文书籍评论。阅读评论需要免费注册。

(6) 出版商周刊畅销书目录(www.bookwire.com)，可检索自 1991 年至今精装书的出版商周刊目录，并提供世界各大书商的动向、新书通报等信息。

(7) 亦凡公益图书馆(www.shuku.net)。

(8) 榕树下(www.rongshuxia.com)。

(9) 中国青少年新世纪读书网(www.cnread.net)。

(10) 幻剑书盟(www.hjsm.net)。

(11) 百万书库(www.millionbook.com)。

6.2 学术期刊的网上检索

全世界每年出版期刊约 15 万种，而且还有新的期刊不断问世。学术期刊品种多、数量大、涉及面广，拥有最庞大的写作队伍和最广泛的读者群，因此是传递学术信息的最基本、最主要的渠道。印本期刊的数字化和原生数字期刊的猛增，使得通过网络检索期刊成为研究人员获取学术信息最常用的一种方式。

6.2.1 期刊出版信息的网上检索

虽然期刊是一种连续出版物，但是期刊的出版也是不断变化的。每年都会有许多新刊产生、许多期刊改名，还有的由于各种原因停止出版。因此，掌握准确的期刊出版信息是至关重要的。传统的检索方式是利用期刊指南或参考期刊发行机构提供的报刊征订目录等，如：《乌利希国际期刊指南》(Ulrich's International Periodicals Directory)、《外国报刊目录》、《中文期刊大辞典》、《中文科技期刊指南》等。在网上可以通过访问著名出版公司、学术团体的网站（如：Springer-Verlag、Elsevier Science Ltd.、Kluwer Academic Publishers、Academic Press、American Society of Civil Engineering 等）了解、获取其期刊出版信息，有的还可以免费浏览每期的目次。以下介绍几个较为全面地提供期刊出版、发行信息的检索网站。

1. MediaFinder(www.mediafinder.com)

MediaFinder 由 Oxbridge Communications, Inc 编制，该公司长期致力于编撰大型期

刊目录及数据库,是著名的《标准期刊指南》(The Standard Periodical Directory)等一系列期刊工具书的出版商。本网站即是该公司在其传统业务的基础上建立的一个全球性、交互式、可检索的期刊等媒体信息指南,提供对其数据库的即时访问,是美国和加拿大最大的连续出版物和目录数据库,包括杂志、通讯、期刊、指南和目录等各类文献共分263类。

普通用户可以免费检索,查找有关的出版物、用户邮件群及经销商等。其付费用户还可以进行复杂检索并下载有关检索结果。检索时可使用关键词按出版物的类型(期刊、杂志、目录、新闻快讯、报纸、指南、广告、用户邮件群等)、学科范畴、出版周期、读者对象、发行量等检索或浏览,查找有关的出版物信息,是一个非常实用的期刊等媒体信息检索工具,其主页如图 6-13 所示。

图 6-13　MediaFinder 的主页

2. JournalSeek(http://journalseek.net)

Genamics JournalSeek 是互联网上最大的全学科免费期刊信息数据库,目前已收录 5 000 余家出版商的 97 403 种期刊。JournalSeek 提供按学科领域分类浏览和刊名关键词检索两种检索途径,所提供的期刊信息包括:办刊宗旨、范围与特点、期刊缩写、期刊主页链接、主题范畴及 ISSN 号等。该系统简单易用,可以帮助用户快速识别适合发表其研究成果的潜在期刊并发现用户感兴趣领域的新期刊,深受研究人员欢迎。其主页如图 6-14

所示。但 JournalSeek 不包含文章或摘要，也不代理订阅。文章的提交和杂志订阅要与出版商直接联系。

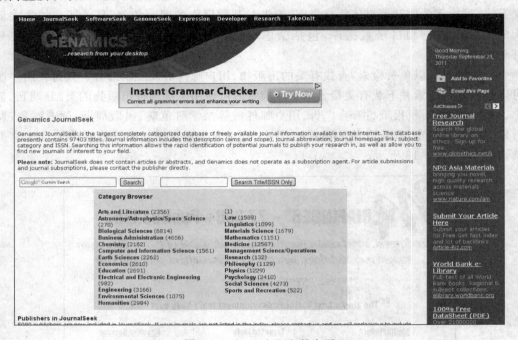

图 6-14　Journal Seek 的主页

6.2.2　期刊收藏信息的检索

查找期刊的收藏信息可以使读者了解国内哪些单位入藏了某种期刊，其入藏的刊期、卷次等，在读者需要获取某期刊中的文章全文时可提供获取文献的途径。尽管现在已有很多期刊的全文数据库，在检索的同时就可以得到文献的全文，但在有些未被收入数据库的期刊或数据库未能覆盖的时间段，仍然还有这种查找需求。这时一般要通过各图书馆等文献信息机构的馆藏目录、OPAC 和联合目录等进行检索。目前最便捷的方法是利用各文献机构在其网站上提供的 OPAC，许多图书馆的 OPAC 不仅能查其馆藏图书，也能查找馆藏期刊和其他文献。另外，还可以使用反映多个图书馆期刊收藏情况的联合目录。例如,《联合目录集成服务系统》。

《联合目录集成服务系统》(UNICAT，http://union.csdl.ac.cn/index.jsp)创建于1983年，由中国科学院文献情报中心牵头研建，是一个全国性的多文种连续出版物联合目录数据库。该库揭示了全国499个文献情报机构收藏的9万多种期刊的入藏情况。用户可通过数据库查询到所需期刊在哪个图书馆收藏，并可通过数据库中的馆藏单位信息窗口直接向收藏单位提出原文传递(复印)的请求。该库链接了国外7 100 种期刊的主页,读者可通过主页访问、浏览期刊的目次、文摘乃至全文。该库包括 Web 版(每月更新)和光盘版(年度更新),共提供 11 种检索途径,包括:题名、出版者、ISSN/ISBN 号、出版年、分类号、主题词、著者、副题名、刊名实义词首字母缩写、日文刊名罗马字拼音、俄文刊名拉丁拼音。该数据库在推进全国文献信息资源的共建共享、协调外文原版期刊的订购、共享标准编目数据、促进我国数字化图书馆的建设等方面发挥了一定的作用。

6.2.3 期刊内容信息的检索

1. 国内学术期刊检索系统

(1) 中国学术期刊网(http://dlib.cnki.net/kns50)。中国学术期刊网是由清华同方光盘股份有限公司、光盘国家工程研究中心和中国学术期刊(光盘版)电子杂志社共同研制出版的综合性全文数据库平台,又称国家知识基础设施(China National Knowledge Infrastructure,CNKI)。其中的中国学术期刊网络出版总库收录了 1979 年以来 8 200 多种中文学术期刊的全文,数据每日更新。内容涉及理、工、农、医、教育、经济、文、史、哲等 9 个专辑,126 个专题。

该系统提供初级检索、高级检索和专业检索等多种检索途径,并可与该平台其他数据库进行跨库检索,如图 6-15 所示。检索结果也有灵活的处理方法,如保存,导出等;日渐强大的结果分析功能为研究人员提供了方便的导航作用。除了著名的学术期刊库,该平台目前还集成了中国年鉴、学位论文、会议论文、报纸、工具书、专著、专利、标准、科技成果、知识元、哈佛商业评论数据库、古籍等内容。使用该资源需要获得许可。

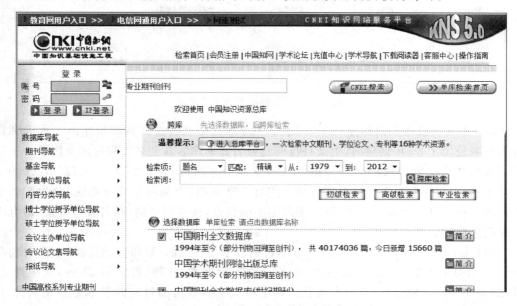

图 6-15 中国期刊全文数据库检索页

(2) 万方数字化期刊子系统(www.wanfangdata.com.cn)。万方数据资源系统(ChinaInfo)是一个以科技信息为主,集经济、金融、社会、人文信息为一体的网络化信息服务系统,1997年8月投入网络服务。其数字化期刊子系统收录了6 000余种国内核心期刊全文,如图6-16所示。数字化期刊子系统以刊为单位,所有期刊按理、工、农、医、哲学、人文、社会科学划分为7大类100多个类目。目前除期刊系统外,还包括学位论文、会议论文、专利、标准、成果、法律法规、机构、专家库等多种类型数据库。该系统的检索有收费式与免费式。收费式针对授权用户,检索时需要输入用户名及口令,可以浏览、检索、显示数据库中的全部信息;免费式针对非授权用户,浏览与检索功能同授权用户,但显示的检索结果信息不完全,只有文献题目、关键词及分类号等。

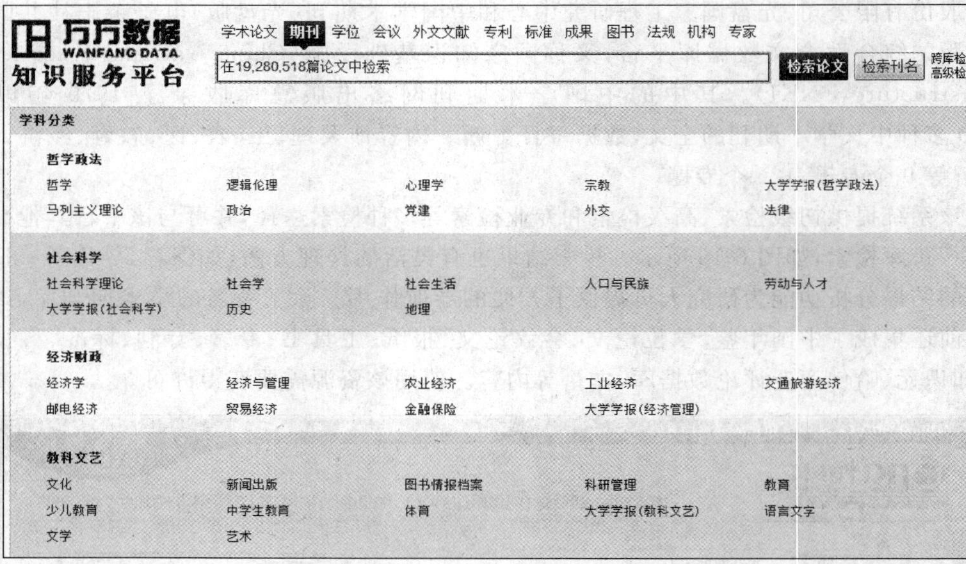

图6-16 万方数据期刊子系统页

(3) 中文科技期刊数据库(www.cqvip.com/)。中文科技期刊数据库源于重庆维普资讯有限公司1989年创建的《中文科技期刊篇名数据库》,其全文版和题录文摘版一一对应。该数据库包含了1989年至今的12 000余种中文期刊,全文2 300余万篇,引文3 000余万条,并以每年250万篇的速度递增。所有文献按照《中国图书馆分类法》分为8个专辑。该数据库具有检索入口多、辅助手段丰富的特点,提供同义词、同名著者检索,还为用户提供个性化服务。

(4) 复印报刊资料。中国人民大学书报资料中心出版的"复印报刊资料"系列期刊有118种,共分五大类,即哲学、政法类39种,经济、管理类30种,教育类24种,文史类23种,综合文萃类2种。其中,与人文社会科学有关学科直接相对应的学术专题期刊为91种。其内容是由专家学者精选、分类加工整理的各学科已发表的学术文献,涵盖了人文科学和社会科学领域国内公开出版的 3 000 多种核心期刊和报刊。各专题期刊均包括以下两部分内容：

① 全文转载部分。精选公开发行报刊上的重要论文，全文重新录入排版。入选原则是：内容具有较高的学术价值、应用价值，含有新观点、新材料、新方法或具有一定的代表性，能反映学术研究或实际工作部门的现状、成就及其新发展。

② 题录索引部分。当期未被转载的文献，编排为题录索引，排在正文之后，是该学科或专题的论文和有关材料篇目的定期整理、筛选、汇集，也是读者全面掌握和检索学术资料的工具。复印报刊资料数据库包含系列全文数据库、数字期刊库（与全文数据库专辑相比数据量更大）、报刊索引库、目录索引库、报刊摘要库和专题研究库等专辑。

2. 国外学术期刊检索系统

（1）JSTOR（www.jstor.org）。JSTOR 全名为 Journal Storage，其主页如图 6-17 所示。是一个对西文过期期刊进行数字化的非营利机构，针对期刊订费高涨及过期期刊存放空间有限等问题，有计划地建立核心学术性过期期刊的数字化存档，以提供便利的相关资料检索与利用。收录各学科领域有影响的学术性期刊 1 000 余种，学科领域为综合学科，注重社会科学与人文科学。绝大多数期刊提供从创刊号开始到最近 3～5 年前过期期刊的 PDF 格式全文。如英国皇家学会 1665 年创刊的"Philosophical Transactions"以及 1880 年创刊的"Science"等。我国多家大型图书馆文献机构引进了该资源。

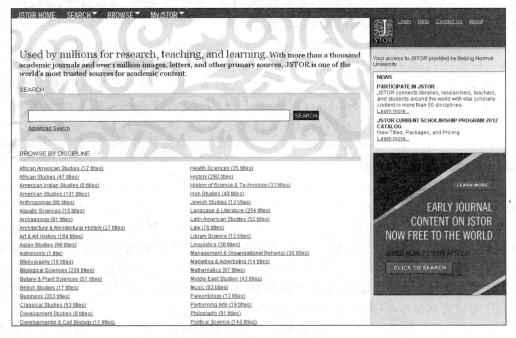

图 6-17　JSTOR 主页

(2) Elsevier SDOS。荷兰爱思唯尔(Elsevier)出版集团是全球最大的科技与医学文献出版发行商之一。该集团已有180多年的历史,所出版的学术期刊质量一直被世界各国所公认。Elsevier SDOS(Science Direct OnSite)是 Elsevier 公司的核心产品,自1999年开始向用户提供电子出版物全文的在线服务,包括 Elsevier 出版集团所属的2 500多种同行评议期刊和11 000多种系列丛书、手册及参考书等,涉及四大学科领域:物理学与工程、生命科学、健康科学、社会科学与人文科学,数据库收录全文文章总数已超过1 000万篇。该公司现已在中国设立了两个镜像站:清华大学图书馆镜像站(http://www.lib.tsinghua.edu.cn/database/elsevier.htm)和上海交通大学图书馆镜像站(http://www.lib.sjtu.edu.cn/view.do?id:2441),向国内订购 Elsevier SDOS 的用户提供服务。该系统的期刊更新及时,有些刊物先于纸质刊物面世。Elsevier 提供了按刊物浏览或按关键词检索的方式。

(3) SpringerLink。SpringerLink 数据库由世界著名的科技图书及期刊出版商德国 Springer(施普林格)出版社提供。2004年年底,Springer 与 Kluwer Academic Publisher 合并,使其人文与社会科学学科的图书和期刊出版量大幅度上升;2006年下半年全新的 SpringerLink 正式上线,并全面开通中国网站。SpringerLink 的数字资源包括2 000余种全文电子期刊,超过200万条期刊文章的回溯记录,最新期刊论文出版印刷前的在线浏览(Online First),以及图书、科技丛书和参考工具书。按学科分为以下11个"在线图书馆":生命科学、医学、数学、化学、计算机科学、经济、法律、工程学、环境科学、地球科学、物理学与天文学,是科研人员的重要信息源。

(4) Wiley Online Library(http://onlinelibrary.wiley.com)。John Wiley & Sons, Inc. 公司成立于1807年,是世界范围内科学、技术和医学(STM)类领先的出版商,主要出版科学、技术、医学类图书和期刊;专业和生活类图书;大学、研究生等使用的教材和其他教育资料。Wiley Online Library 平台最初名为 Wiley InterScience;2008年6月 Blackwell Synergy 平台上所有的期刊内容转移至 Wiley InterScience 平台,平台更名为 Wiley-Blackwell;2010年更名为 Wiley Online Library,是提供全文电子期刊、电子图书和电子参考工具书等综合性服务平台。

(5) IEEE/IEE Electronic Direct Library。简称 IEL,是一套由 IEEE(The Institute of Electrical and Electronics Engineers)和 IEE(The Institute of Electrical Engineers)出版的全文数据库,是当今世界信息量最大的电子、工程类信息源之一。该系统所涵盖的学科有:电子工程、计算机科学、信息技术和应用物理等。提供美国电气电子工程师学会(IEEE)和英国工程技术学会(IET)出版的413种期刊以及万余种会议录和标准的全文。共提供超过270万篇全文文献,最早回溯至1913年,一般提供1988年以后的全文,部分期刊还可以看到预印本(Forthcoming Articles)。

(6) OCLC FirstSearch 系统中的 ECO。此数据库收录了自1995年以来,来自全世界70多家出版社的7 800多种期刊,总计420多万篇电子文章,涉及多个学科领域,主要有农业、商业、科学、技术、文学、医学、宗教、哲学、语言、法律、政治学、心理学、社会学、经济学、教育学、地理学、历史学、人类学、美术以及图书馆学等。CALIS 成员馆可由订购的 OCLC FirstSearch 系统进入。检索页如图 6-18 所示。

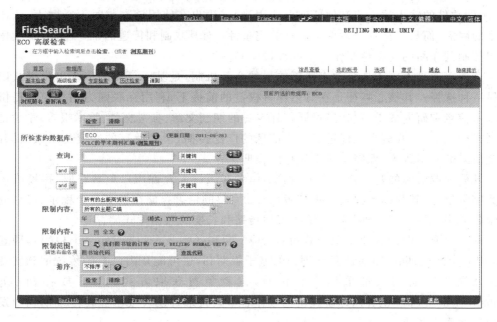

图 6-18　OCLC ECO 检索页

（7）UMI 之 ProQuest 检索系统。UMI 公司通过 ProQuest 系统提供了不同学科领域的期刊检索服务，还包括学位论文、报纸等。期刊涉及商业与经济、教育、公共管理、社会科学与历史、计算机、科学、工程/工程技术、传播学、法律、军事、文化、医学、卫生健康及其相关科学、生物科学/生命科学、艺术、视觉与表演艺术、心理学、宗教与神学、哲学、社会学及妇女研究等学科领域。平台提供统一的跨库检索，同时支持单库检索，无论跨库、单库都提供简单检索和高级检索。

以上介绍的（2）～（7）期刊资源检索系统的全文资源一般都需要购买才可使用，用户需通过所在机构的图书馆等文献信息机构或其他注册方式后才可访问使用。

目前，期刊信息检索系统的开发机构众多，既有传统的检索工具出版商，也有期刊出版商和专业性的学会、协会，还有新兴的专业文献检索、文献传递服务机构。多种机构加入文献信息检索与服务的领域给用户提供了更多的选择和方便，同时也加剧了检索服务市场的竞争。

6.2.4　开放获取期刊

开放获取（open access，OA）是国际科技界、学术界为推动科学研究成果利用互联网自由传播而发起的运动,已成为一种新的学术信息交流方法。开放获取是指作者提交不期望得到直接金钱回报的作品,而公众可以通过互联网及时、免费、不受任何限制地获取并利用该文献(包括:阅读、下载、拷贝、传递、打印、检索、超级链接该文献,并为之建立索引、用做软件的输入数据或其他任何合法用途)。用户在使用该文献时不受财力、法律或技术的限制,而只需在存取时保持文献的完整性;对其复制和传递的唯一限制,是使作者有权控制其作品的完整性及作品被准确接受和引用。

开放存取是不同于传统学术传播的一种全新机制,是基于订阅的传统出版模式以外的另一种选择。其核心特征是在尊重作者权益的前提下,利用互联网为用户免费提供各种学术信息和研究成果(包括经过同行评议过的期刊文章、参考文献、技术报告、学位论文等)的全文服务。开放存取促进了科学信息的广泛传播,学术信息的交流与出版,提升了研究成果的共享程度,保障了科学信息的长期保存。

开放存取资源的基本特征主要有:①作者和版权人允许用户免费获取、拷贝或传播其数字化信息,其前提条件是尊重其版权;②完整的论著存储在至少一个稳定、可靠的网络服务器中,以确保免费阅读,不受约束地传播和长期的数据库式储存。

开放存取资源的主要出版形式有:①OA 期刊(Open Access Journal,OAJ),即基于 OA 出版模式的期刊,既可能是新创办的电子版期刊,也可能是由已有的传统期刊转变而来。开放获取期刊大都采用作者付费,读者免费获取方式。②开放存档(Open repositories and archives),即研究机构或作者本人将未曾发表或已经在传统期刊中发表过的论文作为开放式的电子档案储存。

在 6.2.3 节中,已经介绍了多家由出版商提供的网络版的期刊全文数据库,其营销策略基本上均采用了传统的基于订阅的传播模式。而本节所介绍的开放存取资源模式,科研人员不需要通过付费(包括个人订阅或者团体订阅)就能访问学术信息的全文。换言之,只要具备链接互联网的物理条件,科研人员就可以方便地获取学术信息的全文。显然,这种获取学术资源的方式会更受用户欢迎。由于开发存取期刊所具有的一系列优势,如:投稿方便、出版快捷、出版费用低廉、便于传送或刊载大量的数据信息、检索方便等,近 20 年来国内外出现了众多开放获取期刊资源,吸引了广泛的读者群,收到各领域用户的关注。以下将要介绍一些有代表性的开放存取期刊集成、检索网站。

1. HighWire(http://highwire.stanford.edu)

HighWire 是全球最大的提供免费全文学术文献的出版商,于 1995 年由美国斯坦福大学图书馆创立,面向研究人员、图书馆员和出版者提供服务。目前收录 1 000 余种同行评议期刊,由 140 多家合作出版商提供,文章总数达 560 万篇,其中超过 189 万篇文章可免费获得。主题范围包括生命科学、医学、数学、物理、化学、技术科学、信息科学、环境科学、材料学等。提供题名、出版者和主题浏览功能,也提供简单检索和高级检索功能。其检索页面如图 6-19 所示。

图 6-19　HighWire 高级检索页

2. DOAJ（www.doaj.org）

DOAJ（Directory of Open Access Journals）由瑞典 Lund 大学图书馆创建和维护。其优势在于收录的期刊有着严格的质量控制，所收录期刊的文章一般都是经过同行评议或严格评审的，包括很多 SCI 收录的期刊。用户可以按照感兴趣的领域或主题的字顺浏览 DOAJ 提供的目录，查找到相关期刊的网址或链接；也可以通过输入关键词检索相关 OA 期刊或检索期刊中所包含相关内容的文章。其首页上发布其收录期刊数量、文章数及免费期刊数。其首页如图 6-20 所示。

国外其他的在线期刊网站还有以下两个：

（1）PMC——PubMed Central（www.pubmedcentral.org），是美国国家生物技术信息中心（NCBI）建立的生命科学期刊文献数字化档案库，它保存生命科学期刊中的原始研究论文全文，可免费提供使用。

（2）BMC——BioMed Central（www.biomedcentral.com），是生物、医学领域的一家独立的新型出版社，以出版网络版期刊为主，坚持在 BMC 网站免费为用户提供信息服务，其出版的网络版期刊可供世界各国的读者免费检索、阅读和下载全文。中国科学院国家科学图书馆已经成为会员，中科院研究人员发表论文可享受补贴。

3. 中国科技论文在线（http://oa.paper.edu.cn）

教育部科技发展中心于 2003 年创办的科技论文网站，针对我国科研人员论文发表困难、学术交流渠道窄，不利于科研成果快速、高效地转化为现实生产力的现实，旨在"阐述学术观点，交流创新思想，保护知识产权，快捷论文共享"。该网站利用现代信息技术手

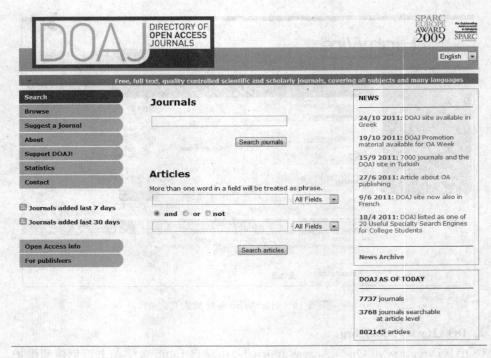

图 6-20　DOAJ 首页

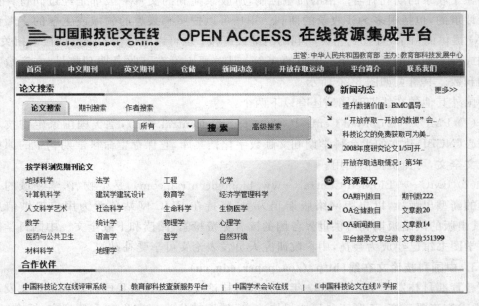

图 6-21　中国科技论文在线检索页

段,打破传统出版物的概念,免去传统的评审、修改、编辑、印刷等程序,给科研人员提供一个方便、快捷的交流平台,提供及时发表成果和新观点的有效渠道,从而使新成果得到及时推广,科研创新思想得到及时交流。网站根据文责自负的原则,只要作者所投论文遵守国家相关法律,为学术范围内的讨论,有一定学术水平,且符合中国科技论文在线的基本投稿要求,可在一周内发表。所涉及专业领域按自然科学国家标准学科分类与代码分为39类。在线期刊可按照学科分类浏览,也可通过论文、期刊和作者进行检索。目前 OA 期刊数 220 余种,如图 6-21 所示。

6.3 会议信息及会议文献的网上检索

学术会议是科学工作者进行学术交流、沟通学术思想、发布研究成果、提高学术水平的重要场所。会议文献是在各种学术会议上所发表的论文、报告、讲演等的统称。其主要特点是时效性强,反映新成果较快,质量较高,专业性较突出,往往代表着某一学科或专业领域的最新研究水平。出于国际性、地区性学术交流的需要,了解本学科研究领域内世界范围内近期或未来一段时间已经或即将举行的世界性、地区性学术会议的消息,以及有关的会议文献是研究人员经常性的信息需求,然而此类信息往往难以搜集和查阅。为满足研究人员了解会议消息、查询会议论文的需求,互联网出现了一些相应的综合性或者专题网站。

6.3.1 会议信息检索

1. 中国学术会议在线(www.meeting.edu.cn)

中国学术会议在线由教育部科技发展中心主办,本着优化科研创新环境、优化创新人才培养环境的宗旨,针对当前我国学术会议资源分散、信息封闭、交流面窄的现状,通过实现学术会议资源的网络共享,为高校广大师生创造良好的学术交流环境。该网站利用现代信息技术手段,将分阶段实施学术会议网上预报及在线服务、学术会议交互式直播、多路广播和会议资料点播三大功能。为用户提供学术会议信息预报、会议分类搜索、会议在线报名、会议论文征集、会议资料发布、会议视频点播、会议同步直播等服务。会议信息以学科分类,设置学科单页,便于各专业用户查询业内相关学术会议。其首页如图 6-22 所示。

2. Atlas Conferences(http://atlas-conferences.com)

Atlas Conferences 网站建于 2000 年,其前身为 Atlas Mathematical Conference Abstracts 和 Topology Altas,专门报道未来 3 年内召开的各个领域的学术会议。网站本身包含了一个学术会议公告数据库,用户可按主题、召开日期或国家浏览世界范围内即将召开的国际学术会议信息,并可免费获得有关会议信息的摘要。互联网用户除了可以在网站上查看会议预告之外,还可以查看其数据库中所收录的 1998 年以来的所有会议信息

图 6-22 中国学术会议在线首页

的存档资料。其主页如图 6-23 所示，用户可通过主题、日期或会议地点所在的国家查询会议信息，在获得有关会议信息的同时，还可获得有关该会议主页的链接，详细了解会议的时间、地点、主题、征集论文的截止时间、会议的日程、分组讨论的议题、发展动态等，并能获取会议报告的大纲、摘要甚至全文。

3. Calendar of Upcoming Technical Conferences（www.techexpo.com/events）

该网站提供世界范围内的专业技术会议报道情况，主要是报道未来几年即将召开的高科技领域国际会议的会议安排。主页提供按照月历的会议导航，还可以按主题、会议地点、会议名称、主办单位、国家等进行检索。其主页如图 6-24 所示。

除以上所介绍的专门会议预告网站外，研究人员还可以经常浏览本学科领域专业性学会、协会的网站，了解本专业近期即将召开的专题会议或学科会议消息。

6.3.2 会议文献的检索

会议文献是一种特殊的研究资源，检索会议文献一般要通过一些检索工具、数据库。国际上有众多知名的会议文献出版商，如 World Meeting Information Center，Inter Dok Corp 等。近年来，国内几家知名数据服务商也建立了比较好的会议文献数据库。

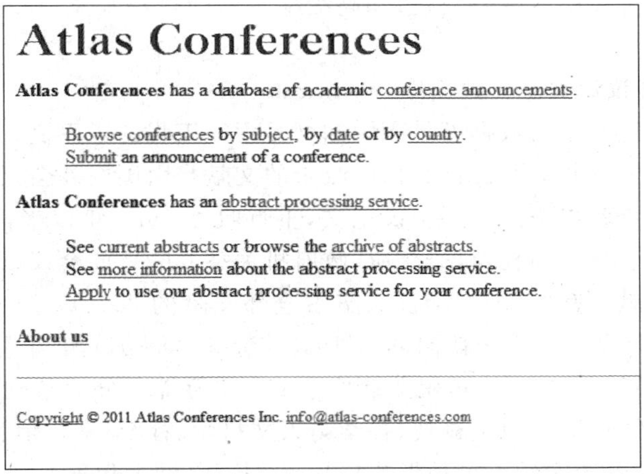

图 6-23　Atlas Conferences 主页

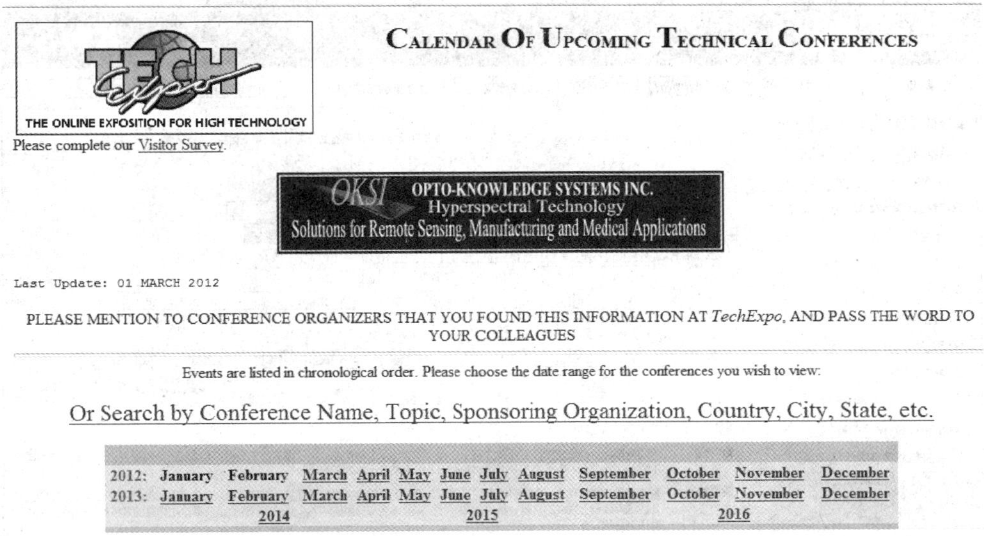

图 6-24　Calendar of Upcoming Technical Conferences 主页

1. 中国学术会议论文全文数据库（http://c.g.wanfangdata.com.cn/Conference.aspx）

中国学术会议论文全文数据库，即万方会议论文库，是万方数据知识服务平台的子库，由中国科学技术信息研究所开发，通过万方数据知识服务平台向用户提供检索服务。该库是国内最具权威性的学术会议论文全文数据库之一。收录 1985 年至今世界主要学会和协会主办的会议论文，以一级以上学会和协会主办的高质量会议论文为主。每年涉及近 3 000 个重要的学术会议，总计 97 万余篇会议论文，每年增加约 18 万篇，每月更新，收费服务。可通过分类检索、普通检索和高级检索功能进行检索,所得论文可以查看,打印和保存。

2. 中国重要会议论文全文数据库（www.cnki.net）

中国重要会议论文全文数据库是中国知网CNKI工程的子库之一,由清华大学、清华同方发起,始建于1999年6月。该数据库收录的文献是由国内外会议主办单位或论文汇编单位书面授权并推荐出版的重要会议论文,重点收录1999年以来,中国科协系统及国家二级以上的学会、协会,高校、科研院所,政府机关举办的重要会议以及在国内召开的国际会议上发表的文献。其中,国际会议文献占全部文献的20%以上,全国性会议文献超过总量的70%,部分重点会议文献回溯至1953年。截至2011年6月,已收录出版国内外学术会议论文集近16 300本,累积文献总量150多万篇。分为基础科学、工程科技Ⅰ、工程科技Ⅱ、农业科技、医药卫生科技、哲学与人文科学、社会科学、信息科技、经济与管理科学专辑,下分为168个专题。产品形式包括WEB版（网上包库）、镜像站版、流量计费。该平台检索途径齐全,结果处理与分析方便,其检索页面如图6-25所示。

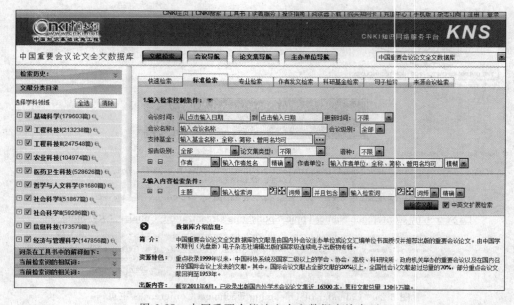

图6-25 中国重要会议论文全文数据库检索页

3. ISI Proceedings（www.isiwebofknowledge.com/index.html）

ISI Proceedings是美国科学情报研究所ISI Web of Knowledge检索平台的重要资源之一。将CPCI-S(Conference Proceedings Citation Index-Science,科学技术会议录索引)和CPCI-SSH(Conference Proceedings Citation Index-Social Science & Humanities,社会科学及人文科学会议录索引)两大会议录索引集成为ISI Proceedings。ISI Proceedings汇集了世界上最新出版的会议录资料,包括专著、丛书、预印本信息以及来源

于期刊的会议论文,可提供综合全面、多学科的会议论文资料。

网络版收录了 1990 年以来的国际科技学术会议所发表的会议论文,提供了 1997 年以来出版的会议录论文摘要,每周更新。CPCI-S 内容涉及农业、环境科学、生物化学、分子生物学、生物技术、医学、工程、计算机科学、物理化学和应用科学等各个领域。CPCI-SSH 包括心理学、社会学、公共健康、管理、经济、艺术、历史、文学和哲学等,几乎覆盖了社会科学、艺术和人文科学的所有领域。其检索页面如图 6-26 所示,该平台检索功能强大,检索结果可根据本地馆藏情况链接或获取全文,是全球知名的会议文献数据库。

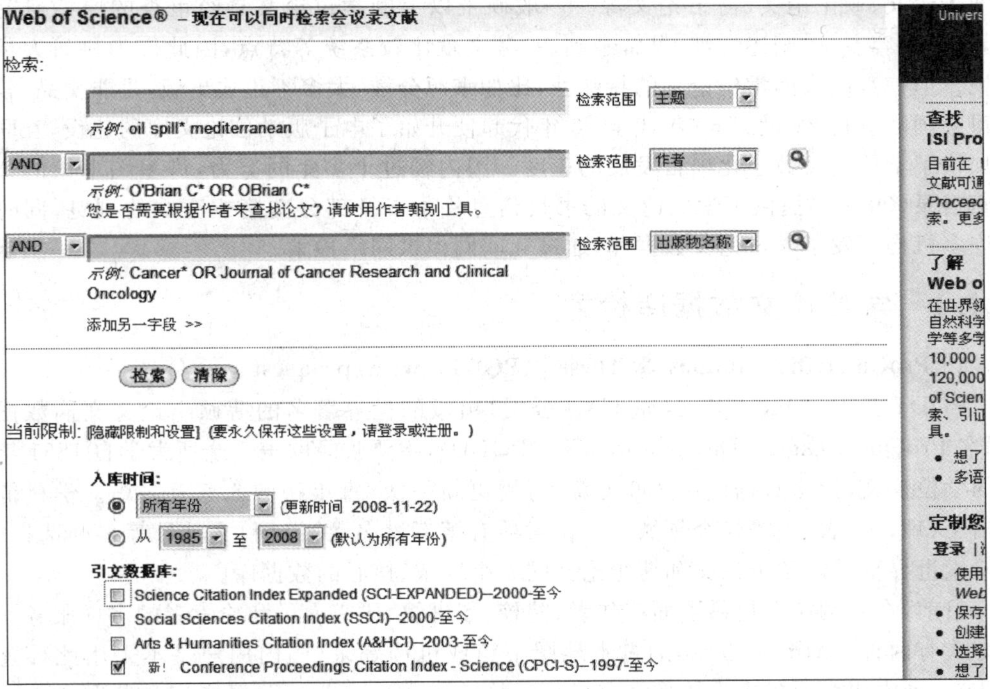

图 6-26　ISI Proceedings 检索主页

4. OCLC FirstSearch 检索系统中的会议检索

PapersFirst、ProceedingsFirst 是 OCLC FirstSearch 检索系统中专门提供会议论文索引和会议论文目录信息的两个资源库。

(1) PapersFirst。国际学术会议论文索引库,包括在世界范围的各类学术会议(座谈会、博览会、研讨会、专业会、学术报告会)上发表的论文索引,主要由大英图书馆文献提供中心(即 BLDSC)采集。该库覆盖了 1993 年以来的资料,目前包括 650 多万条记录,每半月更新一次。可查阅各领域最新会议文献,还可以通过 FirstSearch 的联机订购服务,向大英图书馆文献提供中心订购在本数据库中检索到的会议文献全文。

(2) ProceedingsFirst。ProceedingsFirst 是 PapersFirst 的相关库,包括在世界各地举行的学术会议上发表论文的目录表。一条记录的内容包括一次会议上论文的简要列表,可根据所列出的某一学术会议所提交的论文了解各次会议的概貌和当时的学术水平。该库覆盖了 1993 年以来到现在的资料,共有 19.2 万条记录,每周更新 2 次。

6.4 学位论文的网上检索

学位论文指高等院校或学术研究机构的学生为获得某种学位而撰写的科学论文,包括学士论文、硕士论文、博士论文等。一般硕士以上的学位论文是经审查的原始研究成果,具有内容专一、阐述详细、见解独到、参考文献比较系统等特点,因此广为科研人员所重视。但一直以来因学位论文的特殊性,比如来源分散,大多不正式出版,是非卖品,较难获得。国际上自 20 世纪 60 年代至 70 年代起便开始了电子版学位论文库的建设,互联网更加快了学位论文数字化项目发展的速度。国内经过十多年的努力,许多图书馆的公共检索目录(OPAC)提供了学位论文的书目信息检索以及部分文摘或全文的浏览,同时还有许多机构开发了学位论文数据库,通过互联网提供网络检索。

6.4.1 学位论文数据库检索

1. ProQuest Dissertations & Theses[(PQDT)(www.proquest.com/)]

PQDT 是 ProQuest 公司(原 UMI 公司)出版的世界著名的博硕士论文文摘数据库(原名 ProQuest Digital Dissertations——PQDD),主要收录欧美千余所大学自 1861 年以来的学位论文,论文数据已达 300 万篇,每周更新一次,每年新增 5.5 万多篇。学科范畴包括文、理、工、农、医等各个领域。其检索项有著者姓名、关键词、文献号等多种选择,它是检索世界范围内硕士论文和博士论文的一个权威、核心的数据库。

目前,在其网站上提供了面向作者、院校、图书馆、研究人员和检索者的多样服务。登录方式有两种:Athens 登录、通过本地图书馆或机构登录(国内用户基本采用此种登录方式)。国内用户通过本地镜像站点(http://pqdt.calis.edu.cn)可查询和获取全文。该镜像站点是 2002 年起国内 ProQuest 博士论文 PDF 全文中国集团联盟的数据库服务,各高等院校、学术研究单位以及公共图书馆以共同采购的方式建立了此全文数据库,是 PQDT 数据库中部分记录的全文。凡参加 Calis 联盟的成员图书馆皆可共享各成员馆订购的资源,随着加盟馆的增多,共享资源数量也不断增长,共有 3 个服务站:CALIS(其检索页面如图 6-27 所示)、上海交大图书馆和中信所。

2. 万方数据知识服务平台的学位论文库(http://c.g.wanfangdata.com.cn/Thesis.aspx)

万方数据知识服务平台的学位论文库是由国家法定的学位论文收藏权威机构——中国科技信息研究所开发,收录国内各高等院校、研究生院及研究所向中国科技信息研究所提交的各个学科领域的硕士、博士论文。提供论文题名、论文作者、分类号、导师姓名、关

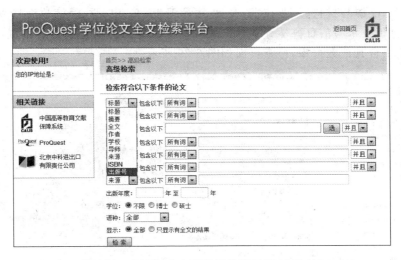

图 6-27　PQDT 全文库高级检索页（CALIS 站）

键词、作者专业、授予学位、授予学位单位、出版时间等入口进行检索，还可使用逻辑算符进行组配检索，其主页如图 6-28 所示。目前，收录了自 1980 年以来我国自然科学领域博士、博士后及硕士研究生论文，其中全文 60 余万篇，每年稳定新增 15 余万篇。

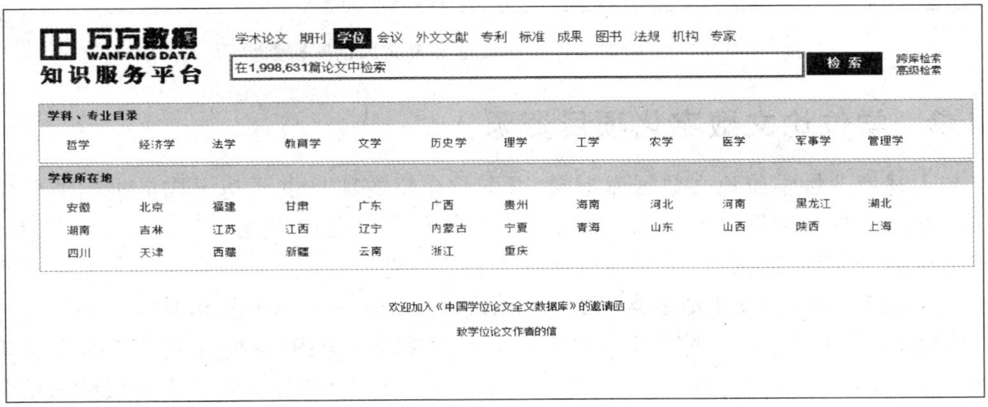

图 6-28　万方数据知识服务平台的学位论文库检索页面

3. CNKI 知识网络服务平台的学位论文检索（http://acad.cnki.net/kns55/brief/result.aspx?dbprefix=CDFD）

"中国优秀硕士学位论文全文数据库"和"中国优秀博士硕士论文全文数据库"是属于 CNKI 知识网络服务平台的资源，是目前国内采集资源较为完备、收录质量较高、连续动态更新的学位论文全文数据库，已收录 1999 年至今全国 590 家培养单位的 37 万多篇硕士论文和全国 398 家博士培养单位的 5 万多篇博士论文。数据库涉及数、理、化、天、地、生、化学化工、能源与材料、工业技术、农业、医药卫生、文、史、哲、经济政治与法律、教育与社会科学、电子技术与信息科学等学科领域。资源数量与覆盖范围仍有待提高。检索功能同 CNKI 平台其他数据库，检索页面如图 6-29 所示。

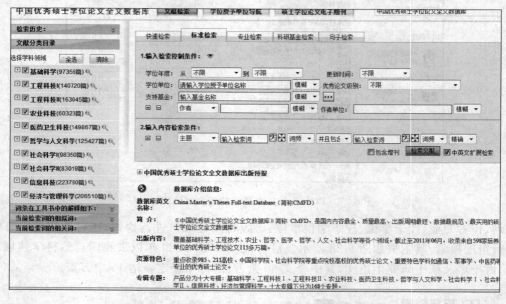

图 6-29　中国优秀硕士学位论文全文数据库检索界面

6.4.2　学位论文数字化项目资源

与上述商业性学位论文数据库不同，以下所介绍的项目主要基于成员机构的共建共享，通过查询、提交和管理电子版学位论文，为科研人员提供快捷服务和开放获取服务。参建范围有全球性、地区性、国家性以及各个大学或机构等。

1. CALIS 学位论文中心服务系统（http://etd.calis.edu.cn/ipvalidator.do）

CALIS 学位论文中心服务系统是中国高等教育文献保障系统（CALIS）的主要建设资源之一，由全国工程文献中心——清华大学图书馆牵头组织，协调多家高校图书馆合作建设的文摘与全文数据库。该系统面向全国高校师生提供中外文学位论文检索和获取服务，其主页如图 6-30 所示。目前该系统有博硕士学位论文数据逾 384 万条，其中中文数据约 172 万条，外文数据约 212 万条，数据还在持续增长中。内容涵盖自然科学、社会科学、医学等各个学科领域。

该系统采用 e 读搜索引擎，检索功能便捷灵活，提供简单检索和高级检索功能两种途径。可进行多字段组配检索，也可从资源类型、检索范围、时间、语种、论文来源等多角度进行限定检索。系统能够根据用户登录身份显示适合用户的检索结果，检索结果通过多种途径的分面和排序方式进行过滤、聚合与导引，并与其他类型资源关联，方便读者快速定位所需信息。该数据库使用 IP 登录方式控制使用权限,参建单位采用共建共享的方式,通过 CERNET 访问。

图 6-30　CALIS 学位论文中心服务系统检索页

2. NDLTD 学位论文库（www.ndltd.org/find,http://ndltd.calis.edu.cn）

NDLTD 学位论文库,全称为 Networked Digital Library of Theses and Dissertations,是由美国国家自然科学基金支持的一个网上学位论文共建共享项目,现已发展为一个国际组织。通过领导和创新,促进电子学位论文(ETD)的采集、使用、传播和保存。NDLTD 鼓励和支持高等教育及相关机构努力发展电子出版和数字图书馆,从而使他们更有效地分享知识,了解世界。该平台包含超过 100 万的电子学位论文记录,可称为全球 ETD 联合目录库。

NDLTD 可提供两种搜索工具:SCIRUS 电子论文搜索和 VTLS 平台。SCIRUS 电子论文搜索是一个全面的研究工具,提供学位论文检索以及相关的学术资源访问,如图 6-31 所示。VTLS 是一个动态的搜索和发现平台,用户可以按标题和日期、选择语言和地域,格式和源机构等多途径搜索,还可以选择学科。用户可免费获得学位论文文摘及部分全文(根据作者授权)。

NDLTD 的目标是成为电子学位论文的全球领先国际组织,促进 ETD 资源规划、标准和技术的发展。鼓励高等教育机构使用 NDLTD 资源和参与 NDLTD 活动,支持开放获取运动。目前,全球有 200 个组织和机构整体加入了 NDLTD,越来越多的机构为 NDLTD 带来更多可获取的免费学位论文全文。与 ProQuest 学位论文数据库相比,

NDLTD学位论文库的主要特点首先是机构共建共享、可以免费获取；其次，由于NDLTD的成员馆来自全球各地，所以覆盖的范围比较广，总体上，文摘和可获取全文都比较少，可以作为获取国外学位论文的补充资源。

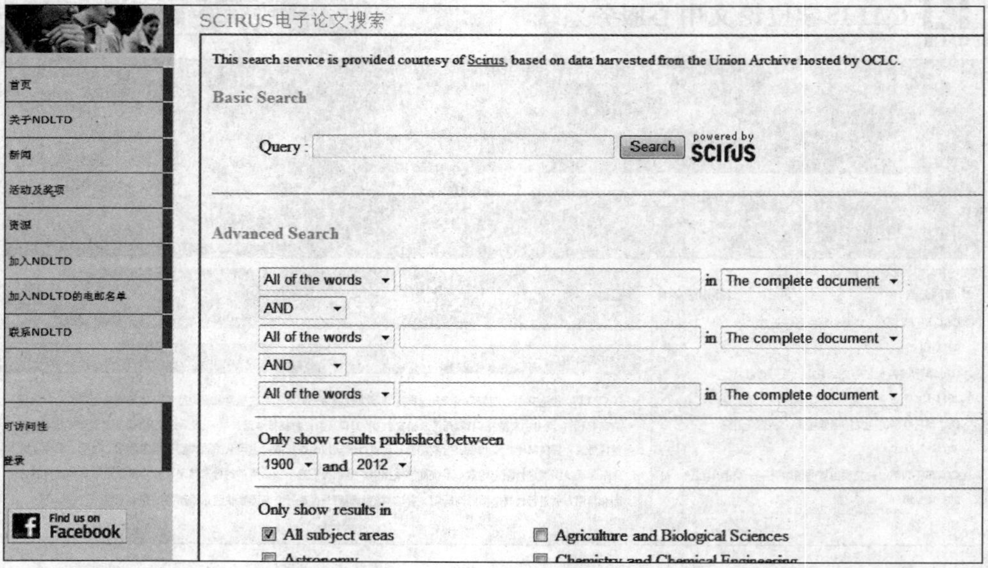

图 6-31　NDLTD SCIRUS 检索页

3. 台湾博硕士论文知识加值系统（http://ndltdcc.ncl.edu.tw）

台湾博硕士论文知识加值系统是中国台湾地区的学位论文共享平台。1997 年 9 月提供 Web 版在线检索，2004 年新增电子全文功能，收录数据以台湾地区各高校的博硕士论文为主，至今有 70 余所大学院校、1 000 多个研究所的博硕士论文摘要。该系统的第三代正式更名为"台湾博硕士论文知识加值系统"。使用该系统需要注册，登录后可进行页面个性化。查询功能分为简易查询、进阶查询和浏览查询，如图 6-32 所示。检索结果有多种显示方式和分类，若有"电子全文"按钮可进行全文下载。该项目已经加入 NDLTD 计划。

4. 其他有用的电子学位论文搜索工具

（1）中国国家图书馆博士论文库，http://res4.nlc.gov.cn/home/index.trs?channelid=3，中国博士论文目录和摘要。

（2）国家科技图书文献中心学位论文，http://www.nstl.gov.cn/NSTL/，中文和外文科技类学位论文。

（3）ADT（Australiasian Digital Theses Program），http://adt.caul.edu.au/，澳大利亚学位论文数字化项目。

（4）Cybertesis，http://www.cybertesis.net/index.html，智利大学、里昂大学、日内瓦大学等联合开发的检索门户，可检索多个国家（地区），包括玻利维亚、巴西、加拿大、智

图 6-32　台湾地区论文系统高级检索页

利、法国、中国香港、墨西哥、秘鲁、西班牙和美国的学位论文。

（5）DART-Europe E-thes Portal，http://www.dart-europe.eu/basic-search.php，欧洲数百所大学获奖学位论文检索门户。

（6）Deusche National Bibliothek，http://www.dart-europe.eu/basic-search.php，德国国家图书馆学位论文检索系统，可检索 1998 年以来的信息。

（7）DiVA，http://www.diva-portal.org/，可检索斯堪的纳维亚 26 个机构的学位论文。

（8）EThOS，http://ethos.bl.uk/，英国学位论文检索系统，功能强大。

（9）NARCIS，http://www.narcis.info/，荷兰学位论文检索系统，可检索更多其他资源。

（10）National ETD Portal（South Africa），http://www.netd.ac.za/，南非学位论文检索门户。

（11）Theses Canada，http://www.collectionscanada.gc.ca/thesescanada，加拿大学位论文门户。

6.5　专利的网上检索

专利文献是非常重要的技术信息源，全世界每年科技出版物中约有 1/4 为专利文献。90% 以上的发明曾以专利文献形式发表，但其中 80% 不再以任何其他形式发表。欧洲专利局的统计指出,欧洲每年大约浪费200亿美元的投资;若能应用好专利文献,将会节约40%的科研开发经费,少花60%的研究开发时间。因此,检索和利用专利文献可以获得有关先进技术的发明及应用的最新信息,对技术创新、成果开发等有积极的借鉴、参考、启迪作用。在研究工作中经常查阅专利文献可以缩短研究时间,节省研究费用。同时,专利文献还提供相关的法权信息,在引进国外技术和设备时,通过查阅专利文献可以比较各国、各公司的技术、设备先进程度,核实有关的专利项目以保护自身利益等。以往的专利检索主要是通过专门的专利检索工具、检索系统,如:德温特(Derwent)公司的《世界专利索引》(WPI)等以及各国专利局出版的专利公报、专利索引、专利文摘,还有一些大型商用联机检索系统中的相关数据库等。随着互联网的快速发展,不少机构开始通过网络提供浏览查询服务,且大多是免费检索。这使得检索专利信息变得又便捷又经济。下面介绍几个重要的专利检索网站。

6.5.1 国外专利信息的网上检索

1. 欧洲专利局专利检索网站 Espacenet(http://ep.espacenet.com)

Espacenet 由欧洲专利局(European Patent Office,EPO)及其18个成员国的国家专利局共同建设完成,通过互联网提供基于 Web 的网上免费专利信息数据库检索系统,满足用户快捷地查找专利信息的需要。该专利数据库检索系统由多个不同范围的数据库组合成一个综合性的网上专利信息检索平台,可提供对世界80多个国家专利文献信息的网上免费检索,每个国家可检专利信息的详细程度和覆盖年限并不完全相同,大多数国家的专利数据可追溯至20世纪70年代,有些国家、地区、组织的专利还可以检索到全文。其高级检索页面如图6-33所示,该专利检索系统具有如下特点:

(1) 可以实现全世界80多个国家(或选择国家)专利信息的统一检索,方便、全面;

(2) 多数国家可以提供专利的全文,满足用户对专利技术细节详细了解的需要;

(3) 提供统一的英文检索界面,至少可以得到英文专利题名或文摘,方便了对不同国家、不同语种专利文献的检索,同时还提供德语、法语版界面;

(4) 提供专利号和专利分类检索,检索结果有不同排序方式,如图6-34所示。

2. Delphion(www.delphion.com/simple)

Delphion 知识产权网源自 IBM 公司开发的知识产权网络(Intellectual Property Network,IPN),现由 Internet Capital Group(ICG)和 IBM 公司合办。通过 Delphion 可检索到世界范围内的专利信息。Delphion 知识产权网提供对美国专利申请、美国专利许可、Derwent 世界专利索引、欧洲专利申请、欧洲专利许可、INPADOC 家族与法律状态、日本专利索引、瑞士专利和世界知识产权组织 PCT 出版物(WIPO PCT Publications)等内容的检索。Delphion 支持多种检索模式,如:快速/号码检索(Quick/Number)、布尔逻辑检索、高级检索和德温特号码检索等。其中的快速检索为免费方式,其检索范围有限,且只能浏览专利说明书的第一页,其他一般为收费方式。

第6章 学术信息的网上检索与获取

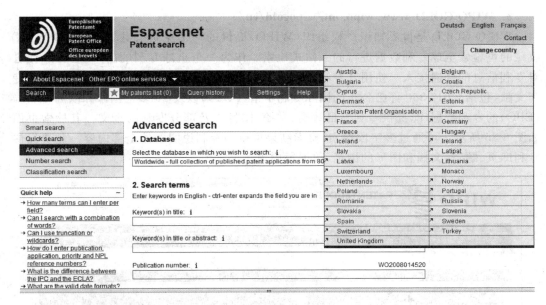

图 6-33 欧洲专利局专利高级检索页

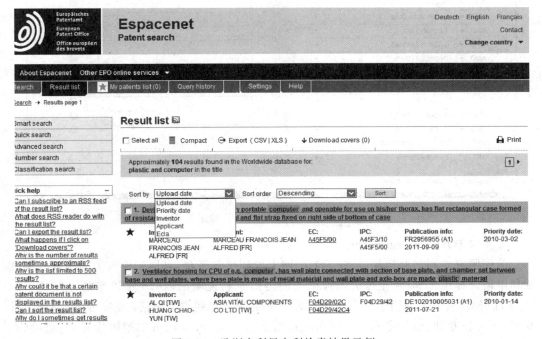

图 6-34 欧洲专利局专利检索结果示例

3. WIPO GOLD(www.wipo.int/wipogold/en/)

WIPO GOLD 是世界知识产权组织(WIPO)提供的一个免费公共资源,可对 WIPO 收藏的可检索全球专利数据进行的一站式检索。作为一个全球专利的门户,它旨在促进对专利信息的普遍接入。使用其专利数据库 PATENTSCOPE 可以搜索 10 596 002 件专利文献,包括 2 017 360 件已公布的国际专利申请(PCT),以及 20 多个国家和欧洲专利局(EPO)的专利数据库,提供专利书目数据、文摘、图像以及部分专利的全文。其检索页面如图 6-35 所示。可通过多字段检索,检索结果可得到专利说明书的全部内容。免费提供专利扉页、题录、文摘和图形的浏览,数据每周更新。

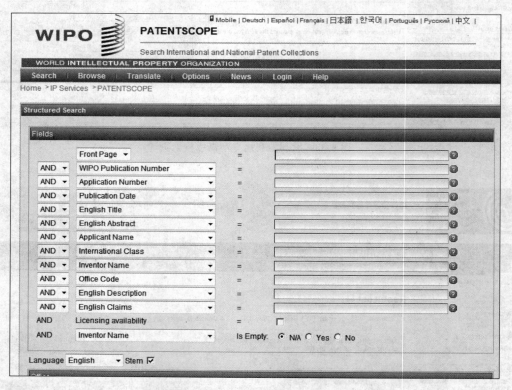

图 6-35 PATENTSCOPE 检索页

4. USPTO(www.uspto.gov)

美国国家专利与商标局(USPTO)的网上专利服务平台,可用于检索美国授权专利和专利申请。提供 1790 年至今的图像格式的美国专利说明书,1976 年以来的专利还可以看到 HTML 格式的说明书全文。数据库每周更新。专利类型包括:发明专利、外观设计专利、再公告专利、植物专利等。该系统检索功能强大,可进行布尔逻辑检索、高级检索、专利号检索等,还可以了解某些专利事务,如撤销专利等,还可以免费获得美国专利全文。

5. Derwent Innovations Index(DII),德温特世界专利索引

Derwent 是全球最权威的专利情报和科技情报机构之一,1948 年由化学家 Monty Hyams 在英国创建。Derwent 现隶属于全球最大的专业信息集团 Thomson Scientific。DII 将"世界专利索引(WPI)"和"专利引文索引(PCI)"的内容整合在一起,采用 ISI 的 Web of Knowledge 平台,通过学术论文和技术专利之间的相互引证的关系,建立了专利与文献之间的链接。DII 收录了全球 40 多个专利机构的 1 300 万条基本专利,2 000 万项专利。国内用户需要通过本单位图书馆或信息机构访问。

6. 日本专利文献网上数据库(www.ipdl.jpo.go.jp/homepg_e.ipdl)

日本专利文献网上数据库是日本专利局(JPO)的一个专利信息数据库检索系统。该系统可以供公众免费检索日本专利局数据库中的专利信息。IPDL 号称是世界上最大的工业产权信息数据库,通过该数据库可以免费获得日本专利全文。

6.5.2 中国专利信息的网上检索

1. 国家知识产权局的专利检索平台(www.sipo.gov.cn/zljs)

国家知识产权局在其官方网站上面向公众提供了免费的专利检索服务,用户可以选择专利类型,然后从专利号、名称、专利权人、分类号码等多种检索入口检索到相关的专利文件,并可浏览、下载专利说明书。其检索页面如图 6-36 所示。

2. 中国专利信息网(www.patent.com.cn)

中国专利信息网(China Patent InfoNet)由中国专利局检索咨询中心创建,需注册成为会员后才能检索。该中国专利数据库检索系统属全文"傻瓜"型检索系统,即使用者不需接受任何培训即可应用,所有用户操作都在一个简单的对话框中完成。检索结果中包括相关专利的各著录事项及其文摘。

3. 中国知识产权网(www.cnipr.com)

中国知识产权网是由中国知识产权出版社创建维护的知识产权信息与服务网站。该网站开发了一个中外专利数据库服务平台,提供对中外发明专利、实用新型专利、外观设计专利的文摘的免费检索,付费后可查看专利法律状态信息和专利主权项,并可在线下载专利说明书全文。该系统的专利信息更新速度快,按法定公开日每周进行更新。

4. 中国期刊网的中国专利数据库(www.cnki.net/index.htm)

中国期刊网的中国专利数据库是中国知识基础设施工程(CNKI)的重要组成部分,免费提供自 1985 年以来中国专利文摘的网上查询。该系统的特点是继续 CNKI 统一的检索功能及特点。

5. 中国台湾专利(http://twp.apipa.org.tw/)

中国台湾专利数据库中包括 1950 年至今的台湾地区专利数据。该系统检索功能强大,可进行非常复杂的检索,快速得到符合要求的检索结果,并可免费获得文摘,但必须注册。

图 6-36　国家知识产权局的专利检索页面

6.6　标准信息的网上检索

　　标准指按规定程序制订，经公认权威机构或主管机关批准的一整套在特定领域内必须执行的规格、规则、技术要求等规范性文献。标准按性质可分为技术标准和管理标准。技术标准包括：基础标准、产品标准、方法标准、安全和环境保护标准等。管理标准包括：技术管理标准、生产组织标准、经济管理标准、行政管理标准、管理业务标准、工作标准等。标准文献是记录技术标准、管理标准及其他具有标准性质文件的文献形式，它反映出某个国家、某个地区、某个集团的科学研究与生产技术水平、管理水平、标准化工作水平，以及技术经济政策与自然资源情况等，因此标准文献是了解世界各国工业发展情况的重要信息源。同时它还能够为研制新产品、改造老产品、改进工艺和操作水平等提供借鉴、参考，因而也是一类重要的技术信息源。本节主要介绍检索国内外标准信息的几个重要网站。

6.6.1　国外标准信息的网上检索

　　1．ISO Online（www.iso.org）

　　国际标准化组织 ISO 是世界上最大的非政府标准化专门机构，在国际标准化活动中占主导地位，并制订国际标准。该网站提供各种关于ISO标准化活动的背景及最新信息，各技术委员会（TC）、分委员会（SC）的目录及活动，国际标准目录（包括各种已出版的国际标准、撤销标准和其他标准出版物），有关质量管理和质量保证的ISO 9000标准系列和有关环境保护、管理的ISO 14000标准系列，还有对其他标准化组织机构的链接及多种信息服务。其主页内容结构如图6-37所示。

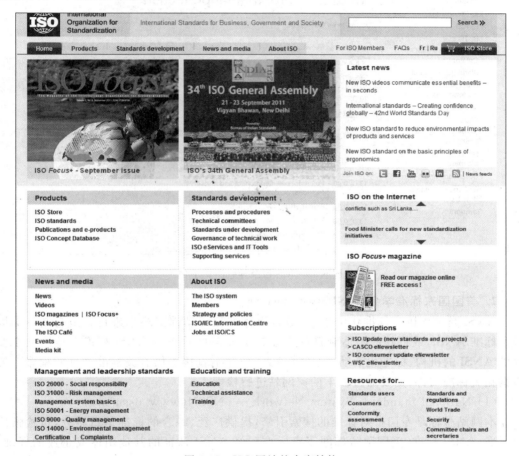

图6-37 ISO网站的内容结构

网站提供按国际标准分类法（International Classification for Standards-ICS）的浏览查询，如图6-38所示。同时还提供关键词或短语、ICS类号、文献参考号、标准的阶段代码、委员会代码等多种途径进行检索。所提供的检索结果包括相关标准的ICS类号、类名、标准号、标准名称、版次、页数、编制机构、价格等订购信息。检索结果可按相关性、ISO标准号、委员会号、ICS分类、日期或阶段代码排序。检索结果的文档下载格式有印本、pdf和Epub，并支持ipad以及mobipocket等设备。

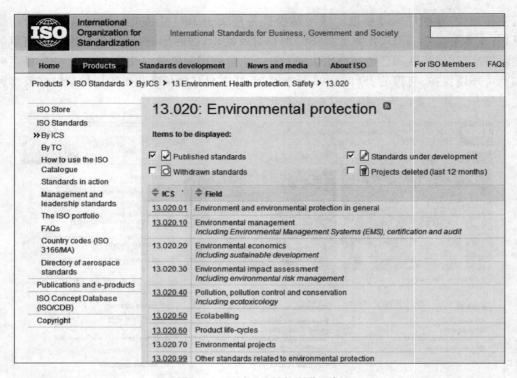

图 6-38　ICS 目录导航浏览示例

2. 美国国家标准学会 ANSI（www.ansi.org）

ANSI 是美国国家标准化中心，美国各界标准化活动都围绕它进行。由它制订美国国家标准 ANSI，或将其他团体制订的专业标准经审批后作为 ANSI 标准。该网站主要提供 ANSI 的机构、标准化活动、业务等信息，而并不直接提供有关标准文件的检索。要检索相关标准文件，则要通过以下两家网站进行检索：

（1）National Standards System Network——NSSN（www.nssn.org）

本网站号称是专门针对标准的搜索引擎，提供广泛、综合的标准信息服务，可检索国际标准、ANSI 标准、美国国防部的军事标准和经 ANSI 认证的其他团体或企业的标准。除了可以进行标准查找，还可以追踪某件新提案的发展状态、确定与某类标准编制、开发有关的团体或负责人等。

（2）ANSI Electronic Standards Store（http://webstore.ansi.org/）

通过该网站可以订购、接收电子版的标准文件。

6.6.2　中国标准信息的网上检索

1. 中国标准服务网（www.cssn.net.cn）

中国标准研究中心于 1999 年建立，2001 年 4 月起向中国用户推出开放式标准服务，提供对标准信息的免费查询。中国标准服务网是目前中国最具权威性的标准服务网络，拥有 50 多万册的标准文本和信息资料。其主页如图 6-39 所示。该网站具有如下特点：

（1）包括中国国家标准、国际标准、发达国家的标准等 15 个标准数据库，种类齐全。提供多项可检索字段。

（2）所有标准数据直接从政府标准化部门或标准组织获取，确保信息的完整性和权威性。

（3）所收录的国内外标准数据更新及时，保证标准信息的时效性。

（4）在接到用户请求服务的 1~2 个工作日内，完成请求服务或对用户请求进行信息反馈。标准文本可通过复印、传真、邮寄等方式获得。

图 6-39　中国标准服务网主页

2. 国家标准化管理委员会（www.sac.gov.cn）

国家标准化管理委员会由中国国家标准化管理委员会和 ISO/IEC 中国国家委员会秘书处主办。其宗旨是快速、准确地为社会和企业提供国内外标准化信息服务。其主页如图 6-40 所示，网站设有中国标准化管理、中国标准化机构、国内外标准化法律法规、国内外标准介绍、标准目录……国际标准化、区域标准化等 30 多个栏目。其中标准目录包括中国国家标准目录、中国国家建筑标准目录、中国国家标准样品目录、备案的中国行业标准目录、备案的中国地方标准目录、国际标准目录、国外先进标准目录等。提供标准号、中文标题、英文标题、中标分类、国际分类、采用关系、被代替标准等检索入口，并提供专门的强制性国家标准检索，如图 6-41 所示。

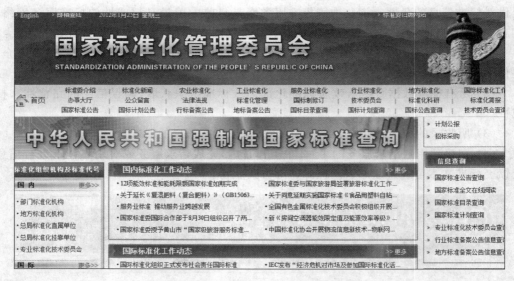

图6-40 国家标准化管理委员会主页(合成图)

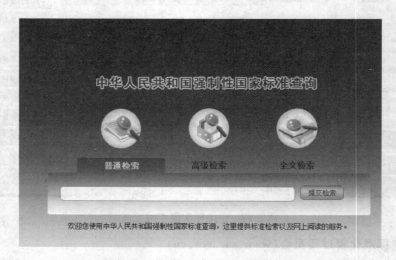

图6-41 强制性国家标准查询检索页

3. 中国标准咨询网（www.chinastandard.com.cn）

中国标准咨询网是中国首家标准全文网站，由北京中工技术开发公司、北京世纪超星电子有限公司等单位联合建立。内设国际标准查询、国家标准查询，发布有关国家质量认证工作的法令、法规和政策方面的信息。报道国内质量认证工作的动态监督，企业质量认证的开展，为企业提供质量认证信息的咨询服务。对标准数据库的检索可按中文标准名称、发布日期、发布单位、实施日期、中文标准文献分类号、标准号等字段检索。

上述标准信息检索网站大部分提供免费检索,有的则要先经过注册。一般免费检索所获得的只是标准的书目著录信息,要获得标准文件全文或复制件,则需订购。

6.7 国际组织、政府机构及出版物信息的网上检索

国际组织亦称国际团体或国际机构,是具有国际性行为特征的组织,是3个或3个以上国家(或其他国际法主体)为实现共同的政治经济目的,依据其缔结的条约或其他正式法律文件建立的有一定规章制度的常设性机构。随着信息技术的迅猛发展和全球化趋势的推进,国际组织快速扩张,它们不仅数量上数以万计,而且覆盖广泛,包括政治、经济、社会、文化、体育、卫生、教育、环境、安全、贫穷、人口、妇女儿童等众多人类生存和发展相关的领域,已成为左右世界局势和人类社会发展的重要力量。国际组织及各国政府机构信息及其出版物是一个非常庞大的信息集合,此类信息具有权威性、准确性和经济性等特点,因而备受网络用户关注。政府信息及出版物源自政府机构的活动,大部分产生于政府及组织机构的工作过程中,反映了官方的意志和观点,且包含大量原始资料或数据。因此,政府出版物长期以来被列为重要的信息源。不过,由于其来源机构众多、分散,且在版期短、类型复杂等特点,给检索、获取此类文献造成了许多不便,导致我国研究人员对这一丰富的信息源开发利用水平一直比较低。

互联网的发展为人们利用此类信息提供了非常便利的条件。在互联网上开通政府机构网站,通过网络向公众发布政府信息及官方文件,向公众宣传机构的宗旨、目标,使公众了解其职能、机构设置、联系方式,甚至在网上行使某些政府行政职能等已经非常普遍。经常检索有关的政府网站可以及时获取关于政策、法规、行政管理等信息,同时还可以了解一些重要的官方新闻发布、科技项目及研究信息和某些官方统计数据及相关资料。这些对于国家的国际交往、国际合作,各类调查分析、比较研究和科技创新等具有重要意义。

6.7.1 国际组织机构信息的网上检索

国际组织机构种类繁多,数量庞大,本节只介绍最大的国际组织联合国相关信息的检索网站。主要介绍联合国机构信息及文献信息的检索与获取。

1. Official Web Site Locator for the UN System of Organizations(www.unsystem.org)

以联合国及其各专门机构为代表的主要国际组织,如:联合国教科文组织(UNESCO)、联合国粮农组织(FAO)、联合国开发计划署(UNDP)、世界银行(World Bank)、国际货币基金组织(IMF)等都有各自的网站,用户如在工作、科研及业务发展中需要了解相应机构的有关信息,可直接访问相应的网站。本网站作为联合国系统机构站点检索目录,其主页如图6-42所示。通过本目录,可以按照各机构名称的字母顺序,或机构的专业分类查找到各专门机构网站的地址,获得与该机构网站的链接。本网站还对机构网站上常被访问的信息内容如:会议日程、时间表、图书馆及文献服务,新闻稿等设了

目录和主题索引。除主要收录联合国机构外,还包括与联合国相关的其他国际组织的网站信息。

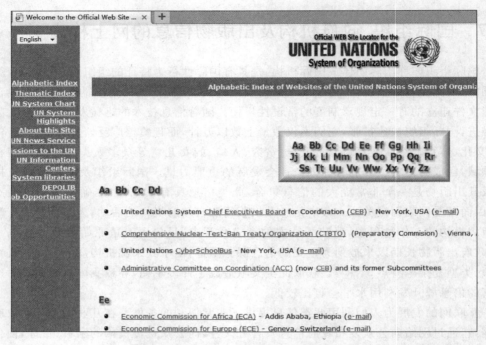

图 6-42　联合国系统机构站点目录主页

2. 联合国官网[www.un.org,www.un.org/chinese/(中文版)]

联合国的官方网站由联合国公众信息部门建设和维护。该网站提供联合国的基本信息包括联合国概况、主要下属机关、联合国日常议题、联合国新闻、会议日程等,该网站同时提供联合国的电台、电视录像和照片等多媒体文件。

3. Dag Hammarskjold Library——DHL(www.un.org/Depts/dhl/)

以前联合国秘书长达格·哈马舍尔德命名的图书馆 DHL 是联合国高度专业化的图书馆,其主页如图 6-43 所示。主要从事联合国出版物及各类文献的收藏、管理与服务。在其网页上介绍了它所提供的各类服务及检索工具。其中名为 UN-I-QUE(UN Info Quest)的联机便捷参考系统可以为快速查找各类联合国出版物和文献提供服务。UNBIS(United Nations Bibliographic Information System)是联合国的书目信息系统,提供对联合国出版物和由该图书馆所编制文件的目录,以及该馆所收藏的非联合国出版物的目录检索。联合国书目信息系统网络版的检索范围主要始于 1979 年,同时也在不断加入回溯目录。另外,UNBIS 网络版也提供对 6 个联合国官方语言(阿拉伯文、中文、英文、法文、俄文和西班牙文)的全文文件链接。其中包括自 1946 年以来,大会、经社理事会和安理会所通过的决议的全文。可提供简单关键词检索、复杂关键词检索和浏览检索。同时,还提供对表决记录和会议发言的检索。

图 6-43　联合国达格·哈马舍尔德图书馆主页(中文版)

联合国作为一个庞大的文献出版机构,在其 50 多年的活动历史中生产、出版了成千上万的各类文献(研究报告、会议记录、决议、政府函件等)。其出版物数量众多,内容主要涉及国际政治、国际经济、贸易及裁军、环境、人权、国际法、维和等。联合国出版物与文献的查找与获取主要通过分布在世界 141 个国家的 372 个贮藏图书馆(depository library)。这些贮藏图书馆可以免费获得较完整的联合国出版物,并有义务向公众免费提供有关文献服务。要查找这些贮藏图书馆的信息可以点击 DHL 网页中的"联合国图书馆研究门户"项获得一个全球贮藏图书馆的目录页,进而按国家查找。在中国的贮藏图书馆设在北京、重庆、广州、杭州、香港、澳门、上海、沈阳、武汉、厦门、郑州,详见 www.un.org/Depts/dhl/deplib/countries/chin.htm。

6.7.2　国外政府信息的网上检索

在全球政府网站建设中,居国际领先地位的有美国、英国、澳大利亚、加拿大、新加坡等。这些国家和地区的政府网站在发展建设过程中共同遵循的一个原则,就是以用户需求为中心,以实用性为原则,为用户提供个性化、人性化的服务。各个国家和地区都积极探索政府网站的服务模式,促进服务理念不断创新、政府资源不断开发、服务主体不断扩展、服务内容不断优化,在社会管理和公共服务上取得了良好实效,同时也引导了国际政府网站建设发展的趋势。

1. 美国政府信息检索

(1) USA.gov(www.usa.gov/index.shtml)。USA.gov 网站的前身 FirstGov 是较早建设的政府门户网站,于 2000 年 9 月开通。旨在加速政府对公众需要的反馈,减少中间工作环节,让美国公众能更快捷、方便地了解政府,并能在同一个政府网站内得到所有与其日常生活密切相关的信息,甚至是完成竞标合同、向政府申请贷款等电子化服务。本网站作为美国联邦政府信息的官方门户网站,可检索到所有在线的政府信息,以及美联邦政府、州政府、地区政府、部落以及国际机构提供的服务。其搜索是通过较常用的搜索引擎在联邦政府和州政府的页面中进行检索,支持简单检索和高级检索两种检索方式。其检索页面如图 6-44 所示。

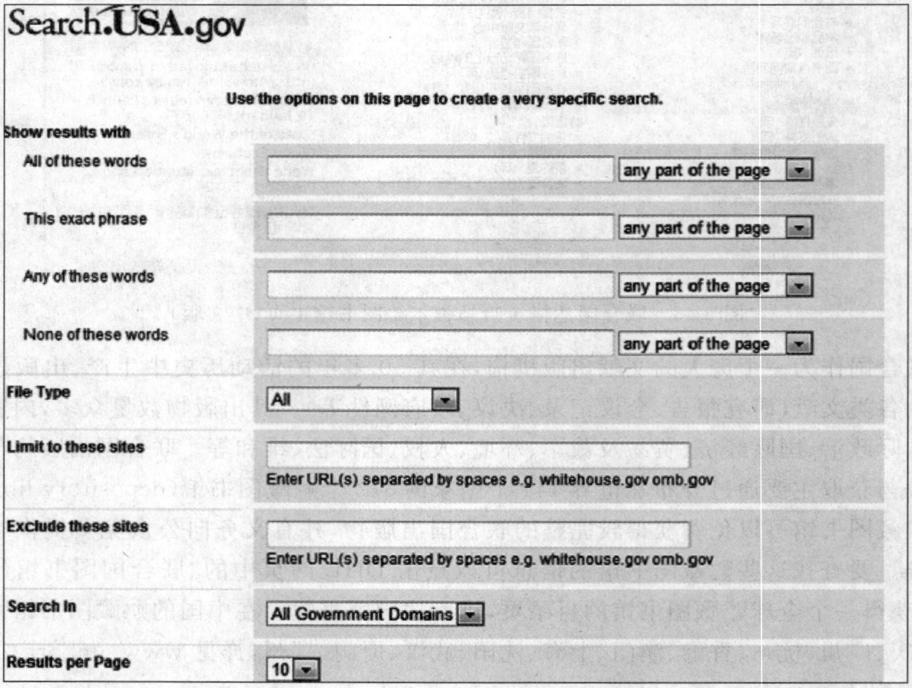

图 6-44　USA.gov 检索页面

(2) GPO Access(www.gpoaccess.gov/topics/index.html)

GPO(Government Printing Office)统管美国政府出版物发行的机构,同时负责编辑、出版目录,提供检索、咨询等服务。GPO Access 是该机构推出的一项网上服务,通过该网站可使网络用户免费检索联邦政府各机构生产出的大量具有参考价值的官方出版物和其他信息产品，包括 1 500 多个联邦政府数据库。

(3) NTIS(www.ntis.gov)。美国政府四大科技报告(PB、AD、NASA、DOE)一直受到我国自然科学、工程技术领域研究人员的重视。本网站为研究人员提供了检索、利用美国政府科技报告的便捷方法和途径。NTIS 作为收集、管理和销售美国政府及其机构生产的科学、技术、工程以及相关的商业信息资料的核心机构，收藏和提供了近 300 万件各种形式的信息产品，包括印刷型出版物、磁盘、光盘和声像资料及联机信息等。网站提供按学科分类导航服务，同时对其最大的收藏——科技报告提供免费检索。可以进行关键词检索，输出的检索结果包含文献的详细信息并可排序，同时提供联机订购服务。

2. 其他有代表性的国外政府网站

(1) 英国政府网站 Directgov，www.direct.gov.uk/en/index.htm；

(2) 加拿大政府网站，www.gc.ca/，有英语、法语版；

(3) 澳大利亚政府网站，www.gov.au/；

(4) 新加坡政府网站，www.gov.sg/；

(5) 俄罗斯政府网站，www.government.ru/，有俄文、英文版。

3. 国外政府信息门户网站的发展趋势

近年来，国外政府网站也在不断创新、进行新的实践探索。在 Web2.0 技术广泛应用、开放存取理念日渐深入的情景下，推行 Government2.0(以下简称 Gov2.0)是政府管理与服务模式的重要创新与发展之路。共建共享数据(Data.gov)体现了"用户创造价值"和"政府与你共创服务(Gov with You)"的理念，而以服务为中心整合资源，提供一站式服务等正是未来政府信息门户的发展方向。

(1) Gov2.0 开放政府。Gov2.0 提供了一种政府和公民参与公共事务的全新模式，是技术进步影响人类行为模式的具体体现。澳大利亚、美国、英国先后展开了 Gov2.0 的计划与实践。

① 澳大利亚 Government2.0 计划。2009 年 6 月，澳大利亚政府在建设开放政府的行动计划中制订了促进开放政府建设的体系目标，陆续颁布了多项战略法规，设置了"Government2.0 特别工作组"。特别工作组在给政府的报告中指出了 Government2.0 的两个关键要素：一是通过改变公共政策，创造一种开放和透明的文化，使政府愿意和公民互动；二是将大量非敏感的部门信息公开，使其成为国家信息资源，即信息开放理念。

② 美国开放政府计划(Open Government initiative)。2009 年 12 月，奥巴马政府要求联邦政府各部门在 2010 年 4 月 8 日前提交开放政府的实施计划，并列出了开放政府计划的 3 个要素：一是透明化，要求政府部门公开相应信息，保证社会公众查看政府部门的工作和成绩，并提供解释说明；二是参与性，促进公众参与重要问题，提供更加有效和廉价的政府服务；三是协作性，通过政府、社会组织、企业及个人协作，政府与社会工作可以共享信息和理念，利用公众的智慧发现解决问题的创新策略。

③ 英国政府数据共享计划(Open Data initiative)。2010 年 6 月，英国政府数据共享计划组向英国政府内阁提交的建议中指出，数据共享计划是包括转变领导观念、创造政策环境、制订技术标准、建立持续更新机制在内的庞大、复杂的社会系统工程。应确保开放的信息和数据有用、好用，而且方便共享，并采用开放标准。

从以上典型的 Gov2.0 计划可以看出，政府强力推动、创造政府与社会公众的交互条件、开放访问公共部门信息(Public Sector Information, PSI)是 Gov2.0 的 3 个支柱。Gov2.0 的重要理念之一就是平台化的思想，鼓励公众参与并与公众形成更紧密的合作关系，其本质是思想和文化的创新，所受到的挑战远远大于政策变革和应用新技术所带来的挑战。Gov2.0 意味着政府管理方式的转变，推动政府向更加开放、更加协作的模式变革。而开放访问公共部门信息(PSI)，促进公共参与服务。公众只有更多的了解公共部门信息(PSI)才能积极的参与到公共事务中去。随着现代信息技术和网络通信技术的不断发展进步，美国、英国、澳大利亚、加拿大、新加坡等电子政务领先国家积极应用新技术服务于政府机构日常办公、信息收集与发布、公共事务管理等业务上，提出了"政府即平台"的服务理念，在应用电子政务促进政府管理与服务模式创新等方面取得了很多积极的进展，在提高政府效率与效能的同时，向社会提供更加优质的服务。

(2) Data.gov 共建共享数据平台。美国、英国、新加坡等国际电子政务领先国家打破"网站服务由政府单向提供"的观念，充分整合内部数据资源，基于政府所管理的庞大数据资源库建立平台，积极推动政府资源与社会共享——Opening up government。这些国家自从开通各自的 Data.gov 以来，不仅向公众和企业提供其掌握的数据和信息，同时充分调动企业、社会组织以及个人的智慧、知识和能力，将数据和信息转化成为公众自己觉得有用的服务，深受互联网用户关注。Data.gov 的优势主要有：更加容易查找政府数据、促进政务应用程序开发、通过政府数据创造价值。2010 年 1 月，英国政府启动数据共享计划(open data initiative)，并同时推出 Data.gov.uk 平台，开放各类数据资源供公众查阅，Data.gov.uk 是一个供组织或政府机构上传数据的网络平台。在开通伊始就汇集了近 3 000 套数据集以供相关的软件开发商和公众用于自行开发服务，其主页如图 6-45 所示。

同时，为了方便公众及时、便捷的获取政府信息和服务，各电子政务领先国家抓住移动技术快速发展的契机，针对 IOS、Android 等不同手机操作系统开发移动应用。例如，美国政府网站推出的手机应用平台——Apps.usa.gov，该平台不仅降低了政府提供服务的成本，还为政府各部门注入了创新活力。在 Apps.usa.gov 上基于"云"的软件被集中存储和运行，还可以在不同的设备上被使用。

以上国家不仅搭建数据平台，向公众开放数据资源并提供政府应用，同时积极引入"用户创造价值"的观念，打破"网站服务由政府单向提供"的服务模式，倡导政府服务从"政府为你提供服务"(Gov to You)向"政府与你共创服务"(Gov with You)的方向转变。这些国家在公共事务管理中利用开放的政府数据平台，组织、协调、鼓励社会公众自由地

图 6-45　Data.gov.uk 主页

开发各种创新应用,任何组织和个人都可以在国家级数据共享平台上提供产品和服务,而政府的角色转化为这个公共平台的搭建者和管理者,从而降低管理成本,提高公共信息服务水平。

(3) 整合资源提供一站式服务。美国、英国、加拿大、新加坡等国际领先的政府网站不断深化网站服务内容,充分体现了以用户需求为中心的服务理念,全面整合行政资源和社会服务资源,优化与规范资源组织形式,在提供行政办事服务的同时,也为社会公众提供了大量的社会信息服务,具有很强的实用性。对用户需求细化分类并将各种相关服务资源归类"打包",有针对性地提供给用户。

6.7.3　中国政府信息的网上检索

中国的政府上网工程自 20 世纪 90 年代末期启动以来已取得了重大的进展,目前几乎所有国家级政府机构及各地方政府都开通了相关网站。据中国互联网络信息中心(CNNIC)编制的《2011 年中国互联网络发展状况统计报告》显示,截止到 2010 年年底,全国域名数为 866 万个,其中".cn"域名为 435 万个,".cn"在域名总数中的占比为 50.2%,".gov.cn"占到 1.5%。现在相当多的政府部门通过网站发布政策、公告、新闻等信息。

政府日常办公事务与网站相关服务结合紧密。

面对丰富的网上政府信息,要进行准确的检索也需要借助相关检索工具。目前专业提供我国政府信息检索服务的平台或专业搜索引擎还比较少,除了直接查询各级政府门户网站外,一般还可以利用一些综合性的搜索引擎(如百度等)来检索有关政府的各种动态新闻、国家重大政策、法规的变动等信息。还有许多综合性网络信息门户(如搜狐、新浪等)的分类导航体系中均有相关类目,提供对政府与国家机构网络资源的分类链接。

1. 中华人民共和国中央人民政府门户网站(www.gov.cn)

中华人民共和国中央人民政府门户网站(以下简称为中国政府网)于2006年1月1日正式开通。中国政府网作为我国电子政务建设的重要组成部分,是政府面向社会的窗口,是公众与政府互动的渠道,对于促进政务公开、推进依法行政、接受公众监督、改进行政管理、全面履行政府职能都具有重要意义。中国政府网是国务院和国务院各部门,以及各省、自治区、直辖市人民政府在国际互联网上发布政府信息和提供在线服务的综合平台。中国政府网现开通"今日中国、中国概况、国家机构、政府机构、法律法规、政务公开、工作动态、政务互动、政府建设、人事任免、新闻发布、网上服务"等栏目,面向社会提供政务信息和与政府业务相关的服务,逐步实现政府与企业、公民的互动交流。用户可通过其导航系统浏览、查找政府机构网站索引或按地域查询政府网站,网站主页如图6-46所示。

图6-46 中国政府网首页

国务院各部门的网站也各具特色,在2011年的中国政府网站特色评比中,农业部的网站(http://www.moa.gov.cn/)受到好评,所设置的"信息公开"、"公共服务"和"互动交流"导航清晰、易用,界面友好,如图6-47所示。

图6-47　中国农业部主页(合成图)

2. 地方各级政府门户网

在中央政府上网工程的推动下,全国各省市级直至县级政府纷纷推出政府门户,为广大用户提供及时了解国家政策、查询数据、交流信息提供了便捷的通道。随着电子政务向纵深发展,我国政务网站应用越来越实,特色越来越鲜明,新的信息技术的应用日益广泛。例如,北京市政府的"首都之窗"(www.beijing.gov.cn,其检索页面如图6-48所示),上海市政府的"中国上海"(www.shanghai.gov.cn,其主页如图6-49所示),西藏自治区(www.xizang.gov.cn/)等。

经过十多年的发展与完善,我国政府网站的体系已基本形成,政府网站正从建设为主的阶段进入到以深化应用为主的新阶段。即从原来的以政府自我服务为主转向以公共服务为主,意味着政府网站服务对象和用户需求的多元化。2011年中国政府网站绩效评估结果显示,中国政府网站民生服务资源整合不断加强,财政预决算等信息公开力度加大,新技术应用不断加强,政府网站建设从内容导向逐步走向服务导向,政府网站建设不断完善。同时,信息公开体系不断完善,逐渐延伸覆盖公共企事业单位和基层政府。目前,中国政府网站重点向公共企事业单位和基层政府延伸,建立了公共企事业单位和基层信息公开目录,更好地满足公众、企业的实际需求。整体重视整合教育、医疗、交通、社保、公用事业等领域服务资源,提升网站民生服务能力;不少政府网站加强投诉建议、征集调查、

图 6-48　首都之窗——北京市政府网站检索页

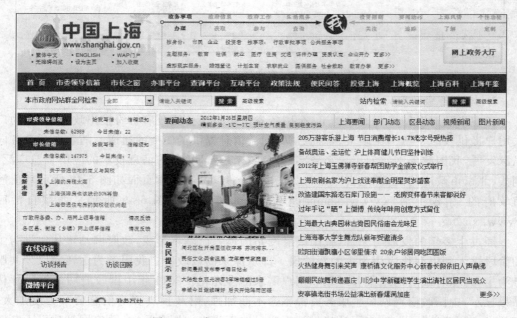

图 6-49　中国上海——上海市政府网主页

在线访谈机制建设,并不断探索创新,通过多种渠道进行"网络问政",倾听民意,加强对网络虚拟社会的舆情引导。新技术的应用拓展也有利于电子政务的推广,政务博客、微博、信息无障碍建设、基于移动终端的移动客户端,整合提供多项实用化服务。

尽管如此,中国政府网站的服务能力和管理水平仍需提高。主要问题包括信息和服务覆盖面不够广,实用性、有效性有待提升。2011年的评估结果显示,60分以上的部委网站才17家,占总体比例的29.8％。约79％的部委网站、87％的省级网站、91％的地市网站、92％的区县网站以及90％的国家级开发区网站都存在信息和服务失效等问题。在2011年部委网站综合绩效排名前10名的网站包括商务部、农业部、公安部和科技部和国家林业局等,这些网站在信息公开、在线办事、公众互动、网站维护等方面较好,用户满意度也较高。其他政府网站可以借鉴它们的成功经验。

思考题

1. 在互联网上检索图书的途径有哪些?各有什么特点,怎样互为补充?
2. 你所在学科专业的中外核心期刊有哪些?还有哪些开放存取期刊?
3. 调研你所在学科专业的开放存取资源有哪些?
4. 请自选一主题学科领域(如:信息法、食品安全、智能建筑、大气污染控制等),查找出相关的会议论文、学位论文、科技报告等资源。
5. 查找专利主要有哪些检索途径?请自选一主题,查出相关的中外专利说明书,或自选一企业,查出其在某一技术领域所拥有的专利数量。
6. 查找标准主要有哪些检索途径?怎样发现中外标准在技术指标上的异同?
7. 政府信息门户有哪些功能?如何评价某一政府信息门户的信息服务水平?
8. 我国政府信息资源、政府文件的集成检索平台包括哪些?

CHAPTER 7 第7章

参考信息的网上检索

7.1 参考信息概述

7.1.1 参考信息检索概述

参考信息即指人名、地名、机构、事件、统计数据等一类数据、事实信息,是人们在工作研究和日常生活中经常要查考、引用的信息。检索这类信息的工具书早在十八九世纪就已经出现。传统的数据与事实检索工具一般包括百科全书、传记资料、地名工具书、年鉴、手册、名录、词典、字典、统计资料等,它们种类繁多,出版量很大,而且各有用途,编排方式也不尽相同。

随着网络的日益强大,这些传统的参考工具书也在向数字化、网络化方向快速发展,出现了相应的电子版、光盘和网络版等。同时,搜索各类参考信息、提供相关服务的专门网站纷纷诞生,而且通用搜索引擎也逐渐加入了搜索各类实用参考信息的功能。传统参考工具书的网络版、专门的参考网站和通用搜索引擎构成了网络上的主要参考信息搜索工具。

人们利用网络检索参考信息,不仅可以得到传统工具书中提供的文字和图片信息,还可以将文字、图片、视频、音频等信息融为一体,并且实现相关信息之间的链接,使用户得到进一步完善的信息服务。网络还能够为人们提供具有瞬时性的参考信息,如新闻信息、股票信息、航班信息等,这些特性是传统的参考工具书所不能企及的。

7.1.2 网上参考信息源的主要类型

网上参考信息源的类型很多,通常按其功用划分,主要有以下几种:

1. 百科知识检索网站

从网络获取百科知识的主要途径是利用传统百科全书的网络版。百科全书是人类一切门类知识或某一门类知识的概述性著述,集各种类型工具书之大成,被称为"工具书之王"。综合性百科全书旨在收集、整理人类所积累的一切科学知识,涉及各个领域,兼收并蓄,其内容之丰富、规模之宏大是任何其他参考工具书所不及的。由于它能提供基础、规范、权威、标准而有趣的知识定义和解读,人们经常把百科全书作为搜索资料的起点和阅读学习的对象。随着网络的发展,很多大部头、多卷本的百科全书被搬到网上;同时许多百科知识查询网站和网络百科也纷纷建立,提供多种检索方式和更加多样化的信息服务,成为网络上重要的知识资源。

2. 人物信息检索网站

人物信息检索网站主要有：与传记工具书类似的,专门提供对著名历史人物或当代著名人物的生平资料等相关信息的服务性网站；白页信息服务,主要提供对普通大众的个人信息,如电话号码、E-mail 地址、住址等信息的查询检索。

3. 地理信息检索网站

地理信息检索网站提供丰富的地理资料,包括古今中外的地名及其所代表的地理、历史、人物等简况,地图、地图集,旅游信息指南等。

4. 时事、新闻信息检索网站

网络已经成为第四大媒体,以传统媒体无法企及的速度在世界范围内传播新闻和时事。网上的新闻搜索引擎、新闻门户已经成为很多人获取新闻的首要选择。除此之外,汇集一年当中各种新闻、动态和数据编制而成的年鉴资源也能在网上找到。年鉴是系统汇集一年内各方面发展变化新情况和统计资料,按年度连续出版的资料性参考工具。它能够提供最新事实和统计数据,反映世界各地政治、经济、文化、科技等方面的发展动向,是国家政策研究和各学科科研的重要基础信息资源。

5. 机构信息检索网站

机构信息包括组织机构、企业的名称、地址、联系方式、负责人、主要业务范围、服务项目、产品和相关出版物等。可以利用各种机构名录、黄页、电子商务平台等搜索、获得此类信息。

6. 语词信息检索网站

语词信息包括：字词的读音、拼写、语法、词义、用法等。提供语词信息的传统参考工具书是词典,如今,网络在线词典也逐渐被人们认可和接受。

7. 统计信息检索网站

统计信息是对各种统计工作产生的大量原始统计数据搜集、整理、汇编而成的参考工具,通常有统计月报、统计年鉴、统计摘要等类型。通过检索、采集相关统计数据并进行分析和对比,可以反映事物发展的特征和规律,预测其发展趋势。近年来,很多国际组织、各国政府机构和金融机构将统计数据发布于官方网站或官方统计资料,并提供相应的检索平台,这些网站是获取权威统计数据的重要信息源。

本章将分别介绍各类参考信息源的代表性网站及其主要的检索、获取信息途径。

7.2　百科知识的网上查询

7.2.1　百科知识查询概述

在网上查找百科知识,用户一般使用最多的是通用搜索引擎,即将表述检索对象的关键词输入搜索引擎的检索框,得到包含该检索词的众多网页,再通过链接、浏览相关网页查找、获取相关知识信息。使用通用搜索引擎虽然很方便,但得到的检索反馈可能会很多,需要用户自己在众多检索到的网页中浏览、比较、选择,且不能保证所获得的检索结果的权威性和准确性。

近年来,以维基百科为代表的各种网络百科受到广泛欢迎,成为人们检索百科知识的常用工具。网络百科承袭了印刷型百科全书的编排组织和检索方法,如采用分类组织和字顺编排条目,可以按学科、专业类目浏览相关条目或按关键词检索;同时,网络百科全书的内部利用超链接组织其参见系统,较之书本式百科全书更为便捷。网络百科的最大特点是内容开放、自由,由网民共同参与撰写、编辑词条,分享贡献知识,旨在创造一个涵盖所有领域知识、服务所有互联网用户的百科知识库。

在网上检索百科知识的一个重要途径,即利用百科全书的网络版。目前许多著名的百科全书都建有自己的网站,通过 Web 网页提供收费检索服务,同时也提供部分内容的免费检索。另外还有不少百科知识网站依托于多种百科全书及其他信息来源提供综合性的检索服务和链接。这些网站提供的百科知识更具权威性、准确性。

7.2.2 国内外网络百科全书简介

1. 不列颠百科全书网站(www.britannica.com)

不列颠百科全书网站(Encyclopedia Britannica Online)是以《不列颠百科全书》(*Encyclopedia Britannica*,又称大英百科全书)为主要资源的综合性百科知识检索网站,于 1994 年正式推出使用。其主页如图 7-1 所示。首页正中以动态更新的方式呈现七大主题的相关内容:历史与社会,艺术与娱乐,旅行和地理,科学和技术,特色视频,百科博客、动物保护宣传。网络版除包括印本内容外,还包括最新的修改和大量印本中没有的文章,以"Selected New & Revised Articles"方式呈现。

不列颠百科全书网站提供以下几种浏览方式:

(1)字顺浏览(A-Z browse)。与传统百科中条目的字顺方式编排相同。

(2)传记浏览(Biography browse)。人物默认按照姓名排序;此外,还提供从领域、国家/文化协会、生活年代以及性别等途径进行检索。

(3)撰稿人浏览(Contributor browse)。按照姓名进行排序。

(4)电子书和主要资源浏览(Ebook & Primary Sources browse)。提供按题名和作者两种排序方式。

(5)延伸播放视频浏览(Extended Play Videos browse)。分为科学、地理、世界研究、美国历史和艺术五大类。

(6)杂志浏览(Magazines browse)。按杂志名和文章名排序。提供从杂志名和出版年两种途径进行检索。

(7)多媒体集合浏览(Media Collections browse)。包括照片和视频两大类,分为动

图 7-1　不列颠百科全书网站主页

物、艺术和文学、土地、空气和水、有生命的物体、植物、科学、社会、体育和娱乐以及技术。

（8）名人名言浏览（Quotations browse）。按照人物姓名排序。

（9）学科浏览（Subjects browse）。划分为 12 个学科，检索结果可按照字顺或者相关度进行排序，也可以按照人物和所属地区进行筛选。

该网站还提供了其他的检索工具，包括："国家比较"——从统计数据、地图、国旗等方面对两个国家进行比较；"历史上的今天"——历数历史上"今天"所发生的大事件；"年表"——以图示和时间来追踪事物（按专题）的发展历史；以及"世界地图"与"世界数据分析"等。

此外，不列颠百科全书网站还集成了"Merriam-Webster's Collegiate Dictionary"，可以同时实现 Merriam-Webster 的在线词典、叙词表、年度评论（Year in Review）和百科全书的检索。注册用户可以创建自己的工作间（Work Space），在这里，用户可以保存自己的文章，上传媒体文件，为编辑部推荐文章以及提交修改信息等。

科技百科全书网站（McGraw-Hill's AccessScience）

2. 科技百科全书网站（www.accessscience.com）

科技百科全书网站（McGraw-Hill's Accessscience）是一部在线科技百科全书，提供科技发展最新信息，可以从化学、数学、物理、医药等 19 个大学科、主题展开搜索。数据库中包括 8 500 多篇文章、超过 11 000 条词典条目、15 000 多幅插图、表格及书目信息，数据库内容具有较高的权威性，由 5 000 多名研究人员审定，其中包括 36 名诺贝尔奖得主。

信息内容涉及科学技术各领域,数据保持每日更新。其主页如图 7-2 所示。该百科全书网站的特点是:

(1) 传记资料丰富。提供历史上 2 000 多位著名科学家详细传记。
(2) 发布最新新闻。每周更新科技界的新突破和新发明。
(3) 设立学生中心。提供相关学习资源,辅助科学研究。
(4) 多媒体资源。提供视频、图片等资源,其中包括部分科学家的视频传记。

用户可以输入检索词直接进行检索,也可以指定在以下资源类型中检索:文章、图像、多媒体、自传、新闻、字典、常用信息、书目信息以及资源贡献者,或选择相关主题进行检索。为了帮助用户更快、更深入地进行检索,数据库还提供 RSS 订阅服务。

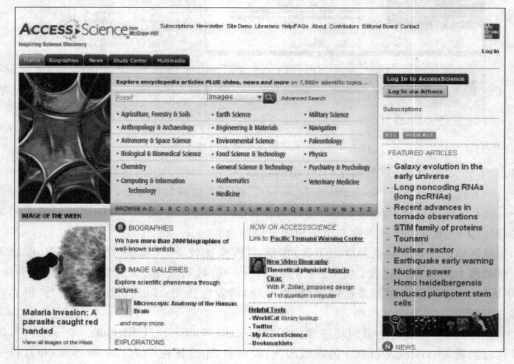

图 7-2　科技百科全书网站主页

3. Encyclopedia.com(www.encyclopedia.com)

该网站以美国著名的《哥伦比亚百科全书》(*The Columbia Encyclopedia*)第六版为基础,还结合了其他 100 多个权威可信度较高的词典、百科全书以及词表等参考资源,如 *Oxford's World Encyclopedia*、*The Encyclopedia of World Biography*、*Oxford Pocket Dictionary of Current English*、*A Dictionary of Psychology*。共有检索条目接近 20 万条,以及超过 5 万条的选自于世界各地报纸、杂志、图片以及视频的主题摘要。下设 11 大类,包括地球环境、历史、动植物和科学技术等。

4. 维基百科（www.wikipedia.org/）

维基百科是一个语言、内容开放的网络百科全书计划，于 2001 年 1 月 15 日正式成立。英文 Wikipedia 一词是"wiki"（一种可供协作的网络技术）和"encyclopedia"（百科全书）结合而成的混成词。其中文名称"维基百科"是经过投票讨论后所决定的，"维基"二字除作为音译之外，"维"字义为系物的大绳，也做网解释，可以引申为互联网，"基"是事物的根本，或是建筑物的底部。"维基百科"合起来可引申为互联网中装载人类基础知识的百科全书。在维基百科的条目内有许多链接，可引导使用者前往有关的页面，并获得更进一步的信息。

维基百科由来自全世界的自愿者协同写作。自成立以来，维基百科不断快速成长，已经成为最大的资料来源网站之一；以热门度来说，列为世界第八大网站。在 2008 年吸引了超过 684 000 000 的访客，目前在 272 种的独立语言版本中，共有 6 万名以上的使用者贡献了超过 1 000 万篇条目。每天有数十万名的访客做出数十万次的编辑，并创建数千篇新条目以让维基百科的内容变得更完整。访客不需要具有特殊的资格就能做出贡献，他们只需要书写关于既有知识的条目文章；也即无论是何年龄、来自何种文化或社会背景的人都可以撰写维基百科条目。任何人只要能连上互联网，都可按下"编辑"链接来编辑维基百科的大部分内容，世界上正有上百万人正在这样做，没有报酬，只有付出。每个人都能够自由地添加信息、参考资料来源或注释，只需要符合维基百科的编辑方针，并且达到一定的标准。不符标准或引发争议的信息可能会被移除。使用者不需要担心在添加信息时会不小心破坏维基百科，因为其他的编辑者会适时的提出建议或修复错误，而维基百科所使用的软件也是经过精心设计，修复编辑错误是十分容易的工作。任何人都可以匿名贡献，只要注册一个账号即可。正是由于其自由、开放的特点，维基百科与传统印本百科全书相比，其内容更新速度较快，可即时更新，编辑、使用更加灵活方便。例如，许多重要事件或新闻动态的条目有时在几分钟之内就会被创建或更新，但传统的百科全书可能需要等待数月或数年来更新这些信息。

维基百科的全部内容（商标及标志例外）以自由条款发布，维基从此保持一直自由，用户只要能连通互联网即可链接维基百科，只需遵守授权条款即可自由使用维基的内容，无须许可。但使用中用户应注意到，较旧的条目应该会有更完整的内容、更平衡的观点，而较新的条目可能经常会包含明显的错误、非百科全书的内容，或是单纯的破坏。为取得有效的信息，应注意避开那些最近加入且尚未被删除的错误信息。

5. 百度百科（http://baike.baidu.com）

百度百科是百度公司推出的一部内容开放、自由的网络百科全书，其测试版于 2006 年 4 月 20 日上线，正式版在 2008 年 4 月 21 日发布。百度百科旨在创造一个涵盖各领域知识的中文信息收集平台。百度百科强调用户的参与和奉献精神，充分调动互联网用户的力量，汇聚上亿名用户的智慧，积极进行交流和分享。同时，百度百科实现了与百度搜索、百度知道的结合，从不同的层次满足用户对信息的需求。百度百科的全部内容对所有互联网访问用户开放浏览。词条的创建和编辑只能由注册并登录百度网站的百度用户参与，用户不可匿名编写词条。

理论上，除因严重违反百科协议而被封禁的用户外，其他百度用户享有平等编写词条的权利。但为了减少词条被恶意编辑的事件，百度对不同用户的编辑权有一定的限制。例如，积分达到四级、词条审核通过率在85％以上的用户可以编辑百科名片，而未同时达到这两条标准的用户则无权修改相应内容。对少数内容较完善的词条的编辑，也存在类似的限制。内容涉及敏感的话题或屡遭恶意编辑而被暂时锁定的词条，无法被任何用户编辑，如用户认为有必要编辑，须到百科投诉吧提交申请，待申请通过后即可对相关词条进行修改。对百度百科做出一定贡献的用户，可以申请成为分类管理员。分类管理员可对百度百科分类频道页进行编辑，并佩戴分类管理员勋章。为带来更加专业、权威、可靠的信息，百度百科也引入了权威认证词条的机制。权威认证是指通过专业机构对词条进行专业认证，以保证词条内容的权威性，给用户提供高质量的专业化释疑解惑服务。

6. 其他百科知识检索网站

（1）Grolier Multimedia Encyclopedia Online，http://teacher.scholastic.com/products/grolier/；

（2）Encyclopedia Smithsonian，www.si.edu/Encyclopedia；

（3）Encyclopedia of Psychology，www.psychology.org/；

（4）The Canadian Encyclopedia，www.thecanadianencyclopedia.com/；

（5）中国大百科，http://ecph.cnki.net/；

（6）中文百科在线，www.zwbk.org/。

7.3 人物信息的网上查询

7.3.1 人物信息查询概述

人物信息的检索需求一般有两种：一种是检索著名人物的生平资料；另一种是检索普通人的个人信息。而专门提供人物信息检索与服务的参考源分为两类：一类是传记资料；一类是白页信息（White Pages）等找人服务。

传记资料，记录历史人物或当代著名人物的生平资料等相关信息，这些信息一般包括生卒年、学历、职务、经历、家庭、政治背景、学术观点、团体、著述、评价、通信方式等。在图书馆日常的参考咨询服务中，查找人物资料的咨询占有很大比例，占到了社科查询的1/3左右。现在也有多家互联网传记信息检索网站，为用户提供权威、可靠的人物信息检索与提供服务。

网上白页是专用于查找个人信息的特殊工具，这些个人信息包括电话号码、E-mail地址、邮政编码、通信住址等。在国外，人们对白页网站的使用很频繁，流行利用网络白页或其他网络工具,如搜索引擎、论坛、微博等寻找多年未联系的亲人、同学、朋友等。其中有不乏被利用、被挖掘的各种商机,也存在着泄露甚至侵犯个人隐私、危害个人信息安全的风险。

7.3.2　网络传记资料简介

1. Marquis Who's Who(www.marquiswhoswho.com)

本网站涵盖了 Marquis 公司出版的纸质版传记工具书的全部内容,收录超过 140 万位人物的传记资料,范围涵盖商业、法律、科学、医药、娱乐、政府、艺术等诸多领域,传记资料来源于多种标准的传记词典、期刊以及该公司的各种传记出版物。网页版时时更新已有人物的信息,并每日补充新的人物传记资料。用户可以用姓名直接检索,注册之后还可以用国家、职业、性别、出生年月等 15 个不同的标准进行筛选。此外,Marquis Who's Who 网络版还划分成许多分支网页,包括:美国名人录(Who's Who in America)、世界名人录(Who's Who in the world)、美国政界名人录(Who's Who in American Politics)、美国艺术界名人录(Who's Who in American Arts)、美国历史名人录(Who's Who in American History)。其首页如图 7-3 所示。

图 7-3　Marquis Who's Who 网站主页

2. Biographical dictionary(www.s9.com/biography)

这是一个基于 wiki 方式的传记网站,用户可以自由地编辑传记条目甚至可以创造他们自己的传记。网页提供按字顺、首字母、职业和国别等进行浏览的方式,同时提供按照姓名、人物关键信息(职业等)、生卒年年进行检索。

3. Biography.com 数据库（www.biography.com/）

本网站共收录大约 2 万多个人物传记，内容更注重娱乐性，可检索。

4. aMillionLives（aML）（www.amillionlives.net/category/biography）

可直接按照人名进行检索，也可以从按照人物职业划分出的 11 大类中进行浏览。

5. WHO2 Biographies（www.who2.com/）

可检索 3 731 位世界各地著名的人物、虚拟的角色（如小说、动画中的人物）和动物等的传记。提供按照字顺、出生地、生卒年和职业进行浏览。网站的所有内容都是原创的，由 Who2 的专业编辑团队根据搜集到的资料撰写而成。网站还提供按照某些共同点将一些名人集成专题，如一些面部遭受病变的名人专题。

7.3.3 白页信息查询

1. Intelius（www.Intelius.com）

Intelius 公司成立于 2003 年，目前已经发展成为互联网中规模较大的白页信息服务提供商，其信息量十分巨大，提供较深入的个人资料。很多家白页网站，如下面将要介绍的 IAF、Yahoo People Search 以及 Anywho 等的部分数据资料都来自于 Intelius 公司。据 Intelius 公司数据资料显示，每天大约有 100 万人访问该网站，每秒钟要接收到大约 3 000 条检索输入，数据库中大约存有 200 亿条记录。Intelius 网站首页提供四大查询版块：白页信息查询、背景资料查询、犯罪记录查询、反向查询。其中，大部分检索的完整检索结果都是需要收取一定费用的。其 People Search 页面如图 7-4 所示。

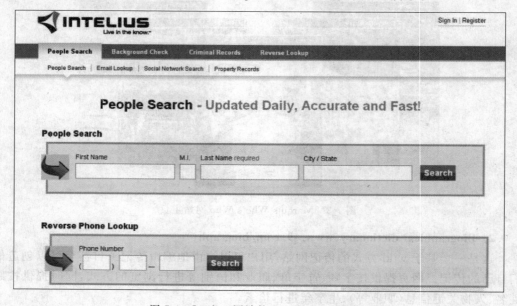

图 7-4　Intelius 网站的 People Search 页面

白页查询下又分为人名查询、E-mail 查询、社交网络查询、不动产信息查询。在进行检索时，Last Name 是必填项。First Name、城市和所在州是选填项，如果检索反馈过多，则可以通过进一步限定这几个字段的信息来进行缩小检索结果。检索结果包括此人目前的电话号码、居住地址、年龄、家庭成员等信息。E-mail 和社交网络查询时，Last Name 和所在的市、州名是必填项。E-mail 查询的检索结果包括 E-mail 地址和现居住地址，社交网络查询的检索结果包括此人的地址、电话以及他的社交网络信息等。不动产信息查询的检索结果包括此房产的价值，周围邻居的犯罪记录，屋主的有关信息等。第二大块检索功能背景资料查询的结果包括诉讼历史查询、先前居住地查询、所受判决查询、财产总值查询、别名查询、亲属查询、婚姻记录查询等诸多查询功能。犯罪记录检索方式与上面的相同，包括犯罪记录、刑事法庭记录、性侵犯记录等。此外，还提供手机号码、座机、地址、E-mail 和社会网络的反向查询功能，即根据用户输入的电话号码、地址或 E-mail 等查出其持有人的信息。

2. IAF——Internet Finder（www.iaf.net）

IAF 由 DoubleClick.Inc 创建，为用户提供极为优质的黄白页检索服务，是目前世界上最好的黄白页信息查询工具之一。IAF.net 网页包括五大查询版块：白页信息查询、背景资料查询、反向电话号码查询、黄页信息查询以及 E-mail 查询。其白页查询页面如图 7-5 所示，进行白页检索时，Last Name 是必填项，同时提供按照州名进行浏览。背景资料查询和 E-mail 查询的结果主要来自第三方数据库 Intelius。如要获得背景资料查询、电话号码查询、E-mail 查询的完整结果则要交纳一定的费用。背景资料查询包括个人犯罪历史查询、诉讼历史查询等诸多查询功能。其中，Last Name 和所居住的城市或州名是必填项。也可以从提供的 51 种背景信息记录中选择一项进行查询。E-mail 检索与白页检索原理类似，Last Name 是必填项，First Name、城市和所在州是选填项。同时，网页还支持电话号码、地址、E-mail 的反向查询功能。

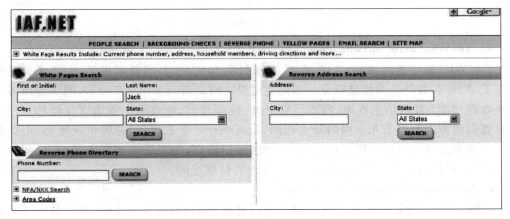

图 7-5　IAF 的白页查询页面

3. Whitepages.com(www.whitepages.com)

Whitepages 是美国最大的白页和黄页信息服务提供商之一,每月用户访问量达到 2 000 万人次,能查询到美国 2 亿成年人的信息,占总成年人口的 90%。Whitepages 的数据资料主要来自 3 个方面:公开的联络信息(如电话簿)、第三方提供的联络信息(其他公司顾客填写的有关表格)、Whitepages 注册用户信息。Whitepages 提供四大查询版块:白页查询、黄页查询、反向电话号码查询、地址和邻居查询。其白页查询页面如图 7-6 所示,其查询方法与 IAF 类似,检索结果包括地址、电话、年龄和亲属。此外,网站还提供 Name Popularity 功能,用户可以查询到每个名字在美国的使用人数排名。地址和邻居查询中,地址和所在的市、州以及邮政编码都是必填项。旗下 3 个网站的网址分别是 www.411.com、www.address.com、www.phonenumber.com,提供的功能都大致相同。

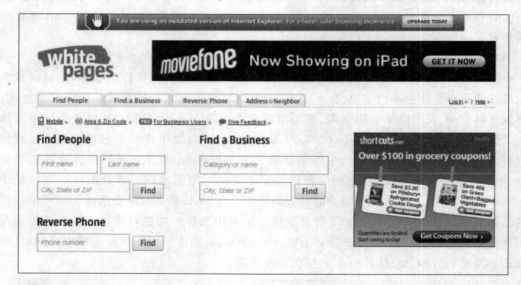

图 7-6 Whitepages 的白页查询页面

4. AnyWho(www.anywho.com)

AnyWho 属于美国 AT&T 公司,数据资料由 Intelius 公司独家提供,主要来自政府公开记录、可获取的公共信息以及一些商业记录。网站首页如图 7-7 所示,网页提供五大板块查询功能:黄页信息查询、白页信息查询、反向查询、邮政编码查询以及地图。白页信息查询的方式与以上几个网站基本相同,Last Name 是必填项,并提供从姓名、电话和地址 3 种方式进行查询。检索结果包括地址、电话信息,如果需要更深入的信息、如背景资料信息,资产情况等,则需转入 Intelius 公司的付费查询。

5. Who where(www.whowhere.com/)

Who where 是 Lycos 公司旗下的知名白页查询工具,成立于 1996 年。Who where 包括黄页查询和白页查询两大功能,检索方式与以上网站基本相同,Last Name 是必填

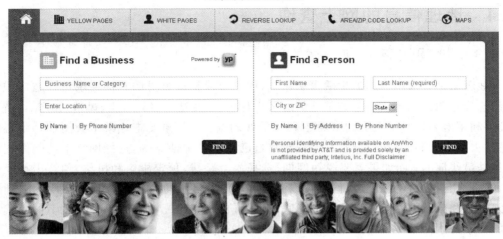

图 7-7　AnyWho 网站首页

项。检索结果包括姓名、住址、电话、年龄范围、手机号以及曾经居住的地址信息。Whowhere 还提供电子邮件和手机号的反向查询功能。

6. 其他常用白页搜索引擎

(1) Yahoo People search(http://people.yahoo.com/)

Yahoo People search 包含 3 个查询版块：电话号码和地址查询、反向电话查询、E-mail 查询。内容包括个人的电话号码、E-mail 信息、街道住址和其他个人信息。查询结果主要来自第三方数据库 Intelius。进行检索时，Last Name 是必填项。同时可以通过限定所居住的城市或州名来进一步缩小检索结果。

(2) Switchboard(www.switchboard.com)

Switchboard 由 Intelius 公司赞助，数据来自于 SuperMedia、Acxiom 和 InfoGroup 公司，提供的功能和检索方法与上述网站大致相同，查找更深入的个人信息需要访问 Intelius 网站进行检索，并付费获取检索结果。

(3) 555-1212(www.555-1212.com)

555-1212 网站自 1995 年成立以来一直致力于为互联网用户提供最准确的白页信息，有 3 个主要电话信息公司所编辑的在线电话号码目录，主要提供美国、加拿大及部分欧洲国家的信息。可以查询商业电话号码、住宅电话号码、地区代码、E-mail 地址和网站目录等。主要的客户群是公司，为公司提供其所需要的用户信息。

以上介绍的著名白页搜索工具实际上都兼有多种查询功能，如 IAF，AnyWho 等都能查询黄白页等多种信息。而通用搜索引擎如 Google 等，虽然不是专门的白页查询网站，但由于其庞大的数据库和强大的检索能力，利用 Google 等通用的搜索引擎进行查询人物信息也是不错的选择。

7.4 地理信息的网上查询

7.4.1 地理信息查询概述

地理信息查询与人们的生活密切相关,用户可以根据自身的查询需求选择适当的地理信息参考源。如果需要了解某地的地名拼写、历史变迁、气候、人文、风俗、物产、经济等状况,利用地名工具书之类的参考工具是最好的选择;如果要查找某个大型购物中心的位置、去某个公园的行车路线,甚至查找离自己最近的加油站等,选择网络上的地图查询工具是最快捷的;而如果需要规划假期、选择旅游路线、预定旅馆和机票、预算出行经费等,网络上有很多优秀的旅游网站可以满足需求。网络版的地名词典等地名工具书、地图检索网站和旅游网站等是最常用的互联网地理信息参考源。本节将分类型对其中有代表性的若干检索网站做简单介绍。

7.4.2 地名检索网站

地名工具书是地理信息的核心,可以用来查找古今中外的地名及所代表的地理、历史、人文等简况。地名工具书的主要类型有地名词典(gazetteer,geographical dictionary)、地名录(glossary)、地名译名手册、地名学工具书等。网上有基于传统的地名工具书而开发的各种地名检索网站,同时用户还可以利用其他参考源如百科全书、语文词典、年鉴所对应的网站以及通用搜索引擎等检索地名及地物的相关信息。

1.《哥伦比亚世界地名词典》(www.columbiagazetteer.org)

The Columbia Gazetteer of the World,翻译为《哥伦比亚世界地名词典》印刷版于1998年出版第一版,2008年再版发行。新版收录了超过170 000篇关于世界各地地名的文章和条目,号称是世界上最权威的地名百科全书。主要介绍了各地的地理位置、面积、边界,以及相关的经济活动、人口情况、历史沿革、地名变迁等信息。该网站收录的地名包括行政区划(如州省、区县、城市、地区、首都、乡村、行政区、特区等)、自然地理(如海洋、湖泊、岛礁、河流、海湾、航道、溪流、岛屿、山脉、峡谷、冰河等)以及特殊地区(如国家公园、纪念碑、名胜古迹、港口堤坝、机场、核设施工厂、矿山、运河、购物中心、大型运动场、军事基地、防线等)。其主页如图7-8所示。

网站提供了快速检索、高级检索以及按首字母浏览等3种方式来查找其地名数据库中的信息,但检索和浏览功能需要购买之后才能使用。此外,网站还提供收费使用的地名录和年鉴表。

2. NGA GEOnet Names Server(http://earth-info.nima.mil/gns/html/)

NGA GEOnet Names Server(GNS)由美国国家地理空间情报局(National

第7章 参考信息的网上检索

图 7-8 《哥伦比亚世界地名词典》网站主页

Geospatial-Intelligence Agency,NGA)主办,自 1994 年以来提供服务。该数据库可以对美国以外的国家进行地理信息搜索,不仅收录城镇、都市城市和其他人口聚居地,也收录河湖、山谷、道路、隧道、学校等地名。数据库已包含有 8 百多万个地名,且数据库每周更新。该数据库可提供确切的经纬度信息和其他相关信息。

7.4.3 地图的网上检索

1. Bing Maps(www.bing.com/maps/)

Bing Maps 是微软公司旗下网站,其原名为"MSN Virtual Earth",可以为用户提供免费的全球地图搜索服务,覆盖美洲、欧洲、非洲、亚洲和中东 200 多个国家的地图信息。用户可以在浏览器中观察到世界上的每一个角落,可以对某地点进行周边搜索,查看许多大城市的街道图,以一种全新的方式了解世界。其首页如图 7-9 所示。网站首页提供了以下四大功能。

(1) 行车/步行路线查询:地点定位搜索,给出到达该处的驾驶、行走和交通路线。

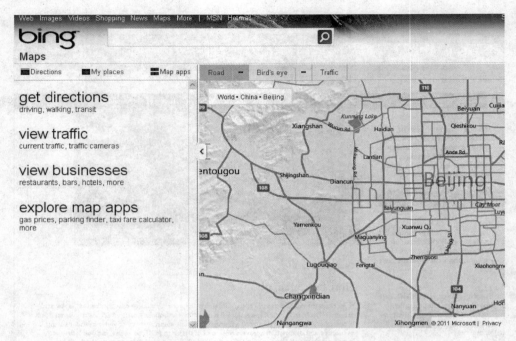

图 7-9 Bing Maps 网站首页

(2) 交通路况查询：包括实时道路拥堵状况情况（用不同的颜色标注拥堵程度）以及交通摄像头的设置及实时画面等。

(3) 黄页信息：将定位地点周边商业划分为娱乐、教育、餐饮等 15 大类，用户可以根据需要分类检索周边商业设施。

(4) 地图应用程序：提供诸如汽油价格、停车位查找、出租车费计算等与地点相关的地图应用程序。

Bing Maps 网站的特色功能还有以下几种。

(1) 鸟瞰视图：以 45°鸟瞰的视角，不同于卫星地图和矢量地图，最大可以查看到 20 码距离的图片，这和从楼房的 5 层、6 层窗外看到的景色差不多。美国的主要城市、加拿大、日本及欧洲 80 多个国家的地图都支持这个模式。

(2) 驾车行驶：提供身临其境的驾车行驶服务。使用该服务，用户可以模拟在马路上开车的情形。目前仅有部分城市的地图支持这个模式。

(3) 3D 地图：允许用户从 3D 角度浏览建筑物，包括旋转和倾斜角度。目前大约支持 68 个城市的地图支持 3D 浏览功能。

2. Mapquest（http://classic.mapquest.com）

MapQuest 是世界一流的地图查询工具，曾被 NetRating 列入互联网上最优价值的 10 大美国品牌之一。MapQuest 目前隶属美国在线服务公司（American Online, Inc），平均每月为超过 2 600 万的访问者提供服务。除了地图查询,网站还提供行车路线查询、黄页信息、当地的交通娱乐场所定位以及查询某地的汽油价格等服务。其网站首页如图 7-10 所示。

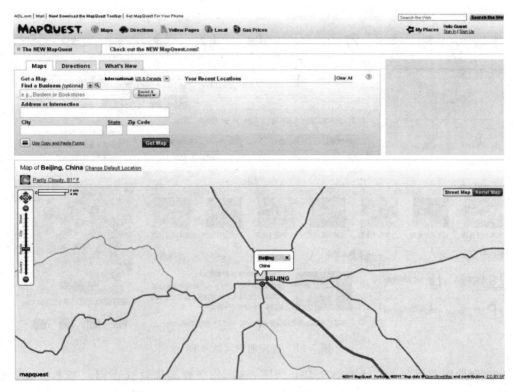

图 7-10　MapQuest 网站首页

进行地图检索时,只需要通过检索界面输入地点名称(城市名称、州/省、邮政编码、国家名称、街道、门牌号等)即可进行检索,获得指定地区的地图。行车路线查询时,需要输入起始点和终点的名称或者具体的地址。检索结果还可以通过 E-mail 邮寄到指定邮箱,或打印、下载,或发送到用户手机上。同时地图上还显示当地其他生活、交通、娱乐场所的地理位置,如加油站、停车场、购物中心等。网站还提供卫星导航视图。此外,网站还将用户经常搜索的地址按类别进行总结,如律师事务所、电影院、药店、教育中心等,并按字顺或所在市/州排列。

3. 搜狗地图(www.go2map.com,http://maps.sogou.com/)

搜狗公司于 2005 年收购图行天下(Go2map)之后,将其丰富的地图数据和多年积累的应用经验成功引入搜狗检索系统,在国内率先推出具有全新搜索服务功能的地图搜索。目前,搜狗地图含有 300 多万条地图数据,覆盖中国 200 多个大、中型城市及热点旅游城市,数据包括高速公路、国道等5级路网,查询时可以精准到乡镇甚至街道,同时还能提供城市与城市间的行车路线服务。涵盖了餐饮美食、旅游住宿、购物逛街、汽车服务、娱乐健身等9大类近百小类与人们生活、工作密切相关的信息。搜狗地图支持全国73个城市的3D三维视图。其首页见图7-11所示。

图7-11 搜狗地图网站首页

搜狗地图首页包含三大查询版块：地图查询、公交查询和自驾查询。基本检索方法与其他地图网站类似。此外,还提供"出行工具箱",包括实时路况、便宜加油站、停车场、摄像头、立交桥走法以及检测场查询功能。提供附近的城市黄页信息、吃喝玩乐场所的打折信息、地图找房服务、路书分享版块等。

4. 其他地图网

(1) Google地图(http://maps.google.com)。Google地图是Google公司提供的电子地图服务,能提供3种视图：矢量地图、卫星视图和地形视图。Google地图的姐妹产品是Google earth。提供实时的路况查询。提供从餐饮、购物、住宿等11个类别中分类搜索信息。Google地图目前推出了一系列新的功能：距离测量工具、在此显示、划定区域放大、经纬度工具提示、经纬度标记和智能放大等。

(2) 百度地图(http://map.baidu.com/)。百度地图搜索是百度联合国内知名的电子地图服务提供商MAPBAR.COM推出的本地化地图搜索服务。通过百度地图搜索,用户可以找到指定的城市、城区、街道、建筑物等所在的地理位置,也可以找到离自己最近的所有餐馆、学校、银行、公园等。同时,还提供路线查询功能,如果用户要去某个地点,百度地图搜索会对换乘公交车或驾车行驶路线给出提示。

（3）爱问地图搜索（http：//bendi.iask.com/）。爱问地图搜索能帮助用户查找所在城市（或某个位置附近）的餐馆、超市、商业公司等当地资料，包括联系方式、简介、地图等信息，并提供目的地的智能公交换乘或驾车路线规划。

（4）我要地图网（www.51ditu.com/）。我要地图网提供本地信息搜索、位置搜索、地图搜索、驾驶导航、电子地图、地图黄页等查询服务，地图服务覆盖全国所有大中城市。具有线上高速浏览、高速查询、海量数据、路线精确等显著特点，是大众出行、生活信息搜索、企业地址查询的最佳工具。

（5）图吧（http：//ditu.mapbar.com/）。目前，图吧拥有全国近500个城市的地图数据，全国道路数据覆盖超过百万公里。

（6）MapABC地图网（www.mapabc.com/）

MapABC地图网提供公交换乘、路径查询、地图名片、地图邮件等服务。

（7）有道地图搜索（http：//ditu.yodao.com/）。有道地图搜索包含了提供的超过400个城市的地图数据以及近100个城市的公交数据。

（8）北京公交网（www.bjbus.com/）。北京公交集团的北京公交网上提供北京市公交地图，具有公交换乘、点图查找、专题图、模糊查询、周边查询五大查询功能。可以查找北京市内距离所查询的公交路线或站点5公里以内的公交路线、公交车站、政府机构、风景名胜、餐饮服务等24类场所信息。

7.4.4 旅游信息检索

在互联网普及以前，人们只能依赖旅游手册和旅行社提供旅游信息和帮助；多数时候人们不愿意冒险去完全陌生的地方旅行，一般凭借直觉选择看上去可靠的旅馆和旅行社，还会猜测今天是不是又花了一笔"冤枉钱"等，信息的不完全总给人们的出行带来很多不便。而如今的互联网能为人们提供极为丰富的旅游信息，无论是计划周末出游或规划长假旅行，都能从网上找到充分的信息：关于目的地的介绍和指南、预订打折的机票、各种价位和设施的旅馆服务等，利用互联网协助旅行已经成为人们的一种生活方式。

互联网上提供旅游信息的站点很多，例如，可以利用通用搜索引擎搜索到旅游信息，或浏览各门户网站的旅游频道（如搜狐旅游频道）或利用Yahoo等门户网站的本地搜索（Local Search）功能可查询到当地的风景名胜、商业网点、餐饮娱乐及地图等；利用黄白页网站和某些搜索引擎的城市搜索（City Search）功能也能获取旅游信息，还有前文介绍的在线地图网站也会提供一些旅行信息。当然，为获得更为专门、精细、深入的旅游信息服务，应该选择使用专门的旅行指南网站。

一般而言，计划出行主要围绕3个方面展开：选择出行目的地、预订车票机票、预订旅店，网络上有很多专门的旅游网站帮助人们制订旅行计划。以下介绍几个代表性的网站：

1. Lonely Planet（www.lonelyplanet.com）

Lonely Planet 是一个国际性的旅游指南提供商，20 世纪 70 年代起开始为世界各地旅行者提供服务，目前共出版了涵盖 195 个国家的 500 多本旅游指南。2006 年 8 月，Lonely Planet 进军中国，第一批中文旅游指南在中国发行。

Lonely Planet 网站首页如图 7-12 所示。将世界各地划分为非洲、亚洲、欧洲、南极洲等 10 大类，每个大类下面是具体的国家。选择具体的国家之后，网站会为用户提供对这个国家的总体介绍，给出较为中立客观的评价，还有对该地旅游的黄金时段、宾馆信息、旅游花费签证信息等诸多内容的详细介绍，用户可以根据自己感兴趣的项目点击相关链接深入了解。此外，网站还为用户精心挑选出当地最值得游玩的景点介绍以及可能会遇到的旅游陷阱等。同时，Lonely Planet 还与其他公司合作，为出行者提供购买机票、预订宾馆、保险等服务。

图 7-12　Lonely Planet 网站主页

2. Virtual Tourist（www.virtualtourist.com）

Virtual Tourist（VT）也是一个全球性的旅游指南网站，其最大特色在于为用户提供了一个大型的讨论区，来自全球约 220 个国家的 120 万名用户可以在这里自由分享旅游感想和经验，基本上每个星期都会有会员组织小组讨论会，每个会员提出的疑问或困难都会得到快速的回应。网站上还有大量的图片和视频供用户观看。

VT 首页如图 7-13 所示,将世界各地划分为北美、欧洲、中东等八大类,针对每个旅游地点,都会提供详细的介绍,包括夜生活、交通、购物等诸多信息,还会附注会员的一些评论。此外,VT 还提供各地详细的住宿信息,包括会员对这些宾馆的打分、宾馆的价格等,方便用户进行选择。

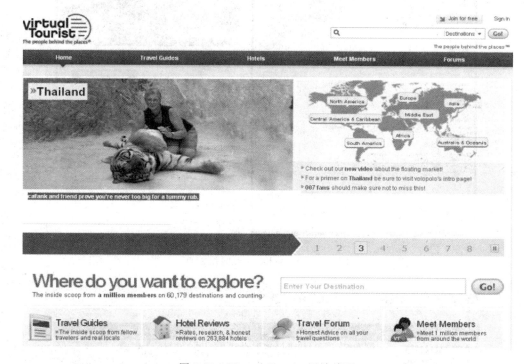

图 7-13　Virtual Tourist 网站首页

3. Expedia.com(www.expedia.com/Home.htm)

Expedia.com 是一个非常出色的预订网站,主要提供宾馆预订、机票船票预订、汽车租赁等服务。它的"Vacation Packages"功能可以帮助用户一次性预订旅店、机票和租赁汽车,方便快捷。网站还提供了各主要城市在指定时间段内将要举行的活动,用户可以在购买机票或者预订旅店时一起购买活动的门票。此外,"Deals & Offers"版块为用户提供了各种打折的出游信息,包括 Last Minute Deals 的信息。其首页如图 7-14 所示。

4. Sky Auction(www.skyauction.com)

Sky Auction 是一个非常流行的拍卖网站,提供有关旅行的 Last Minute Deals 以及各种有关旅行的拍卖信息。自 1999 年成立以来,已经成功进行了超过 100 万次的拍卖交易。网站提供宾馆预订、购买机票/船票、一次性预订、就餐和娱乐信息的查询或者竞价。其主页如图 7-15 所示。

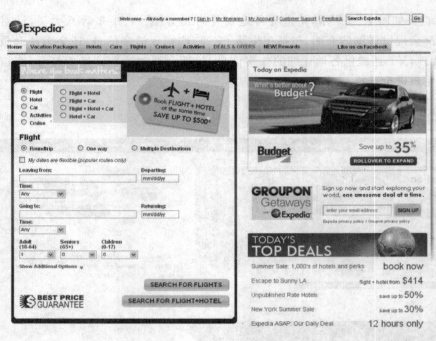

图 7-14 Expedia.com 网站首页

图 7-15 SkyAuction 网站首页

5. Whats on when(www.whatsonwhen.com)

Whats on when 网站旨在为用户提供世界各地最有趣、最激动以及最富有戏剧性的事件,希望能为用户带来旅行的热情。其主页如图 7-16 所示。网站内容每天都会更新,内容涵盖了 150 个国家的旅游信息,分为以下四大版块:

(1) 事件。世界各地正在发生的值得关注的事件,包括艺术、经典音乐、体育与户外、科学与知识等 10 个大类。每个大类下面的事件按照日期进行排列。

(2) 有吸引力的。世界各地独具魅力的事物,包括文化、饮食、休闲、自然等 10 大类。每个大类下面的事件也按照日期进行排列。

(3) 指南。对当地风土人情做简要介绍。

(4) 节日大全。将世界各地的节日汇集起来,分为饮食、音乐等十大类。

网站提供按关键词进行检索,检索时要输入可以代表事件的关键词、发生地、发生时间或者所属类别(网站提供艺术、音乐等 21 类可供选择)。检索结果包括事件发生的时间和发生地点的背景资料等详细信息。网站希望通过对这些有趣的、吸引人的事件的介绍帮助用户更好地规划自己的行程安排,是用户获取世界各地旅游娱乐新闻和背景资料的极佳工具。

图 7-16　Whats on When 网站首页

6. 中文旅游搜索网站

(1) 去哪儿旅游搜索引擎(www.qunar.com/)。去哪儿旅游搜索引擎更专注于为消费者提供旅游信息搜索的深度服务,并在数据搜索量、搜索范围、反应速度、价格实时性、数据详细程度、过滤排序功能的易用性等多方面确立了深度服务的优势。去哪儿提供了多种技术工具,让用户自行排序或者过滤得到所需的数据,其特有的智能比价系统可以帮助消费者最大限度地满足消费体验。选择什么样的价格与服务的权利,完全掌握在用户自己手中。

(2) 搜比旅游搜索引擎(www.soobb.com/)。搜比旅游搜索引擎,就是搜索旅游信息、比较预订服务。它本身并不提供相关的旅游预订服务,只是通过定向采集经过人工筛选的目标旅游网站的产品数据,经过程序设定的规则对采集的信息进行归类整理,再按照用户指定的搜索条件和排列方式将相关信息呈现给搜索用户,并提供直达这些具体信息页面的链接;用户如果需要,还可以通过搜索结果中的链接直接前往预订商的相应页面进行预订操作。

(3) 携程旅行网(www.ctrip.com/)。携程旅行网是中国领先的在线旅行服务公司,创立于1999年,总部设在上海。携程旅行网向超过5 000余万名注册会员提供包括酒店预订、机票预订、度假预订、商旅管理、高铁代购以及旅游资讯在内的全方位旅行服务。目前,携程旅行网拥有国内外5 000余家会员酒店可供预订,是中国领先的酒店预订服务中心,每月酒店预订量达到50余万间。在机票预订方面,携程旅行网是中国领先的机票预订服务平台,覆盖国内外所有航线,并在45个大中城市提供免费送机票服务,每月出票量40余万张。

(4) 搜驴(www.chinaevery.com/)。搜驴是中文旅游信息搜索,专搜旅游信息。

(5) 麒迅旅行网(www.oyesgo.com/)。麒迅旅行网专注于旅游服务行业,向全球互联网用户提供航班、酒店、邮轮、租车等信息的搜索与预订服务,中国境内游与出境游方案的查询预订服务。

(6) 中国旅游网(www.cnta.com)。中国旅游网是国家旅游局主办的一个官方网站,特色资源是政府对外发布的各种旅游统计数据和政府公告以及旅游新闻。

7.5 时事、新闻的网上查询

7.5.1 时事、新闻信息查询概述

现如今,网络已经成为第四大媒体,以传统媒体无法企及的速度在世界范围内传播新闻和时事。目前,网络上获取新闻的主要途径包括新闻网站、新闻搜索引擎、博客、微博、各种新闻组和论坛、E-mail新闻订阅等。除此之外,还有一些网络版的年鉴也能提供一定时期内的新闻和动态检索。年鉴是系统汇集一年内人、事、物各方面发展变化的新情况和统计资料,按年度连续出版的资料性参考工具,它能够提供最新事实和统计数据,反映世界各地政治、经济、文化、科技等各方面的发展动向,是进行政策研究和学术研究的重要

信息资源。

7.5.2 时事、新闻查询

互联网让人们获取信息的方式发生了巨大的变化,人们可以在网络上获知两三分钟前发生于地球另一端的某个事故,这在十几年前是不可想象的;人们还可以通过各种新闻组、论坛、博客、微博等获知世界各地人士对某一新闻事件的看法,也可以方便地发表自己的观点。总之,互联网使人们拥有了更多获取新闻的途径,同时也迫切需要以各种方便、快捷的方式查找、获取各种时事新闻,更综合、全面、深入地了解事实的真相。

新闻搜索引擎是搜索、获取新闻最直接、最快捷的方式,利用新闻搜索引擎获取新闻比电视或广播要快捷,资源也更为丰富。下面将要介绍部分著名的新闻搜索引擎。

1. Google news(http://news.google.com)

Google news 是一个由计算机生成的新闻网站,所显示的文章是由计算机自动进行选择和排名的,不涉及人为因素影响,保证了新闻自由和客观公正。Google news 现有 70 多个涉及不同语种的地区性版本,包括英文版、中文版、日文版、法文版等。Google news 收录过去一个月内的新闻,内容来自 25 000 多家出版社。英文版的 Google news 收录了 4 500 多个新闻中心提供的新闻数据,中文版的则汇集了来自中国大陆超过 1 000 多个中文新闻来源的新闻资源。Google news 为每项报道提供了指向多篇文章的链接,因此用户可以先确定感兴趣的主题,然后再选择要阅读每项报道的具体发布者的网页。用户可以使用关键词检索或者利用网站提供的分类目录检索,支持布尔逻辑和短语检索;每个结果项提供新闻的简短描述、新闻来源和收录时间等信息。用户还可以选择所需新闻的时间范围(近一个星期、近一周等)或新闻的排序方式(按时间排序或按相关度排序)。高级搜索功能还允许用户设置新闻的具体日期、来源媒体以及发生地等。用户还可以根据自己的兴趣爱好在"Add a section"中选择感兴趣的新闻类目定制自己个性化的 Google 新闻。Google news 的扩展功能 News Archive(新闻档案)搜索为用户免费提供部分早期的报纸扫描档案,但有些浏览全文时则必须付费。

2. Yahoo news(http://news.yahoo.com)

Yahoo news 数据源来自 7 000 多个新闻媒体,涵盖了 35 种语言,有诸如路透社、美联社、法新社等诸多知名的新闻单位,同时也有自己专门的新闻记者负责撰写新闻。其主页如图 7-17 所示。Yahoo news 将收集到的新闻资料分为娱乐、体育、技术、政治等十大类,下分若干小类。用户可以用关键词进行检索或者浏览 Yahoo news 提供的分类目录寻找需要的信息,支持布尔逻辑检索和截词检索。与 Google news 类似,Yahoo news 的检索结果也包括对新闻的简短描述、新闻来源和收录时间等信息。此外,Yahoo news 还对新闻的来源进行动态聚类,用户可以通过选择新闻来源或者通过新闻发布的时间范围来筛选新闻。新闻排序方式也提供按照时间和相关度两种。高级检索功能中除了与 Google 相同的可以限定新闻的发行媒体和发生地、语言等,还可以限定新闻内容所属的类别,如政治、娱乐、健康等。成为 Yahoo 的注册用户后,还可以使用 Yahoo news 的 Alert 功能,网站会在第一时间将用户感兴趣的相关新闻发至其邮箱或手机,从而省去用户大量检索、浏览的时间。

图 7-17　Yahoo News 首页

3. 百度新闻(http://news.baidu.com/)

百度新闻是世界上最大的中文新闻搜索平台,每天发布 120 000～130 000 条新闻,新闻来源包括 1 000 多个综合和地方新闻网站、专业和行业网站、政府部门和组织网站、报纸、杂志广播电视媒体网站。网站每 5 分钟对互联网上的新闻进行自动收集。百度新闻共有 13 个大分类:国内、国际、财经、互联网、房产等,每个大分类下还有更多的子分类新闻,单击相关链接即可浏览各个分类中的新闻浏览界面。百度新闻支持新闻全文搜索和新闻标题搜索,检索结果可以按照焦点排序和按时间排序。高级检索中可以限定新闻时间、关键词位置、搜索结果排序方式、搜索结果显示条数、新闻分类以及新闻源。用户也可以通过限定关键词和地区来设置个性化新闻。百度新闻从 2003 年 11 月 4 日开始提供按日期浏览历史新闻的功能,用户只需要选择日期,就可以看到当日发生的重大新闻事件。

4. 其他

(1) msnbc.com(www.msnbc.msn.com/)。msnbc.com 是一个以美国国家广播公司(NBC)新闻频道为主的新闻网站,内容包括原创的报道和影片,以及来自 NBC 和其他合作伙伴的新闻,如《纽约时报》、《新闻周刊》和《华盛顿邮报》等。网站将新闻按照内容分为政治、经济、体育、娱乐等 9 大类。用户可以通过关键词检索数据库,支持布尔检索和截词检索。

(2) Topix(www.topix.net)。Topix 是一个老牌的新闻聚合网站,为用户提供最新鲜、最全面的本地新闻,当用户进入网站后,它会根据用户的 IP 地址,自动搜索并罗列出用户所在城市的最新资讯。网站通过对大约 50 000 个新闻资源和 360 000 个论坛的数据进行整合,为用户提供该地区正在发生的新闻。

(3) Newslibrary(www.newslibrary.com)。Newslibrary 是互联网上最大的新闻档案文件库,收集了来自美国数千家可信度较高的出版单位总计超过 1.8 亿篇报纸文章,可查找大量报纸,包括《丹佛邮报》、《费城调查者》等内容。提供档案文章免费检索,如果下载原文则需要交纳一定的费用。

(4) Vanderbilt Television News Archive(http://tvnews.vanderbilt.edu)。Vanderbilt Television News Archive 是全球最大的电视新闻资料存档,从 1968 年就开始保存美国国家电视网络的相关内容,其收藏的核心是美国 ABC、CBS、NBC、CNN 和福克斯电视台的相关录音录像内容,数据库目前有 80 多万份资料。网站提供基本检索、高级检索和按日期浏览三大功能。该数据库可以免费进行检索,但是检索结果不能提供联机资料,需要付费索取相应的磁带文档。

(5)《泰晤士报》档案文件检索(www.thetimes.co.uk)。《泰晤士报》档案文件检索自 1996 年 1 月 1 日以来的伦敦《泰晤士报》的内容。

(6) Newsknife(www.newsknife.com)。Newsknife 网站不是新闻搜索引擎,而是一个评论网站,它对世界主要的新闻网站和新闻记者进行了评定和动态介绍,是检索者选择新闻源的得力工具。注册成为用户后可以获取更多信息。

(7) Newsnow(www.newsnow.co.uk)。这是一个很好的新闻门户网站,提供来自世界各国的新闻标题,可以用关键词检索,也可以利用分类目录浏览检索。

(8) DailyEarth.com(www.dailyearth.com)。DailyEarth.com 是一个全世界范围的在线报纸名录。

(9) HeadlineSpot(www.headlinespot.com)。HeadlineSpot 网站将新闻按照媒体形式、地区和内容进行分类,提供了著名评论家、专栏作家的相关信息和最近发表的文章。此外,还有民意调查、纵横填字谜、星座指南、幽默大全、乐透等多种有意思的娱乐信息。同时,该网站还专门列出了为教师、儿童和记者提供的特殊资源的链接。

(10) 即刻新闻搜索(http://news.jike.com/)。即刻新闻搜索是一款具有新闻高精度整合功能、记录新闻传播过程、呈现时间全貌的搜索产品。它的特点是,通过关键词追踪整个新闻事件,把众多新闻与信息整合为一个或几个完整的"事件单元",通过"事件单元"的有序分布来组织和反映相关新闻主题。用户只要输入查询词,就将看到有关的新闻评论、博客、微博、图片、视频等信息。

(11) 搜狗新闻搜索(http://news.sogou.com/)。搜狗的新闻搜索引擎采用了先进的多线程 spider 技术,就像一部搜索区域广阔的雷达,同时监测着 500 多家网络媒体的新闻(包括所有重要新闻网站和地区信息港以及其他重要新闻信息源),新消息一发布,立即会被引擎发现并进行收录,保障了新闻信息向网民迅速提供。该引擎还可保留近一个月的全部新闻,保障了信息储备的丰富性。同时引擎将所有信息进行相关度排序,使最有可能满足用户需求的查询结果排在最前,提高了用户搜索命中率。

(12)搜搜新闻搜索(http://news.soso.com/)。搜搜新闻搜索收录了上千家新闻站点,动态更新,真实反映当下新闻热点。搜搜新闻提供15大分类资讯,具备文字、图片、视频新闻,提供更好的阅读体验。

(13)有道热闻(http://news.youdao.com/)。互联网上每天产生数百万条的新闻资讯都散落在各大新闻和博客网站之中。有道热闻利用自身强大的新闻搜索和博客搜索引擎,由机器自动聚合的新闻和博客,集权威媒体的报道与草根博客的观点于一身,为用户提供全面而客观、快速而丰富的热门新闻报道,帮助用户全方位了解事实真相。同时还提供热词推荐与快速订阅,方便持续跟踪新闻热点。

7.5.3　网络版年鉴简介

年鉴(almanac 或 yearbook)是指"每年出版的统计数据和事实的汇编,兼有现期性和回溯性内容。其包含的地区和学科领域一般比较广泛,也可能限于某一特定国家或特定的领域"。现代综合性年鉴是"社会变化的资料源",是一种汇集有关各国概况、人物、事件、重大主题等资料,提供详尽的事实、数据和统计数字,反映近期政治、经济发展动向及科学文化进步的年度出版物。这种便捷性的参考书深受大众的欢迎,被称为小百科。网络版年鉴比书本式年鉴更新更快,内容更为丰富且方便链接,因此更受用户欢迎。

1. Infoplease(www.infoplease.com)

Infoplease 是一个集百科全书、字典、地图集和年鉴于一体的网站,主要参考资源包括 The TIME Almanac(时代年鉴)、Information Please(咨询年鉴)、The ESPN/Information Please Almanac(ESPN/咨询年鉴)、The Columbia Electronic Encyclopedia(哥伦比亚电子百科全书)、Infoplease Dictionary(咨询词典)以及 The Infoplease Atlas(咨询地图集)。用户进行搜索时,可以限定自己的搜索范围是整个网站或者单独的某种参考资料,是一个非常好的综合性参考源。网站还提供3万多篇人物传记资料。此外,还有一个专门为儿童提供百科知识查询服务的分支网站——Factmonster.com。其首页如图 7-18 所示。

2. The Old Farmer's Almanac(www.almanac.com)

该网站是传统出版印刷版 The Old Farmer's Almanac 的网络版,主要提供天气、园艺、太阳、月亮、烹饪、占星术等方面的信息。用户可以进行关键词检索。

3. Europa World(www.europaworld.com)

该网站收录了 The Europa World Year Book 和9本 Europa Regional Surveys of the World 的内容,涵盖范围广且提供及时更新的政治、经济状况和统计数据,允许用户通过表格和图表来比较不同国家的数据。

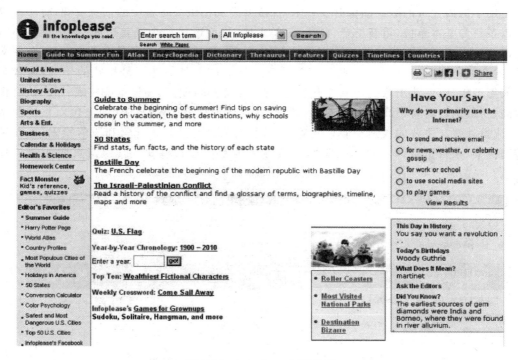

图 7-18　Infoplease 网站首页

4. 中国年鉴网（www.yearbook.cn）

中国年鉴网是由中国出版工作者协会年鉴工作委员会主办的年鉴门户网站。主要用于国内年鉴行业的信息发布。其主要服务功能有：年鉴界专业信息交流；年鉴行业动态发布；年鉴编纂单位形象宣传推广；纸质年鉴网络营销推广；年鉴编纂单位与读者互动沟通交流；年鉴数字化展示。中国出版工作者协会年鉴工作委员会与北京方正阿帕比技术有限公司共同发起，与各年鉴编纂单位合作建设开发了"中国年鉴资源全文数据库"，旨在推动中国的年鉴数字化、网络化及最大范围普及推广年鉴服务。目前已加入的年鉴约有 1 400 余种，8 000 余卷。覆盖全国大部分核心年鉴，包括大部分中央级年鉴、省级综合年鉴、重要城市综合年鉴、重要的地方专业年鉴等。数据库每年将及时补充新版年鉴数据。已入库会员享有中国年鉴资源全文数据库的免费使用服务。

5. 中国年鉴网络出版总库（www.cnki.net/）

中国年鉴网络出版总库由中国知网（CNKI）中国学术期刊（光盘版）电子杂志社于 2005 年创办，是我国第一部拥有国家标准刊号连续出版的年鉴全文数据库型电子期刊，是目前国内最大的连续更新的动态年鉴资源全文数据库。内容覆盖基本国情、地理历史、政治军事外交、法律、经济、科学技术、教育、文化体育事业、医疗卫生、社会生活、人物、统计资料、文件标准与法律法规等各个领域。该库既全面展示了我国纸质年鉴资源的原貌，又运用了国内先进的数字图像开发技术,深度开发利用纸质年鉴中的信息资源,将年鉴内容以条目为基本单位,重新整合、标注、归类入库,进而形成一个涵盖全面、系统反映国情资讯的信息资源库。目前收录中国国内的中央、地方、行业和企业等各类年鉴的全文文献,共 2 319 种、17 478 本。这些年鉴都是某一行业或者某一地区最权威的年鉴,编者多为大型编辑部、专业出版机构或地方政府,部分年鉴知名度高、编纂单位权威、用户认可程度高、所载内容具有很高的参考价值。其产品提供形式有:WEB 版(网上包库)、镜像站版、流量计费。主要的检索功能有全文检索,业内独家支持句子检索和段落检索,并提供控制检索、条目检索、整刊检索、跨库检索等多维专业检索模式。其检索页面如图 7-19 所示。

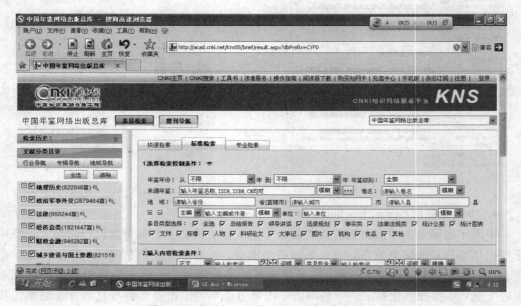

图 7-19 中国年鉴网络出版总库检索主页面

7.6 机构信息的网上查询

7.6.1 机构信息查询概述

人们在从事科学研究、外事活动以至日常的工作、学习、经营过程中,经常会遇到涉及国外组织机构、企业问题,需要了解这些组织机构的情况。例如,亚洲基金会拟赠送我国某研究单位一批书刊,在决定接受以前要了解该机构的宗旨、活动等一般情况;或者某位学生准备去英国留学,想知道哪一所大学设立了自己感兴趣的专业等,凡此种种需求,都可以通过查找名录来解决。机构名录(Directory)又称名录、指南、便览、行名录,是用来查找机构团体相关信息的一类检索工具。通过机构名录可以查询的信息一般包括：机构、公司以及企事业单位的名称、地址、联系方式、概况；机构的负责人、宗旨、资本额、经营业务范围、服务项目、信用指标；主要出版物，主要产品的品种、型号、规格、技术指标、价格等。按照查找对象一般把名录分为政府机构名录、学术性机构名录和职业、商业机构名录等。名录的历史十分悠久，而随着网络的发展，很多著名名录的出版商也设立了网络平台，网络版名录更新更快。检索入口更多，因而网上检索名录是一种更为便捷的方法。

除了名录，网络上查找机构信息的另一重要途径是查询黄页（yellow page）。黄页源自于国际通用的按企业性质和产品类别编排的工商电话号码簿，相当于一个城市或地区的工商企业的户口本。网上黄页，即指以提供黄页信息查询服务为主的网站，它不是传统黄页的翻版，其内容更广泛，服务功能更多样化。除电话号码外，还提供如公司名称、地址、传真、邮编、E-mail、网址、产品、行业和公司简介等信息，因而很多网上黄页已经能够充当商业名录的作用。通过网上黄页，企业可以宣传自己的产品、服务，促进销售、寻找商业合作伙伴、提高企业知名度，而消费者也可以利用网上黄页查找产品信息和企业信息，帮助自己做出消费决策。

7.6.2 学术机构、政府机构名录

1. The Europa World of Learning（www.worldoflearning.com）

该网站是著名的且利用率颇高的学术机构名录《学术世界》（*World of Leaning*）的网络版，提供世界范围学术机构、团体的基本资料，内容涵盖 3 万多个大学、研究所、博物馆、美术馆、学术团体、图书馆、档案馆、出版社以及 550 多家国际性的文化、科研、教育组织的信息。机构的检索结果中包含了各机构的名称、电话、地址、E-mail、网址、创建情况、负责人、历史、现状、出版物等信息。网站的内容一直不断地在更新，网站提供的大部分服务需要付费使用，但部分功能可以免费试用。网站主页如图 7-20 所示。

2. Yearbook of International Organizations On-Line（www.uia.be/yearbook-international-organizations-online）

该网站是《国际组织年鉴》（*Yearbook of International Organizations*）的网络版，但内容比纸质版要更丰富，包含了 65 184 家国际性政府间组织（IGO）与非政府组织（NGO）的信息。网络版的内容保持不断更新。用户注册之后可以利用关键词检索该数据库的全部内容，检索结果包括组织的名称、主要办事机关的联系方式、政府官员的详细信息、组织的历史和成立日期、组织结构、主要成员、组织目标等相关信息。

3. 政府机构网络站点目录

政府机构网络站点目录包括如：联合国及其专门机构站点目录（Web Site Locator for the UN System of Organization），网址为 www.unsystem.org；中国政府上网工程服务中心，网址为 http://www.gov.cn；美国政府信息检索网站，网址为 http://www.usa.gov/index.shtml。具体内容详见本书 6.7 节。

图 7-20　The Europa World of Learning 网站主页

7.6.3　黄页信息服务

　　1880 年世界上第一本黄页电话号码簿在美国问世，至今已有 100 多年的历史。美国人说，除了《圣经》，使用率最高的就是黄页。黄页是国际通用的按企业性质和产品类别编排的工商电话号码簿，相当于一个城市或地区的工商企业的户口本，国际惯例用黄色纸张印刷，故称黄页。我们常说的黄页就是指电话号码簿，目前几乎世界上每一个城市都有以这种黄色纸张为载体所印制的电话号码本。随着互联网的普及，黄页信息服务也被搬到网上，有许多提供黄页服务的网站。黄页的发展，已经使商家和消费者习惯了从黄页上迅速、便捷地查找所需的产品和服务信息，黄页已经成为商家推销产品和服务、促进商务交流的有力手段。另外，随着通用搜索引擎功能的逐步完善，越来越多的搜索者试图通过通用搜索引擎寻找本地的商业信息。据调查，通用搜索引擎上大约有 10% 的搜索是关于本地商业信息的搜索，这些搜索将帮助搜索者做出最终的购买决定。然而，与专门的网络黄页相比，通用搜索引擎的商业信息缺乏结构化数据，检索者还会面对众多不相关信息的干扰；但通用搜索引擎的优势是其具有先进的检索技术和算法以及强大的用户基础，这些都是网络黄页望尘莫及的。面对这种形势，一些通用搜索引擎如 Google，Yahoo，AOL，MSN 等将更具结构化的黄页数据融入网页检索结果当中，并采用先进的算法对黄页检索进行优化，如 Google 实验室将一些结构化的黄页数据集成到它的本地搜索当中，而

Yahoo 也将黄页数据融入某些检索的结果当中,并引导用户进一步查找它的在线黄页。AOL 在其主页上添加了"In Your Area"标签,将它的黄页信息、数字化城市信息等结构化内容整合到网页检索中。这些举措大大推进了人们利用通用搜索引擎查找多样化的地方信息,主要是黄页信息。这种新的检索工具被称作本地搜索(Local Search),得到业界广泛关注。

网络上的黄页工具数不胜数,但基本的检索方法大同小异,检索者可根据检索需求选择适用的工具。下面介绍一些常用的网络黄页和通用搜索引擎的本地搜索服务。

1. Yahoo Local(http://local.yahoo.com)

Yahoo 本地搜索的内容十分丰富,除了向用户提供企业的电话号码和详细地址、网址等基本信息外,还同时向用户提供相应的城区地图和驾驶地图、相关企业评分排序等评价信息。Yahoo 目前可搜索的黄页信息限于美国、加拿大、法国、澳大利亚、印度、德国、英国、韩国 8 个国家。用户可以直接输入关键词进行检索,或者从 Yahoo Local 提供的教育、娱乐、餐饮等 14 大类的企业信息中进行浏览查找,也可以按照地址进行浏览查找。进行关键词检索时,用户需要输入想要查询的企业的关键词,并限定希望查询的城市名,即可查询该地域相关企业的黄页信息。图 7-21 显示了 Yahoo 黄页检索出的在纽约州的纽约市附近的比萨店搜索结果。每个查询结果包括企业的电话、详细地址、用户的评分和评价以及行车路线等信息。用户可以根据相关度、距离以及置顶结果对检索结果进行排序,也可以按照网站根据检索结果自动聚类生成的企业类别、企业氛围、所在地、距离和首字母进行结果的进一步筛选。单击进入具体的企业之后可以查看更多、更详细的信息。

图 7-21 Yahoo Local 检索结果页面

2. Superpages.com（www.superpages.com/）

Superpages.com 是目前最好的商界搜索引擎网站之一，提供丰富的白页和黄页信息，还包括汽车信息、地图信息、交易及优惠信息、购物信息以及游戏等内容。其主页如图 7-22 所示。查找黄页信息时，可以通过关键词检索，也可以使用分类目录浏览，或者通过电话号码、地址和邮编查找相关企业的信息。检索结果包括商家的地址、电话、地图信息以及用户评分，可以按照相关度、评分、字顺和距离进行排序。用户可以通过类别、距离筛选检索结果。单击进入具体的商家之后，网站还会提供关于此商家的更加详细的信息，例如，该商家的营业时间、主营项目、成立时间、所属品牌等。此外，网站的"Daily Deals"版块为用户提供了所在地商家的打折优惠信息，用户可以按照关键词进行检索或者按照分类目录进行浏览。

图 7-22　Superpages.com 网站首页

3. YellowPages.com（www.yellowpages.com/）

该网站是由原来的 SMARTpages 和 RealYellowPages 合并而成，隶属于美国 AT&T.com 公司。YellowPages 提供丰富的黄页信息、白页信息、所在地区的一些商业交易信息以及地图查询功能。用户可以使用关键词直接进行检索，也可以使用 YellowPages.com 提供的分类目录进行浏览检索，也可以根据城市名称进行浏览检索。YellowPages 将所本企业分为吃、玩、用三大类，每个大类下又划分了若干小类。首页如图 7-23 所示。

网站的检索方法为：进行关键词检索时，用户可以直接输入公司的名称或者所属类别，并限定所在地区范围。检索结果包括公司的地址、电话、用户评价以及地图位置。检索结果可以按照相关度、距离、首字母以及评分等进行排序，或者可以通过选择近距离的区域和公司所属类别来进一步筛选检索结果。此外，还可以将有优惠券的商家单独挑选

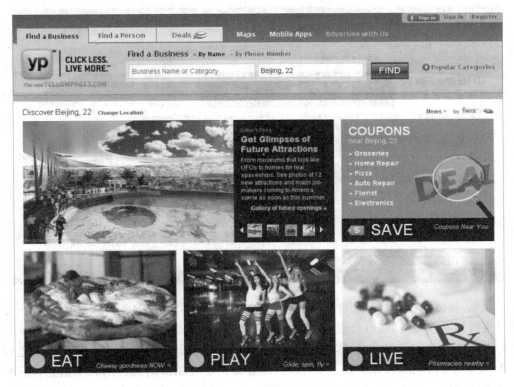

图 7-23 YellowPages.com 网站首页

出来。网站的"交易"版块可以帮助用户寻找所在地区的交易及打折信息,用户只需输入所需查找的公司名称及所在州/市的名称即可,或者在网站提供的八大企业类别中进行选择。检索结果也包括公司的地址、电话、用户评价以及相应的折扣信息。

4. 中国 114 黄页(www.114chn.com)

中国 114 黄页是北京互联星空文化传播有限公司推出的中文黄页门户网站,目前拥有超过 1 300 万条有效黄页信息,力求为全球华人提供最新最全的黄页查询服务。该网站除了具备传统网络黄页的功能外,还创造性地增加了产品黄页、供求黄页、资讯黄页、招商黄页等多种围绕企业应用的增值服务,大大拓展了普通网络黄页的应用范围,用户可以方便地查询企业和商户的基本信息资料以及有关的产品信息、供求信息、资讯信息和招商信息。另外还提供商务指南、网址分类、网站建设以及实用小工具等多种相关增值服务。其主页如图 7-24 所示。

5. 中华大黄页(www.chinabig.net/)

中华大黄页由联通黄页信息有限公司开发维护。该公司主要股东包括中国联通(China Unicom)、美国讯通(INFOSPACE)、美国 R. H. Donnelly。网站首页提供企业黄页、招商黄页、常用网址黄页、团购导航黄页、资讯和中华百事通。用户选定地区后,即可

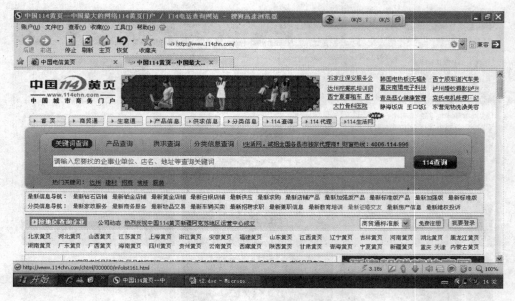

图 7-24 中国 114 黄页网站首页

通过关键词进行检索,高级检索功能可以对公司类型、经营模式、公司规模、所属行业、注册资本等进行限定。用户也可以按照地区和行业进行浏览。检索结果包括公司的电话、地址、主营项目、联系人等信息。招商黄页信息提供正在招商的公司的相关信息,用户也可以直接检索或者浏览查找。中华百事通则主要为用户提供一个交流商业信息的平台。其首页如图 7-25 所示。

图 7-25 中华大黄页网站首页

国内现已开发出了许多地方性的黄页服务，如广州黄页、长春黄页、无锡黄页、上海黄页、华南黄页、延边黄页、哈尔滨黄页、香港特别行政区政府黄页等，用户可以通过搜索引擎查找这些网络黄页的网址。

7.6.4 商务商机网站

随着电子商务的迅猛发展，涌现了许多集成式电商服务平台，为企业和个人寻找贸易机会、贸易伙伴，查找各种商品或服务提供的检索与服务，为各种商业或投资决策提供支持。它们结合了更具体的产品、服务与商业机会，比一般的黄页服务更深入，因此得到各种企业的广泛应用。下面介绍几家比较有代表性的网站

1. ThomasNet（www.thomasnet.com/）

ThomasNet 网站为用户提供产品/服务信息、公司名称、商标、CAD 制图、产品新闻以及白页服务。提供关键词检索和分类浏览功能。注册用户可以查询相关企业的信息、定期获取企业的新闻和简报等功能。检索结果包括企业的地址、电话、网址、雇员数、成立日期等诸多信息。用户还可以通过邮编、所在州、企业类型、ISO 编码等进行缩检。

2. 康帕斯公司搜索（www.kompass.com）

康帕斯公司致力于收录全球从事 B2B 商务活动的企业信息，目前数据库内有超过 300 万条的跨国公司和本地公司的记录，拥有 25 种语言，由全球站和 70 个国家和地区子网站组成。其免费版的数据量有限，用户需要注册之后才能得到更多的数据服务。

3. 阿里巴巴（http://china.alibaba.com/）

阿里巴巴于 1999 年在中国杭州成立，现已成长为全球企业间（B2B）电子商务的著名品牌，是全球国际贸易领域内最大、最活跃的网上交易市场和商人社区。现在主要通过旗下 3 个交易市场来协助世界各地数以百万计的买家和供应商从事网上生意，包括集中服务全球进出口商的国际交易市场（www.alibaba.com）、集中国内贸易的中国交易市场（www.1688.com）以及在国际交易市场上的全球批发交易平台（www.aliexpress.com），为规模较小、需要小批量货物快速付运的买家提供服务。所有交易市场形成一个拥有来自 240 多个国家和地区接近 7 280 万名注册用户的网上社区。阿里巴巴在大中华地区、印度、日本、韩国、欧洲和美国共设有 70 多个办事处。图 7-26 为阿里巴巴 1688.com 网站首页。

4. 慧聪网（www.search.hc360.com/）

慧聪网成立于 1992 年，是国内领先的 B2B 电子商务服务提供商，依托其核心互联网产品买卖通以及雄厚的传统营销渠道——慧聪商情广告与中国资讯大全、研究院行业分析报告为客户提供线上、线下的全方位服务。目前，慧聪网注册用户超过 960 万名，买家资源达到 900 万条，覆盖行业超过 70 余个，是国内较有影响力的互联网电子商务公司。慧聪网主要的产品是买卖通、行业搜索、慧聪商情广告、行业资讯大全以及市场研究。其首页如图 7-27 所示。

图 7-26 阿里巴巴 1688.com 网站首页

图 7-27 慧聪网首页

7.7 语词信息的网上查询

7.7.1 语词信息查询概述

词典是根据一定的编撰目的汇集词语(或词语的某些成分),并加以描述、说明,通常按字顺排列,供人们查找语词信息的工具书。一般提供语词的拼写、读音、语法、含义、用法及音节划分等,有时还提供派生词、辞源、同义词、反义词、缩略语、方言俚语等相关知识。词典的种类很多,主要分为综合性语文词典、专门词典(如:缩略语词典、辞源词典、方言俚语口语词典、用法词典、同义反义词词典、读音词典等)和各门类的学科专业名词术语词典。互联网上的语词查询可以依靠许多网络版的词典以及后续开发出的一些语词查询网络服务平台。下面介绍一些有代表性的语词类查询服务网站。

7.7.2 语文词典或语词查询网站选介

1. 韦氏英语词典(www.merriam-webster.com)

1847 年 Merriam-Webster 公司出版了其第一本词典,150 多年来它一直是美国领先的并获得民众广泛信赖的语言信息提供商,出版多部不同规模、版本的英语词典。在线词典是基于韦氏词典的第 11 版编制而成,内容包括 A~Z 的单词列表、缩写词表、外来词表、传记人物姓名表、地理学词表,删去了印刷版中专业性很强的词、废旧词、罕用词和异体词。目前,每月大约有 4 000 万名的用户访问该网站,网站的主页包括词典、同义词词典、西班牙语——英语词典、医用词典和百科全书。直接在网站顶部的检索框中输入检索词即可进行检索,检索结果包括发音、词性、词义、用法举例、插图、辞源等相关内容。

2. Oxford English Dictionary(www.oed.com)

牛津英语大辞典初版于 1884—1928 年,是一部学术价值很高的辞书,也是世界词典之林中的鸿篇巨制,成为英语民族语言的历史宝库。该词典收录了 12 世纪中以来见于文献记载的几乎全部英语词语,包括只出现一次的罕见词、现代书面和口语中的普通词汇、主要专业词汇、大量的方言、俚语和稳定的科技用语,通过定义和例证追溯英语发展的历史。网络版牛津英语大辞典目前包含近 60 万个条目,可以使用布尔逻辑关系和通配符等进行检索,可以由词义检索词语,还可以检索外来语、引语或演讲中的词语,用户需要付费之后方能使用相关的功能。

3. Longman Dictionary of Contemporary English(www.ldoceonline.com/)

该网站包含了朗曼当代英语(Longman Dictionary of Contemporary English)词典 CD-ROM 版的所有内容。该词典提供了 207 000 个单词、短语和词义(包括百科信息)、155 000 个自然例证、88 000 个有朗读的口语例句、100 万个从书报中摘录的新增例句、突出显示3 000个口语和书面英语中最常用的单词、4 000个新词新义,这些都让英语活用起来,让使用者学习生活中的语言。另外还有朗文写作助手,帮助用户选择正确的单词;朗文短语库——220 000个词语搭配。其使用便捷,释义只用了2 000个常用单词,浅显易懂;导航词帮助用户快速找到所需词义以及供网页和电子邮件使用的跳出式辞典。

4. Dictionary.com(http://dictionary.reference.com)

Dictionary.com成立于1995年,被誉为最好的在线综合性语文词典,链接了多家在线词典,每月大约有5 000万名用户访问该网站。网站提供字典、同义词词典、引语、译文、参考信息的查询。在网站最上面的搜索框中输入检索词即可进行查询。词典查询中提供的内容包括读音、释义、词性、同义词、反义词、变化形式、辞源、例证等。

5. Allwords.com(http://allwords.com)

基于 AND Concise Dictionary 和 The Random House Webster's Unabridged Dictionary 两部词典提供检索,检索结果会分别显示每本字典的前5个结果。网站的检索功能允许用户检索以某些字母组合开头或者结尾或者包含这些字母组合的单词,也提供了按字顺浏览、查阅词条的方式使用该网站。其发音和释义是英语,但可以把检索结果转换成为荷兰语、法语、意大利语、德语、西班牙语。检索结果包括发音、词性、定义和其他语种对应的翻译。除检索英语词汇外,还可以检索法语、德语、荷兰语、意大利语和西班牙语的语词。

6. OneLook Dictionaries(www.onelook.com)

该网站类似在线词典的元搜索引擎,可以查找1 000多家在线词典中的超过1 900万个单词。在OneLook Dictionaries网站中,用户可以在检索框中输入语词,查找该词的释义;也可以在检索框中输入字母组合(可包含通配符),查找与该字母组合形式匹配的语词或符号;还可以在检索框中键入一个字,并选择"Find translations",会找出将该词翻译成其他语言的字典网站列表。OneLook Dictionaries网站将这些词典分为艺术、经济、医药、科学等类,用户可以通过单击相应的类目来缩小检索范围。

7. 在线新华字典(http://xh.5156edu.com/)

在线新华字典被誉为最大、最全的在线汉语字典,现已收录20 998个汉字、52万个词语。在该网站的搜索框内输入汉字或词语,单击检索后就可以找到相应汉字的拼音、部首、笔画、注解、出处。还可以根据拼音、笔画、部首等条件查找到相应的汉字及内容。主页上还提供年度热门词语(如2011年的热门词语坑爹、塑化剂、高铁、无叶风扇、云计算、动车、撼、大宗商品、世园会、靠谱、纠结、软实力、浮云、海囤族、给力)和一系列汉语实用附录表,如:地质年代简表、现代汉语词类表和语法表、特殊字符大全、常用多音字表、汉字偏旁名称表、汉语拼音字母与国际音标对照表、汉语拼音方案、中国少数民族分布简表、中国历史朝代公元对照简表、常用标点符号用法简表等。

8. 汉辞网（www.hydcd.com/）

汉辞网是汉语大辞典的官方网站。提供汉语大辞典下载、使用方法及常见问题解答。包括汉语词典下载、汉语字典下载、成语词典下载、真人语音库下载。汉辞网上所有内容都已打包，可以在线下载安装，脱机离线使用。同时提供新华字典在线查字、汉语词典在线查词、成语词典在线查询、近义词大全、反义词大全等。另外，在汉辞百科中，逐步加入了一些百科知识，如：汉语拼音、对联大全、字谜、古诗中的风、描写夏天的诗句、祝福语、日月类的成语、英语音标等。

9. 中华在线词典（www.ourdict.cn/）

中华在线词典自 2005 年 5 月发布以来，深受广大网友喜爱。该词典目前共收录 12 部词典中的汉字 15 702 个、词语 36 万个（常用词语 28 770）、成语 31 922 个、近义词 4 322 个、反义词 7 691 个、歇后语 14 000 个、谜语 28 071 个、名言警句 19 424 条，所有功能一律免费。

10. 汉语词典（http：//cidian.911cha.com/）

汉语词典是一家在线现代汉语词典网站，共收录词语 37 万多个，可查询词语的拼音和解释以及相关的词语和成语。用户可以按拼音首字母字顺浏览查找语词，也可以在检索框中输入词语或其拼音打头字母（例如，现代汉语词典或 xdhycd）查询。汉语词典还提供热门检索词语供用户参考查询。

11. 百度词典（http：//dict.baidu.com/）

百度词典搜索支持全面的英汉词典、汉英词典、汉语字典、汉语词典、汉语成语词典功能，以及强大的中英文自动翻译功能。百度词典搜索的使用很简单，无论是要查询英文的汉语解释，还是要查询汉语的英文解释，或者是查询汉语单字、词语、成语解释，均只需在一个搜索框内直接输入，按回车键或点"百度一下"按钮，即可得到所要查询的内容。

12. 金山词霸在线词典（www.iciba.com），金山词霸汉语站（hanyu.iciba.com/）

金山词霸又称爱词霸英语，是一款免费的词典翻译软件，由金山公司在 1997 年推出第一个版本，经过十几年的锤炼，已经成为上亿名用户的必备选择。其最大亮点是内容海量权威，收录了 141 本版权词典、32 万条真人语音、17 个场景的 2 000 组常用对话。最新版本还支持离线查词，计算机不联网也可以轻松使用词霸。除了 PC 版，金山词霸也支持 Iphone、Ipad、Mac、Android、Symbian、Java 等，用户还可以直接访问爱词霸网站，获得查词、查句、翻译等多种检索服务。爱词霸英语为广大英语学习爱好者提供金山词霸、在线词典、在线翻译、英语学习资料、英语歌曲、英语真题在线测试、汉语查词等服务。金山词霸汉语站则为海内外广大中文用户免费提供在线新华字典、在线新华词典、在线汉语词典、在线汉语字典、在线成语词典，版权收录几万个汉字，近万条成语，其中 3 800 个常见汉字有详尽解释和 flash 动画笔顺演示，诸多常见成语有成语出处和词性分析。同时还提供古今诗词、热门小说、名人名言、繁简转换、汉字转拼音等。

7.8 统计信息的网上查询

7.8.1 统计信息查询概述

统计资料是对各种统计工作产生的大量原始数据进行搜集、整理、汇编而成的,是最基本的经济和管理信息资源。统计资料的主要形式有统计月报、统计年鉴、统计索引、统计摘要等。除了专门的统计资料外,还有一些权威、综合的统计信息存在于其他的参考工具中,如年鉴、百科全书、专业地图集、机构名录指南、专著和论文集等。以前印刷型统计资料是检索统计数据的重要途径,目前大多数国际组织、政府机构以及各领域的专业机构都将统计数据发布于其官方网站,并提供浏览或检索服务。一直以来,这些组织机构的相关网站是网民获取权威统计信息的主要途径,但由于统计信息的广泛分布性,人们在学习、研究过程中为检索、获取某一主题的统计数据,往往需要登录不同机构的网站、浏览不同的分类体系以及面对不同的统计指标,这样非常烦琐和耗费时间,所以迫切需要更高效的统计数据检索工具。于是,统计搜索引擎应运而生。

所谓统计搜索引擎,是指能够查询各种统计数据,回答用户统计提问的垂直搜索引擎。统计搜索的数据来源除了国家及各省市县的统计局在网上公开发布的统计信息外,还包括各种以纸质媒介方式出版的各种年鉴(包括统计年鉴)信息。从搜索结果来看有3种形式:一是统计表格;二是统计数字知识;三是各种统计文献(如网页、书刊等)。统计搜索引擎和其他诸如生活信息搜索、学术资源搜索、法律法规搜索一样,是一种重要的学习和研究工具。

本节将介绍部分声誉良好、资料来源权威可靠、使用方便的统计信息发布、检索网站。需要说明的是,如今网上很多专业机构站点都提供相应的专题性统计数据,这类站点种类很多,数量很大,难以详尽列举,本节只介绍国际性组织和部分国家权威部门提供的综合性统计数据查询网站和一些统计搜索引擎。

7.8.2 统计信息检索网站选介

1. UNdata(http://data.un.org/)

UNdata 由联合国经济社会事务部(DESA)下属的联合国统计厅(UNSD)推出,它是世界上的任何个人和企业都可以通过该网站查询联合国的数据库,这些数据库涵盖近60年来的联合国数据资料,包括各种最新的或是历史的、相关的、可靠的统计数据,内容涉及世界人口、贸易、农业、就业、环境、工业、教育、旅游等方面,共拥有33个数据库、6 000万个数据记录,汇集了联合国各个分支机构的统计数据,还提供各个国家统计数据资料的链接。对于很多人来说,日常的数据源来自 Google 搜索或是其他通用搜索引擎,但教育机构和新闻机构以及一些大企业并不喜欢使用这些数据,因为从搜索引擎得到的数据通常无法保证其权威、准确性,并且过滤起来相当麻烦,而由 UNdata 提供的数据,相比之下无疑是最具权威性的,其主页如图 7-28 所示。

图 7-28　UNdata 主页

UNdata 提供的检索功能多样,用户使用十分方便。既可以通过在搜索框中输入关键词搜索相关统计数据,也可以使用分类或者按国家名称字顺来进行浏览,查看热门的统计资料汇编,链接到的每个数据页面都有相关数据提供。例如,要了解某个国家的数据,可以输入国家名称,搜索结果页包含这个国家的综合信息,如人口、GDP、平均寿命等,也可以单击"view full profile"按钮查看关于这个国家的详细统计数据汇编。

搜索结果的左边,有一个过滤框,用户可以选择过滤条件以细化搜索结果。在国家总体状况表的下方,是关于这个国家的全部搜索结果,每个搜索结果都包含一个下载链接,同时有一个预览链接可以在一个小窗口中显示预览信息,浏览器链接将把用户带到该国的相关数据页。除了搜索与国家和地区相关的数据外,还可以搜索全球的统计数据,像温室气体排放或全球太阳能产品的统计。UNdata 的可贵之处不仅仅在于能够提供海量的统计数据,更重要的是它提供了一个公众的平台,让所有人都可以访问、获取有价值的数据。

联合国系统提供统计信息检索的机构网站还有多家,如:

(1) UNESCO Institute for Statistics(www.uis.unesco.org)。联合国教科文组织统计学会成立于 1999 年,其宗旨是致力于全面收集高质量的世界各地相关统计信息,为联合国成员国提供决策参考信息。该网站提供有关教育、认知能力、科学和技术、文化交流领域的全球性可靠的统计数据,资料的主要类型有各种统计数据、公文库、UIS 的问卷以及各种事实数据库。

（2）United Nations Population Information Network（www.un.org/popin/）。联合国人口信息网由联合国经济社会事务部（DESA）下属的联合国人口厅提供，内容包括世界人口发展趋势和地区性人口统计信息及网络。

（3）Infonation（www.cyberschoolbus.un.org/infonation/info.asp）。Infonation 由 UN CyberSchoolbus（联合国赛博校车）项目创办，该项目旨在为青少年学生及教师开办一个学习全球事务与联合国活动的园地。Infonation 是一个易于使用的、两阶式数据库，它允许用户查看各种最新的联合国会员国统计数据并进行比较。在第一阶菜单中，用户可以选择多达 7 个国家，然后可以在第二阶菜单中选择统计数据或数据领域，进而获得地理、经济、人口和社会指标等领域的各种统计数据，并可就同一统计指标对多个国家进行排序、比较。

2. Bureau of the Census（www.census.gov）

该网站是美国国情普查局官方网站，该机构负责向公众提供最具权威性的美国经济和人口普查统计资料。该网站收集和提供的资料包括：每十年一次的人口和住房统计数据、每五年一次的经济统计数据、每五年一次的政府管理统计数据、每年一次的美国社区调查数据，还包括许多有关人口和经济方面的小型调查数据。该网站旗下提供的重要信息源有：

（1）Statistical Abstract of the United States（www.census.gov/compendia/statab/）。该网站提供《美国统计摘要》（*Statistical Abstract of the United States*）的网络版，这是美国出版历史悠久的（1878 年首版）、最具权威性和全面性的国家统计摘要，内容涉及美国的社会、政治和经济组织等各方面。它既是方便的统计数据参考源，又可作为更多印本和网络统计信息的指南。其数据来源于人口普查局、劳工统计局、经济分析局和许多其他联邦机构和私营机构，内容包括社会、经济和国际事务领域的统计数据集成（有超过 1 400 个表格和图表），网站资源包含各种统计数据的展现形式，有简要形式的、还有各种热门的、经常被访问的统计数据。

（2）U.S. Census Bureau International Database（www.census.gov/ipc/www/idb/）。该数据库提供了世界上人口在 5 000 万以上国家和地区的人口与社会经济数据，数据可以追溯到 1950 年。除一般信息外，还可查看图表和其他各种集成形式的世界人口数据。

（3）American FactFinder（http://factfinder2.census.gov/）。该网站是一个网络工具，专门为公众提供查找关于经济、社会及社区的各种有用的事实和信息，可以按照州、市、县及各种规模不等社区分区划浏览信息，也可以通过输入检索词来搜索有关的统计信息，浏览各种统计表格、设置标准过滤统计数据、定制统计表格，查找有用的地图、图表，并下载、打印相关数据。

3. Fedstats（www.fedstats.gov）

Fedstats 是面向公众发布美国全部官方统计信息的平台，统计信息来自 100 多家政府机构,内容涉及经济和人口发展趋势、犯罪、教育、医疗保健、航空安全、能源利用、农业生产数据和趋势信息的统计信息,可以按主题、按项目或按机构浏览或检索;单击"MapStats"可获得各州、县、市、国会选区或联邦司法管辖区的概况。

4. 中华人民共和国国家统计局(www.stats.gov.cn)

国家统计局是国务院直属机构,主管全国统计和国民经济核算工作,拟定统计工作法规、统计改革和统计现代化建设规划以及国家统计调查计划,组织领导和监督检查各地区、各部门的统计和国民经济核算工作,监督检查统计法律法规的实施。同时承担着统一核定、管理、公布全国性的基本统计资料,定期向社会公众发布全国国民经济和社会发展情况的统计信息的职能。网站由国家统计局主办,是我国国家统计局对外发布官方统计数据的唯一网络窗口。网站提供的主要资源包括全国性、地方性统计公报、专业性统计数据公报、统计数据、统计分析、统计图表、专题统计信息等。另外还提供各种统计法规、统计标准、动态要情的发布,统计制度、统计相关知识的信息服务等,用户可以输入主题词或选择栏目检索或浏览相关信息。

5. 搜数网(www.soshoo.com/index.do)

搜数网由北京精讯云顿数据软件有限公司于2006年8月推出,是中国大陆首个商业数据检索网站,也是专门面向统计和调查数据的专业垂直搜索网站,为业界提供全方位的商业数据检索服务。搜数网秉承中国资讯行"信息银行,信息共享,利益共享"的理念,汇集了中国资讯行自1992年以来收集的所有统计和调查数据,内容全面、权威、可靠。同时,搜数网使用简洁易懂的检索界面,提供多样化的搜索功能,增强了用户检索数据的全面性和准确性,方便用户及时查找数据信息。

搜数网拥有专业的数据处理团队,并自主研发了高度计算机化和自动化的统计类数据处理平台SDPP、新闻资讯类数据处理平台NDPP以及舆情监测分析系统NASS。搜数网每天监测和收集处理公开媒体和各种年鉴书籍中披露的各类统计和调查数据,分门别类,制作表格,导入数据库。同时,一些专业机构也向搜数网提供权威的数据。将近20年的积累,搜数网已经成为国内最大的统计数据提供者之一。截至2012年2月1日已加载到搜数网站的统计资料达到5 118本,涵盖1 045 242张统计表格和239 937 940个统计数据。其客户遍布政府机构、企事业单位、世界500强、跨国公司等外资合资企业以及国内众多高校和公共图书馆等。

2010年10月20日,新版搜数正式上线,新搜数网继续以客户为主导,在界面、风格尤其是在检索功能上,力图更加切合用户需求,方便用户使用。其主页如图7-29所示,主页上提供了统计表格查询、核心统计指标查询、统计资料来源查询、任意统计数字查询等选择,用户可按关键词或按统计分类进行浏览或检索,检索时还可限定检索范围及检索词之间的逻辑关系。其网站提供免费检索,但要获取完整检索结果及相关统计数据,则需要经过实名注册、付费购买、成功签约、获得相应权限后才能使用。

图 7-29 搜数网首页

6. 百度统计数据搜索（http://tjsj.baidu.com/）

百度统计数据搜索是对国家、地区、行业的各种调查数据、各种统计年鉴、报表等统计数据进行汇总，并免费提供给用户搜索和应用的平台。目前有由搜数公司为百度提供的自新中国成立以来至近些年的所有公开的政府统计年鉴和报表数据数 10 多万条，为用户提供统计数据搜索和数据研究的便利。其主页如图 7-30 所示。

图 7-30 百度统计数据搜索首页

百度统计数据搜索使用很简单，用户只需在搜索框内直接输入搜索关键词，单击"百度一下"按钮，即可得到符合要求的相关搜索结果。在搜索结果页浏览，单击链接可进入内容阅读。一般的搜索结果项包括：数据表名称，该数据表采集和录入的时间，数据表详细内容，关于数据表的补充说明，数据表的采集来源等。百度统计数据搜索的所有资源都是合作方授权，免费给用户使用的。

思考题

1. 印刷型参考工具书是否会被网络版、数字资源所取代？近日，大英百科全书已宣告停止其印刷版，开始全面实行数字化、网络化，你怎样看待这个问题？
2. 互联网开放问答平台有哪些？所获得答案的质量有保证吗？
3. 查找迄今为止，共有哪些华裔人士获得诺贝尔奖？他们的获奖时间、奖项分别是什么？
4. 要了解某家企业的基本概况、经营状况、资金实力、行业信誉等，有哪些检索途径？
5. 某学生要研究中外高速公路发展和管理水平上的差异，怎样查找出一些权威、具体的统计数字以支持该项研究？
6. 请查出1911年中国和印度的铁路通车里程数各是多少？

CHAPTER 8
第8章*

互联网信息检索策略、技巧与提高

互联网的出现大大降低了信息资源获取的门槛,绝大多数互联网使用者都有过利用搜索引擎查找信息的经历,也懂得运用一些检索工具,但检索的效率却有所不同。同样一个问题,有人可能通过一次检索就找到了相关的信息,而另一些人可能花了一两个小时仍然不得其解,主要原因就在于是否掌握了互联网信息检索的知识、策略和技巧。面对前面各章介绍的众多的搜索引擎、网络资源目录,还有林林总总的专业检索工具,读者常常会有疑问:我应该选择哪一种检索工具来查找互联网资源呢?为什么有时检索出来的结果与我的要求不一致呢?怎样才能将最想看到的信息排到检索结果列表靠前的位置呢?本章从检索的历程出发,循序渐进地介绍检索课题的分析,检索工具的选择,检索策略的制定、实施与调整以及各类检索技巧。只要掌握通用的检索策略和技巧、积累一种或两种检索工具的熟练检索经验,触类旁通,很快就会进入对网络资源自如检索的阶段。

8.1 分析检索课题,明确信息需求

古希腊哲学家芝诺(Zeno)与他的学生有个很经典的对话,学生问:"老师,您掌握的知识比我多许多倍,可是为什么您还常常感到疑惑呢?"芝诺用手杖在沙土上面画了个大圆圈,又画了一个小圆圈,然后对学生说:"大圆圈的面积代表我掌握的知识,小圆圈的面积代表你掌握的知识,这两个圆圈以外的地方就是你和我无知的部分。因为大圆圈比小圆圈面积大,因而接触的无知部分也比小圆圈多,这就是我的疑惑比你多的原因。"

这段对话蕴涵的哲理是——已知的事物往往与未知的事物成正比,正如芝诺所画的圆圈,面积(已知的事物)越大,圆周(接触到的未知事物)也越大,疑惑(实际上就是信息需求)就越多。

互联网时代是一个信息爆炸的时代,一个大学生通过互联网接触到的信息,可能已经超过了互联网诞生之前一个人一生接触的信息总量;同样,互联网时代又是一个问题爆炸的时代,人们通过互联网知道的信息越多,对互联网上自己未知的信息产生的兴趣也越大。举个例子,在互联网查找前一两年热映的电影《哈利波特与死亡圣器》的资料,可能进

一步衍生出对《哈利波特》作品原著、主角的扮演者乃至西方魔幻文化的兴趣,了解了一个信息,感兴趣的未知信息却呈指数增长。

而本书第1章已经介绍过,互联网的信息总量以及信息增长速度是远远超过人的阅读与记忆能力的,甚至强大高效的搜索引擎"蜘蛛",也只能遍历互联网的一小部分信息。因此,想让互联网信息成为自己的知识库,并不是要占有全部的互联网信息,而是能够在互联网上找到自己需要的信息。所以,分析检索课题,明确信息需求,是互联网信息检索的起点。

8.1.1 信息需求的描述

"需求"可以看成是个人的某个不确定的事物,而"信息"则是可以减少这种不确定性的因素,所以"信息需求"是指个人内在的认知状态,与外在环境接触后所产生了不确定性,发现了个人认知的缺口,进而试图寻找适当的信息,以弥补认知缺口,解除上述不确定性。换言之,个人基于某个理由,或为了解答某个问题,或为了工作的需要,甚至纯粹为了消遣猎奇,而对信息所产生的一种需要,都可以视为信息需求。比如:

(1) 查找某个概念的定义,例如,什么是"微博"?

(2) 查找特定事物数值或量化指标,例如,2011年1~6月份全国主要城市房价环比涨幅。

(3) 查找某个事物的具体特征,例如,"安史之乱"涉及的著名历史人物。

(4) 查找某一学科领域的新进展,例如,有关酶制剂在心肌梗塞临床治疗方面的最新研究成果。

(5) 查找特定课题的相关文献,例如,港台明星的穿着对内地青少年的影响。

信息需求有的是比较简单而明确的,可以通过简洁的检索得到答案,比如,上述例子中的第一个,使用搜索引擎通过搜索关键词"微博",甚至直接用自然语言"什么是微博"进行检索,都可以得到有关"微博"的定义。

但很多时候,信息需求是比较复杂的,可能需要使用多种检索工具,多个关键词的不同组合,经历多个检索阶段,才可能找到与需求相关的信息,并且这些信息还分布在不同的文献中,需要进一步编辑、整合才能最终满足信息需求。比如,上述例子的最后一个,"港台明星的穿着对内地青少年的影响",就是典型的复杂信息需求,对于这类复杂信息需求,我们不妨借用记者们提问的时候常用的5W1H(what、who、where、when、why、how)来进行梳理和挖掘。

(1) What:要找的信息的中心主题是什么?可以从什么角度或是立场来切入?

(2) Who:目标信息是否涉及特定的群体或者个人?有特定的人名的话,应该把人名也列出来,并留意这个人名有没有不同的写法(译法)或是拼法?

(3) Where:目标信息是否限于特定的地区?很多检索工具支持按地区和文献语种检索。

(4) When：目标信息是否关联某个特定时间？比如，特定时间点以后才有的事件或情况？

(5) How：是不是有特定的方法？通过何种渠道？

(6) Why：这个主题有什么意义或影响？为什么会有这种现象发生？

磨刀不误砍柴工，虽然通过使用5W1H方法进行分析花了不少时间，但分析完成之后，"港台明星的穿着对内地青少年的影响"这一信息需求已经变得详细、明朗多了。5W1H描述检索案例详见表8-1。

表8-1 5W1H描述检索案例

WHO	港台明星，在不同的文献中会用特定明星的姓名来指代，刘德华、郭富城、林青霞等
WHAT	一是"穿着"，如服装、服饰、发型等；二是"影响"，可推测包括模仿、崇拜、追随等。相关文献可能从青少年教育、流行文化、服装营销等角度探讨信息主题
WHEN	港台明星进入内地青少年的视野，大致是从改革开放开始的，也就是20世纪70年代末80年代初
WHERE	课题虽然涉及港台明星，但着重在于对内地青少年的影响，因此目标信息的范围应当是内地简体中文文献，外文文献和港台地区的繁体中文文献涉及这一课题的可能性很小
HOW	港台明星的穿着可通过电视、电影、海报、杂志等传媒渠道对内地青少年产生影响
WHY	产生影响的原因，改革开放带来的视野冲击，审美变化，偶像崇拜，流行时尚，多元文化等

当然，并不是每一个信息需求都要考虑得这么全面，不同的信息需求在使用5W1H方法进行分析时有其各自的侧重面，比如，有的时候When和Where就没有什么检索意义。

检索如同解谜一样，检索课题是谜面，符合要求的检索结果就是谜底。已知了一部分信息，但还不充分，怎样使得解谜的信息变得充分起来呢？5W1H就是很好的办法，通过分析信息需求的内容实质，挖掘隐藏的主题，将抽象的主题转化为具体的概念，明确概念间的逻辑关系，对后面的检索大有裨益。

8.1.2 关键词的选取

用5W1H方法将原始信息需求挖掘、梳理成为多层次、多角度的详细信息需求之后，还需要进一步将信息需求转换成关键词集合，才能与检索工具进行互动。关键词可以是名词，也可以是动词、副词、形容词、数词、单字、词、词组都可作为关键词进行检索。只有选择恰当的关键词才能够准确描述信息需求，提高检索命中率。

举个例子，"非诚勿扰"这个关键词，除了作为成语的传统意义之外，又衍生出了知名度极高的两部电影和一档电视节目，如果有人问"你看过《非诚勿扰》吗？"，我们可能不知道提问到底指的是电影还是电视节目，而如果补充了"冯小刚"、"贺岁片"、"江苏卫视"、"乐嘉"这样的关键词，那意思就比较清楚了。类似地如果只用一个关键词"非诚勿扰"去检索,检索工具也不知道检索的具体目标,返回结果的噪声就比较大,也就是说检准率不高。

毋庸置疑,最重要的一类关键词应该是名词,因为我们能用语言最精确描述的,是具体的对象(人和事物),它们往往意义单一而明了,比如"港台明星"、"青少年"都不会有什么歧义;而形容词和副词则不同,它们很容易用其他词来代替,而且它们本身所能表示的意义也很多,比如"红色"既可以表示一种颜色,也可以是一个政治特色的词语,表示一种意识形态,它还可以用"赤色"、"朱"之类的词代替,所以关键词应优先选择专业性强的规范名词。

况且,检索系统对信息资源的标引和对检索提问的分词都是按主题词表来进行的,所以输入与检索工具主题词表一致的关键词,就能使检索工具最大限度地匹配出信息。我们仍以上一节的检索课题为例,一步一步地选取适合的关键词。

1. 抽取基础关键词,排除常用词

从检索课题"港台明星的穿着对内地青少年的影响"中抽取出基础关键词:

港台明星　穿着　内地　青少年　影响

其中前4个关键词有其确切的含义,属于规范名词,而"影响"属于比较泛指的概念,在检索中的价值没有前4个关键词高,在实际检索中可以考虑不使用它。类似这样的词汇还有"展望"、"趋势"、"现状"、"近况"等。

而"的"和"对"则被排除了,因为它们太常用,信息价值反而很低,检索这些关键词不仅无助于缩小查询范围,而且会大大降低搜索速度。像汉语的"了"、"很"、"这"、"那",英文的 about,the,of,a,in,as,if,is,it 等都属于常用词,出现在成百万上千万的信息资源中,使得它们事实上不能对找到什么有用的信息带来帮助,有些检索工具干脆会建立一张停用词表,在检索中把这些常用词直接过滤掉。

2. 考虑基础关键词的同义词

在信息检索领域,"同义词"比语文里面的"同义词"在概念上要更宽泛一些,只要不同的词指的是同一个明确概念,互相等同,就可以称为同义词。引起同义词的原因有很多,诸如缩写、全称、简称、学名、俗名、简繁体、不同语言说法、不同地区说法、不同时代说法、别称、全角半角、大写小写、敏感词通假等,像下面的5个词就是同义词:

(1) 罗纳尔迪尼奥;

(2) 小罗纳尔多;

(3) 小罗;

(4) 罗纳尔多·德·阿西斯·莫雷拉;

(5) 朗拿甸奴。

能够表述这位足坛巨星的同义词甚至可能有更多,互联网上每一个人的独特表达方式只要大家都知道是什么意思,那就都是同义词,不受任何制约。如果检索选取的关键词存在同义词,并且有一部分信息资源恰好是以同义词来表述该概念的,那么这部分信息资料很可能就被漏检了。因此,要想尽量不漏检与检索课题相关的信息,就要尽量将基础关键词可能存在的其他表述方式即同义词都一一列举出来。

选取一定数量的同义词,与基础关键词一道参加检索,以扩大检索的覆盖范围。一般情况下个人的常识足以提供若干同义词,如果对目标信息主题很不熟悉,则可能需要先参考一定的资料或咨询他人。

在本例中,"港台明星"的同义词有"港台艺人","穿着"的同义词有"衣着"、"穿戴"、"服装"、"服饰"等,"内地"的同义词有"大陆"。

3. 考虑上位词和下位词

上位词,指概念上外延更广的关键词,或者可以说每一个关键词所覆盖的信息范围都是它的上位词所覆盖信息范围的子集。例如:"鸟"是"鸽子"的上位词,"动物"是"鸟"的上位词,"小说"是"乱世佳人"的上位词。宽泛地说,一个关键词所表达概念的任何一种属性、任何一种归类方式,都可以是它的上位词。例如,"中超"的上位词可以是"中国足协"、"足球比赛"、"体育新闻"、"球迷协会"、"转播权"。

与此相反,下位词则是指概念上内涵更窄的关键词。例如,"中超"的下位词包括"上海申花"、"北京国安"、"青岛中能"等,"乱世佳人"是"小说"的下位词,也是"玛格丽特"的下位词。

适当运用上位词和下位词可以提高检准率,比如,想知道"天龙八部"是哪八部,由于金庸的著作《天龙八部》非常有名,在检索时,大量关于金庸作品的结果(检索噪声)淹没了实际满足检索需求的结果,这时如果知道"天龙八部"的上位词"佛教",或者下位词"夜叉"("天龙八部"中的一部),那么就可以用"天龙八部 佛教"或"天龙八部 夜叉"检索,顺利找到佛教中关于天龙八部的解释。

选定合适的上位词和下位词很大程度上依赖于个人的经验和知识积累,如果读者对自己当前检索的主题缺乏了解,那就应该先对该主题相关的知识进行简单的补充,比如参考一些工具书或向他人咨询,互联网上的百科丛书如维基百科、百度百科在这方面也很有帮助。

在本例中,"港台明星"的下位词可以是刘德华、郭富城、林青霞等人名,"青少年"的下位词可以是"青年"、"少年"、"中学生"等,"影响"的下位词可以是"追随"、"模仿"、"崇拜"、"流行"、"时髦"等。

4. 考虑相关词

"相关词"顾名思义是与要检索的信息需求有关联的关键词,假定某个信息需求用A、B、C三个关键词来描述和检索,检索到的结果中包括一篇文献甲,并且文献甲的主要内容恰好完全满足上述信息需求,那么,文献甲中除A、B、C之外的所有可标引的关键词均可视为本次检索的相关词。

相关词的作用在于检索结果较多,需要提高检准率的时候,进一步缩小主题范围。前面说过,检索如同破案,案件的线索越多,破案的成功率越高,关键词就如同案件线索,当只有一条线索的时候,嫌疑人的范围可能很大,但数条线索会聚在一起的时候,嫌疑人就被牢牢锁定了。

但选取相关词又是整个关键词选取过程中最难的,基础关键词可以直接从原始信息需求中提炼,同义词、上位词和下位词可以通过常识或参考工具书发掘,而相关词则必须是对当前检索的主题有较为深入的了解,甚至是已经通过初步检索,获得了一些相关线索后才能推断出来的。换言之,选取相关词就是一个推理的过程,通过设想检索结果文献中可能会包含的内容,反过来查找设想中的文献是否存在,对检索主题用5W1H方法进行分析,实际上也是在寻找相关词。举例来说,"土法炼金废液的处理"可推断隐含了"回收"、"利用"、"环保"之类的相关词。

本例的相关词可能包括:"80年代"、"喇叭裤"、"蝙蝠衫"、"偶像"、"流行文化"、"时尚"等。

选取相关词必须谨慎,因为相关词毕竟属于推测出来的关键词,如果推测有偏差,就会导致整个检索偏离方向,检索结果的准确性自然无从谈起。比如,"喇叭裤"和"唐装"虽然都属于"穿着"的相关词,但前者是港台服装影响内地的代表性名词,而后者则多半跟本例的检索主题没有直接关系,会对检索造成严重干扰。

5. 总结审视

通过以上4步,我们选取出了适合于本次检索主题的关键词,并将这些关键词之间的关系标注如图8-1所示。

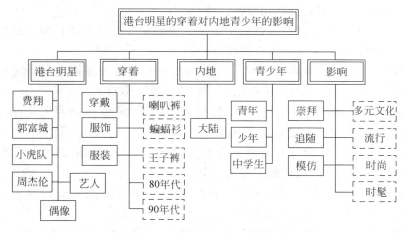

图8-1 关键词选取及相互关系

8.1.3 关键词的组配

一个关键词只能检索出目标信息的一部分或某个知识点,一般不能单独满足信息需求的完整内容。我们要根据具体的信息需求,尤其是研究型的信息需求,为了完整描述所要检索课题的内涵和外延，需要设计和编制检索表达式，也就是将多个关键词进行某种形式的组合，以便系统、全面地检索出所需的信息。

在组配关键词构造检索表达式的时候，并不是把经过分析提炼出来的关键词简单地堆砌。前面的范例中，我们一共选取了30个关键词，且不论是否存在这样一份文献同时包含了这30个关键词，就现有的互联网检索工具而言，通常也不支持如此之多的关键词同时参与检索。事实上，很多检索工具对输入的关键词数量都有限制，比如，百度的检索表达式最多支持38个汉字。所以从关键词列表中选取合适的关键词进行组配，构造效果最佳的检索表达式，就成为接下来的重点。

关键词的组配通常是通过布尔逻辑操作符来实现的，布尔逻辑起源于19世纪的数学和逻辑学家George Boole创建的布尔代数，它是现代计算机体系的数学基础。通过布尔逻辑操作符和规定的句法来连接关键词，能够构成功能强大的检索表达式，这样的检索表达式也称为"布尔表达式"，布尔表达式可以方便地将要检索的范围明确地加以缩小或扩大，使查询出来的结果更加准确。检索互联网信息资源，凡是涉及要同时使用两个以上的关键词时，就意味着要和布尔逻辑操作符打交道了。不同的互联网信息资源检索工具可能会有自己独特的语法或符号（如"&"和"|"）来执行布尔检索，读者可以从检索工具对应的帮助文档中找到正确的使用方法。

下面的清单列出了常见的布尔逻辑操作符和句法解释。

（1）AND——用AND操作符连接的两个关键词都必须出现在检索结果中。某些检索工具规定用符号"+"或者直接用空格代替AND。

（2）OR——用OR操作符连接的两个关键词必须有一个出现在检索结果中。某些检索工具规定用符号"|"或直接用空格代替OR。

（3）AND NOT——紧跟在AND NOT操作符后面的关键词不能出现在检索结果中。某些检索工具规定用NOT或者符号"-"代替AND NOT。

（4）NEAR——功能与AND操作符类似，但用NEAR连接的两个关键词在检索结果中的位置距离还必须在一定范围之内。

（5）BEFORE——功能与NEAR操作符类似，但BEFORE前面的关键词在检索结果中必须出现在BEFORE后面的关键词之前。

（6）AFTER——功能与NEAR操作符类似，但AFTER前面的关键词在检索结果中必须出现在AFTER后面的关键词之后。

（7）圆括号()——类似于四则运算中的圆括号，用来改变布尔运算的优先级。

（8）引号""——用于词组检索，用双引号标注的关键词不允许拆分，也不允许改变先后顺序。

（9）星号*和问号?——通配符，用于截词检索。

布尔逻辑操作符简单易学，大概只需要有高中数学的基础便可以理解和掌握，灵活运用布尔逻辑操作符，能够组合出功能强大的检索表达式。下面分别介绍各个布尔逻辑操作符的使用技巧和注意事项。

1. AND 操作符

AND 是"且"或"与"的意思。在两个关键词之间加上 AND，可以缩小检索范围，得到较为精确的结果。AND 操作符也可以连接两个以上的关键词，格式和规则不变。例如，"花木兰 AND 迪斯尼 AND 票房"，可以找到迪斯尼公司的电影《花木兰》相关的票房信息。

理论上，AND 操作符并不限制两个关键词在文档中的距离，哪怕一个在开头一个在结尾，只要在同一个文档里就可以；也不管关键词之间的次序，"手机 AND 铃声"和"铃声 AND 手机"检索的结果是一样的。但实际上，对于 Google、百度这类拥有巨型数据库的搜索引擎，用 AND 操作符连接的两个关键词，其先后顺序和它们在文档中的位置距离对检索结果是有一定影响的。比如在百度搜索"钟南山 SARS"和"SARS 钟南山"(百度默认空格即为 AND 操作符)，前 10 个结果就有 5 个不同，原因是搜索引擎对于出现在 AND 前后的关键词设置的权重有细微差异，排在前面的关键词被搜索引擎认为"更重要"一些，所以调整关键词的排序也会影响到检索结果的排序。同理，如果 AND 连接的两个关键词在文档中的距离也会对检索结果的排序产生影响。

AND 可能是检索时使用得最多的布尔操作符，很多场合下可以使用它来对检索结果进行限定，每增加一个关键词，检索结果的范围就会缩小很多，用 AND 连接检索主题关键词的上位词或下位词，常常能起到很好的检索效果。例如，要想知道体检时肝功能化验单上 ALT 是什么意思，宜用"ALT AND 肝功能"检索，而不宜直接用"ALT"，因为键盘上的"ALT"键在 Internet 文档中有相当高的出现概率，所以检索时需要加上它的上位词"肝功能"。

2. OR 操作符

OR，是"或"的意思。所以在两个关键词中加上 OR，可以扩大检索范围，得到较多、较广泛的结果。通常为了将相关信息一网打尽，会在同义词之间加上 OR 来查询，例如，用"飘 OR 乱世佳人"检索就可以避免因不同翻译写法导致漏检。

与 AND 一样，OR 操作符也可以用来连接多个关键词(词组)，匹配其中任意一个关键词的文档都将作为结果返回。

OR 在检索中一般用来连接同义词，但记住不要与 AND 混淆。如何确定什么时候使用 AND，什么时候使用 OR 呢？方法很简单，取决于检索时用布尔操作符连结的关键词，如果它们表达的是两个不同的概念，那么就用 AND；如果它们是同一事物的不同表达方式，那么就用 OR。

用布尔语法构建的检索提问看起来和真实的句子有很大的区别，OR 操作符，它在布尔检索中表示的意义跟在自然语言中表示的意义几乎相反，比如自然语言中，"张三 OR 李四"表示要么是张三，要么是李四，只能是其中之一；而在布尔逻辑中，"张三 OR 李四"则表示张三也行，李四也行，两人一起也行。

建议读者不要轻易使用 OR 操作符，除非是连接同义词或者用于探索性主题的检索。OR 操作符的滥用很可能导致检索结果集的过度膨胀。尽管如此，OR 仍然是布尔检索中使用得最为广泛的两个操作符之一（另一个当然是 AND）。

3. 引号操作符

引号操作符对应英文关键词即为词组检索方式，词组检索强制检索结果必须与词组的形式完全一致（顺序和间隔都不变），这样对检索结果限制得更严，检准率也更高。基本上所有的检索工具都支持这种用双引号表示词组的方式，如果不加上双引号限制的话检索工具会默认为检索词之间的顺序和位置是任意组合。

当多个英文关键词往往以固定的次序出现以表示特定意义的时候，最适合使用词组检索。比如使用 Waterloo 和 Bridge 一起检索，肯定会得到很多关于滑铁卢之战的结果，而如果使用词组"Waterloo Bridge"检索，那么得到的结果肯定与电影《魂断蓝桥》有关。相似的例子还有"general anatomy"（解剖学总论）、"coca cola"（可口可乐）和"University of Illinois at Urbana-Champaign"（香槟伊大）等。

当使用英文词组检索的时候，必须注意此时词与词之间的分隔符变得和关键词本身一样重要，通常英文中的词组，词与词之间只有一个空格，如果不小心多键入了一个空格，检索就会失败，而这种情况在非词组检索时是不会发生的，coca 和 cola 之间隔上三五个空格也没关系，但" coca cola"（两个空格）就可能丢掉大部分有用的检索结果。有时某些文档里使用破折号连接词组中的两个词，而我们检索时用的是空格的话，这些文档也会被错过。事实上这种情况很常见，词组中的分隔符有着这样那样的变化，所以有时候当检索结果太少的时候，不妨试试增加一种词组表示方式再检索一次。

此外，引号操作符对应中文关键词的时候则意味着通知检索工具：引号内的关键词不允许检索工具进行自动分词，只能进行严格匹配。这种方式将大大缩减检索结果的规模，例如，不加引号，在百度检索"压缩机制冷工艺"，检索结果为 5 070 000 个，而加上引号后，检索结果锐减至 3 120 个。不过，随着中文检索工具自动标引技术和自动分词技术的不断提高，越来越多的 4 个字以上专有名词被识别为主题词进行标引，检索时即使不加引号，也不会被检索程序错误拆分。所以引号操作符在中文检索中的使用频率和重要性要远远低于英文检索。

4. NEAR 操作符

NEAR 操作符用来执行近似检索（Proximity Searching），它通过限定两个关键词之间的距离来缩小查询范围。例如，输入 knowledge NEAR management 的意思是，knowledge 和 management 中间最多可以夹若干个词，每种检索工具的默认值不同，有些是 5 个词，有些是 10 个词。同时，还可以通过参数指定最多夹杂多少个词。

前面曾经指出 AND 操作符连接的两个关键词在检索结果文档中的距离会影响检索结果的排序，NEAR 操作符就是被设计用来解决这个问题的，它对两个关键词之间的距离有更严格的要求，使得检索命中的文档里两个关键词的关联性更强。这项功能在执行网页全文检索时特别好用。因为用词组检索可能限制太多,检索结果太少;用 AND 又可能太松,找到两个关键词毫不相关的文档。近似检索刚好介在两者之间,可以视关键词之间的出现关系,限定关键词之间出现的距离,查到较多、较相关的信息。

有些搜索引擎没有提供词组检索,而有近似检索时,近似检索更是代替词组检索的唯一工具,例如,solar NEAR energy 的检索结果数基本上与词组"solar energy"一致。在检索人名时也很好用,我们知道外国人的名字往往分两段甚至三段,不同场合用不同的称呼。当检索工具提供了近似检索功能时,只要在名与姓中间加上 NEAR/2,就能提供更大的弹性检索不同写法的人名,例如,输入 George Near/2 Bush,搜寻引擎会将这位美国总统的各种写法一网打尽:

(1) George Bush;

(2) George Herbert Walker Bush;

(3) Bush,George。

总之,NEAR 比引号的要求低,比 AND 的要求高,注意这一点就能够把握好 NEAR 的使用尺度。

5. BEFORE 和 AFTER 操作符

BEFORE 和 AFTER 操作符是 NEAR 操作符的加强——在 NEAR 规定的邻近距离基础上进一步规定关键词哪个在前哪个在后,这两个操作符赋予了检索者更为强大的控制能力,但这同时也是它们的缺点——使用起来有很大的局限性。检索者不仅要确认关键词之间的距离很近,而且必须确认它们的出现次序,这在检索之前实际上是很难推断准确的。

只有少数检索工具支持这两个操作符。本节之所以介绍这两个操作符是为了比较完整地讲述布尔检索的各个方面,但笔者并不推荐使用它们。当然,如果读者已经是一个熟练的检索者,在某些情况下,灵活使用这两个操作符也许能带来很大的方便。

6. AND NOT 操作符

AND NOT 操作符从结果中去除包含特定关键词(词组)的文档。例如,"湖南 NOT 长沙",会找到除长沙以外的有关湖南的资料。

AND NOT 是个一元操作符,它只对紧跟其后的那个关键词起作用。大多数检索工具支持 AND NOT 操作符,不过不同的检索工具可能用不同的符号表示,常见的几种表示法有:BUT NOT、NOT 和"-",具体检索时应查阅该检索工具的帮助文档。

当我们以较大范围的主题关键词进行检索,发现有不相关的小范围主题时,可以用 NOT 来排除,例如,宠物 NOT 猫。或者是两个主题经常并列谈论,但我们只想研究其中一个主题时,也可以用 NOT 来剔除没有兴趣的概念,例如,想了解大连实德这个企业的情况,为了避免大连实德足球队对检索的干扰,宜检索:"大连实德 AND NOT 足球"。

AND NOT 操作符在缩小检索结果集方面有其独到的价值,可以与 AND 操作符互补。检索时究竟应该用 AND 还是 AND NOT 来排除不相干的结果,需要视检索主题的特点而定,具体来说,如果待排除的主题伴随有出现概率极大的其他关键词时,宜用 AND

NOT,比如大连实德的例子,不相干的结果中几乎百分之百要出现"足球"关键词,而天龙八部的例子就不适合用"天龙八部 AND NOT 金庸",因为有关小说《天龙八部》的文档未必提到作者金庸。

7. 通配符(星号和问号操作符)

通配符是与截词检索相对应的,截词检索顾名思义就是只取关键词的前面一部分字母(词干)配合通配符进行检索,通配符表示检索词的某一部分允许有一定的词形变化,因此检索词的不变部分加上由截词符号所代表的任何变化式所构成的词汇都是合法检索词,结果中只要包含其中任意一个就满足检索要求,这样可以提高检全率。

截词检索分为前截词检索(后方一致),后截词检索(前方一致),中间截词检索(前后方一致),以及前后截词检索(中间一致)4 种基本类型。同时,各截断部分还可以分为精确截断(即被截字符串的字符数目是确定的,通常用通配符"?"表示,"?"的个数即是被截字符串的字符数)和模糊截断(即被截字符串的字符数目是不确定的,通常用通配符"*"表示,被截字符串的字符数可以为零,亦可以是具有检索意义的任何字符个数)。

截词检索是英文检索系统中普遍支持的检索功能,由于汉语语法本身的特殊性,词间并没有明显的分隔标志,使得截词检索在中文的检索系统中意义不大。但是当我们需要使用英文或者别的西方文字进行检索时(比如很多情况下检索学术资源都需要用英文),截词检索就很重要了。比如某个关于东部菱背响尾蛇(crotalus adamanteus)的检索主题,众所周知在很多文档中它也以复数形式 crotalus adamanteuses 出现,如果只使用 crotalus adamanteus 检索,为了保证检索的精确性绝大多数检索工具不会把只含有 crotalus adamanteuses 的文档作为结果返回。可以看看在 Google 上分别检索 crotalus adamanteus 和 crotalus adamanteuses 的结果,二者明显是有差别的。

熟悉 OR 操作符的读者可能会想到用 OR 来连接关键词的单数形式和复数形式来解决这个问题,这的确是个有效的办法,但它的缺点在于多占用了一个关键词的位置,如果检索需求较为复杂,那么因为单复数问题而被占用的关键词位置就显得很宝贵了,解决这个问题更好的方法是截词检索。

表 8-2　Google 检索结果

crotalus adamanteus	75 100
crotalus adamanteuses	117 000
crotalus adamanteus*	242 000

使用了截词检索之后,任何可以匹配词干部分的单词都将被检索工具视为符合要求。因而,如果使用 crotalus adamanteus* 检索,找到的文档中可能包括 crotalus adamanteus、crotalus adamanteuses,也可能还包括一些其他后缀的词汇,所以也增加了部分检索噪声,但这点代价相比只使用 crotalus adamanteus 检索而丢失大量包含 crotalus adamanteuses 的结果而言还是可以接受的。

什么样的英文词适合使用截词检索呢?首先这些词的词干应该比较长;而且它们的复数形式是比较简单的"-s"或"-es"的形式,而不是"-ies"这样的形式;它们的词干不能也是其他很常见词的词干。只要满足这些条件,就可以放心地使用截词检索。

8. 括号操作符

当检索表达式超过两个关键词的时候，就会出现了多个布尔逻辑操作符的优先级问题，布尔运算的顺序并不是简单的从左到右，而且各个检索工具的规定也不尽相同，虽然一般检索工具会将系统的布尔操作符优先级在帮助文档中详细说明，不过每使用一种检索工具就翻阅一次帮助文档是件很麻烦的事情。

幸好有一个所有检索工具都支持的通用办法，那就是使用括号来强制指定运算的先后顺序。运用括号构建复杂的检索表达式（含有多个简单布尔表达式）是比较容易的。只要记住以下的规则即可：

（1）每一个简单布尔表达式都用"（"开始，以"）"结束；

（2）整个检索提问的构建是从简单到复杂的过程（即一个一个布尔表达式的叠加），最先写出的简单布尔表达式应是自己认为最重要的"核心主题"，随后写出的布尔表达式的重要性依次递减；

（3）确保整个检索提问中的左右括号数量是相等的。

需要注意的是，很多检索工具对于括号的嵌套层数是有限制的，一般来说，将嵌套层数控制在 3 层以内是比较稳妥的。括号嵌套的一般形式如下：

THIRD expression (SECOND expression (FIRST expression evaluated) evaluated) evaluated.

将整个检索提问用一对括号括起来是没有必要的，最外层的布尔运算在任何情况下都将被最后执行。当没有任何嵌套时，运算次序是从左到右。例如，FIRST expression AND SECOND OR THIRD AND FOURTH 或者（FIRST main subject）AND THIRD expression AND (SECOND expression)。

第二条规则指出了在通常情况下，应保证布尔表达式中对最重要的关键词的布尔操作的运算顺序最高。这是因为许多检索工具在对检索结果进行排序时，检索表达式中第一个简单布尔表达式被赋予了更高的权重，与它匹配得最好的检索结果会排列得最靠前。拿前面那个括号嵌套的检索提问来说，如果丢掉了一对括号，成为这个形式：

SECOND main subject AND THIRD expression AND (FIRST expression).

那么最重要的检索主题 FIRST expression 就会被检索工具当成最不重要的一个，而 SECOND main subject 的运算顺序上升到第一，这样检索结果的排序就会出现偏差。

即使读者已经了解和熟悉某个检索工具对于布尔运算优先级的规定，本书也仍建议读者使用括号，不仅是为了保险，更是因为检索过程中有时候可能要回顾和调整原来的检索表达式，或者把检索表达式与他人进行交流，此时使用了括号的检索表达式无疑有更强的可读性。

现在仍以"港台明星的穿着对内地青少年的影响"检索主题为例，通过使用布尔逻辑操作符组配我们选取出来的 30 个关键词，得到若干有侧重点的检索表达式，例如：

（1）青少年 AND 穿着 AND 模仿 AND 港台；

(2)（小虎队 OR 周杰伦 OR 费翔）AND（王子裤 OR 喇叭裤）青年 流行；

(3) 中学生 AND 服装 AND 偶像 AND 模仿。

以上仅仅是关键词组合出来的检索表达式的一部分，像这类复杂的检索课题，需要尝试多个检索表达式的检索结果，才能收集到尽可能多的相关资料，图 8-2 就是第一个检索表达式在百度检索获得的某个有价值的结果。

青年时尚的足迹（1990-2003） 跟踪"青年时尚" 中国青少年研究网
一下子，青年男女穿着各种各样的"概念服"出现在……"港台风"20世纪90年代初，大批港台流行歌手纷纷登陆内地…… 中国青少年群起模仿，黑嘴唇、金黄或银白头发、上身……
www.cycs.org/Article.asp?ID=3793 2011-9-1 - 百度快照

图 8-2 百度搜索结果摘要

检索的本质就是通过已知的信息去探索未知的信息——由检索者设计一个"圈套"，捕捉解开这个谜语还缺少的那部分信息。如果说关键词是这个"圈套"的灵魂，是明确信息需求的基础，那么布尔逻辑操作符则是连接关键词的纽带，他们共同将信息需求构造成一个个功能强大的检索表达式，为接下来的"解谜"做好充分的准备。

8.2 选择检索工具，实施检索策略

检索策略包括如何选择检索工具，如何根据检索结果调整检索表达式，以及对信息资源、对检索工具的深入思考等。完善周密的检索策略可以帮助检索者解决那些看起来很困难的问题，而一个不成熟的检索策略很可能导致在一个简单的检索上面浪费大量的时间甚至造成检索失败。

8.2.1 判断目标信息可能存在的地方

虽然现在的互联网信息检索工具功能已经很强大，但所谓"巧妇难为无米之炊"，它们也不可能检索到网上没有的内容，何况，前面已经指出，即使是索引数据库最大的搜索引擎，其覆盖的网页范围也仅有 Internet 网页总数的 15%～20%。所以在互联网上进行信息检索之前，应该先花一点时间思考：我要找的东西网上可能有吗？如果有，可能在哪里，是什么样子的？

现在越来越多的人患上"搜索引擎依赖症"，想了解一件事情或者去做一件事情，你是否无论如何都会先"征求"一下搜索引擎的意见。其实，有些东西是根本用不着麻烦上网检索的，比如要找个公司的电话，打个 114 的速度大概比搜索引擎快得多。有些问题可能很难用合适的关键词描述，或者不能直接用 Internet 检索工具找到，不妨尝试找个精通这个问题的朋友，或者寻找这方面的热门论坛来问，这也是一种检索方法。有时，我们能选择的最好方法是放弃网络，跑一趟附近的图书馆，图书馆里有许多网上找不到的信息，这些信息比起来自 Internet 的信息资源更加权威可信，而且图书馆员一般是受过训练的专

家,他们通常会很乐意帮你找东西。

对目标信息可能存在的地方进行推测和判断,建立在对大量信息资源非常熟悉的基础上,我们可以根据自己脑海中已有的知识和经验,对"去哪里检索"这个问题作出一定的分析,比如学术文章应去查 CNKI、维普的专业期刊而不是搜索引擎,比如某些名人最新言论直接去查他的博客或者微博比较奏效。

逆向思考"谁会创造这种信息"也非常重要,既然自己需要这种信息,那么就一定也有人有过相同的问题,并且很可能有人已经找到答案并且在 Internet 上共享了这些信息,比如想要查找关于乙肝的信息,去国家疾病防治中心的主页是个不错的选择,而乙肝患者的维权论坛"肝胆相照"更是有关乙肝各个方面信息的大宝库,网上有很多特定主题的论坛,由一些有着共同志愿或兴趣的热心人维护,论坛中的信息对于该主题是极有价值的,因为在论坛上发表文章的人都对该主题非常爱好,有着深入的研究并愿意分享他们的热情,而且这种信息通常免费。有很多途径可以找到这些论坛,比如多关心相关站点的链接,留意他人文章中的只言片语,甚至是某一幅图片下方水印形式的网址等。

8.2.2 了解互联网信息检索的特殊性

在互联网上找到自己想要的文档(比如网页、网站),有时是一件很简单的工作,但更多的时候几乎是"不可能的任务"。原因之一在于互联网上文档数量的庞大——仅 Google 建立索引的网页就超过 1 000 亿个;另外一个原因就是现有的互联网文档没有用一个统一的标准进行标识,这和图书馆的目录有很大不同,图书馆通常使用一个统一的分类表或主题词表来组织目录,如中国图书馆使用的中图法和美国图书馆使用的国会图书馆分类法,这样读者检索起来只需要了解一套标准,检索的难度不大。而我们在检索互联网文档的时候,却经常需要猜测某个词是不是会出现在自己想要的文档里,或者猜测别人组织的主题目录的某一个主题下面会不会收录自己想要的文档,这真的很让人头疼。

在检索之前需要弄清楚的是:所谓的"互联网信息检索"并不是直接在万维网上寻找某个文档,直接检索互联网是不可能的,因为上千亿个文档分布在全世界众多的服务器之上,我们的计算机不可能一一访问所有的服务器,我们用自己的计算机能做的是连接一个或多个互联网检索工具,我们检索的是检索工具提供的数据库或目录集,这只是整个互联网信息资源的一个很小的子集。互联网检索工具提供了超文本链接来帮助我们转到特定服务器上的文档,通过点击这些链接,我们可以连接到世界上不同地方的服务器,获得自己想要的文档、图像等资源。

8.2.3 了解可用的检索工具

目前,通用的互联网检索工具大致可分为 4 种类型:搜索引擎、元搜索引擎、网络资源目录和专门数据库。这在前面的章节里已经逐一介绍,每一种网络检索工具都有自己的特色(见表 8-3),应该运用不同的检索策略去使用不同的检索工具,这样才能最大限度地利用到检索工具的功能。

表 8-3 互联网检索工具分类

网络检索工具的种类	特 色	实 例
搜索引擎和元搜索引擎	• 可对网页进行全文检索 • 使用关键词检索,将关键词与网页中出现的词精确匹配 • 没有主题目录和分级浏览 • 数据库由蜘蛛程序自动搜集的内容构成,人工干预很少 • 检索的范围宽广,从某个狭小的专门领域的网络资源到90%以上的Web文档都能被搜索引擎检索到 • 元搜索引擎快速而简单地将检索提问提交给多个不同的搜索引擎,然后将返回结果以统一的格式展现,注意:通常元搜索引擎仅从普通搜索引擎的检索结果中返回大约10%的结果	• 推荐的搜索引擎:Google,Bing,百度 • 推荐的元搜索引擎:Metacrawler,Ixquick,Copernic
网络资源目录	• 人工挑选的网站集合(有时编辑者是某一领域的专家) • 对网站内容有介绍和评估,并努力保持更新,但对于较大规模的主题目录来说要保持高频率的更新是不太可能的 • 通常用等级式的主题目录组织内容 • 对每一个收录的网站,通常有人工注解(但yahoo没有) • 能够使用浏览的方式,适合主题比较宽泛的检索 • 没有全文检索,检索的仅仅是目录和注解,检索时不能像搜索引擎那么专指,因为在网页中出现的词未必能够用作提问关键词。	• 推荐:Librarians' Index,Infomine,Yahoo,About.com,AcademicInfo • Internet上存在成千上万的主题目录,涵盖了任何一个我们可能想到的主题
专门数据库(又称"看不见的网页")	• 通过某个网页中的检索框来检索某个特定数据库的内容 • 可以是任何主题	• 通过主题目录或者通用搜索引擎都可以找到可供检索的某领域的特定数据库

每一种检索工具都有自己的特点,它们在搜索范围、功能和质量方面大相径庭,没有绝对的高下之分。但就某一次特定的检索而言,选择不同的检索工具,检索结果的差别却很大,可能有的正好返回了符合要求的结果,有的给了成千上万条结果却大部分与目标信息无关,也有的检索工具什么都找不到。如果为每一次检索都选择最好的检索工具,那么每次你都会得到最好的检索结果。

最常见的选择是使用搜索引擎还是网络资源目录。一般的规则是,如果你在找什么特殊的内容或文件,那么使用全文搜索引擎如google和百度,如果你想从总体上或比较全面地了解一个主题,那么使用网络资源目录如 yahoo。

对于特殊类型的信息考虑使用特殊的搜索工具,比如要找人或找地点,那么使用专业的寻人引擎或地图和位置搜索网站。事实上几乎每种主题都有特殊的搜索工具,可以参考第 3 章的内容。

8.2.4 仔细分析自己的信息需求并选择合适的工具

在检索之前先考虑清楚自己要找的是什么,并且把它用纸笔记下来——以一些问题的形式,对于互联网信息检索的新手来说这绝对是个好习惯。它的重要性在于能够使自己明确信息需求的界限,不至于在后面的检索中迷失目标。

根据自己对检索主题的已知部分和需要检索部分的了解,可以从几种不同类型的网络检索工具开始。我的检索是以找到某个问题的精确答案为目标,还是希望通过检索扩展自己在某个领域的知识?我检索的是否是一个非常特殊的主题,还是检索时会返回大量无关信息的宽泛主题?检索词是否存在同义、近义词?思考这些问题将有助于准确定位自己的检索起点。表 8-4 总结了一些常见的信息需求和适合这些需求的检索工具。

表 8-4 适合各类信息需求的检索工具

信息需求	适合的工具
希望快速找到少量的精确匹配关键词的结果,类似于做填空题的信息需求。如已知歌词查歌名,查霍金的著作列表等	Google(http://www.google.com/)——Google 就不用多说了,拥有世界上最大的网页数据库,以及经过实践检验最有效的 pagerank 排序方式,并且提供网页快照功能。 All the Web (http://www.alltheweb.com/)——数据库规模同样很大,智能化程度很高,检索时能够从受控的词典中自动为用户添加相关的关键词以改进检索。 百度(http://www.baidu.com/)——简体中文搜索引擎中最好的一个,汉语检索时可代替 Google。
感兴趣的是比较宽泛的学术性的主题,希望从一些该领域的权威站点获得参考	Librarians' Index to the Internet (http://lii.org/)——被称为"思考者的 Yahoo",比 Yahoo 的资源目录更适合学术性的检索,并且每周更新。 Infomine(http://infomine.ucr.edu/Main.html)——由图书馆员精选的网络资源目录,有非常全面的检索功能。
大众化的或者商业性的主题	Yahoo(http://www.yahoo.com/)——Yahoo 在这方面无疑是最好的,只要是 Internet 上有一定知名度的主题它都有收录。
易混淆的主题词(如检索总统 Bush,但有灌木 bush 干扰)或搜索引擎的停用词(如痞子蔡的新作"to be or not to be",里面全是搜索引擎停用词)	前者可用 Alta Vista 的高级检索功能(http://www.altavista.com/web/adv),全大写字母的单词专指人名,后者可用 Google 的词组检索(使用双引号)。

续表

信息需求	适合的工具
不知道某个字（词）的读音、拼写或翻译	找本词典就可以了，如果一定要上网查，也有 online 的词典，如词霸在线(http://www.iciba.net)，yourdictionary(http://www.yourdictionary.com)等，如果是有两种写法不知道哪一个正确的话也可以分别用它们在 Google 上检索，结果明显较多的那一个就是正确的。
不知道检索从何入手，希望有个现成的检索模板	AlltheWeb 和 AltaVista 的高级检索页面都提供了这样的模板，依葫芦画瓢即可。
希望得到的检索结果不是简单的超链接的罗列，而是经过组织、加工的，浏览起来更方便也更容易接受的信息	• Vivisimo(http://vivisimo.com/)——将检索结果自动聚类，并以类似 windows 文件夹的方式按等级逐层排列。 • Altavista——支持 Focus Words 技术，每次检索之后会从结果中自动提取出几个最常见的关键词（如检索 Microsoft，会在检索后给出 Consumer、Software、Corporation 等关键词）供用户参考，用户可以挑选这些关键词中的一个或几个，再在结果中二次检索，以缩小检索范围。 • Surf Wax(http://www.surfwax.com)——采用 SiteSnap 技术，猜测用户的实际信息需求，将"最有希望"的检索结果单独提取出来；和 Altavista 一样也支持 Focus Words。
并没有非常明确的检索目标，希望在检索中扩展自己的思路，或者说想得到一些意外收获	• KartOO(http://www.kartoo.com)——可视化检索的先驱，很有趣的元搜索引擎，将检索结果用站点地图的形式展现，能够很直观地发现主题之间的联系。 • Web Brain(http://www.webbrain.com/html/default_win.html)——另一个优秀的可视化检索工具，使用 TheBrain 技术，类似于大不列颠百科全书电子版中的 Knowledge Navigation，以动画的形式展示知识体系的分类层次。
从事学术研究，希望参考特定领域由专家整理推荐的主题目录	Virtual LRC(http://www.virtuallrc.com/)——提供高质量的学术信息主题目录。 Pinakes(http://www.hw.ac.uk/libWWW/irn/pinakes/pinakes.html)——提供很多学科门户站点的链接。 WWW Virtual Library(http://vlib.org/)——老牌的学术信息主题目录，由全世界范围的志愿者共同维护，从 vlib 出发可以链接到不少免费的学术全文数据库，笔者强烈推荐。 BUBL LINK / 5:15(http://bubl.ac.uk/link/index.html)——一个非常严谨的学术信息主题目录，每一个链接的站点都经过了测试和评估，并且定期检查更新，偏重于收录欧洲的学术机构。 Teoma(http://www.teoma.com/)——Teoma 作为搜索引擎是成功的，同时它的网络资源主题目录质量也很高，由相关领域的专家编制而成。 About.com(http://home.about.com/index.htm)——About 的主题目录学术性不那么强，但它可能是世界上最紧跟时代的主题目录，它的主题也是由世界范围的志愿者提交和维护，如果要检索一些新鲜名词不妨试试它。

续表

信息需求	适合的工具
固定在某个领域的信息需求,希望有稳定而持续的信息来源	订阅电子期刊或者使用"信息推送"服务,如果这个领域没有此类的服务,那就只好订阅印刷品期刊或去图书馆。
传记类信息	Infoplease Biography(http://www.infoplease.com/people.html)——收录了3万个以上的当代名人资料,可以通过职业分类浏览。 Biography.com(http://www.biography.com/search/)——老牌的传记检索工具 Biography 的网络版,可检索超过25 000位名人的传记。 Lives(http://amillionlives.com/)——虽然名字叫 Lives,但收集的却全部是已故名人资料。 中国人物库(http://www.chinainfobank.com/IrisBin/Select.dll?Special?db=RW)——提供详尽的中国主要政治人物、工业家、银行家、企业家、科学家以及其他著名人物的简历及有关的资料。
政府公共信息	国内这方面做得还不是很好,如果是查询美国政府的电子出版物,可考虑 First Gov(http://firstgov.gov/)——详尽收录了联邦政府和地方政府的公开信息。
最新的新闻信息	新闻信息讲究实效性,如果希望看到最新的新闻,绝对不要去找一般的检索工具,直接去新闻站点,如: Daypop(http://www.daypop.com/)——可能是世界上最大的即时新闻站点,其新闻来源超过1 000个媒体,还收录了19 000个以上的个人网志(weblog),支持布尔检索。 Newsblaster(http://www1.cs.columbia.edu/nlp/newsblaster/index.html)——哥伦比亚大学的新闻专业在世界上是首屈一指的,它的新闻站点也非常有特色。 新浪(http://news.sina.com.cn)——国内最好的新闻站点之一,能够分析新闻中的热点关键词给出相关新闻的链接。
更全的新闻信息	Yahoo News(http://dailynews.yahoo.com/) - Yahoo News 无论在深度还是广度方面都是非常优秀的,它提供近30天之内持续更新、分类浏览的新闻,不光是文字的,还包括图片、录音和视频等。
希望知道某个领域、行业最有代表性的媒体有哪些(如EI village 之于工程界)	Headline Spot(http://www.headlinespot.com/)——可检索到各大行业尤其是工业领域主要媒体的概况。
热点问题,当前争议较大的问题,希望参考多家观点	Hot Topics Supersites(http://infodome.sdsu.edu/research/guides/hot/supersites.shtml)——收录了许多争议性话题正反两方面的意见,初衷是给高校学生辩论提供论题。 Public Agenda Online——社会、公共问题的观点、背景、分析和研究。
简单的参考性信息资源,类似于求助工具书的问题	第7章有关于此类问题的介绍。

续表

信息需求	适合的工具
搜索引擎难以索引到的网页,如论坛里的动态网页	主要是从网络资源目录出发通过多种链接找到目标站点,然后利用站内检索的功能。
原始档案资料	这类资料提供在线检索的不多,可参考联合国教科文组织的 UNESCO Primary Sources Online(http://web4.si.edu/sil/onlineexhibitions/oe_search2.cfm)。
非 html 格式的电子文档如:[pdf][doc][xls][ppt][rtf][ps]等	Google 的 Filetype 检索,上一节已经讲到;另外 pdf 格式的创建者 Adob 公司也提供了单独的检索 pdf 文件的工具(http://searchpdf.adobe.com/)。
图像、音频和视频	参见第6章介绍的检索工具。
记得广播节目的某些片段,想听到完整的节目	PublicRadioFan(http://www.publicradiofan.com/)——收录了大量英文广播电台的节目录音,只要按电台名——节目名或日期浏览即可,也可以使用广播内容的关键词检索2000年以前播出的节目。 HP Speechbot(http://speechbot.research.compaq.com/)——HP 实验室开发的基于广播内容的检索系统,使用关键词检索。
查找软件	CNET(http://shareware.cnet.com/)——世界上最好的软件元搜索引擎。
查地图	第6章介绍过的 MapMachine(http://plasma.nationalgeographic.com/mapmachine/)、MapQuest(http://www.mapquest.com/)、Go2map(www.go2map.com)
引用名人名言	The Quotations Page(http://www.quotationspage.com/search.php3)、Quoteland(http://www.quoteland.com/)、Quotations Archive(http://www.aphids.com/quotes/index.shtml)等站点都很好,中文站点比较少,世界名人网的"名人名言"部分(http://www.linlins.com/word.shtml)是不错的。
希望得到专家的意见和建议	Ask A+ Locator(http://www.vrd.org/locator/)——一个高质量的、基于问答模式的专家系统,可通过分类浏览或关键词检索的方式进行。 AllExperts(http://www.allexperts.com/)——这里的"专家"以志愿者为主,虽然没有那么权威,但所谓"三个臭皮匠顶个诸葛亮",这里能体现集体智慧的光辉。
希望咨询虚拟图书馆员	24/7(http://www.247ref.org/portal/access2.cfm?lib=Public)——公共图书馆的在线咨询服务。 Ask a Librarian(http://www.loc.gov/rr/askalib/)——美国国会图书馆的特色服务,通过 E-mail 的方式进行。
已有一个较成熟的检索提问,希望能够定期自动查新	GoogleAlert(http://www.googlealert.com/)——也属于一种信息推送服务,定期返回数据库索引中匹配预设的检索提问的更新后的结果。

8.2.5　根据检索结果调整检索策略

一次成功的检索由两个部分组成：一个设计优秀的检索提问和一个准确可信的检索结果。如果第一步的检索未能得到让自己完全满意的信息，那就很可能是检索提问还有改进的余地。如何改进呢？刚才的检索结果是一个重要的参考，结果是多了还是少了？这能够帮助我们调整关键词的级别和范围，快速地分析一下部分检索结果的标题、网址、摘要，会有助于选出更合适的关键词，或者作为原来关键词的补充。当然，到底哪一个检索结果对于检索策略的调整更有参考价值，还是取决于自己的信息需求，评估网络内容的质量和权威性也是检索的重要步骤。

一次成功的检索也经常是由好几次检索组成的，如果对自己检索的内容不熟悉，即使是检索专家，也不能保证第一次检索就能找到想要的内容。检索专家会先用简单的关键词测试，他们不会忙着仔细查看各条检索结果，而是先从检索结果页面里寻找更多的信息，再设计一个更好的关键词重新检索，这样重复多次以后，就能设计出很棒的检索关键词，也就能得到满意的检索结果了。

读者一定遇到过这样的情况：有时你做的所有检索尝试都不能得到有用的检索结果。当你的大量努力都被证明是无用的，感觉自己已经撞进了一条死胡同，似乎没有希望找到预料中的信息了。这个时候，请不要失望，当检索失败的时候，你要检查上面的检索策略，重新设定检索方法。一个看上去毫无希望的检索，很有可能在你检讨自己的检索策略后获得成功。

8.3　进阶检索技巧

其实前面两节中已经零散地介绍了不少检索技巧，像检索结果太多时可以考虑换成更专指的下位词检索，或用 AND 连接多个关键词进行限定，或用 AND NOT 排除比较明显的无关结果；当检索结果太少的时候可以考虑换成更宽泛的上位词检索，或用 OR 连接多个同义词进行扩充，以及尝试截词检索等。除了这些之外，本节会系统地介绍一些更"高级"的检索技巧，它们中有的比较常见，有的则可能显得另类，但有一个共同的特点那就是非常实用，相信读者在掌握这些技巧之后，检索水平能够上一个台阶。

8.3.1　猜测 URL

一些网站的网址（URL）通常是可以猜测出来的，尤其是那些大公司、权威机构、名牌学府的网站。当然首先需要了解 URL 的基本组成，在需要时就可以"构造"出这样一个网站的 URL 来。例如，假设不知道中央电视台的 URL，但根据常识可以猜测网址可能是 http://www.cctv.com 或者 http://www.cctv.com.cn，事实上，经链接证明这两个 URL 均是正确的。

8.3.2 右截断网址

在信息检索中,当一个很长的网址连接不上时,可以试试"右截断网址"的方法,从右至左依次删除网址中斜杠后面的内容,直至链接成功。例如,某次检索中找到这样一个网址:http://www.peopledaily.com.cn/channel/welcome.htm#奥运,但链接不通时,可以试着依次截去"#奥运"、welcome.htm 和 channel/welcome.htm。最后,http://www.peopledaily.com.cn 链接成功,然后可以从这个链接成功的网页开始,一层层往下寻找所需网页。

8.3.3 利用网页快照

如果是利用 Google 或百度一类比较强大的搜索引擎找到上面例子中的网址的话,也可以尝试用网页快照来解决,因为网页快照中存储了搜索引擎的 spider 访问到该网页时复制的一个备份,虽然后来源站点的文档被删除或改名了,但在搜索引擎的数据库中该备份还会被保留一段时间。因此通过网页快照往往能找到一些已经不存在的网页。

对于已经搜索到的网页,如果无法打开,八成是该网页已经被删除了。而更让人难以接受的是,通过搜索引擎对该页的简要介绍,发现该页正是自己苦苦找寻的结果,这时更应该求助于网页快照,要知道搜索引擎显示出我们的检索时访问的就是这些快照而不是真正的外部网站,所以快照中的内容反而是最匹配检索提问的。

使用网页快照也有许多好处。因为,快照页面的首部都有一个与关键词相关的页内链接,直接指向该页中你所关心的重要内容。同时,网页内的所有关键词都被用不同的颜色进行了区分,比直接打开网页后自己用眼睛在该页上查找要方便得多,尤其是内容多的网页,要找到关键词躲在哪里并不是件容易的事情。

8.3.4 注意多义词

多义词可能是检索噪声的主要来源,比如检索"三毛",要找的信息究竟是台湾女作家三毛还是张乐平的著名漫画《三毛流浪记》?或者是什么价格为三毛钱的东西?

多义词问题最好的解决办法是在搜索之前先问自己这个问题,然后用短语、用多个关键词或者用其他的词语来代替多义词作为搜索关键词。比如用"三毛 梦里花落知多少"、"三毛 漫画"分别搜索就可以满足不同的需求。

检索工具也很容易被同拼法异音异义的词迷惑,比如"lead",发音 LEED 的时候,意思是领导,发音 LED 的时候指的是一种金属元素。如果可以,尽可能使用意义明确的同义词代替同拼法异音异义的词。

8.3.5 避免拼写错误

经常发生的一种错误是,你输入的关键词含有错别字。比如在网上搜索日本影星反町隆史"时,就有"反町鎽史"、"反町龙史"、"反丁隆史"、"反町隆使"等不下 4 种错误写法,还有什么"霸王别鸡"、"黑客敌国"之类的,用这样的关键词检索,除了寄希望于目标文档的作者也犯了相同的错误之外,检索到有用信息的机会近乎为零。所以每当你觉得某种内容网上应该有不少,却搜索不到结果时,应该先检查一下是否有错别字。

有的检索工具能够识别出一部分拼写错误,当使用有错误的关键词进行检索的时候,像 Google 这样的搜索引擎就会在贯彻执行错误关键词检索的同时,在页面上方提示:"您要找的是不是××"(××为 Google 自动判断的该词正确写法,当然也未必符合用户的需要)。不过大部分检索工具是没有这个功能的,所以在输入关键词的时候一定要避免拼写错误。

8.3.6 利用浏览器的"查找"功能

用搜索引擎检索到所需文档并连接到相关网页后,有时会发现你所要的文件并没有出现在当前屏幕中,这时简单的方法就是在该网页中使用查找功能。具体方法是,按"Ctrl+F"键,出现查找对话框,输入所要查找的关键词,以便在当前网页中查找相应的内容。

8.3.7 利用检索工具的特殊功能

不同的检索工具有一些专用的特性,灵活运用它们可以使查询事半功倍。比如说 Google 就有一个极为强大的搜索语法:"filetype:"。也就是说,Google 不仅能搜索一般的文字页面,还能对某些二进制文档进行检索。目前,Google 已经能检索微软的 Office 文档如.xls、.ppt、.doc、.rtf, WordPerfect 文档, Lotus1-2-3 文档, Adobe 的.pdf 文档, ShockWave 的.swf 文档(Flash 动画)等。其中最实用的文档搜索是 PDF 搜索。PDF 是 ADOBE 公司开发的电子文档格式,现在已经成为互联网的电子化出版标准。目前, Google 检索的 PDF 文档大约有 2 500 万个左右,大约占所有索引的二进制文档数量的 80%。PDF 文档通常是一些图文并茂的综合性文档,其排版格式与正式的印刷品相差无几,属于 Internet 上比较正式的一类电子出版物,提供的信息价值量一般也较高,尤其是对于学术资源的检索,本书第 1 章曾经讲过,网上免费的学术信息资源并不多,而 PDF 文档就占了这些为数不多资源中的一大部分。善用 filetype 检索往往会带来意外的惊喜。

例如,搜索一些关于 SARS 病毒基因序列方面研究的 PDF 文档。

检索提问:""Genome Sequence" SARS filetype:pdf"。

检索结果:共有 466 个结果,前十个中就有世界上最早的加拿大 SARS 研究小组的报告《The Genome Sequence of the SARS-Associated Coronavirus》。

8.3.8 使用辅助关键词

使用辅助关键词是一个"只可意会不可言传"的检索技巧,因为它没有一个固定的套

路,需要经常从检索结果中反思自己的检索策略,慢慢地你就会总结出检索哪一类的主题可以使用哪一类的辅助关键词。举例如下:

最简单的例子是使用FAQ(frequently asked questions 的缩写)作为辅助关键词,有一条众所周知的规律就是:几乎80%的查询集中在20%的问题上,为了避免重复回答这些问题,各领域的专家们往往将这些问题集中起来做成一个文档,这就是所谓的FAQ。思考一下自己的信息需求,如果是很大众化的问题,那么在已经构造好的检索提问中加入关键词"FAQ",检索很可能一下子就定位到了目标信息上面。

另一个例子是,如果要查找的是学术前沿的信息,除了前面介绍过的注意PDF格式的文件之外,也可以加上辅助关键词"研究"或research,因为这类文档往往冠名为"研究报告"或者带有"研究小组"、"研究所"之类的字样。

8.3.9 顺藤摸瓜

有些网站中明明有某个网页,却没有在它的主页或其他页面中放置链接到该页面的超级链接,或者将该链接放在比较隐蔽的位置,要想找到并打开这些网页是比较困难的。但如果我们善于分析和发现它的网页名称的命名特点和规律,就可以顺藤摸瓜,由点到面,在网上找到更多对自己有用的信息。这些规律一般也无外乎用英文单词、汉语拼音或缩写、数字结尾、网页更新当天的日期、刊物的期数加版(面)数这几种形式。比如,湖南图书馆出版的《图书馆》期刊是可以上网看到的,每一期目录网页的地址中几乎都包含一个表示日期的数字串,像http://www.library.hn.cn/tsg/20030623/Content/index.htm,不妨分析一下它的地址的组成。"www.library.hn.cn"表示湖南图书馆,tsg 则是《图书馆》期刊的简称,20030623则表示该期的出版日期是2003年6月23日。了解了网站中网页名称的构成特点,就可以在第一时间看到该期刊的电子版。

8.3.10 使用自然语言检索

"关键词的选取"一节的最后一部分曾经提出,最好采用英文的正式词汇作为关键词,但规则并不是绝对的,有时用一句话作为关键词往往可以收到奇效。因为相同的词汇可以用在许多不同的场合,仅仅使用一个或几个单词搜索到的结果肯定会是一片汪洋,这样的搜索结果没有任何作用。除了关键词的长度,合理地选择关键词也是非常重要的。对于同样的搜索需求,两种不同的关键词搜索策略可能会得到相差悬殊的结果。比如在百度上玩"搜索大富翁"游戏,会遇到这样的一个问题:内蒙古锡林郭勒盟苏尼特右旗,1985年出土的距今1.2亿年的"＿＿＿＿＿恐龙"是目前中国发现的最大的恐龙化石骨架。装架后体长22.4米,背高7米,抬头高12米。要求通过搜索引擎在100秒内找到答案,那这道题该用什么样的关键词呢?是"内蒙古",还是"恐龙化石",抑或是将这两个关键词同时使用?无论采用以上哪种方案去搜索,得到的结果都会有成千上万条。但如果能够紧紧抓住"中国发现的最大的恐龙化石骨架"这句话,以它为关键词来进行搜索的话,在百度和

Google 的搜索引擎上都只得到 9 个结果，找到这个问题的答案当然易如反掌了。

其实，自然语言检索是 Internet 信息资源检索的一个重要发展方向，只不过现在做得还不是很好。如果上网查找信息也能像与人对话一样，直接以陈述句或问句来表达信息需求，对使用者来说，应该是最直接最自然的。自然语言检索就是利用智能代理（Agent）分析使用者输入的问句，萃取关键词并判断关键词间的布尔关系，再送到搜索引擎数据库进行查询比对，然后再回馈查询结果。

目前，有很多搜索引擎都提供自然语言查询，有些是利用 Ask Jeeves 来提供自然语言查询。大部分搜索引擎是以问句来区别一般查询或自然语言查询，所以问号是千万不能省略的。

8.3.11 注意单词的大小写

有的检索工具是不区分大小写的，但有的检索工具是区分的。这意味着，如果使用大写的人名、地名或者其他合适的名词去检索，可能会更保险一些。

你搜索"John Bull"得到的结果可能更多是关于不列颠保护神的，而搜索"john bull"可能得到大量的西班牙斗牛场的休息室信息。

不过凭经验来说，在大多数情况下使用小写字母搜索是个好主意。这样搜索，会得到所有包含你的搜索关键词的网页，不管其中的关键词首字母大写还是小写。像人名和地名之类的关键词使用大写字母是个好的选择，但是其他对大小写没有那么敏感的单词，如果也使用大写字母，可能使你错过很多有用的网页。

8.3.12 垂直检索

在某些特殊的场合，可能需要将检索结果限定在特定的一个或多个网站内，这被称为垂直搜索。一些较大的网站提供了站内功能，可以直接使用。但绝大多数网站都没有这种站内搜索的功能。怎么办？部分搜索引擎如 Google 是支持 site 关键词的，即只需要在检索时输入"关键词 site：网址或域名"格式的检索提问就可以实现特定网站的站内检索。例如，用"sars site：ac.cn"可以在所有域名以"ac.cn"（中科院系统）结尾的网站内搜索和 sars 相关的信息。需要注意的是："site："后不能有"http：//"前缀或"/"后缀。

8.3.13 字段检索

网页通常是由数个部分所组成的，包括标题、元数据、文本、超链接、图像等，因此有些搜索引擎提供字段查询的功能，不仅提高查询结果的精确度，节省查询时间，更为网站管理者和使用者提供很多宝贵的信息。前面所介绍的各项检索技巧都是查询网页中的全部内容，在有些情况下，如果能针对网页标题进行查询，精确度肯定更高，因此很多搜索引擎便提供标题查询的功能，例如，输入"intitle：北大光华"，表示查询网页标题中有出现"北大光华"这个关键词的网页。

通用字段检索语法的意义和功能描述见表 8-5。

表 8-5　通用字段检索语法意义

语法	说明
anchor:txt	查询网页中包含特定字或词组的超链接。 例如，anchor:"click here to visit gardon.com"，可以找出有提供超级链接到 gardon.com 的所有网页。利用此功能可以知道有多少网页链接到某个网站。
applet:class	限定查询含特定 Java applet 的网页。 例如，applet:morph，可以找到有利用变形技术 morph applet 的所有网页。
domain:domainname	限定查询特定领域名称的网页。 domain:edu.cn 可以找中国大陆教育网的网页。 domain:edu 可以限定只查询美国教育领域的网站，在查询课程或入学相关信息时非常有用。
host:name	限定查询特定计算机主机的网页。 例如，host:www.bnu.edu.cn 只找北京师范大学主服务器上的信息。
image:filename	限定查询特定的影像文件。 image:teddybear 可以找到有小熊泰迪图片的网页。
like:url	查询与指定的 url 相似或相关的网页。 例如，like:www.amazon.com，可以找到和亚马逊一样的网络书店。 例如，like:www.lib.bnu.edu.cn 可以找到和北京师范大学图书馆一样的大学图书馆网站。
link:url	查询连接到指定 url 的网页。 例如，link:www.lib.bnu.edu.cn，可以找到所有连接到北京师范大学图书馆网站的网页。
text:text	限定查询含有特定词汇的网页，除去影像文件的说明、连接或 url 中出现该特定词汇。 例如，text:knowledge management，可以找到有出现 knowledge management 这个词的网页。
title:text	限定查询文章标题中含有特定词汇的网页。 例如，title:knowledge management，可以找到文章标题有出现 knowledge 和 management 的网页。 例如，text:"knowledge management"，可以找到文章标题有出现 knowledge management 词组的网页。
url:text	限定查询 url 中含有特定字词的网页。 例如，url:knownledge，可以找到完整的 url 中有出现 knownledge 的网页，换句话说：可能是主机名称、路径名称或是文件名称中有出现 knownledge 的都符合。

8.3.14　善于利用错误信息

将全部或部分错误信息作为词组进行搜索。当夏日制时间变化时，Netscape Navigator 会产生一条错误信息，该信息包含词组"book marks have changed on disk（磁盘书签已变动）"。在 Northern light 或 HotBot 站点上输入该词组，就会找到对该问题的解释以及如何处理。

DejaNews 和新闻组文档经常发现一些问题很难甚至不能通过搜索引擎找到答案。由于新闻组更关注讨论而网页相对来说变更较少，DejaNews 新闻组文档或许是一个较快的信息源。不幸的是，DejaNews 不能总是充分地处理词组引擎。尽管它遵守常规的语法，但是它的搜索引擎是处理器密集式的，而且经常只给出与搜索词组相匹配的部分结果。有鉴于此，在 DejaNews 上搜索时最好直接键入词组而不要加引号，并希望包含该词组的记录出现在前面。有些检索工具在处理词组时出人意料——忽略句号，搜索该词的其他形式，漏掉空格等，但是在 DejaNews 的处理过程中不存在。

8.4 几个检索案例

本节将给出几个综合使用前面的检索策略和技巧的检索案例，用来说明它们是如何灵活运用到检索实践中，从而提高检索效率的。我们遇到问题，不管用不用 TRIZ，通常要先分析一下，像侦探破案一样，先收集各方面线索，再进行推理。这个时候，作为一个有经验的侦探，比如福尔摩斯，会将现场的每一个脚印、每一个指纹、每一片烟灰、每一块痕迹都看在眼里，将这些原料在头脑中加工，进行分析和推断，得出一些假设，再验证这些假设，通过不断地建立假设，推翻假设，达到矛盾，解释矛盾，最终得出一条（常常也是唯一正确的）清晰完整的逻辑脉络。

有经验的工程师解决问题也是类似的情况。他们勘验问题现场，这儿摸摸，那儿碰碰，驻足思索，有的可能就告诉你，拆哪，换哪。有的则回去写写算算。最终，往往会解决问题。而解决问题的方案往往不成问题，顺着思路手到拿来。就像那句诗所描述的，"方案本天成，妙手偶得之"。

8.4.1 年代久远的历史文件检索

这是 2008 年上海图书馆和上海科学技术情报研究所联合举办的科文杯情报搜索大赛的一道试题：请问如何找到我国著名数学家华罗庚先生发表的第一篇论文《苏家驹之代数的五次方程式解法不能成立之理由》全文？

（1）首先想到的是上 CNKI 查找收录范围从 1915 年开始的中国学术文献网络出版总库，很遗憾，虽然检索出来数 10 篇华罗庚先生的论文，但没有找到题目要求的文献；无心插柳地扩大 CNKI 搜索范围，倒是有一条结果显示在 2002 年第 11 期的《初中生数学学习》刊载有该文献，但下载了该期刊的电子版阅读后发现，这并不是文献全文，而是另一篇文章《背篓行云路——著名数学家华罗庚的壮丽人生》将《苏家驹之代数的五次方程式解法不能成立之理由》原始论文首页的照片进行了引用，并不能看到全文。

（2）在百度直接用"苏家驹之代数的五次方程式解法不能成立之理由"检索，大部分结果都是询问如何获得该文献全文的问题，初步筛选没有发现能直接指引到文献全文的链接,但从第一页的某个检索结果发现了该文献的原始出处的线索,即1930年的某期《科学》杂志(图8-3)。

> 华罗庚直接法 - docin.com豆丁网
> 2010年9月10日……1930年在"科学"杂志上发表处女作"苏家驹之代数五次方程式解法不能成立的理由",受到熊庆来的赏识,被邀请华工作。1936-1938赴英国剑桥作访问学者……
> www.docin.com/p-79098264.html 2011-7-23 - 百度快照

图8-3 百度搜索结果摘要

(3)增加关键词,用"苏家驹之代数的五次方程式解法不能成立之理由 1930 科学"继续在百度检索,在第一页即得到该文献的原始出处详细信息:1930年12月出版的《科学》15卷2期(图8-4)。

> 华罗庚是如何被发现的?
> 之后他就把自己质疑苏家驹论点的文章又发给了《科学》编辑部,1930年12月出版的《科学》15卷2期上以"来件"的方式发表了《苏家驹之代数的五次方程式解法不能成立……
> www.math.ac.cn/hua100/page_1005.htm 2010-9-12 - 百度快照

图8-4 增加关键词进步用百度搜索

(4)考虑到CNKI等数据库服务商提供的学术文献检索都找不到该文献的电子数据,只能从收藏过1930年《科学》15卷2期刊物的图书馆寻求纸质文件服务了。想要了解晚清和民国时期出版期刊的收藏情况,在相应的数据库尚未建设完善的情况下,最好的方法还是查阅纸质的《1833—1949全国中文期刊联合目录(增订本)》(书目文献出版社1981年出版,互联网上能查到该书的扫描版),如图8-5所示。

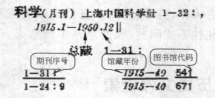

图8-5 《1833—1949全国中文期刊联合目录(增订本)》样条

《1833—1949全国中文期刊联合目录(增订本)》882-885页关于《科学》杂志的各图书馆收藏情况通过统计,882-885页所列包含1930年出版的《科学》第15卷2期共有以下图书馆收藏,详见表8-6。

表8-6 1930年出版的《科学》第15卷2期馆藏情况

收藏卷期号	年代	图书馆代码	对应图书馆
1-31:	1915—49	541	上海图书馆
1-24:9	1915-40	671	南京大学图书馆
2-24:	1916—40	7	北京大学图书馆
2-22:	1916—38	593	华东师范大学图书馆
3-21:6	1917—37	1	北京图书馆

续表

收藏卷期号	年代	图书馆代码	对应图书馆
3-20：10	1917—36	952	重庆市图书馆
6-19	1921—35	252	南开大学图书馆
6-15	1921—31	736	浙江大学图书馆
8-21：7	1922—37	8	清华大学图书馆
9-21：	1924—37	936	中山大学图书馆
11-24：	1926—40	651	南京图书馆
12-22：6	1927—38	911	福建省图书馆
12-21：	1928—37	9	北京师范大学图书馆
13-18：10	1928—34	401	陕西图书馆
14-25：	1929—41	2	中国科学院图书馆
14-15	1929—31	301	山东省图书馆
14-15：10	1929—31	861	四川大学图书馆
15-17：	1930—33	6	中国人民大学图书馆
15-16：2	1930—32	905	云南大学图书馆
15：	1930—31	851	四川省图书馆
15：	1930—31	921	广西桂林图书馆
15：1-8	1930—31	931	广东省中山图书馆
15：1-7,10-12	1930—31	781	湖北省图书馆
15：1-6,8-12	1930—31	915	厦门大学图书馆
15：1-6	1930—31	791	武汉大学图书馆
15：1-3,5-6,11	1930—31	831	湖南省中山图书馆

所以通过表 8-6 中任何一家图书馆的相关服务即可以得到《苏家驹之代数的五次方程式解法不能成立之理由》全文。

8.4.2 寻找 KTV

阿雷和几位朋友来海滨城市大连自驾旅游,晚上吃完海鲜,回到下榻的渤海明珠酒店后,有人提议出去唱歌,得到了大家的一致响应。去哪家 KTV 呢? 阿雷记得有个大连籍的明星在家乡开了一家很有特色的 KTV,以前在电视上看过介绍,但是一时记不起来 KTV 的名字了,当然,这位明星的名字也同样记不起来了,那么,该怎么办呢?

(1) 分析本案例的已知条件: 大连一家 KTV,由某大连籍明星所开。检索目标: KTV 的名字,以及如何自驾车从渤海明珠酒店前往该 KTV。初步判断检索应分为两部分,第一部分是通过已知条件找到 KTV 的名字;第二部分是确定驾车路线。

(2) 用"大连籍明星 KTV"在百度未能检索到符合要求的结果,猜测网页对该 KTV 的表述更接近于"×××开的 KTV",关键词"大连籍明星"在这里可能起不到缩小检索范围的作用,必须指定明星的姓名,用"大连 + 明星姓名 + KTV"这样的关键词组合才可能迅速找到结果。于是决定先建立一个大连籍明星姓名列表,然后挨个代入上述检索表达式,直到找到满意的结果。在百度检索"大连籍明星",从第一页的检索结果中得到以下明星姓名:

毕福剑、孙楠、董洁、秦海璐、杨洪基、于男、李永波、孙继海……

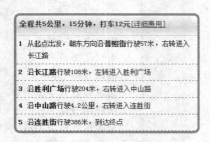

图 8-6　搜狗地图自驾车路线搜索结果

(3) 将上述明星姓名依次代入"大连 + 明星姓名 + KTV"检索表达式,运气很好,第二个名字"孙楠"有重大发现,百度检索第一页的 10 个结果皆表明孙楠在大连开了一家名为"不见不散"的 KTV,并很轻松找到了地址:沙河口区迎春街 2-1,临近解放广场。

(4) 最后一步就比较简单了,找一个支持自驾车路线查询的电子地图网站(百度地图、搜狗地图、Google 地图、E 都市等),输入起点"渤海明珠酒店",终点"解放广场"即可查到驾车前往"不见不散"KTV 的路线(如图 8-6 所示)。

本案例表明了检索中利用下位词组合代替上位词达到精确定位的效果。

8.4.3　煎饼果子翻译成英文

煎饼果子是一道美味的小吃,在国内广受欢迎,是很多人早餐的最爱。小王想把它介绍给新认识的加拿大网友 Linda,但却不知道怎么翻译。

(1) 先用百度试一下:"煎饼果子 英文",得到的第一条是百度翻译的结果:"Fruit pancake",从字面上理解是"水果煎饼"的意思,看起来像机器翻译的结果,因为真正的煎饼果子并不放水果,而是鸡蛋,以及脆饼、火腿肠等配料。

(2) 为了验证,用"Fruit pancake"检索 Google 图片,从图像上看,Fruit pancake 确实不是煎饼果子,而是水果蛋糕一类的西点。如图 8-7 所示。

图 8-7　google 搜索摘要

(3) 虽然 Fruit pancake 被否定了,但 pancake 这个关键词还是很有价值的,猜测煎饼果子的英文表述应当包含这个关键词,因此可以采用"中文关键词 + 英文关键词"的检索方法,用"煎饼果子 pancake"在百度检索,发现如下几种表述:

Pancake Rolled With Twisted Cruller;

Pancake Rolled With Yau Char Kwai;

Chinese Crêpes;

Thin Pancake;

Thin pancake with puffed fritter;

Jian Bing Guo Zi。

以上 6 种表述在 Google 图片搜索中均能找到与煎饼果子匹配的图片,其中 Pancake Rolled With Twisted Cruller、Pancake Rolled With Yau Char Kwai、Thin pancake with puffed fritter 都是意译,Chinese Crêpes 是北美人对包含煎饼果子在内的"中国煎饼"的统称,而 Thin Pancake 则是外文出版社《中国名吃特产指南》一书对煎饼果子的翻译,并附有英文详细说明,摘录如下:

Thin Pancake (Jian Bing Guo Zi) is the most characteristic street-vendor snack in Tianjin. Only looking at the four Chinese characters of its name, people who are unknown to this snack may think of it as pancake (Jian Bing) with some kind of fruits. However,"Guo Zi" is another name people in Northern part of China give to the fried dough stick (You Tiao).

如此看来,将煎饼果子翻译为"Thin Pancake"是比较权威的,如果只是给外国友人介绍这道美食的话,"Pancake Rolled With Twisted Cruller"配合"Chinese Crêpes"也应该能让对方理解,而"Jian Bing Guo Zi"的用法也正逐渐被西方人接受。

(4) 用"Jian Bing Guo Zi"检索英文维基百科,在 Beijing cuisine(北京菜)词条下找到一系列北京小吃的中英文对照词汇,其中煎饼果子翻译为"Meat wrapped in thin mung bean flour pancake",用该词组查询英文 Google,发现这也是较为常用的一种表述。

8.4.4　特定研究课题的资料收集

某高校选修课上,老师给同学们留了一道期中作业:写一篇关于"港台明星的衣着对于内地青少年的影响"的研究报告,不少于 5 000 字。

这是典型的研究课题资料检索,学生和科研人员经常面临这样的问题:

(1) 先用普通搜索引擎对课题来一次自然语言检索,在百度检索框中输入"港台明星的衣着对于内地青少年的影响",显示检索结果有 1 170 000 个,翻看前 10 页的检索结果的摘要,除了一篇之外,其他结果都与课题无关,这也是意料之中的事,毕竟研究课题的检索不会这么容易就找到相关度很高的资料。

(2) 百度检索到关联性最大的一个结果叫《青少年流行文化的走势和疏导》,从摘要来看,与课题颇为相关,如图 8-8 所示。

但打开链接浏览全文,却又比较失望,该文献主要着重于"青少年流行文化"这个大命题,而对其中有关港台明星衣着对青少年的影响,则仅仅用了一句话表述:

[乌龙山原创]青少年流行文化的走势和疏导 – 铁血网
在台湾称雄歌坛后,又直接影响了内地......许多明星的形象、发式、衣着、举止......正在崇拜外国和港台"明星"的青少年为......对于什么可以流行,哪些不可流行,要......
bbs.tiexue.net/post2_2338449_1.html 2011-8-21 - 百度快照

图 8-8　百度搜索结果摘要

许多明星的形象、发式、衣着、举止、气质、姿态甚至绯闻,也被无休止地炒作进而追随、崇拜和模仿。

此外,关于"港台明星",该文献有如下表述:

20世纪80年代末,我国台湾歌坛的青少年大多崇拜欧美青春派歌星。为改变这种现状,增强台湾歌坛的竞争能力,开始塑造自己的偶像。策划者从不同地区找来3个品学兼优的小男孩,进行培训、组织演出、灌制唱片,这3个学生奇迹般地在歌坛走红,成为青少年勤奋、健康、幻想的榜样,这就是"小虎队"。在台湾称雄歌坛后,又直接影响了内地众多青少年歌迷。

以上两段文字虽然对研究课题的直接帮助不大,但为进一步检索提供了几个有价值的线索:

① 港台明星衣着对青少年的"影响"包括(但不限于)"追随"、"崇拜"、"模仿";
② 港台明星对青少年意味着"榜样"、"青春"、"流行";
③ 在某些文献中,港台明星可能会存在具体人物的指代,比如"小虎队"。

(3) 从课题研究的角度考虑,"港台明星的衣着对于内地青少年的影响"应当是一个有一定时间跨度的课题,包括启蒙、发展、成熟等阶段,那么很容易想到:内地青少年看到港台明星的衣着最早是通过什么渠道?这方面有代表性的港台明星又有谁?很显然,这类查事实的简单检索问题已经难不倒我们的读者了,我们很容易找到这些关键词:"邓丽君"、"张明敏"、"费翔",再继续联想,将各个时期的港台代表明星增加到检索关键词当中去。

(4) 将主题推广延伸出的这些词进行合理组配。
(5) 利用 Google 检索到网页结果之后,进一步使用 Google Scholar 检索期刊文章。
(6) 部分检索结果如下:
① 解析传媒对服饰流行的导向作用,山东纺织经济,2007年2期;
② 大众文化对青少年价值观的影响及对策研究,广东培正学院学报,2006年第6卷第2期;
③ 论服饰艺术在电影作品中的视觉传达,《中国集体经济》,2011年12期;
④ 时尚文化对青少年的影响及思索,《当代教育论坛》2005年18期。

检索的实例还可以举出很多,但网络信息检索实践性很强,而非纸上谈兵所能解决的,即使是上面成功的例子,由于 Internet 信息资源的更新和变迁,下次用同样的方法未必还能找到同样的资源。学生在学完本章介绍的各种策略、技巧之后,一定要在实践中去运用它们,才能切实地提高自己的检索水平。

最后，请记住这句话：知识有两种，一种是你自己知道某种知识本身；另一种是你知道哪里能找到这种知识。这就是信息检索的意义。

思考题

1. 记录一下你每天在学习和工作中，会使用多少次搜索引擎？搜索引擎能帮你解决哪些问题？

2. 试用一下某个搜索引擎的高级搜索功能，对分别使用简单检索和高级检索所获得的检索结果集进行比较，有无差异？

3. 假如你在看电视节目时，偶然发现一段节目的背景音乐是一首非常动听的钢琴曲，如果想找到该音乐的名称和出处，你应该怎样检索？

4. 小宁在某地春游时，看到一只鸟：那只鸟与乌鸦般大小，飞得极快，正在以一个俯冲的动作追逐一只鸽子。鸟的羽毛是灰白相间的，却有着黄黑相间弯曲的喙。小宁立刻被这只鸟迷住了，急欲要判断出这是只什么鸟并了解有关它的更多信息。那么，小宁应该利用哪些网络资源、搜索工具？怎样提取关键词？怎样输入检索提问？怎样快捷地获得相关答案？

5. 提炼更有效的搜索关键词或关键词组合成的搜索提问都有哪些方法？

6. 怎样理解"搜索是一个循序渐进的过程"这句话？

CHAPTER 9
第 9 章

网络信息检索的未来发展趋势

搜索引擎已成为网民获取信息的重要入口,深刻影响着网民的网络生活和现实生活,也在改变着人们的生活方式和生活习惯,人们无论是查资料、找工作、休闲、购物、旅游、消费等,都会选择"百度一下"或"Google 一下"。搜索不再是少数专业人员的信息行为,而已经成为普及性很高的一项互联网核心基础应用。网络搜索工具与服务在改变人们的生活方式、学习方式和交友方式的同时,也将对互联网产业调整结构、优化配置产生重要影响;还将对消除信息获取的不平等、改善人类的信息生活,促进人类社会的幸福发展作出积极贡献。随着互联网信息环境的日新月异和用户需求的不断提高,网络信息检索技术、服务与实践也在不断创新发展。本章将讨论网络信息检索当前所面临的困难和挑战,未来可能的技术及服务发展走向。

9.1 网络信息检索面临的困难与挑战

经过十几年的发展,网络信息检索服务已取得了长足的进步。特别是以 Google、百度为代表的搜索技术提供商对于第一代搜索技术的超越和对商业模式的开掘令一度受到冷落的搜索引擎找到了盈利的空间,使搜索成为了网络经济的引擎和发动机。搜索力,正代表着互联网新经济的核心价值,搜索也在引领着互联网产业现在和未来的走向。越来越多的互联网服务企业都在围绕搜索这一网络应用的基础付出热情、投入资本、改变战略,重新构筑各自的搜索力。搜索产业的规模在飞速成长,搜索行业内争夺技术、占取市场、蚕食用户的残酷竞争也在陆续展开。然而如今的搜索早已不能与多年前同日而语,用户的需求在不断提高,网络搜索工具与服务遭遇的新问题也在不断出现,人们都在期待着搜索技术的创新和突破,而搜索技术的突破随时都会令这个技术制胜的领域变换格局。本节将从用户需求变化、搜索引擎发展瓶颈、法律风险等几方面介绍网络信息检索当前面临的主要困难与挑战。

9.1.1 不断提高的用户需求

在竞争日益激烈的搜索引擎市场,认真研究用户需求,使自身的搜索功能与服务能够最大限度地契合用户的使用习惯,保持用户对自身搜索产品的依赖,提高用户黏度是每一家搜索引擎都在关注的话题。对于搜索技术服务商而言,用户需求是其核心关注之一。用户作为搜索引擎的使用者,要受搜索引擎产品功能特点、技术支持以及服务模式的制约;但同时用户又是搜索引擎创新和发展的推动者,用户的需求和选择决定着搜索引擎技术的发展方向。用户需求的不断提高主要表现在以下几个方面。

1. 搜索需求数量的增长

根据中国互联网络信息中心(CNNIC)《第 27 次中国互联网络发展状况统计报告》的数据显示:2010 年,搜索引擎用户规模达到 3.75 亿人,用户人数年增长 9 319 万人,年增长率达到 33.1%。搜索引擎在网民中的使用率增长了 8.6 个百分点,达到 81.9%,跃居网民各种网络应用使用率的第一位,成为网民上网的主要入口。

搜索引擎自 2010 年年末超过网络音乐,成为网民使用最多的互联网服务,2011 年上半年搜索引擎继续保持着第一应用的地位。对于网民而言,搜索引擎已不仅仅是信息检索工具。网络信息量的爆炸与人类记忆能力的局限性之间的矛盾正在促使搜索引擎成为一种与传统门户网站类似的互联网入口应用。一方面,对于网民已经接触过的网站和服务,网民慢慢倾向于不去记忆网址,而是通过搜索引擎搜索的方式进入;另一方面,对于网民从未使用过的网站和服务,网民也是通过模糊搜索的方式来进行探索,进而由搜索引擎引导到相应的网站或服务。这种入口型应用的定位,也保障了搜索引擎稳居互联网应用使用率的首位。

2. 搜索需求趋于多样化

随着互联网的飞速发展,网络信息资源的形式日益丰富,网络信息内容也呈几何式增长。面对严重的信息过载,网民只能通过搜索引擎这种过滤方式更高效地找到所需要的内容和资源。不仅要搜索文本信息,还要搜索图片、音乐、视频等多媒体信息;不仅要搜索文字资讯内容,还要搜索服务,如一些软件、小工具或应用平台;不仅要查找公共媒体网站上的信息,还将搜索需求延伸到博客、微博、SNS 等新型的自媒体网络;不仅要求提供跨学科、跨领域、跨语言的通用搜索,还要求提供具有行业性、专业性、地区性、精准性的垂直搜索、本地搜索等。而随着互联网不断向现实社会渗透,网络与现实的结合更加拓展了信息搜索的需求,网民利用网络查找各类信息的需求变得更加旺盛。除了以往查找网站等互联网内容资源以支持学习和研究外,还要利用互联网辅助人们日常的购物、消费、出行等生活需要。这些都使得搜索引擎的普及率和用户使用频率不断提高。

3. 搜索需求日益复杂化

早期的用户搜索需求是比较简单的,例如,网址类查询,或者是一些通过经典的关键词匹配就可以找到答案、获得满足的搜索要求。但近年来,这类简单查询所占的搜索提问比例有所下降,有数据称是从 30% 下跌到 15% 左右[1]。而当前的搜索用户对搜索引擎则

---

[1] 孙云丰. 搜索引擎未来的趋势——用户需求的复杂化和傻瓜化 http://tech.sina.com.cn/i/2009-08-18/15533362379.shtml.

有非常高的期望值，希望搜索引擎能解决较为复杂的问题。用户的许多查询需求是难以用两三个搜索关键词表述清楚的，于是用户会给出一些表达模糊的、不完整的提问，或干脆用自然语言表述搜索提问，像是把搜索引擎当作一个自然人，直接向搜索引擎发出提问。这类搜索提问数量日渐增多，体现了用户对于搜索引擎的一种新希望，即希望搜索引擎不仅是在关键词匹配的层面简单返回一些网页，还要能给出一种智能性的搜索结果，以帮助用户判断或决策。这样的需求显然已经超出了传统搜索引擎解决问题的范畴，但它代表了一种未来的发展趋势，即搜索服务应该能满足用户全方位的需求，而不仅是单独的一个方面。例如，用户在搜索引擎中查找一个职位，仅仅把职位信息提供给用户是不够的。用户的潜在需求还包括：这个职位信息是不是最新的——是最近公开的招聘职位还是以前的招聘信息？该职位的工作地点、薪水水平等。这些潜在需求可能并不体现在提交给搜索引擎的搜索问题当中，那么搜索引擎又如何识别、判断用户需求并对其进行全方位的服务呢？再以购物搜索为例，用户搜索商品、价格、商家，可能只是其需求满足过程的前奏，之后还可能有对支付、物流、售后、消费过程等一系列的需求，其中任何一个环节的需求没有得到满足，都会影响用户的消费满意度。因此，搜索可能将只是用户需求满足过程中一个必要的环节，但不是最关键和唯一的环节。

9.1.2 搜索引擎的"瓶颈"

搜索引擎已经成为网民使用互联网最重要的基础工具，不仅是网民进行网络信息查找的主要工具，更成为推动网络经济发展的重要动力。随着用户需求的不断提高，搜索引擎在技术和服务上遇到一些困难和挑战，制约搜索引擎发展的相关因素也受到搜索技术开发与服务商、网络营销商们的关注。

1. 搜索引擎的索引能力

作为常用的网络信息检索工具，搜索引擎收录信息的全面性一直是衡量其质量水平的重要指标。一般来讲，搜索引擎抓取的网页多、建立的索引数据库规模大，才具有为用户提供广泛、全面检索的基础。应该指出，搜索引擎的网页索引量和抓取量是不同的，网页抓取数量一般要远大于索引量。因为抓取的网页中包括很多内容重复或者质量不高的网页，搜索引擎需要根据相关算法从抓取的网页当中筛选出有价值的网页进行索引，建立数据库；所以对于检索用户而言，搜索引擎的索引量才更有意义。

搜索引擎的索引量或称覆盖率对搜索结果的相关性、时效性和查全率等都具有深远的影响，因此早期的各家搜索服务商出于市场运作的考虑，会不时对外公布自家的索引量。在搜索引擎的发展历史中，还曾经发生过几轮搜索引擎之间在索引量上的竞争大战。早在1997年至1999年就爆发过搜索引擎索引量的第一次大战，以当时的搜索引擎明星AltaVista为竞争目标，各家搜索引擎纷纷采用各种手段来提高其数据库的索引量。经过一轮竞争后，赢家落在AltaVista和Inktomi头上，成为当时索引量最大的两家搜索引擎。在这之后若干年又有Northern Light、AllTheWeb、Google等后起之秀，各家搜索引擎或并驾齐驱、共享荣光，或相互追逐、各领风骚。直到 2004 年，Google 在索引规模上发生了质的飞跃，其索引量达到 80 亿，开始以绝对优势遥遥领先各竞争对手。至今，Google 的数据库成为公认的全球最庞大的网络资源索引。2008 年，Google 在其官方博客上宣布：经检测，互联网上独立页面的数量超过了 1 万亿个。并称"我们没有索引这 1 万亿个网页中的每个页面——因为许多页面都彼此相似，或代表自动生成的内容，这些对用户没有太大价值。但令我们骄傲的是，我们拥有最完整的索引数据库。我们的目标是索引全球的数据"。

当然在查找一些非同寻常或者是较为稀有的信息时，索引量巨大的搜索引擎往往能够有效地帮助人们找到所需的信息；但在查找一般普通的信息或热门话题时，索引量大的搜索引擎并不一定就能够提供比索引量小的搜索引擎更好的搜索结果。况且已有研究发现搜索用户大多只翻看前两页的搜索结果，这使得搜索引擎服务商们认识到，单纯在索引量上竞争并没有太大意义。无限制增大索引量也并不一定能保证搜索质量的提升。最重要的是，向用户提供 10～20 个相关度较高的搜索结果链接，或者最好是直接给出实质性问题的答案，因为很少有用户会从成千上万的搜索结果中一一查看挑选想要得到的信息。搜索引擎数据库的规模不能说明搜索结果相关度的高低，搜索引擎拥有庞大的索引库也并不意味着用户能够在优先看到的搜索结果中得到最恰当的网页。而要提高、改善搜索引擎的检索性能，不能仅靠索引量单个指标的突破，还需要考虑到收录网页的质量和不同类型网页的分布，要保证搜索引擎在相关性、全面性、时效性和可用性等方面的均衡发展。目前，一般 20 亿量级索引量的主流中文搜索引擎基本上可以满足用户的日常查询需求。

搜索引擎的索引能力还体现在索引速度上。搜索引擎抓取和索引大数量级网页需要时间，因此本身就存在一定的滞后性。过去，大家把互联网当作一个静态的数据库，对时间的要求并不是很高。早期的搜索引擎索引更新速度慢，一般会有 3 个星期以上的时滞。但是随着搜索引擎日益深入人们的生活，用户对其期望值越来越高，对搜索结果的时效性要求也越来越高。甚至是刚刚发生的事情，就有用户马上希望通过搜索引擎检索到相关更详细、确切的信息。各家搜索引擎在蜘蛛程序运行、信息采集索引机制等方面不断加强研究探索，努力加快索引速度。例如，Google 曾使用多个蜘蛛程序按一定的时间相隔轮换遍历互联网，形成几套不同的索引。Alltheweb 提供独立的新闻搜索，对数千个新闻网站建立快速索引，最快可检索到 1 分钟前的新闻。

互联网的变化日新月异，其庞大的容量对搜索引擎的索引能力无疑将形成更加严峻的考验。相对于互联网信息资源发展的无限性，能够被索引进搜索引擎的数据库，纳入其检索范围的互联网信息总是有限的。搜索引擎的索引量、索引的更新时滞等都是长期要面对的"瓶颈"问题。搜索引擎要不断寻求创新途径，以期为用户提供更加全面、及时、精准的搜索服务。

2. 迎战"深网"

"深网"，又称暗网。对应的英文表述有 Deep Web、Hidden Web、Invisible Web。主

要指那些通过搜索引擎难以发现、索引、检索到信息内容的网页。Christ Sherman、Gary Price 对"深网"的定义是：虽然通过互联网可以获取，但普通搜索引擎由于受技术限制而不能或不作索引的那些文本页、文件或其他网络信息，通常是高质量、权威的信息。

  产生"深网"的原因有很多种，其一是一些网站出于对版权和隐私权的保护，不愿意其某些网页被搜索引擎抓取，而采取技术措施屏蔽搜索引擎；其二是互联网本身缺少统一规则，很多网站在数据结构、内容组织等方面自成一体，导致搜索引擎的蜘蛛程序无法识别这些网站内容并抓取；其三是很多站点的全部或部分内容是需要登录才能阅读的，也就是说需要先输入账号和密码（尽管大多数这样的站点采用注册免费），但蜘蛛程序不可能在每个网站都注册账号，所以它也没办法访问这些网页。还有就是大量的动态网页。早期互联网的站点内容多是以 HTML 静态页面形式存放在服务器上，网页之间的链接比较简单，所形成的网站结构一般是比较扁平的，搜索引擎的蜘蛛程序可以用常规的方式识别路径、巡航爬行、采集到网页信息。但现在网站的结构变得非常纵深、复杂，网页之间可能没有关联、相对独立，网页之间的链接既有功能链接，也有很多由于系统程序原因导致的垃圾链接；且大部分网页是使用脚本语言如 ASP、PHP、Perl、JSP、CGI 等程序动态生成的页面，该页面中的大部分内容来自与网站相连的特定数据库。在网站服务器中并不存在这个页面，只有当用户输入某个变量（比如，输入检索词、填写一张表单或者在下拉列表框中选择一个类别项）以后它们才会生成。比如，在当当网检索本书《因特网信息资源检索与利用》（第二版），通过输入作者姓名得到的本书介绍页面是动态生成的，URL 地址是：http://product.dangdang.com/product.aspx?product_id=9038846&ref=search-1-pub。网址中的问号"？"（或还有其他一些符号诸如"％、&、+、$"等）在动态页面的 URL 中经常出现，在"？"后面的 product_id 参数值是用户通过站内检索，输入一定的查询条件后由程序自动加上的，而搜索引擎的蜘蛛程序无法自动输入参数值，当然也就无法抓取和索引这个页面文件，只能得到一个错误信息。上述种种原因造成的搜索引擎所无法抓取的网页、不能检索到的信息，即成为"隐身"的网页，由于当前的搜索引擎不能索引到或不能在它们的返回结果中显示这些页面，因此对用户来说这部分页面是隐藏的。

  从质量和数量上看，深网与搜索引擎能够索引到的网页相比有很大不同。大多数深网的信息内容存储于各种特定主题的数据库中，只对直接的查询请求动态响应并提供内容，一般其质量相对较高。深网的数量也要庞大许多，Bright Planet 公司 2000 年发布的一份题为《The Deep Web-Surfacing(The Hidden Value)》的白皮书有如下数据：

（1）目前深网中的公共信息量比通常定义的万维网信息量要大 400 倍至 550 倍；

（2）深网包含有 7 500TB（太字节或百万兆字节）的信息，而表层网只有 19TB；

（3）深网包含有将近 5 500 亿份文档，而表层网只有 10 亿份；

（4）估计目前有超过 10 万个深网网站；

（5）与表层网相比，深网的高质量信息内容至少要多出 1 000 倍至 2 000 倍；

（6）深网中有 95％的部分属于公众可获取信息，不必缴费或付费订阅。

显然，相对于浩如烟海的互联网世界，已经被搜索引擎索引到的内容还是比较小的一部分，深网内容的信息价值不可估量。而要完成比较全面的信息检索，应该同时搜索深网的内容。对深网的搜索渗透将能扩大搜索数据库，使人们能够在搜索引擎上搜索到更多的网页、更优质的信息。主流的搜索引擎都怀有一个共同的梦想：整合人类所有信息，并让用户以最便捷的方式各取所需。发掘深网，已纳入各大搜索引擎的发展规划和工作日程之中。然而，这注定是一项长期、艰巨的工作任务。在向深网的搜索渗透过程中，主流搜索引擎面临着巨大的挑战，一直在不懈努力。

面对庞大的深网，目前搜索业界采取的策略主要有：其一，开发更先进的深度搜索技术，构建更有针对性的深度信息采集、抓取蜘蛛程序，以便获取后台数据库的信息。例如，Google 曾推出的"深度搜索"技术。这一发展思路将长期贯穿搜索引擎的研发过程，目前针对搜索引擎的升级和创新中，许多都与深网问题有关。其二，与深网网站合作，实现信息的对接和上浮。例如，百度公司推出的"阿拉丁计划"，其命名寓意着该平台可以像神灯那样帮助用户实现最便捷地获取信息的愿望。"阿拉丁"是一个通用开放平台，将接口开放给独特信息数据的拥有者，通过与信息提供者合作的方式，使深网内容"表象化"，从而解决现有搜索引擎无法抓取和检索的深网信息问题。其开发理念是，搜索引擎的蜘蛛程序再先进，也肯定不如网站自身了解自己的目标用户及哪些是最优质的数据。所以，由网站直接提交的数据往往是最符合用户需要的。其运作逻辑是：通过百度的开放应用程序接口（API），各大网站提交已经结构化的数据，设定好关键词和展示方式、位置，获得百度审核后，当网民检索设定的关键词，则自动触发这一机制，展现最直接的信息。例如：百度不是靠自己的搜索能力再去做一个小型的机票酒店垂直搜索，而是与携程网合作，将机票和酒店的信息嫁接过来，其信息展示的方式、位置、关键词、蜘蛛程序抓取频率都是网站按照自身实际情况设定的。该平台中的三方——用户、搜索引擎、网站均能得到好处，也有效提高了搜索效率。用户在搜索英文单词、天气预报、交通流量、股票信息、人民币汇率、电视节目表等信息时，都会直接获得比较符合用户预期的搜索结果，有满意的查询体验。

3. 搜索结果的排序与输出

任何一个搜索引擎的目标都是要更快速地响应用户搜索，把满足用户需求的搜索结果反馈给搜索用户。能否把与用户检索需求最相关的高质量文档纳入结果排序的前列是衡量搜索引擎性能的关键指标之一。Google 就曾经以著名的链接分析法（PageRank）领先于当时的搜索结果排序技术，让优质的搜索结果排在前列，保证让绝大部分用户都能在搜索结果的第一页找到想要的结果，大大改善了检索效果、提高了检索质量，从而获得巨大成功。

搜索引擎通常会基于自身对网络的理解而制定一套算法，通过该算法可以让搜索引擎从一个客观的角度去评价网站和网页，然后给予相应的权重，而这些权重的体现就是在搜索结果中的名次，这就是搜索结果中的排序方式。目前，不同的搜索引擎使用了不同的相关度排序方法。比较常见的有以下几个。

① 链接分析法,即基于超链分析的排序算法,其出发点是认为,一个网页被链接的次数越多说明此网页的质量越高,并且从更重要、更权威的页面发出的链接有更大的权重。最著名的链接分析法有 Google 首次应用到搜索引擎中的 PageRank,以及由 Jon Kleinberg 提出并在大型搜索引擎 Teoma 中应用的 HITS(Hypertext Induced Topic Selection,超文本引起话题选择)。

② 词频统计法,即以索引项的词频和位置作为相关度的判定标准,采用词频加权方法来计算相关度。网页文档中出现查询词的频率越高,它代表该文档主题的程度就越大,该文档与查询请求的相关度就越高,权重就越大,该网页的排序就越靠前。除词频外,一个词在文档中的位置也对权重值产生影响。例如,出现在网页标题、文章前几段、段首等位置关键词的权重值会加大。同时还会考虑各词的关系和词间的相对位置等因素,网页中各词的相互距离越近则结果排序越靠前。该方法较为客观准确,是应用广泛、成熟的方法,但比较容易被搜索引擎作弊行为所利用,进行不良竞争。

随着互联网普及加快、用户人数不断激增,通用搜索引擎逐渐成为人们最常使用的网络工具,搜索引擎的市场价值、商业价值被不断开发,越来越多的资金迅速流向最能吸引浏览者眼球的搜索引擎市场,搜索引擎市场进入高速发展时期,成为最具发展潜力的产业之一。相关研究证明,搜索结果的第一位到第五位通常会得到 98% 的关注。也就是说,用户关注度基本被搜索结果的前五位垄断,所以网站如果想得到更多的关注,就要尽力挤进搜索结果排序的前列。于是,搜索引擎发现了能为其带来滚滚财源的盈利模式——收费排名(也包括竞价排名),即用户可以购买某个关键词的排名,只要向搜索引擎公司交纳一定的费用,就可以让用户的网站排在搜索结果的前几位,按照不同关键词、不同位置、时间长短来定义价格,价格从几千元到几十万元不等。应该说收费排名并不属于排序技术,但它已直接影响到了搜索引擎的排序。收费排名给搜索引擎公司带来巨大收益,给参与收费的企业网站带来访问量,但却可能使搜索引擎使用者的正常搜索受到干扰,使搜索结果的排序失去客观、公正性,带来许多虚假信息、垃圾信息。对于企业来说,收费排名是提升网站在搜索引擎中排名的最直接和最简单的办法。如今,如何提升网页在搜索引擎中的排序,已经形成了一门职业——SEO(Search Engine Optimization,搜索引擎优化)。SEO 专业人员往往对各大搜索引擎的排序算法有着长期深入的跟踪研究,总结出不少排序规律。然后针对搜索引擎排序的技术,帮助那些需要提高排名的网页作设计上的改进,通过修改网页(或网站)的结构、增加外部链接、改善页面版式、目录结构和文件名等方法,让搜索引擎认为这些网页是很重要的,从而提升网页在搜索引擎结果中的排序位置,达到提高其名次的目的。

在席卷互联网的"眼球经济"、"搜索力经济"推波助澜下,搜索引擎搜索结果的排序与输出更为市场各方所关注。各种矛盾日益显现,比如收费可以为搜索引擎公司带来利润,但同时会降低访问者的搜索体验和满意度。如何平衡利润和用户需求之间的关系?搜索引擎公司想方设法保密自己的搜索算法,防止网页制作者有针对性地根据这个算法来调整网页,使搜索排序失去意义。专门的 SEO 又在处心积虑地破解其算法、优化网页、提高排名;而真正为搜索用户所需要的网页可能会因未经优化而使其排名受到影响,沉降到比较靠后的位置而未被用户注意。如何完善搜索功能使之更加公平、公开、标准和人性化也就随之成为了一个备受关注的话题。

各种搜索引擎的技术的改进和优化,都会直接反映到搜索结果的排序与输出上。各方都在期待搜索引擎在排序方法上作出进一步的研究创新,来提升用户的满意度。目前搜索引擎的排序算法在以下方面仍存在不足。

① 没有真正解决相关性。相关性是指搜索词和页面的相关程度。仅仅通过链接、字体、位置等表面特征,不能真正判断搜索词和文档的相关性,更何况许多时候这些特征不会都同时存在。这也是许多针对搜索引擎作弊的方法能产生效果的原因。另外,有些文档中没有出现与搜索词字面匹配的词,但该文档与搜索词主题内容十分相关。例如,搜索"恐怖分子",但网页是关于本·拉登的介绍,文中没有出现"恐怖分子"的字眼,搜索引擎就无法搜索到该网页。解决的办法应该是增加语义理解和相关主题词、关键词的提取,加强语义分析,得出搜索词和网页的相关程度,改善检索效果。

② 搜索结果的单一化。目前,任何人通过搜索引擎在同一时间使用同一个词检索,获得的搜索结果都是一样的。这显然不能满足各种需求不同的非单一化群体,科学人员搜索"火箭",可能是希望了解相关武器或航天运载器的研发信息,而普通人可能是想找火箭篮球队的比赛录像等,但搜索引擎不加区分,给出的都是一样的、混杂在一起的搜索结果。要满足这些不同类型、不同需求的搜索者,理想的方式应该需要对搜索结果进行个性化加工。针对每个访问者的搜索习惯和意愿,提供不同的搜索排序结果。如搜索"体育",对喜欢足球的人应该把足球的相关结果排在前面,对喜欢篮球的人应该把篮球的相关结果排在前面。国外的 Vivisimo 搜索公司(http://www.vivisimo.com)曾经试图采用对搜索结果自动聚类的办法来满足不同类型客户的需要,以解决这个问题。搜索引擎的排序技术将继续面向解决这两个不足的方向发展:语义相关性和排序个性化。前者需要完善的自然语言处理技术的支持,后者则需要记录庞大的访问者信息和复杂的计算,要攻克其中任何一个难题都绝非易事。任何一家搜索引擎如果能做出相关的技术突破,就有可能改变搜索世界的格局。

9.1.3 网络信息检索中的法律风险

随着网络检索工具搜索、提供信息的功能不断增强,越来越多的网络信息资源能够被搜索引擎抓取、检索到,搜索引擎的盈利能力在不断提高。与此同时,知识经济背景下人们的法制意识、维权意识也在逐步加强,网络环境下的公民权利保护以及知识产权保护问题日益成为社会关注的焦点问题。不管是网络搜索服务提供商,还是网络信息检索的参与者,都应该充分注意到网络检索工具和网络检索行为所面临的法律风险。

1. 版权风险

在搜索引擎强大的搜索能力下,大量拥有版权的网站、网页、书籍、报刊、论文、图片、音频、视频等被纳入到搜索范围中,版权成为搜索引擎面临的主要法律风险之一。

一般来说,搜索引擎服务的提供者通过软件程序对网络资源进行搜索,找出与关键词相关的网络资源,向用户提供内容索引及来源网页的链接地址,网络用户通过链接到相关来源网站去进一步浏览、获取所需内容。在这种情形下,搜索引擎只是以提供搜索结果的形式提供了与用户搜索关键词相匹配的网页地址链接,其搜索行为本身并不构成侵犯版权。但某些搜索引擎由于采用了嵌套链接技术,隐藏了来源网站的真实链接,在搜索引擎的平台上直接将来源网站中的内容展示给用户。这种行为虽然名为链接,实际已脱离了链接的指向性作用,起到了直接展示内容的作用,这就超出了搜索引擎应有的服务范围,成为提供内容的服务了,这样就有可能带来侵权的风险。

另外,大部分搜索引擎都具有的"网页快照"功能也存在一定的侵权风险。网页快照(Web Cache,或称网页缓存),是指搜索引擎在收录网页时,对网页进行备份,存储在自己的服务器缓存里,当用户在搜索结果中点击"网页快照"链接时,搜索引擎会将蜘蛛系统当时所抓取并保存的网页内容展现出来。由于网页快照是存储在搜索引擎服务器中,所以查看网页快照的速度往往比直接访问网页要快。网页快照中,搜索关键词用亮色显示,用户可以点击呈现亮色的关键词直接找到关键词出现位置,便于快速找到所需信息,提高搜索效率。当搜索的网页被删除或连接失效时,还可以使用网页快照来查看这个网页原始的内容。网页快照确实给搜索者提供了很大方便,但网络内容提供商认为,搜索引擎保存网页的做法可能会影响内容网站自身的访问流量,甚至可能导致侵犯版权。早在2003年《纽约时报》就曾对Google提出警告,认为通过Google的"网页快照",人们有时可以获得《纽约时报》网站上需要收费才能看到的文章镜像,这显然损害了出版商的利益。搜索引擎要规避由网页快照所带来的侵权风险,需要界定网页缓存的性质为临时性的或片段性的部分复制,以区别于正式的、全部的下载和永久性的保存,并要设定缓存的期限,到期就予以删除。目前对于网页缓存服务临时复制其他网站内容是否可以接受,缓存保存多长时间等尚没有明确规定。

2. 侵犯隐私的风险

搜索已成为人们信息生活中的重要内容,各种新的搜索机制也随之出现。比如所谓的"人肉搜索",即指利用人工参与来完成搜索或提纯搜索引擎所提供信息的一种机制。它与百度、Google等通用搜索引擎的区别在于,它不是利用机器搜索技术,而更多地利用人的力量。实际上就是通过其他人来搜索自己搜不到的东西,更强调搜索过程的互动。一般是用户的疑问在搜索引擎中不能得到解答时,就会试图通过人与人的沟通交流寻求答案。由发起者提出一个问题,而掌握这方面知识或者线索的人就对其解答、分析,也可以说是一种问答式搜索。从这个意义上讲,许多知识搜索平台,如百度知道、新浪爱问、雅虎知识堂等也可以算做人肉搜索。

"人肉搜索"被用来搜索某个人的相关信息时会引起很大的社会反响和争议。例如,一些颇有道德感、正义感的热血人士会出于为一些社会事件中的当事人打抱不平或声讨谴责的目的,发起人肉搜索。先是一人发出提问,然后八方回应。通过网络社区集合广大网民的力量,追查某些事情或人物的真相与隐私,并把相关细节(甚至是家庭住址、工作单位、手机号码等)曝光。在网络上引起广泛的围观、讨伐,叫好的称之为伸张正义、惩恶扬善,但同时也严重侵犯了当事人的个人隐私,形成了网络暴力和某种程度的现实社会伤害。近年来,我国已发生多起人肉搜索案件,如"虐猫女"、"铜须门事件"、"女白领自杀事件"等。

据专家分析,人肉搜索行为涉及了 4 类主体——搜索平台提供者、赏金猎人、跟帖邀功者以及信息数据处理者。其中,搜索平台的提供者负有主要的管理责任,应该有明确的制度、规则、技术手段以及负责任的管理人员,保证赏金猎人行为的合法性与规范性,并最大限度保证信息数据的处理和使用能够符合个人信息保护的基本要求,而跟帖人也要对自己的行为负责,不得侮辱诽谤他人或侵犯他人隐私。

目前,我国专门的《个人信息保护法》还在立法进程中。虽然还没有出台针对个人信息保护的专门立法,但并不等于追究侵权行为、犯罪行为就没有法律依据,更不等于没有法律责任。现有的宪法、民法通则、合同法、居民身份证法、档案法、民事诉讼法、刑事诉讼法、行政诉讼法,再到商业银行法、互联网电子邮件服务管理办法、个人信用信息基础数据库金融机构用户管理办法、短信息服务规范中都有许多涉及个人信息保护的法律条款。网络信息检索工具在扩大搜索范围、增强搜索功能的过程中要注意避免侵犯个人隐私,任何网络搜索工具和网络搜索行为都必须符合相关的法律要求。

3. 搜索引擎营销的法律风险

开展搜索引擎营销,如竞价排名、关键词广告等是搜索引擎走向商业化和盈利的重要举措。在这类服务中,企业可以通过向搜索引擎公司支付一定的广告费用,从而"买下"一些关键词,当用户对这些关键词进行搜索时,这些企业的相关网页将被放在搜索结果中较为显著的位置。通过提高付费上限还可把自己在检索结果中的排名提高到竞争对手之前,把本来属于竞争对手的客户夺走。在这样的搜索营销中,搜索引擎既是广告发布者,又是广告经营者,当然要对所产生的后果负责。近年来,关键词广告和竞价排名引发的涉嫌侵权事件频频成为热点新闻,其中最主要的是虚假信息、商标侵权和不正当竞争等问题。

作为一种公共的信息检索工具,人们希望搜索引擎提供一个公正客观的环境,希望通过搜索引擎检索获得的各类资讯、信息是可信的、客观的。一般来说,搜索结果的排序依据可分为两类:一类是依据比较中立的排序算法所计算的相关性排列,这样的排序或许会有某种倾向性,但搜索引擎并未故意为之,也没有从中获利,是一种自然的搜索结果排序;另一类则包含人为干涉的因素,如前文所述的关键词投标、竞价排名等做法。它允许通过付费将付费者要求的内容排列在检索结果的首位或靠前的位置。这就有可能造成搜索引擎公司为了赢利的目的,把他人的商标或商品名称等作为关键词出售给其他公司,使得竞争对手的网页在检索结果中排名比商标或商品所有者的网站更靠前,造成商标所有者的品牌损害和用户流失,则可能以淡化或玷污原商标,从事不正当竞争等为由而招致诉讼。国内外已经出现了多起因搜索引擎引起的商业诉讼,较著名的有:1999年,Playboy公司诉Excite把"Playboy"作为关键词出售案;2003年,法国Louis Vuitton专卖店诉Google关键词商标侵权,Google被判败诉并赔偿7.5万欧元。中央电视台也曾曝光百度的竞价排名中存在虚假医药网站欺骗消费者、导致消费者上当受骗等现象,引发社会关注。

搜索引擎营销中存在的诸多可能导致法律纠纷的风险因素不容忽视。搜索服务商要完善管理机制和相关技术,自觉规避相关风险。在提高自身盈利水平的同时,也要重视自身承担的社会责任,努力为搜索用户打造公平客观的信息环境。这样才能保证搜索引擎健康、可持续发展。

4. 避风港原则

针对网络信息传播中的著作权保护问题,一方面要对各类文学、艺术、科学作品给予更加严格的保护,对侵权盗版行为给予制约,让版权人的权益得到伸张,保护知识产品生产者的创作热情;另一方面也要支持互联网业的发展,让他们守法经营、自律经营,让广大网民能够在各类网络信息服务的支持下更好地获取信息、利用信息。考虑到互联网信息环境的信息海量、监控困难等特点,为帮助网络信息服务商(ISP)规避部分侵犯著作权的风险,美国1998年通过的《数字千年版权法案》(DMCA)制定了"避风港"(Safe Harbor,或称作安全港)条款。该条款规定,在发生著作权侵权案件时,当ISP只提供空间服务,并不制作相关内容,如果ISP被告知侵权,则有删除的义务,否则就被视为侵权。如果侵权内容既不在ISP的服务器上存储,又没有被告知哪些内容应该删除,则ISP不承担侵权责任。ISP在不知情的情况下如遭到控告,立即将侵权作品的链接撤销,即可进入"避风港",得到免责保护。后来避风港原则被应用到搜索引擎、网络存储、数字图书馆等许多互联网信息服务方面。避风港原则包括两部分:"通知+移除"(notice-take down procedure),是对网络中介服务商间接侵权责任的限制。一般是指网络服务提供者提供的信息定位工具(如目录、索引、超文本链接、在线存储网站等),如果由于其链接、存储的相关内容涉嫌侵权,在其能够证明自己并无恶意,并且及时删除侵权链接或者内容的情况下,网络服务提供者不承担赔偿责任。

中国对于"避风港原则"的吸收和立法,主要体现在2006年出台的《信息网络传播权保护条例》(以下简称《条例》)相关条款中。该《条例》参考国际通行做法,分别针对提供网络自动接入或传输服务提供者、网络自动存储服务提供者、信息存储空间出租服务提供者、搜索引擎服务提供者等ISP在什么条件下可以免责,能够享受避风港的待遇作出了规定。建立了处理侵权纠纷的"通知与删除"简便程序,大大减少了ISP承担法律责任的概率。《条例》第14条规定:"对提供信息存储空间或者提供搜索、链接服务的网络服务提供者，权利人认为其服务所涉及的作品、表演、录音录像制品，侵犯自己的信息网络传播权或者被删除、改变了自己的权利管理电子信息的，可以向该网络服务提供者提交书面通知，要求网络服务提供者删除该作品、表演、录音录像制品，或者断开与该作品、表演、录音录像制品的链接。通知书应当包含下列内容：（一）权利人的姓名（名称）、联系方式和地址；（二）要求删除或者断开链接的侵权作品、表演、录音录像制品的名称和网络地址；（三）构成侵权的初步证明材料。权利人应当对通知书的真实性负责。"《条例》第 23 条规定："网络服务提供者为服务对象提供搜索或者链接服务，在接到权利人的通知书后，根据本条例规定断开与侵权的作品、表演、录音录像制品的链接的，不承担赔偿责任；但是，明知或者应知所链接的作品、表演、录音录像制品侵权的，应当承担共同侵权责任。"

互联网企业应该依法诚信经营，不能滥用"避风港原则"。对于所提供的信息服务平台中可能会引起侵权纠纷的作品或其他信息内容，应充分注意其权利归属等状态信息，及时与信息提供者及相关权利人联系，并设立必要的审查制度，这样才有利于减少自己的侵权风险与责任。2011 年，在 3 月 15 日这个打击虚假伪劣商品的日子里，国内 50 名作家以"这是我们的权利"为题，发起的针对百度文库的维权事件就引起了社会的广泛关注。百度文库自上线以来，就因为"共享平台"上的盗版内容不断遭遇著作权权利人的指责，"避风港原则"的适用问题也成为双方争议的焦点。百度一方回应，百度文库是供网友在线分享文档的开放平台，所有的文稿、档案等资料均来自网友上传。百度在收到作家和出版商的通知后，已经删除了部分侵权作品，但因为百度文库是开放平台，不排除有网友继续上传侵权作品。对此，有关专家指出，"避风港原则"适用于服务提供商在没有主观过错的情况下为侵权行为提供技术服务，在收到有效的通知后予以删除，便能免除共同侵权的责任。但当网络服务提供商"明知"或者"应知"侵权行为的存在，仍不予以制止，服务提供商就需要承担相应的侵权责任。在这一纠纷中，百度文库存在鼓励网友上传非授权版权作品的情况，不适用"避风港原则"。

9.2 网络信息检索的发展展望

搜索引擎已成为一个新的研究开发领域，涉及信息检索、人工智能、计算机网络、分布式处理、数据库、数据挖掘、数字图书馆、自然语言处理等多领域的理论和技术，具有综合性和挑战性。由于搜索引擎有大量的用户，有很好的经济价值，自然引起了世界各国计算机科学界和信息产业界的高度关注。

网络信息检索的发展可谓日新月异，要对这一极具变化特征领域的未来发展作出预测是十分困难的。但仍然可以围绕网络搜索工具性能的进一步完善、用户检索效率的进一步提高，来关注相关的检索技术和检索服务的研发动态，以把握网络信息检索的某些发展趋势。

9.2.1 网络信息检索技术

在网络信息检索飞速发展的过程中,搜索技术面临着诸多难题,如搜索需求数量不断增长并日益多样化、复杂化,用户对搜索结果的期望值不断提高,互联网上有价值的信息资源获取难度越来越大等。为此,网络检索技术要以提高搜索工具的信息服务功能、完善搜索服务为核心,在下列领域进行开发和创新。

1. 智能检索

目前,单纯依靠传统的基于关键词、文本匹配的检索技术已经很难满足人们复杂的搜索需求。人们迫切期望搜索工具能够理解人们的搜索需求,并具备一些像人一样的自主思考、推理能力。于是,智能检索成为当今网络信息检索技术研究的热点问题之一。智能检索是将人工智能技术引入检索系统,实现智能化的信息检索系统。它模拟人类关于信息检索和推理的思维过程和智能活动,并向用户提供智能辅助。主要有以下几个方面。

(1) 用户需求理解的智能化。未来的搜索引擎要提高需求识别的精准性,摸准用户所提交搜索问题背后的真实需求。当前,搜索引擎已经从原来"象牙塔"里的高级系统,变成了普通用户的日常工具。用户日常检索中的常态就是用接近自然语言的状态、甚至是非常口语化的形式来表述搜索需求。而智能化的检索系统则能在自然语言识别上有更高的水平,要能从概念层面来识别、理解用户的提问。

已有的做法有基于入口词表辅助进行领域和概念的扩充。可以利用分词词典、同义词典、同音词典改善检索效果,比如用户查询"计算机",与"电脑"相关的信息也能检索出来;进一步还可在知识层面或概念层面上辅助查询,通过主题词典、上下位词词典、相关同级词典等,形成一个知识体系或概念网络,给予用户智能化的辅助提示,最终帮助用户获得最佳的检索效果。比如用户可以进一步缩小查询范围至"微机"、"服务器"或扩大查询至"信息技术",或查询相关的"电子技术"、"软件"、"计算机应用"等范畴。另外,智能检索还包括歧义信息和检索处理,将通过歧义知识描述库、全文索引、用户检索上下文分析以及用户相关性反馈等技术结合处理,高效、准确地反馈给用户最需要的信息。

除词表方式外,还可利用自然语言处理技术,对提问加以分析。自然语言处理(Natural Language Processing)是指计算机对人类语言所作的分析,如对语段进行自动分析,以判断其所用的语法结构,或对口头输入进行处理。自然语言查询的优势体现在:一是使网络交流更加人性化;二是使信息查询更加方便、快速和准确。

(2) 检索过程的智能化。智能检索代理是智能代理在信息检索中的一种应用,具有不断学习、适应信息和用户兴趣动态变化的能力,从而提供个性化的服务。它使用自动获得的领域模型(如 Web 知识、信息处理、与用户兴趣相关的信息资源、领域组织结构)、用户模型(如用户背景、兴趣、行为、风格)知识进行信息搜集、索引、过滤,即以用户需求为先导来进行信息搜集和信息加工,并根据用户特定的需求以及在一段时期内的偏好为衡量标准来筛选信息,自动地将用户感兴趣的、对用户有用的信息提交给用户。用户界面提供友好的自然语言查询,当用户的查询请求不明确时,智能搜索代理会利用知识库中的推理机制推断用户的潜在要求,选择与用户习惯最相近的需求进行检索。

智能信息检索系统的优势明显：强大的自然语言理解能力,使用户可以用自然语言更确切地表达自己的信息需求;模拟专家的检索方法,把用户所表达的信息需求,制定解决策略以及分析结果的工作转移到智能信息检索系统来处理;具有强大的学习能力,能自动地获取知识,能直接向书本和用户学习,并在实践中实现自我完善。人工智能与网络检索技术的结合,将使搜索工具更高级易用、更加个性化和人性化,也使得检索结果更加符合人们的需求。但因为人工智能本身还处在发展和研究之中,使得现在的检索工具还没有具备完全的智能化,因此,检索工具的智能化在未来还具有相当的发展潜力。

2. 语义检索

传统的网络检索都是基于关键词、检索语句文本的字面匹配,检索模式机械、表面化,所获得的检索结果集中返回的匹配网页数目过多,且会混杂大量与检索需求毫不相关的内容,查准率较低。检索者要花大量的时间和精力去浏览、筛选真正所需的内容。例如,用关键字"cook"搜索,机器根本无法判断用户要查找的是厨师、烹饪技巧、菜谱、人名或企业名等相关信息。而所谓语义检索,是指检索工具不再拘泥于用户所输入检索关键词或查询语句的字面形式,能够通过概念分析,透过字面形式理解检索需求的本质,准确地捕捉用户所输入检索词汇或语句的真正意图,确定最能体现需求特点的检索表达形式,从而更准确地向用户返回最符合其需求的检索结果。

1998年,万维网的创始人Tim Berners-Lee提出了语义网(Semantic Web)的概念。语义网不同于现在的万维网,它是现有万维网的扩展与延伸。其变革的本质体现在,语义网将更有利于计算机的"理解与处理",并将具有一定的判断、推理能力。它"将使理解信息的含义不再只是人类才能做的事情,计算机也同样可以做到",从而更有助于知识与智能共享,并能提供动态与主动的服务。Berners-Lee及其所领导的W3C(World Wide Web Consortium)致力开展语义网研究活动的目标是：开发一系列计算机可理解和处理的表达语义信息的语言和技术,以支持网络环境下广泛而有效的自动推理。

语义网能够根据语义进行判断,是一种能理解人类语言的智能网络。虽然语义网是一种更加美好的网络,但实现起来却是一项复杂而浩大的工程。语义网的实现需要三大关键技术的支持：XML(Extensible Markup Language,可扩展标记语言)、RDF(Resource Description Framework,资源描述框架)和Ontology(本体)。目前,真正意义的语义网还没有实现。但语义网相关技术已经被广泛地应用到计算机科学、电子工程、远程教育、电子商务、智能检索、数据挖掘等许多领域。

语义检索利用语义网的相关技术,立足于对文档信息进行语义层次上的分析和理解,提取各种概念信息,并由此形成一个知识库。然后根据对用户提问的理解来检索知识库中的相关信息以提供直接的问答。它提供的不是知识的标识,而是知识的内容。知识库是语义检索工具进行推理和知识积累的基础和关键,而Ontology则是知识库的基础。建立知识库就是要构造一个概念的语义空间网络,即利用人工智能、计算语言学等技术从大量文档中自动提取概念、计算概念之间的联系,包括确立概念等级体系、概念之间的语义映射关系及语义关系的推理原则等。检索系统可利用语义网络对文档进行语义标注,并形成索引库,智能型检索接口利用语义网络进行语义推理,主动分析用户提出的检索需求,向用户提出既符合用户检索需求又符合索引系统规范的检索关键词,实现语义检索和其他智能处理。因此,建立在语义空间网络基础上的语义检索具有分析和理解自然语言的能力、记忆能力、智能人机接口,可以实现同义词扩展检索、语义蕴涵和外延扩展检索、语义相关扩展检索,突破了关键词检索模式的固有缺陷,实现概念层次上的词义扩展和对用户检索请求的合理化联想,不仅给出查询结果,还能提供进一步的检索建议,能够在检索和获取信息过程中有针对性地提供有关解释、说明、范例、辅导、纠错等动态服务,对用户检索实现智能导航,充分保证用户的实际检索效率。使信息查询变得更加方便、快速和准确。为用户提供智能、高效的体验。

目前,如何在一个分布式的、异构的互联网信息环境下实现完全意义的语义检索仍然是互联网信息检索界所面临的巨大挑战。但已有多家搜索引擎在尝试利用语义搜索技术对其检索功能进行优化。例如,利用百度查生僻字,用户只需要向搜索框提交对字形和结构的描述,即可直接检索到这个字的准确读音及注释。即在搜索框中输入"孟字去掉子"时,深谙语义搜索的搜索引擎就能够判断出,用户想要找的并不是含有"孟"、"去掉子"等字眼的内容,而是想要查找与"皿"这个字的相关信息。同样当用户搜索"表现春天的图片"时,搜索引擎会向其呈现出各种与春天有关的图片,而不仅仅局限在标题中包含"春天"字样的图片。这项应用看似简单,却标志着百度的搜索算法已经突破了针对完整文字进行匹配的传统检索时期,进入了更加精准、智能和人性化的语义搜索时代。

3. 垂直搜索

海量的网络信息给通用搜索引擎带来沉重负担,随之而来的是搜索服务品质下降;提供给用户的搜索结果集巨大,其中还夹杂着大量重复信息和垃圾信息;查询不准确、深度不够,用户感觉越来越难在短时间内准确地筛选出符合需要的信息内容。公共搜索引擎的通用搜索性能,使得它不能很好地满足特殊领域、特殊人群的精准化信息搜索服务。而用户搜索需求的多样化、复杂化,也决定了搜索引擎的服务模式必将出现细分。为了针对不同专业、不同领域提供更加精确的专业化搜索服务模式,于是各种垂直搜索工具应运而生。

垂直搜索,是面向某一特定领域,或针对某种信息类型、某一特定人群、某一特定需求,只采集专门领域范围内的信息,并通过采用与之相应的标引、索引语言及分类体系,满足用户"专门的"信息查询需求,提供具有某种"专业性"的信息搜索服务。与通用搜索引擎相比,垂直搜索引擎的特点就是"专、精、深",且具有领域色彩;所提供的搜索服务更加专深、具体、有针对性。

垂直搜索引擎的技术特点主要有以下几点。

(1) 垂直搜索引擎一般有其所关注的站点范围，其采集信息的蜘蛛程序一般只在一些特定的网络上爬行，并不会对每一个链接都感兴趣，相对来说其收录范围大大缩小。

(2) 垂直搜索引擎的索引数据倾向于结构化数据和元数据，比如招聘垂直搜索中要关注各种职位的相关信息：职位头衔、公司名称、工作地点、薪酬标准等。因此，垂直搜索引擎要对网页内容进行解析，定向分字段抽取出所需要的相关数据并进行处理；另外，与通用搜索引擎不同的是，垂直搜索引擎还必须收录动态网页，需要一些特殊技术，以处理目前众多的网页链接形式。

(3) 垂直搜索引擎的搜索结果具有专业性、领域性，搜索相关性要高于通用搜索引擎，更贴近用户搜索意图。

作为一种新的搜索引擎服务模式，垂直搜索引擎对特定领域或门类的信息内容和用户模型做了专业深入的分析挖掘、精细分类、过滤筛选等，使得信息定位更精准，所提供的搜索服务更具有专业特色和个性化，更为特定领域的用户所欢迎。目前，垂直搜索引擎的应用领域很多，如购物搜索、房产搜索、招聘搜索、旅游搜索；还有针对不同信息类型的应用领域，如视频搜索、音乐搜索、软件搜索、文档搜索等。

近年来，中文网站发展垂直搜索已成风潮。优酷网正在视频领域推进搜库搜索，盛大网络(SNDA)正在加紧开发互动娱乐领域的垂直搜索，百度也在垂直搜索领域重金布局，收购了"去哪儿"，强化在旅游垂直搜索领域布局。更吸引业界关注的是，一直致力于做全球企业间(B2B)电子商务平台的阿里巴巴也在推出一淘网站(www.etao.com/)，该网站是从淘宝网分拆出来，其立足点就是电子商务搜索。一淘网定位于一站式购物搜索引擎，目标是为消费者打造最好的一站式购物入口，帮助消费者简单、聪明、安全地购物，为用户提供专业的比价购物搜索服务，提供互联网最新最全的精彩购物活动、打折促销信息，团购网站大全等。阿里巴巴的领军人物马云更是毫不隐晦地表达了要依靠发展垂直搜索来向百度搜索发起挑战的欲望。

4. 基于内容的多媒体信息检索

随着多媒体计算技术的迅猛发展，网络传输速度的提高以及新的有效的图像及视频压缩技术的不断出现，人们通过网络实现全球多媒体信息的共享成为可能，然而现有的技术还不能有效地满足人们对海量多媒体信息的需求，基于内容的多媒体信息检索应运而生。

过去的信息是以离散的形式（如字符、数字等）存储在关系数据库或网页上，并以结构化查询语言(SQL)或超链接来进行查询检索；而多媒体数据则是连续的、形式多样的、海量的信息，并且多媒体数据在不同的人眼中可能有不同的理解，要把所有不同的解释都用关键字（文本或数字）来表示是不可能的。另外，关键字不能有效地表示视频数据的时序特征，也不支持语义关系，因此需要开发出一种新的检索技术来检索多媒体数据。为适应这一需要，人们提出了基于内容的多媒体信息检索思想。

基于内容的检索(Content Based Retrieval，CBR)，是对媒体对象的内容及上下文语义环境所进行的检索。它的研究目标是提供在没有人类参与的情况下,能自动识别或理解媒体对象重要特征的算法。基于内容的检索系统既能对以文本信息为代表的离散媒体进行检索,也能对以图像、声音为代表的连续媒体内容进行检索。目前,基于内容的多媒体信息检索主要集中在识别和描述图像的颜色、纹理、形状、空间关系上,对于视频数据,还有视频分割、关键帧提取、场景变换探测以及故事情节重构等问题。这是一门涉及面很广的交叉学科,需要利用图像处理、模式识别、计算机视觉、图像理解等领域的知识作为基础,还需从认知科学、人工智能、数据库管理系统、人机交互、信息检索等领域引入新的媒体数据表示和数据模型,从而设计出可靠、有效的检索算法、系统结构以及友好的人机界面。

基于内容的图像检索常用关键技术有:

(1) 颜色特征提取。颜色内容包含两个方面:一个是对应于全局颜色分布;另一个是对应于局部颜色信息。按照全局颜色分布来索引图像可以通过计算每种颜色像素的个数并构造颜色灰度直方图来实现,这对检索具有相似的总体颜色内容的图像是一个很好的途径。局部颜色信息是指局部相似的颜色区域,它考虑了颜色的分类与一些初级的几何特征。比如用颜色集合(color set)方法来抽取空间局部颜色信息并提供颜色区域的有效索引。

(2) 纹理特征提取。纹理可以视为某些近似形状的近似重复分布,纹理描述的难点在于它与物体形状之间存在密切关系,千变万化的物体形状与嵌套式的分布使纹理的分类变得十分困难。例如,有纹理特征的共生矩阵表示法——根据像素间的方向和距离构造一个共生矩阵,然后从共生矩阵中抽取有意义的统计量作为纹理表示,还有从视觉的心理学角度提出纹理表示方法,表示的所有纹理性质都具有直观的视觉意义。

(3) 形状特征提取。在通常情况下,形状特征有两类表示方法:一类是轮廓特征——主要针对物体的外边界;另一类是区域特征——关系到整个形状区域。几种典型的形状特征描述方法有:边界特征法、傅立叶形状描述符法、几何参数法等。

(4) 相关反馈。即在检索过程中,系统根据用户的查询要求返回检索结果,用户可以对检索结果进行评价和标记,并将这些信息反馈给系统,系统则根据这些反馈信息进行学习,并返回新的查询结果,从而使得检索结果更加满足用户的要求。基于内容检索的相关反馈技术大致可分为 4 种类型:参数调整方法、聚类分析方法、概率学习方法和神经网络方法。

目前,人们普遍认为视频结构的模型化或形式化是解决基于内容视频检索问题的关键,为此基于内容的视频检索需要解决以下关键技术:

(1) 关键帧抽取与镜头分割。在视频流信息中,关键帧起着与关键词类似的作用。人们常用关键帧来标识场景、故事等高层语义单元。比帧高级一些的视频基本单元是镜头,通常视频流中的镜头由在时间上连续的视频帧组成,它代表一个场景中在时间上和空间上连续的动作,对应着摄像机一次记录的起、停操作。镜头之间可存在多种类型的过渡方式,最常见的是切变、淡入、淡出等。镜头分割方法分为非压缩域和压缩域两类,非压缩域方法有基于帧差(frame difference)的点到点比较和直方图两种,由于点到点的帧差比较算法对于噪声过于敏感,目前大多非压缩域算法都是基于直方图的。压缩域方法基于视频帧图像的压缩基础之上,切分的依据是比较前后视频帧图像的压缩系数(一般为DCT 系数),当满足一定条件时即把它们切分为 2 组镜头。

(2) 视频结构重构。就是将语义相关的镜头组合聚类到一起。举例来说,假设有一段两人对话的视频段,在拍摄过程中,摄像机的焦点在两人之间来回切换,用前文所述的镜头分割技术必然会把这一段视频分割为多个镜头,然而在人类看来,这一组在时间上连续的镜头是相关的,因为这一组镜头是一个情节。显然,故事情节是一种比镜头具有更高抽象层次的结构,相关概念有:视频段落(Video Paragraphs)、视频段(Video Segments)以及故事单元(Story Units)等。虽然可靠准确的镜头边界探测与关键帧抽取对于成功的视频分析很重要,但情节更符合人们在观看视频时对内容的理解方式。

基于内容的多媒体检索技术的日益成熟不仅将创造出巨大的社会价值,而且将改变人们的生活方式。因为它与传统数据库技术相结合,可以方便地实现海量多媒体数据的存储和管理;与通用搜索引擎技术相结合,可用来检索网页中丰富的多媒体信息。在可预见的未来,基于内容的多媒体检索技术将会在以下领域中得到广泛应用:多媒体数据库、知识产权保护、数字图书馆、网络多媒体搜索引擎、交互电视、艺术收藏和博物馆管理、遥感和地球资源管理、远程医疗、天气预报以及军事指挥系统等。

国外已开发出的原型系统有:QBIC 系统、Photobook 系统、CORE 系统、VisualSeek 系统等,详见本书第 5 章的介绍。国内外搜索引擎也在此方面做了初步努力,如 Google 的以图搜图、百度的百度识图和哼唱搜索、安图搜(www.antuso.com)的比价助手等。

5. 跨语言检索

多语种是互联网世界的特色之一,随着经济全球化的发展,信息在全球自由流动,跨语言信息检索无疑具有很重要的意义。跨语言信息检索(Cross Language Information Retrieval,CLIR)就是以某种语言检索另外一种语言表达的信息资源的方法和技术。跨语言信息检索指以单一语言描述的用户查询来检索多语种的信息资源,实质就是单语言的用户查询与多语言的信息(文档)标识之间的匹配。一般是用户用母语提交查询,搜索引擎在多种语言的数据库中进行信息检索,返回能够回答用户问题的所有语言的文档。目前,主要的解决方法就是在单语言信息检索系统的基础上增加一个语言转换机制,返回结果可以用母语显示。作为传统信息检索的一种扩展,跨语言网络信息检索综合了多种信息处理成果,在进行语言转换之前还要进行一些前期的文本预处理,比如语言识别、信息抽取、分词、信息标引、文本分类等。

互联网上存在有 100 多种语言,寻求对多语种的支持一直是搜索引擎激烈竞争中的制胜法宝之一。近年来,跨语言搜索引擎得到飞速发展,例如,使用 Google 的跨语言信息检索,用户以母语或选择的语种输入一个搜索词组,就可以轻松查找其他 50 余种语言写成的网页。为方便用户阅读,Google 还会对结果进行翻译。一般来说,解决查询条件与查询文档集之间的语言障碍有 5 种不同的技术路线:同源匹配(cognate matching)、查询翻译(query translation)、文献翻译(document translation)、中间语言技术(interlingual technique)、不翻译(no translation)。这些技术目前还处于研究阶段,主要的困难在于语言之间在表达方式和语义对应上的不确定性。跨语言信息检索主要研究热点有翻译歧义、翻译资源构建、专有名词识别与音译等研究领域。

6. 信息检索可视化

信息可视化是将数据信息和知识转化为一种视觉形式,充分利用人们对可视模式快速识别的自然能力,可视化将人脑和现代计算机这两个最强大的信息处理系统联系在一起。有效的可视界面使得人们能够观察、操纵、研究、浏览、探索、过滤、发现、理解大规模数据,并与之交互,从而可以极其有效地发现隐藏在信息内部的特征和规律。网络信息检索是信息可视化的一个很好的应用领域。首先,信息检索是一个高度交互的过程,用户表达检索需求、浏览检索结果都需要与检索工具进行交互;其次,网络信息检索中用户面对的是一个复杂的信息空间,单纯利用文本方式难以描述出该空间的结构及包含的内容;最后,检索系统向用户返回的检索结果多达成千上万篇文档,分屏显示的线性排列方式不利于用户获取相关检索结果。网络信息检索可视化是将可视化技术运用到信息检索中,包括检索过程可视化和检索结果可视化。信息检索可视化为用户提供了一种全新的方法来实现与信息空间的交互,以一种更直观、更形象的方式来描述大信息空间并可以揭示出文档间的关系。还能够根据用户的检索需求,对检索结果分析、处理后从不同层次以可视化的形式提供更有针对性的结果信息。可以使人们直接观察到信息,也能实现与用户更直接、直观的交互,还能揭示检索结果中文档之间的关系。与传统的结果列表相比,用户不仅能从中快速找到符合要求的文档,也能对所检索的主题获得较为全面的了解。此外,可视化的特征,如颜色、位置等信息能帮助用户快速找到感兴趣的区域。

从人类认知的角度出发,设计和创建各种信息可视化工具来构造检索过程、展现检索结果,是改善网络信息检索的一种有效途径。网络信息检索的可视化,特别是搜索工具的可视化被越来越多的搜索引擎服务提供商所青睐,如 Google 曾推出过的"神奇罗盘"(Wonder Wheel)就可以展示搜索关键词与其他相关搜索之间的关系,可以协助用户发现、找到许多扩展的、有深度的长尾关键词。必应(Bing)基于 Silverlight 技术推出的视觉搜索功能,能以互动图片库的方式显示搜索结果。必应拥有 100 多种视觉图库,涵盖从电影、书籍、汽车到产品、动物和体育团队等许多范围,分类的标准可随用户要求而改变。以电影为例,用户可按发布日期、题目或评分等条件进行过滤;汽车则可通过厂家、价格或里程进行分类。当用户进行再分类时,图片会在屏幕上飞舞并找到新的位置。

信息检索可视化的研究涉及信息检索、认知科学、计算机图形学、人机交互等许多学科理论和技术,随着相关研究和技术的不断发展,更好的图形布局显示算法的推出以及检索技术本身的改进,信息检索可视化会成为未来检索工具的一种基本功能。

9.2.2 网络信息检索服务

各种网络检索技术创新的目的就是要不断完善搜索工具检索服务功能,以满足用户日益提高的信息查找需求。网络信息搜索服务的发展方向主要体现在以下几个方面。

1. 个性化

21世纪的科技创新强调以人为本,网络信息检索服务的发展也不例外。互联网上流通的信息量已经远远超过了人们所能掌控的范围,大部分用户在进行信息查询时,并不会特别关注搜索结果数量的多少,而更看重搜索结果是否与自身需求相吻合。对于动辄便有几十万、几百万文档的搜索结果而言,不仅不便于使用,还需要用户花大量时间从中去筛选所需内容。只有通过挖掘用户兴趣和浏览模式的方式,将用户感兴趣、有用的信息优先提交,提供因人而异的个性化搜索,才能更有效地帮助用户找到所需信息。

搜索界已达成共识:搜索引擎的未来在于个性化。个性化的网络信息搜索就是要针对不同用户具有个体特性的需求,提供满足其信息偏好的信息内容和信息服务。主要有以下3个方面。

(1)个性化定制。早在联机检索时代便出现过个性化定制的信息服务(selective dissemination information,SDI)。在信息检索逐步转向网络主平台时,一些大型搜索引擎也开始重视推出个性化定制的搜索平台和服务。如Yahoo就较早推出个性化定制服务;通过"My Yahoo",用户可以自行决定主题选项、编排个性化的网页,并且会按所选主题每日或每隔数小时自动更新,主动传递相关最新信息。在百度世界2011大会上,百度公司隆重发布百度新首页,通过服务集成、智能推荐等方式,实现整个互联网和用户需求的无缝对接,为每个人打造个性化的网络生活,实现"一人一世界"的网络生活体验。

百度新首页在传统的搜索框下增加了导航通知、实时热点、应用、新鲜事四大模块,其中导航通知模块支持用户添加经常访问的网站,如果是社交网站,则会即时显示用户在社交网站的状态;实时热点,则是百度提供的热门关键词,用户可点击搜索查询;在应用模块,百度提供了分类应用榜单,包括游戏、音乐、工具、阅读、视频、工具和热门等七大类别,用户可以添加或删除应用;新鲜事模块,类似社交网站的信息流,实时显示用户在百度贴吧、百度空间等百度社交产品的即时信息。在对百度新首页的小流量测试中,其访问量比传统首页显著提高。不同的人群都可以在百度新首页中建立自己专属的互联网领地:对于大学生而言,百度新首页用一个账号即可以连接他的人人网、校园BBS、英语学习网站等全部内容,畅通无阻;而在老年人的百度首页中,则可以根据他的兴趣和需求提供养生类网站、棋牌类游戏等智能推荐。

(2)个性化推荐。个性化推荐指根据用户的兴趣特点,向用户推荐其感兴趣的信息,这种方式已为网上书店、影视、新闻等商业站点广泛采用。个性化推荐的原理是根据用户模型寻找与其匹配的信息,或者依据具有相近兴趣用户群的信息选择而主动推荐相关信息。其实质是一种"信息找人"的服务模式,可以减少用户寻找信息的时间,提高浏览和查找效率。而搜索引擎的个性化推荐方式有：基于用户的位置提供搜索结果。比如，如果用户在搜索框内输入餐厅、电影院等关键字后，率先出现的搜索结果应该是其附近的相关地点。还可以通过"发送至手机"的链接选项，输入手机号，将网页内容、相关网址、搜索结果等免费发送到手机上。特别是在日益普及的移动搜索平台上，结合用户所在的位置，精确匹配出与搜索关键词相关的该地域的产品和服务，使用户逐渐摆脱计算机查询对地点、环境要求带来的束缚，实现任意空间、多种方式、自由随心地获得信息的服务，使用户的个性化需求得到充分满足。

（3）个性化信息检索。个性化信息检索是指搜索引擎通过跟踪并学习用户的行为，感知用户的查找意图，将搜索限定在特定的范围，并根据用户兴趣主动推送相关信息或对检索结果进行自动过滤。现有普通的信息检索对于任何用户，只要输入相同的关键词，返回的检索结果就完全相同。而事实上，不同的用户由于背景知识、兴趣爱好等方面的差异，需要的信息往往是不同的；加之有些词存在多义性，于是不同领域、含义的内容将混合呈现在返回的搜索结果中，这种不区分用户的检索必将大大耗费检索的时间，导致信息检索的效率低下。个性化信息检索则不同，它能够实时学习用户兴趣偏好，在检索中将会考虑不同用户的差异，因而可以大大提高检索的效率。一般提供个性化搜索结果的搜索工具主要基于两方面因素：一是用户个体的行为习惯（例如，通过用户的位置或其最后一次搜索的结果来了解用户）；二是属于同一社交或工作网络群体的行为习惯。它的基本概念就是那部分群体分享共同的兴趣，通过这些兴趣来分析一个搜索词条，可能会产生较好的、更加个人化的搜索结果。

近年来，以 Google 为代表的各类网络检索工具都在致力于研究用户搜索行为，探索个性化信息服务所需的支撑技术，并推出各种自动跟踪、主动推送等个性化的信息服务。除了跟踪用户信息行为，自动推送其感兴趣的信息之外，还包括对用户不感兴趣的内容进行屏蔽和过滤。一些流行的搜索引擎纷纷推出了所谓"家庭友好型"（family-friendly）的检索结果显示控制选择，对色情等不健康信息进行过滤、屏蔽，以保护青少年的身心健康。百度新首页也包含智能推荐的功能，即基于用户行为、兴趣建模，知道用户在干什么、想要什么，并根据机器算法和机器学习，向用户智能推荐所想要的信息、服务或应用。

2. 多样化

网络信息搜索服务的多样化体现在许多方面，如可被检索的信息形态多样化，既有不同格式的文档，也有声音、图像、动画、影像视频等多媒体形式的文件。检索语种多样化，为满足不同语种用户的需求，搜索工具纷纷引入跨语言检索相关技术，用户不但可以使用自己的母语进行检索，还可以用其他种语言进行提问，获得多种语言的检索结果。

多样化还体现在服务内容的多样化。网络检索工具的开发者已经意识到，单纯的搜索技术已经难以满足网民的需求了，需要更加完美的信息整合方式去满足用户日趋多元化、个性化的需求。Google、百度等通用搜索引擎正在努力将其业务扩展到其他更广泛的服务范畴，如天气预报、新闻报道、股票点评、交通路况、音乐发布、各种黄白页及免费电子信箱等,并以多种形式满足用户的需要,为用户提供全方位的信息服务,这些大型搜索引擎似乎已不仅仅是单纯的检索工具了。百度近年推出的"框计算"加强了开放连接和开放互动;新首页更是加强了服务集成,将互联网上的多元信息、服务、应用集成起来,满足用户全方位的互联网需求;而且是一号直达,用一个账号、不需要切换,即可直达所有的互联网深度服务。业界专家认为,百度新首页虽然刚刚推出,但其包含的服务集成、智能推荐以及全面开放的理念,对整个互联网产业链的发展具有划时代的意义。对用户来说,新首页很像网络化的个人桌面,对各种应用服务来说则会带来更多精准的用户和流量,开发者、网站、服务商可以共同分享互联网入口的无穷机遇。更重要的是,开发者地位完全由用户决定,得用户者得发展,这将引领行业越来越多地关注用户价值,带动整个产业链的良性发展。

另一个值得关注的多样化体现在搜索渠道、搜索平台的多样化。业内人士认为,未来搜索市场将会出现越来越多的竞争者,其竞争主体和业态也会日趋多样化。搜索引擎市场的"蛋糕"在迅速扩大,加强搜索业务已经成为各行各业发展的需要,而不仅仅是搜索行业一家的事情。未来搜索工具的检索平台界面不仅会出现在计算机上,也可以出现在手机、汽车、电视等任何一个终端上。目前,搜索巨头 Google 正面临来自 Twitter 和 Facebook 日益激烈的竞争,百度也面临着各家互联网巨头和通信服务商的挑战。应该看到,如果人们能够利用多种渠道搜索信息其实是一件好事。虽然搜索领域的多元竞争会在一定程度上影响通用搜索引擎一直竭力保持的用户"黏度",但丰富的网络世界和多元的用户需求提供了广阔的空间,搜索渠道、平台的多样化并不会导致搜索空间的拥挤不堪。在搜索平台多样化的发展过程中,成长性良好的移动搜索将会成为未来市场竞争的新战场。

移动搜索是指以移动设备为终端,对普遍互联网进行的搜索。目前,手机已经成为信息传递的主要设备之一,特别是近年来手机技术和功能的不断完善和增强,利用手机上网成为一种获取信息资源的主流方式,各种移动增值业务也在移动通信服务商的大力扶持下呈现高速增长态势。移动和互联网融合的发展趋势注定了移动搜索是未来的发展方向。移动搜索的主要实现方式有两种:一种是使用 WAP 接入搜索 WAP/Web;一种是 3G 直接搜索 Web 内容。在搜索服务向移动平台的转移过程中,已派生出很多服务模式。有以下几种。

(1) 短信搜索,是利用电信运营商的短信服务平台通过短信的方式向搜索引擎或数据系统发送搜索请求,搜索或查询结果同样通过短信的方式提供给用户。短信搜索用户仅需负担短信通信费,一般没有额外费用,且不需要计算机,不需要上网,不受环境限制,可以随时随地获取搜索服务,为非上网人群提供了一个便捷的获取信息的渠道。短信搜索用于通用搜索引擎得到的结果太多,用户体验并不好;而专业性的搜索则可以为用户提供相对准确的搜索结果,用户可以及时获取天气预报、航班时刻、比赛结果、餐馆地址、商品的询价、比价等实用信息。

(2) WAP 搜索,WAP(Wireless Application Protocol)即无线应用协议,是一项全球

性的网络通信协议。WAP 使移动互联网有了一个通行的标准,其目标是将互联网上的丰富信息及先进业务引入到移动电话等无线终端之中。WAP 定义可通用的平台,把互联网上 HTML 语言的信息转换成用 WML(Wireless Markup Language)描述的信息,显示在移动电话的屏幕上。WAP 只要求移动电话和 WAP 代理服务器的支持,而不要求现有的移动通信网络协议做任何的改动,因而可以广泛的运用于 GSM、CDMA、TDMA、3G 等多种网络。北京锐客空间信息技术有限公司开发的 WAPRoot,是国内第一款针对 WAP 的中英文无线搜索引擎。用户可以在手机上通过关键词检索,浏览自己感兴趣的 WAP 站点和服务。用手机进行 WAP 搜索需开通手机的 WAP 服务功能,WAP 服务是需要向电信运营商交费的。由于 WAP 站点内容较少和手机上网较高的流量费用,WAP 搜索并没有想象中的火爆。

(3) 基于互联网的移动搜索。Cgoo 是由北京 GOGO 科技公司发布的手机搜索引擎,针对手机用户提供基于互联网的搜索引擎服务。手机用户只需输入关键字,系统就会对从全球成千上万个 Web 网站搜索的结果进行智能化筛选和过滤,以符合手机页面的形式提供给用户。其商业模式和 WAP 搜索一样,由运营商收取流量费,公司收取服务费。在中国手机市场日趋饱和的状况下,中国移动利润增长日渐平缓,中国移动正在寻求产业转型,希望在数据服务市场获得新的利润增长点。2010 年 8 月,新华通讯社与中国移动通信集团公司签署框架协议,双方将合作成立搜索引擎新媒体国际传播公司。这标志着新华社与中国移动以建设搜索引擎为主的合作进入了实质性操作和运作阶段。其业务开展初期将主要集中于开发移动终端上的资讯搜索功能,同时积极拓展互联网、平面媒体、广告等多种业务领域,逐步向全媒体产业形态靠拢。新华社的权威新闻优势、媒体内容优势和中国移动的客户群体优势、新媒体技术优势、市场服务优势互相结合,必会对搜索市场造成冲击。

(4) 语音搜索,较早的语音搜索模式是用户通过打电话的方式查一些专项的资讯,比如,天气预报或者打 12315。2004 年 8 月,北京数通世纪信息技术有限公司推出了基于语音识别技术的 GoToTel 电话搜索。拨打中国移动的接入号码,说出关键词,便可进行语音搜索。可以搜索各类商业服务(如预订酒店、预订机票等)、个人通话簿中的联系人(通过电话搜索接通联系人进行通话可以节省长途通话费用)及各种语音内容(如搜索流行歌曲、收听相声并转发给亲朋好友)等。而无限语音服务在近几年得到了新的发展,涉足更广泛的领域,如:娱乐、交通、股票、购物消费等。例如,谷歌语音搜索通过机器识别和智能分析,回归了人类用语言询问的自然本能,用户说出搜索词或语句。例如,"清华大学附近的水煮鱼",谷歌中文的语音搜索就能给出准确的搜索结果。语音服务给用户提供了门槛很低的服务,即使没有使用互联网的用户,也可以通过语音使用搜索服务或其他电子商务服务。用户可以在语音搜索服务的引导下,直接由语音加短信和彩信的服务方式,通过无线通信方式去尝试使用无限互联网。可见,语音搜索服务是无线互联网应用的重大驱动力。2011 年无疑是 iPhone4S 的风光之年,尤其是其语音助手 Siri 的面世,其强大的语音搜索功能令 iPhone 4S 变身为智能化机器人和智能助手。Siri 是苹果公司在 iPhone4S 上应用的一项语音控制搜索功能,它超越了传统意义上的声音识别,可以理解自然声音,通过声控、文字输入的方式,Siri 可搜寻餐厅、电影院等生活信息,同时也可以直接收看各项相关评论,甚至是直接订位、订票。另外,其基于位置的服务 LBS(Location Based Service)能力也相当强悍,能够依据用户默认的居家地址或是所在位置来判断、过滤搜索的结果,还能够不断学习新的声音和语调。随着 Siri 的出现,语音搜索一时之间成为了业内焦点,不少 Android 的语音搜索应用也借机火了一把。可以想象,语音搜索是一个重要的研发方向,语音搜索功能将延伸为语音输入,覆盖到手机、计算机等各种终端上。未来的智能语音搜索能否带来搜索工具的变革?能否实现无障碍搜索的愿景?让我们拭目以待。

3. 社会化

近年来,以 Facebook 等为代表的社交媒体的崛起引人关注,其最大的成功在于改变了人们使用互联网的方式。Facebook 模式又称为社会性网络服务(Social Networking Services,SNS)模式,旨在帮助人们建立起一个网络社交服务平台,国内的人人网、开心网等都属于此类模式。通过这种社会性网络的互联网应用服务平台,用户可以创建属于自己的一个专区,可以在其中分享自己的照片、个人兴趣以及生活点滴,可以寻找、联络身边的好友并且互动,还可以参与各种网络游戏,体验开发商提供的各种应用和服务,甚至还可以进行在线交易。关键是这里面的一切基本上都是真实的,并且这里面的一切基本上都是免费的。再加上微博这一基于用户关系的信息分享与传播机制的助推,SNS 社区网站的在线时间呈直线增长,人们获取信息日趋 SNS 化。社区网站的信息引流逐步在超越搜索引擎。在国内,这一趋势更加明显,2010 年上半年国内互联网用户产生的内容流量已超过网站专业制作的内容流量,前者页面浏览量占互联网总量的 50.7%。

社交媒体的攻城略地也推动了搜索引擎的创新和改变。传统搜索引擎以关键词、链接为核心,搜索结果精度低、同质化严重,已经无法满足用户的信息获取需求。业界具有前瞻思维和战略眼光的认识已看到,实施社会化搜索是大势所趋,并开始在这方面作出探索。各大搜索引擎开始全面推进其社区化搜索布局,以在未来的社区化搜索中占得先机。例如,百度早已在搜索服务中增加社会性网络的元素和功能,从"百度贴吧"到"百度百科","使用者创造的内容"逐渐走向前台,成为搜索服务中的重要组成部分。在百度目前的所有流量中,有 25% 来自"社会化搜索"(social search)。搜搜也将社区化作为自己未来战略发展的重心,明确提出"社区化、个性化、智能化、移动化"的搜索"四化"战略。其推出的"大社区搜索"就体现了搜搜社区化战略布局的全面展开。大社区搜索绝不只是社区内搜索,而是立足于对海量社区内容进行智能化、个性化展现,同时又兼顾页面端一站式整合的全新搜索模式,在"大社区搜索"的概念下,搜搜将整合论坛、SNS 社区、微博等社区平台,引入社区特性数据,以打造搜人、分享等具备社区化、个性化的搜索体验。简单来说,用户会在搜搜页面端搜索到优化的论坛、社区网站等内容并分享给好友或者关系链中的用户。通过大社区搜索,每位互联网用户既是社区精华内容的奉献者也是社区搜索内容的受益者,这也集中体现了互联网的分享、奉献原则。

搜索的社会化是目前搜索引擎领域的热门话题之一。社会化搜索可以理解为基于社会性网络、包含社交因素的社会搜索服务;与机器搜索相比,社会搜索更具人性化。关于社会搜索(social search)的定义目前还不统一。维基百科将其定义为一种在判断搜索结果相关性时考虑用户的交互意见与贡献的一种搜索方法。而 Google 则定义得比较宽泛,认为社会化搜索是任何运用社会性交互手段或社会联系来协助的搜索。综合来看,社会化搜索就是指结合了社会化因素,例如,交互、联系、用户行为模式等的网络搜索方法。具体表现有:通过搜索信息和访问记录等的社会性共享,建立起社交网络关系,进而引入社群或用户组联系的 Webmarks、Tags、Webcache 等个性化信息,在社群内共享彼此搜索的、收藏的、标注的、访问的内容,对用户再检索提供较好的参照和范围;或者还可能在用户搜索结果前面直接插入相关搜索历史记录中与关键词相关的若干结果。其优越之处在于可以使用户通过这种方式扩展可靠的搜索范围,用户不仅能搜索自己的收录,也能搜索联系人公开的收录。这种基于兴趣、信任以及人的智能判断的搜索,在用户数量足够的情况下,应当会比传统搜索引擎基于关键词的搜索更准确。随着越来越多的互联网用户参与 SNS、微博等社交媒体活动,由海量用户构成的高度稳定、紧密活跃的社会关系网络逐渐深入到在线生活的各个方面,这些都为社会化搜索提供了最有利的支持,社会化搜索更能体现社区内容的价值。但由于目前理解和应用社会搜索的用户还比较少,其最终能否成功,能否克服现有搜索引擎的弊病,"搜索+分享"的模式能够为搜索引擎的发展带来什么样的前景和变化,还需要继续观察。

综观互联网普及、发展近十余年的发展过程,最初以传统网页阅读的互联网模式被称为 Web1.0 时代;而随着用户参与的增多,以基于用户之间的互动关系为特征的互联网模式被称为 Web2.0 时代;而在后续的互联网发展演变中,以基于智能判断、具备初期人机交互形式的互联网模式则可称之为 Web3.0 时代的雏形。搜索引擎必须结合发展变化的互联网环境特点和用户要求,在核心技术与服务战略布局上不断探索、创新,以用户和产品为中心,努力提供更方便快捷的服务、更优良的用户搜索体验,才能在竞争激烈的网络搜索领域取得制胜先机。

思考题

1. 作为一名搜索用户,你对提高搜索引擎的检索功能有哪些要求?
2. 搜索引擎在提高索引能力方面有哪些帮助?
3. 要发现并利用深网中的内容,有哪些搜索工具可利用?
4. 如何在使用搜索引擎时保护个人隐私?
5. 在实践中,你体验到了搜索引擎提供的哪些智能服务?对其进一步完善你有何建议?

参 考 文 献

[1] 王红宇. "不搜即索"是盘古的不懈追求[N]. 中国高新技术产业导报,2011-11-21(C2).
[2] 周鸿一. 搜索已经成为互联网的一个核心基础应用[EB/OL]. 2004-09-02[2011-10-27]. http://tech.163.com/04/0902/17/0V9S1G84000915CH.html.
[3] 李娜. 新经济的50个新热点[J]. IT经理世界,2005,8(12):32.
[4] 张路,冯禹丁,明叔亮. 从注意力经济到搜索力经济[J]. 互联网周刊,2003,(39):24-27.
[5] 李坤. "搜索"已成为现代生活中的一把双刃剑[EB/OL]. 2008-11-13[2011-10-27]. http://blog.sina.com.cn/s/blog_45aaea030100cjed.html.
[6] 唐潇霖. 搜索力经济:从网络转到桌面[J]. 互联网周刊,2005,(6):14.
[7] 6个强大的社会化网络搜索引擎[EB/OL]. 2010-06-12[2011-12-28]. http://www.iteye.com/news/16479.
[8] Google公布互联网最新索引数量:1 000 000 000 000个网页[EB/OL]. 2008-07-26[2011-11-11]. http://www.cnbeta.com/articles/61059.htm.
[9] 谷歌网页索引数量是百度的100倍[EB/OL]. 2008-07-26[2011-11-11]. http://club.alimama.com/simple/?t142926.html.
[10] Google检测独立页面数量超1万亿 宣传索引数据库[EB/OL]. 2008-07-28[2011-10-12]. http://it.sohu.com/20080728/n258418101.shtml.
[11] 周新宁. 即将到来的搜索引擎暗网之战[EB/OL]. 2009-07-27[2011-10-12]. http://blog.chinabyte.com/a/241790html.
[12] 专家认为搜索引擎将成为经济发展的新动力[EB/OL]. 2009-01-08[2011-11-16]. http://news.xinhuanet.com/internet/2009-01/08/content_10623969_1.htm.
[13] 搜索引擎之索引容量大战[EB/OL]. 2005-07-07[2011-11-18]. http://tech.sina.com.cn/i/2005-07-07/1014656592.shtml.
[14] 陈朝晖. 如何测试搜索引擎的索引量大小[EB/OL]. 2007-01-05[2011-09-10]. http://www.51testing.com/html/14/n-111514.html.
[15] 搜索结果的价值以及搜索结果排序的方式[EB/OL]. 2011-07-19[2011-11-12]. http://www.admin5.com/article/20110719/362865.shtml.
[16] 搜索结果排序有哪些算法[EB/OL]. 2011-4-29[2011-10-17]. http://www.seowhy.com/bbs/thread-360500-1-1.html.
[17] 中文搜索引擎技术揭秘:排序技术[EB/OL]. 2009-06-01[2011-10-17]. http://tech.cidnet.com/art/3089/20090601/1785757_1.html.
[18] 如月. 2011年十大语音搜索盘点[EB/OL]. 2011-12-09[2012-01-06]. http://www.enet.com.cn/article/2011/1207/A20111207945674.shtml.
[19] CNNIC:搜索成网民第一大应用[EB/OL]. 2011-01-19[2011-11-08]. http://www.sowang.com/news/2011/20110119.htm.
[20] SEMPO调查揭示搜索引擎新变化[EB/OL]. 2009-07-12[2011-10-20]. http://www.uusem.

com/web/wind/200907/1088. html.

[21] MK Bergman. The Deep Web:Surfacing Hidden Value[J]. *Journal of Electronic Publishing*, 2001,7(1):1-17.

[22] Evaluating Web Pages:Techniques to Apply & Questions to Ask[EB/OL]. [2011-08-26]. http://www. lib. berkeley. edu/TeachingLib/Guides/Internet/Evaluate. html.

[23] 分析称Facebook明年或进军搜索市场[EB/OL]. 2011-08-27[2011-08-27]. http://it. sohu. com/20110827/n317544935. shtml.

[24] 谷歌面临新兴搜索技术挑战[EB/OL]. 2009-02-24[2011-10-23]. http://tech. qq. com/a/20090224/000374. htm.

[25] 孙云丰. 搜索技术的四大难题[EB/OL]. 2009-08-19[2011-10-23]. http://tech. 163. com/09/0819/09/5H2O4F3H00093KPG. html.

[26] 搜索引擎广告在中国:危机还是机遇[EB/OL]. 2008-12-15[2011-10-23]. http://www. itxinwen. com/view/new/html/2008-12/2008-12-15-229671. html.

[27] 夏露. 解读搜索引擎营销中的法律问题[J]. 中国市场,2007,(31):68-70.

[28] 谷歌收购重要背景:摩托移动706件专利[EB/OL]. 2011-08-16[2011-08-16]. http://www. caing. com/2011-08-16/100291279. html.

[29] 谷歌低调推出新博客搜索功能[EB/OL]. 2010-09-01[2011-09-01]. http://news. sina. com. cn/m/2010-09-01/090221015834. shtml.

[30] 谷歌非核心搜索业务今年将贡献21亿美元收入[EB/OL]. 2010-08-28[2011-09-01]. http://tech. ifeng. com/telecom/detail_2010_08/28/2347562_0. shtml.

[31] 谷歌推出独立实时搜索服务[EB/OL]. 2010-08-27[2011-09-01]. http://tech. sina. com. cn/i/2010-08-27/08514594911. shtml.

[32] 何威. "信息过载时代"的信息过滤机制[J]. 青年记者,2010,(16):17-18.

[33] 邢志宇. 实用网络资源导航系列查找"看不见的网页"的途径与工具[J]. 数字图书馆论坛,2005,(6):32-33.

[34] "看不见的网页"介绍[EB/OL]. 2004-11-30[2011-08-03]. http://www. sowang. com/SOUSUO/20041130. htm.

[35] MATLAB图像处理-特征提取-形状特征[EB/OL]. 2011-04-26[2011-12-11]. http://blog. sina. com. cn/s/blog_5f5931540100si55. html.

[36] 王翌. 角落里的移动搜索:搜WAP还是搜Internet[EB/OL]. 2005-01-12[2011-12-18]. http://tech. 163. com/05/0112/14/19TDNOQK000915BF. html.

[37] 马乔. 中国移动计划明年推出搜索服务 挑战百度[EB/OL]. 2010-09-16[2011-12-18]. http://tech. qq. com/a/20100916/000138. htm.

[38] Practical Steps in Evaluating Internet Resources[EB/OL]. [2011-08-26]. http://guides. library. jhu. edu/content. php? pid=198142&sid=1665954.

[39] 刘伟成,孙吉红. 跨语言信息检索进展研究[J]. 中国图书馆学报,2008,(1):88-92.

[40] 李彦宏. 搜索引擎必须适应所有变化[EB/OL]. 2011-05-23[2011-10-23]. http://www. china. com. cn/news/txt/2011-05/23/content_22780258. htm.

[41] 搜索引擎存在三大法律风险[EB/OL]. 2005-12-23[2011-11-10]. http://tech. 163. com/05/1223/17/25M3N7VN00091NPD. html.

[42] Rss搜索[EB/OL]. 2006-04-25[2011-12-03]. http://blog. csdn. net/tangfengyang/article/

details/676775.

[43] RSS 搜索引擎网址汇总[EB/OL]. 2010-11-24[2011-12-03]. http://tui.qihoo.com/25648031/article_2411321.html.

[44] 搜索引擎打破用户需求巨变瓶颈[N]. 北京商报,2009-8-26(B2).

[45] 广告太多有价值的信息太少？搜索引擎遇瓶颈[EB/OL]. 2006-11-28[2011-11-06]. http://www.chinaadren.com/html/news/2006-11-28/20061128210416.html.

[46] 如何突破搜索引擎收录上不去的瓶颈[EB/OL]. 2011-4-6 [2011-11-06]. http://www.mofei.com.cn/w/627390.shtml.

[47] 龙犊. 搜索引擎遇瓶颈 导航网站价值得巨大提升[EB/OL]. 2006-11-28 [2011-11-06]. http://homepage.yesky.com/90/2688090.shtml.

[48] 哪个是未来的搜索引擎[EB/OL]. 2008-05-22[2011-11-06]. http://www.admin5.com/article/20080522/85583.shtml.

[49] 新搜索引擎可"穿越时空"[EB/OL]. 2010-08-29[2011-10-27]. http://news.ctocio.com.cn/293/11507293.shtml.

[50] 谢迪. 讨论一下搜索引擎今后的发展方向[EB/OL]. 2009-12-11[2011-11-30]. http://abc.wm23.com/haodixie/8969.html.

[51] 李二峰. 移动搜索将成搜索引擎新战场[N]. 经济参考报,2010-08-31(2).

[52] 谷歌推出社会搜索服务[EB/OL]. 2009-10-27[2011-11-27]. http://www.techweb.com.cn/news/2009-10-27/454509.shtml.

[53] 什么是社会性搜索[EB/OL]. 2010-5-26[2011-12-20]. http://www.achoc.com/article/1236.html.

[54] 2011Q2 中国电子商务占比持续扩大[EB/OL]. 2011-07-20[2011-08-03]. http://it.msn.com.cn/293711/277979702363.shtml.

[55] 马国良. 社会化搜索的探索之路——概念篇[EB/OL]. 2006-10-9[2011-12-18]. http://www.mysoo.com.cn/news/2006/200610530.shtml.

[56] Google 与 Bing 的社会化搜索[EB/OL]. 2011-06-08 [2011-12-18]. http://www.chinaz.com/news/2011/0608/186853.shtml.

[57] 百度软件搜索上线 数据来源为国内软件站[EB/OL]. 2010-08-30 [2010-08-31]. http://tech.qq.com/a/20100830/000348.htm.

[58] 李斌. 百度软件搜索悄然上线[N]. 京华时报,2010-08-31 (B44).

[59] CNNIC. 第 28 次中国互联网络发展状况统计报告[EB/OL]. 2011-7-19[2011-08-03]. http://www.cnnic.net.cn/dtygg/dtgg/201107/t20110719_22132.html.

[60] 搜索狂欢终结[N]. 浙江日报,2010-08-26 (007).

[61] 解密中国搜索营销市场 各大企业发起新圈地运动[N]. 中国经营报,2010-08-30 (C5).

[62] 搜索营销的"收网效应"[N]. 中国经营报,2010-08-30 (C6).

[63] 百度独大是最坏的搜索结果[N]. 中国经营报,2010-08-30 (C5).

[64] Types of Websites—Basic website design types their purpose, scope and structure[EB/OL]. [2011-08-27]. http://www.rocketface.com/types_of_websites.html.

[65] Wakish. Uses And Limitations Of The Internet—At Glance[EB/OL]. 2011-05-01[2011-08-12]. http://wakish.info/uses-and-limitations-of-the-internet-at-glance/.

[66] 影响搜索引擎排名、影响搜索引擎收录数量的主要因素[EB/OL]. 2010-12-03 [2011-11-08].

http://hi.baidu.com/ysjhdhqv78/blog/item/813b283ca7eda13296ddd86f.html.

[67] WWW 的起源与发展[EB/OL]. 2007-04-14[2011-08-20]. http://suliangxing.blog.163.com/blog/static/20533609200731411430862/.

[68] 百度无线搜索遥遥领先 多元化服务缔造移动平台[EB/OL]. 2010-08-15[2011-11-06]. http://news.xinhuanet.com/tech/2010-08/15/c_12447203.htm.

[69] 蔡名照. 我国互联网发展出现三个新动向[EB/OL]. 2008-09-23[2011-07-27]. http://news.163.com/08/0923/20/4MI6JCI0000120GU.html.

[70] 刘挺. 垂直搜索,可以燎原[EB/OL]. 2007-12-27[2011-12-04]. http://www.admin5.com/article/20080110/68302.shtml.

[71] 搜索业版权危机暴露[N]. 广州日报,2005-09-19(A22).

[72] 李文涛. Google 等搜索引擎改变人脑的记忆方式[EB/OL]. 2011-07-17[2012-02-26]. http://news.ccidnet.com/art/1032/20110717/2438973_1.html.

[73] 谷歌:搜索渠道多样化[EB/OL]. 2010-07-28[2011-12-18]. http://www.sino-manager.com/2010728_17675.html.

[74] 王莹莹. 谷歌的自信:搜索渠道多样化有益无害[EB/OL]. 2010-07-26[2011-12-18]. http://news.xinhuanet.com/eworld/2010-07/27/c_12376646.htm.

[75] 赖国明,杨圣云. 基于内容的音乐检索研究[J]. 计算机工程与设计,2006(23):4467-4468.

[76] 孙吉红,刘伟成,焦玉英. 多媒体信息检索研究与展望[J]. 计算机应用研究,2008(3):646-649.

[77] 王小霞. 多媒体信息系统检索技术研究及其面临的挑战[J]. 微型机与应用,2010(13):86-89.

[78] 胡帆,刘晓峥. 基于内容的多媒体信息检索研究进展[J]. 科技信息,2010(19):104.

[79] 毛力,张晓林. 基于内容的图像检索技术与系统[J]. 现代图书情报技术,1999(5):30-33.

[80] 万利,曹丽娟,兰田田. 基于内容的音频检索方法研究[J]. 信息通信,2011(3):13-14.

[81] 吴春辉,陈洪生. 基于内容的音频检索技术综述[J]. 福建电脑,2010(12):37-38.

[82] 刘文辉,蚩志锋. 基于内容的音频数据检索研究[J]. 喀什师范学院学报,2009(6):57-59.

[83] 熊健敏. 数字图书馆中基于内容的音频检索[J]. 现代情报,2005(4):87-89.

[84] 赵丹群. 图像信息基于内容检索方法的研究分析[J]. 情报科学,1998(6):532-535.

[85] 连慧平,谢娟,付苓. 网络环境下多媒体信息检索探究[J]. 软件导刊,2010(4):134-137.

[86] 徐晖. 一种基于颜色信息的图像查询方法[J]. 武汉大学学报(自然科学版),1998(5):612-614.

[87] 续鸿飞,肖明. 音频检索综述[J]. 晋图学刊,2005(6):15-19.

[88] 冯大淦,萧允治,张宏江. 多媒体信息检索与管理[M]. 北京:清华大学出版社,2009.

[89] 庄越,挺潘云,鹤吴飞. 网上多媒体信息分析与检索[M]. 北京:清华大学出版社,2002.

[90] 国内搜索引擎企业面临知识产权风险[EB/OL]. 2011-02-25[2011-11-22]. http://www.cnips.org/xwzx_list.asp?NewsID=774.

[91] 钱志新. 互联网产业[N]. 江苏商报,2010-08-25(08).

[92] 马荟. 社会化搜索的创新与回归[J]. 互联网周刊,2008,(9):50-51.

[93] 肖明. 基于内容的多媒体信息索引与检索概论[M]. 北京:人民邮电出版社,2009.

[94] 人大代表呼吁尽快出台个人信息保护法[N]. 检察日报,2011-03-07(7).

[95] 社科院蓝皮书:互联网已成为民意表达平台[EB/OL]. 2008-01-04[2011-07-27]. http://news.qq.com/a/20080104/001137.htm.

[96] Ian H Witten,Alistair Moffat,Timothy C Bell. 深入搜索引擎——海量信息的压缩,索引和查询[M]. 北京:电子工业出版社,2009.

[97] 孙莹.搜索进入Web 2.0时代 社会搜索能否成功[EB/OL].2006-08-25[2011-11-27].http://www.cnetnews.com.cn/news/net/story/0,3800050307,39522474,00.htm.

[98] 百度文库版权纠纷应理性看待[N].信息时报,2011-03-30(D08).

[99] 百度挡箭牌 何谓避风港原则[EB/OL].2011-03-29[2011-11-24].http://news.cntv.cn/20110329/101290.shtml.

[100] 百度向50位作家服软 3天内清空文库侵权文档[N].南方都市报,2011-03-28(GC01).

[101] 公众爱网络免费午餐 百度式侵权屡犯不止[N].解放日报,2011-3-28(2).

[102] 搜索引擎带出法律新题 谁担"人肉搜索"法律风险[EB/OL].2008-03-17[2011-11-24].http://www.ce.cn/bjnews/zonghe/200803/17/t20080317_14866986.shtml.

[103] 王杰.搜索引擎如何规避法律风险[EB/OL].2009-11-11[2011-11-24].http://wangjie-lawyer.66law.cn/lawyer_viewblog.aspx?id=15858.

[104] 李德成.司法判决对"MP3"搜索引擎服务营利模式产生的实质性影响和对策[EB/OL].2005-06-02[2011-11-24].http://blog.sina.com.cn/s/blog_3f497ae00100003h.html.

[105] 陈杰.百度滥用"避风港"原则涉嫌违法[N].北京商报,2011-3-25(1).

[106] 黄秀丽."盗书贼"百度的避风港:侵权的是网民 不是我[N].南昌晚报,2011-3-28(B27).

[107] 黄秀丽.百度的避风港原则:恐使出版业陷入绝境[N].南方周末,2011-3-26(3).

[108] 周宾卿.百度文库与避风港规则[EB/OL].2010-11-09[2011-11-24].http://www.chinavalue.net/Biz/Blog/2010-11-9/519468.aspx.

[109] 孙进.百度盛大之争或无果而终:避风港和红旗原则[EB/OL].2010-12-02[2011-11-24].http://tech.sina.com.cn/i/2010-12-02/01384931285.shtml.

[110] 搜索引擎的技术和发展趋势会怎样变化[EB/OL].2005-03-31[2011-12-04].http://www.sudu.cn/info/index.php?op=article&id=56328.

[111] 搜索引擎的终极使命[EB/OL].2010-12-03[2011-12-06].http://www.chinaz.com/news/2010/1203/147033.shtml.

[112] 王晨.互联网已成为推动中国经济发展的重要引擎[EB/OL].2010-10-12[2011-07-27].http://www.chinanews.com/it/2010/10-12/2582047.shtml.

[113] 郭宝明.网站搜索引擎提供者著作权侵权风险的法律分析[EB/OL].2003-02-19[2011-11-22].http://www.law-lib.com/lw/lw_view.asp?no=1397&page=2.

[114] 万华林,胡宏,史忠植.信息检索的革命——基于内容的多媒体信息检索[J].微电脑世界,2001,(16):85-86.

[115] 李纲,郑重.信息可视化应用研究进展[J].图书情报知识,2008,(4):36-40.

[116] 冯艺东,汪国平,董士海.信息可视化[A].中国图像图形学会第十届全国图像图形学术会议(CIG'2001)和第一届全国虚拟现实技术研讨会(CVR'2001)论文集[C].2001.

[117] J.Nicholas Hoover,章劢闻[EB/OL].终极搜索引擎.2007-09-12[2011-11-06].http://tech.sina.com.cn/i/2007-09-12/10501734635.shtml.

教师服务

感谢您选用清华大学出版社的教材！为了更好地服务教学，我们为授课教师提供本书的教学辅助资源，以及本学科重点教材信息。请您扫码获取。

▶▶ 教辅获取

本书教辅资源，授课教师扫码获取

▶▶ 样书赠送

管理科学与工程类重点教材，教师扫码获取样书

清华大学出版社

E-mail: tupfuwu@163.com
电话：010-83470332 / 83470142
地址：北京市海淀区双清路学研大厦 B 座 509

网址：http://www.tup.com.cn/
传真：8610-83470107
邮编：100084